Kurt Lenk, geb. 1929 in Kaaden (CSR), ist Professor für Politische Wissenschaft an der Rheinisch-Westfälischen Technischen Hochschule in Aachen. Er studierte Soziologie, Politische Wissenschaft und Philosophie in Frankfurt. Von 1966 bis 1972 war er Hochschullehrer an der Universität Erlangen-Nürnberg. Bei Campus erschien 1984 eine Neuausgabe seines bekannten Readers »Ideologie«.

Berthold Franke, geb. 1956 in Mainz, studierte Sozialwissenschaften und Germanistik an der RWTH Aachen. Er arbeitete derzeit an einer Dissertation über »Kleinbürger und Politik«.

Campus Studium
Band 567

Kurt Lenk, Berthold Franke

Theorie der Politik

Eine Einführung

Campus Verlag
Frankfurt/New York

CIP-Kurztitelaufnahme der Deutschen Bibliothek

Lenk, Kurt:
Theorie der Politik : eine Einführung / Kurt Lenk ;
Berthold Franke. – 2. Aufl. – Frankfurt/Main ; New York :
Campus Verlag, 1991.
(Campus : Studium ; Bd. 567)
ISBN 3-593-32567-5
NE: Franke, Berthold; Campus / Studium

2. Auflage 1991

Umschlaggestaltung: Atelier Warminski, Büdingen
Satz: Norbert Czermak, Geisenhausen
Druck und Bindung: Friedrich Pustet, Regensburg
Printed in Germany.

Inhalt

Teil II
Politische Theorie und Ideengeschichte: Quellen und Kommentare

Vorwort

»Alle Wissenschaft wäre überflüssig,
wenn die Erscheinungsform
und das Wesen der Dinge
unmittelbar zusammenfielen.«
Karl Marx

Die Beschäftigung mit Politischer Theorie ist aus der Mode gekommen. Politik heute gibt sich mit Vorliebe pragmatisch, sowohl in neokonservativem Verständnis als »Realpolitik« der Sachzwänge als auch, aus alternativer Sicht, als »Neue Politik« in der Ich-Form. Weder die direkt Handelnden noch die Beobachter des Zeitgeschehens verlangen hörbar nach theoretischer Orientierung. Ob an der Basis oder an der Macht, ob links, rechts oder »in der Mitte«, ob Kritik oder Affirmation – die Positionen sind sattsam bekannt, die hitzigen Grundsatzdebatten der vergangenen Jahre scheinen vergessen; jedenfalls sehnt sich kaum einer nach ihnen zurück.

Dagegen wäre nichts einzuwenden, wenn tatsächlich die Dinge so einfach lägen, wenn »Erscheinungsform« und »Wesen« im Bereich des Politischen unmittelbar zusammenfielen. Doch Zweifel daran scheinen angesichts der zahlreichen Widersprüche in einer Industrie- und Wohlstandsgesellschaft wie der unsrigen mehr als berechtigt. Wenn es zutrifft, daß dauerhafte Friedenssicherung, Überwindung der weltweiten Armut und Befreiung von Angst die drei vordringlichen politischen Probleme im ausgehenden 20. Jahrhundert sind, dann herrscht an fundiertem Wissen über die komplexen Ursachen dieser Probleme ein offensichtlicher Mangel.

Für die Autoren dieses Orientierungsbuches, das sich als Einführung in die Politische Theorie versteht, sind weder die wechselnden Konjunkturen der tagespolitischen Auseinandersetzung noch gar ein missionarisches Interesse maßgebend, sondern die Überzeugung, daß jede politische Praxis theoretischer Analyse bedarf, auch diejenige, die sich »theorieabstinent« und lebensnah gibt. So ist zu zeigen, wie gerade im Zentrum des theoretischen Diskurses die praktische Seite des Problems zum Vorschein kommt und umgekehrt.

An Einführungen in Politikwissenschaft und Politische Theorie herrscht kein Mangel. Gleichwohl versteht sich die hier gebotene Kombination von allgemeinverständlicher Darstellung, ausführlichem, kommentiertem Quellenteil und einem den Zugang erleichternden Apparat (Glossar, Literaturverzeichnisse, Register) als in dieser Form neuer Versuch, komplizierte Zusammenhänge auf knappem Raum zu vermitteln, ohne ihnen Gewalt anzutun.

Die Verbindung von historisch-systematischer Einführung in die Politische Theorie, Ideengeschichte und Politische Soziologie mit aussagekräftigen Schlüsseltexten aus diesen Bereichen verleiht dem vorliegenden Band den Charakter eines Studien- und Arbeitsbuches, das sich nicht nur an Studierende und Lehrer sozialwissenschaftlicher Fächer, sondern gleichermaßen an jeden politisch Interessierten wendet.

So wird es folgende Fragen beantworten:

- Was sind Politische Theorien und auf welchem historischen und philosophischen Hintergrund entstehen sie? *(Kapitel 1)*
- Wie entwickeln sich die klassischen politischen Ideen und sozialen Bewegungen in der bürgerlichen Gesellschaft? *(Kapitel 2)*
- Was können politische Theorien zur Lösung kontroverser Einzelprobleme beitragen? *(Kapitel 3)*

Themenauswahl und Gliederung folgen der Überlegung, daß Politik erst im Spannungsfeld von gesellschaftlicher Realität und theoretischer Reflexion begreifbar wird und daß die aktuelle Dimension sich nur über einen Einblick in die historische Entwicklung erschließt.

Ein Buch über Politische Theorie ist kein Leitfaden für zukünftige Politiker, noch kann es ein Lexikon politischer Begriffe ersetzen. Weder ist eine Art Rezeptur für »richtiges«

politisches Verhalten beabsichtigt, noch soll für einen bestimmten Standpunkt geworben werden. Dabei ist jedoch nicht Neutralität, sondern Sachlichkeit anzustreben. Gerade dort, wo Position bezogen wird, möchten die Autoren zum kritischen Prüfen und Überlegen anregen, eine Angelegenheit, die heute bekanntlich ohne klare Akzentsetzung kaum mehr in Gang kommt.

Teil I

Politische Theorien der Gegenwart

Kapitel 1
Politiktheoretische Ansätze in der Bundesrepublik

1 Die Ausgangslage nach dem Zweiten Weltkrieg

Der Trierer Politologe Erwin Faul kommt in einem 1979 veröffentlichten Aufsatz über *Politikwissenschaft im westlichen Deutschland* zu dem Befund, daß ». . . Politikwissenschaft . . . wissenschaftsgeschichtlich eine Ausnahmeerscheinung (ist), selbst heute nur in einer Minderheit von Staaten frei betreibbar, in der Geschichte immer wieder von den Machtverhältnissen kupiert, auf Seitenbahnen gedrängt, in den Universitäten . . . lange Zeit weniger als in privaten Studierstuben zu finden, vor allem auch von innen her durch Macht- und Ideologiedienerei ständig der Gefahr der Selbstkompromittierung ausgesetzt« sei und wohl weiterhin auch bleibe.[1]

In der Tat: Überblickt man die lange Vorgeschichte und die in bescheidenen Ansätzen in der Weimarer Republik und dann – nach dem Ende des Zweiten Weltkrieges – in der Bundesrepublik auch institutionell an Hochschulen und Universitäten etablierte Fachwissenschaft, so wird man den Aussagen Erwin Fauls zustimmen. Als eine ihrer Natur und Herkunft nach

1 Faul, Erwin: Politikwissenschaft im westlichen Deutschland. In: Politische Vierteljahresschrift. 20. Jg. 1979, Heft 1, S. 83

kritische Sozialwissenschaft konnte Politikwissenschaft und erst recht Politische Theorie sich niemals damit begnügen, bestehende politische Ordnungen einfach zu rechtfertigen. Vielmehr war sie stets auch darauf aus, vorgegebene »Selbstverständlichkeiten« in der politischen Realität als kritikwürdig zu interpretieren, sei es auch nur durch den Aufweis ihrer historischen Bedingtheit. Die damit notwendig entstehende Spannung zwischen Politikwissenschaft und dem Bereich der praktischen Politik ist selbst Gegenstand wissenschaftlicher Analyse.

Hatte schon der im Jahre 1804 zum Kaiser gekrönte Napoleon I. zu Beginn des vorigen Jahrhunderts die gesellschaftskritischen Geister seiner Zeit als »Ideologen« verfolgt, so war in Deutschland mit Antritt der nationalsozialistischen Diktatur jedwede freie Forschung verbannt worden. Kritische Sozialwissenschaftler mußten entweder außer Landes gehen oder waren zur Anpassung bzw. zum Schweigen verurteilt.

In der Gründungsphase der Bundesrepublik waren Politikwissenschaft und Politische Bildung noch weitgehend identisch. Es herrschte ein Selbstverständnis von Politikwissenschaft als Demokratiewissenschaft vor. Verständlich ist dies aus dem Erfahrungshorizont einer Gelehrtengeneration, die das ruhmlose Ende der Weimarer Republik und die Methoden totalitärer Diktaturen oft am eigenen Leibe verspürt hatte.

Politikwissenschaft sollte nach den Katastrophen der ersten Jahrhunderthälfte nun das leisten, woran es der Weimarer Republik gemangelt hatte und woran sie nicht zuletzt auch gescheitert war: die Einübung demokratischer Verhaltensformen. Ihr erklärtes Ziel war in jener Aufbauphase die Entwicklung der Fähigkeit zu rationaler Erkenntnis der politischen Wirklichkeit jenseits von politischen Vorurteilen und obrigkeitsstaatlichen Fixierungen. Politikwissenschaft war primär als eine Institution zur Vermittlung politischer Bildung und Erkenntnisse konzipiert, deren ein demokratisches Staatswesen bedarf, um aus der Vergangenheit Konsequenzen zu ziehen. Es galt, die sich bietenden Chancen für eine offene, pluralistische Gesellschaft wahrzunehmen. Hierzu wollte die Politikwissenschaft durch ihre Analysen in dem Sinne beitragen, daß sie half, aufgeklärtes Handeln in einem freiheitlichen Gemeinwesen zu ermöglichen.

Das Jahr 1945 war zumindest politisch ein Neubeginn. Nach dem Ende der nationalsozialistischen Diktatur erfolgten die ersten Versuche zur Wiedererrichtung einer parlamentarischen Demokratie. Dem entsprachen die Themen der Politikwissenschaft:

- Prinzipien der Demokratie und des Parlamentarismus;
- Untergang der Republik von Weimar und Gründe des Entstehens der nationalsozialistischen Herrschaftsform;
- politische Parteien und ihr Einfluß auf die demokratische Willensbildung.

Die meisten Studien der Anfangszeit standen noch im Zeichen des Kalten Krieges: Sie waren geprägt von der Dichotomie Demokratie gegen Totalitarismus. Viele Publikationen zur Politischen Theorie waren verständlicherweise Übersetzungen, da es galt, den Anschluß an die Entwicklungen der angloamerikanischen und französischen Sozialwissenschaften wiederzufinden.

Einige der frühen Theorienansätze in der Politikwissenschaft orientierten sich an den klassischen Traditionen der »praktischen Philosophie« *(vgl. Kapitel 1.3.1)*. Politik und Ethik waren auf dieser Stufe der Reflexion noch miteinander verbunden: Es sollte Konsens gestiftet werden über die Grundlagen und Normen demokratischer Gesellschaftsordnungen als Beitrag zur Politischen Kultur einer Demokratie nach westlichem Muster. Doch trotz der Bedeutsamkeit ihrer Aufgaben stand (und steht bis heute) die Politikwissenschaft oft im Abseits des akademischen Betriebs und der öffentlichen Wahrnehmung, was einerseits aus ihrer Herkunft als »Implantat« in den Kanon der Gesellschaftswissenschaften und andererseits aus der weitverbreiteten Unklarheit über ihre Aufgaben und Gegenstände sowie ihren wissenschaftstheoretischen Standort und ihrem Verhältnis zur politischen Praxis zu erklären ist.

2 Politische Theorie in der Politikwissenschaft

Eines der verwirrendsten Probleme für den Neuling in der Politikwissenschaft stellt die Vielgestaltigkeit und Unübersichtlichkeit seines Faches dar. Zwar mangelt es keineswegs an klaren Unterteilungen in Unterfächer und Einzeldisziplinen (etwa in der breitgestreuten Einführungsliteratur), doch nirgends herrscht Einmütigkeit, wie und nach welchen Kriterien man das Fach in sinnvolle Teilbereiche untergliedern kann, um den Studenten, aber auch einer interessierten Öffentlichkeit, ein klares Bild von dem zu vermitteln, was denn nun die Politikwissenschaft und ihre Forscher im einzelnen tun.

Die ganz normale Reaktion des Anfängers besteht oft darin, sich entweder ein eigenes Raster von Teilbereichen und Themengruppen zurechtzulegen oder zu übernehmen, oder es einfach bei der verwirrenden Vielfalt zu belassen, gepaart mit der Frustration desjenigen, dessen berechtigte Fragen an die neue Wissenschaft fürs erste unbeantwortet bleiben. Diese betrübliche Tatsache hängt allerdings weniger an der bürokratischen Borniertheit der zuständigen Institute oder an der Eitelkeit der Wissenschaftler, als vielmehr am Gegenstand und seiner Komplexität selbst. Die Frage, inwieweit z.B. eine Abteilung »Außenpolitik« in der Politikwissenschaft ein eigenständiges Leben führen kann, drängt sich zumindest sofort jedem auf, der sich beim Vergleich verschiedener politischer Systeme rasch bei Fragen nach Parlamentarismus, Politischer Kultur, Demokratie – und damit unversehens in der Politischen Soziologie wiederfindet.

Gegenstand der Politikwissenschaft ist die Politik. Das klingt banal, führt allerdings bereits in die inneren Widersprüche des Faches und seiner Aussagen. Zugleich ist jedoch der Gegenstand der Politikwissenschaft auch die Wissenschaft selbst.

Wissenschaft als »gesellschaftliche Institution zur Erzeugung von Wissen« reflektiert immer auch sich selbst (vor allem wo sie es, wie in den Sozialwissenschaften, mit Menschen zu tun hat); sie kann gar nicht anders, schon deshalb, weil sie niemals bei

Null anfängt, sondern die vorgefundenen Interpretationsweisen der Realität (die in jeder Biographie eines Forschers, erst recht in seiner wissenschaftlichen Sozialisation präsent sind) immer, wenngleich oft implizit, in ihre Ergebnisse mit einbringt.

Wissenschaft ist immer Theorie. Auch dies klingt banal, doch es bedeutet: Sie ist Theorie, weil sie *Sprache* über die Wirklichkeit ist, d.h. Wirklichkeit nur im Medium der Sprache auf den Begriff bringen kann. Diese Bestimmung trifft weniger eine formale (Wissenschaft in Sprach*form*) als eine inhaltliche Eigenschaft der Wissenschaft : Denn in der Sprache als zentraler kultureller Errungenschaft der menschlichen Gattung sind drei Momente enthalten, die jeden Sprachgebrauch (ob wissenschaftlicher oder alltäglicher Art) anleiten und beeinflussen.

Diese drei Momente sind:

- *Geschichte* – die Sprache als Speicher der Erfahrung der Menschheit;
- *Biographie* – Sprache als Ausdruck persönlicher Erfahrung;
- *Gesellschaft* – Sprache als Ergebnis sozialer und politischer Erfahrungen.

Allerdings ist die Sprache als immer erneut anzueignendes Kulturphänomen nicht nur ein im Rücken des Sprechenden wirksamer Steuerungsfaktor, sondern sie besitzt den merkwürdigen Doppelcharakter einer gleichzeitigen Gestaltungskraft: Die bestehenden (geschichtlichen, psychischen und sozialen) Verhältnisse werden nicht bloß in ihr ausgedrückt, sondern ihr Gebrauch – jeder Satz und jedes Wort – verändert ihrerseits diese Verhältnisse unablässig.

Sprache ist damit Ausdruck des ständig im Fluß befindlichen Prozesses menschlichen Zusammenlebens und dort, wo sie bewußt verwandt wird (wie in der Wissenschaft, im argumentativen Gespräch, in der Literatur usw.), das hervorragende Medium sozialen Wandels.

Die Sprache erst erschließt den Weg zum Menschen und zur Geschichte als Prozeß; die wissenschaftliche, d.h. die theoretische Sprache erschließt den Weg zur Wissenschaft (gleichfalls als Prozeß). Dies ist der Grund dafür, daß Wissenschaft immer auch – wenngleich nicht nur – mit sich selbst beschäftigt ist und nicht, wie viele meinen, aus bloßem Hang zur eitlen Selbstbespiegelung, obwohl auch dies anzutreffen ist.

Die wissenschaftliche, theoretische Sprache unterliegt besonderen Regeln. Sie ist (wie die Alltagssprache auch) historisch *gewordene* Sprache, d.h. ihre Begriffe und Sätze haben ein eigenes Schicksal. Sie beziehen sich oft auf längst vergangene und immer wieder gewendete Bestimmungen, die in sich mittlerweile so bedeutungsschwer oder vieldeutig sind, daß ihre Entschlüsselung (als Rekonstruktion ihrer komplexen Entstehungsgeschichte) die Gestalt einer mühseligen Dechiffrierarbeit annimmt, die selten vollkommen zufriedenstellend bewältigt werden kann.

Des weiteren ist die Wissenschaftssprache abstrakt, d.h. sie entspringt nicht unmittelbar der Realität, sondern der Reflexion *über* die Realität und wird daher auch immer in einer gewissen Distanz zu ihr stehen. Insofern ist keine Wissenschaft, auch nicht die Sozialwissenschaft, in der Lage, ohne ein gewisses Repertoire an Fachtermini auszukommen (bei dessen Bewältigung das im Anhang beigefügte *Glossar* Hilfestellung leisten möchte).

Auf der anderen Seite besitzt die wissenschaftliche Sprache im Gegensatz zur alltäglichen eine Qualität, die zu ihrem Verständnis erheblich beitragen kann: Wissenschaft unterliegt der Verpflichtung zur *Argumentation,* d.h. zur *Begründung* ihrer Aussagen, ja sie ist hierdurch geradezu definiert. Erst die explizite Angabe von Gründen für theoretische Aussagen macht diese zu wissenschaftlichen, weil erst die Begründung *Kritik* ermöglicht.

Das mühselige Geschäft des Forschers (und des Studenten) besteht gerade darin, die nicht als solche ausgewiesenen theoretischen oder auch anderweitigen impliziten Vorannahmen, die »heimlichen Begründungen«, herauszuarbeiten und sie damit der Kritik zu unterwerfen.

In den beiden Hälften des Doppelwortes Politische Theorie ist, wie wir sehen, bereits deren innere Problematik enthalten. Bevor wir dies näher erörtern *(Kapitel 1.3:* »Was ist Theorie?«, *Kapitel 1.4:* »Was ist Politik?«), scheint es sinnvoll, anstelle einer weiteren Aufteilung der Politikwissenschaft in Unterabteilungen (nach dem Muster »Innenpolitik, Außenpolitik, Politische Theorie«) und deren Abgrenzung gegen Nachbarfächer, sich über den *logischen* Standort der Politischen Theorie innerhalb ihres Faches Klarheit zu verschaffen.

Politikwissenschaft umfaßt Problemfelder von unterschiedlichem Abstraktionsniveau. Von der Empirie über die Theoriegeschichte bis zur Gesellschaftstheorie und schließlich zur Erkenntnistheorie lassen sich verschiedene Ebenen theoretischer Abstraktion unterscheiden, die, aufeinander aufbauend und in vielfältigen Wechselbeziehungen stehend, das Gesamtbild des Fachs prägen.

Stufen theoretischer Abstraktion in der Politikwissenschaft:

---

5. *Erkenntnistheorie:* Voraussetzungen sozialwissenschaftlicher Theoriebildung
4. *Gesellschaftstheorie:* Bestimmung gesellschaftlicher Totalität
3. *Ideengeschichte:* Theorien zu politischen Ideen und Bewegungen
2. *Theorien politikwissenschaftlicher Teilbereiche:* Theorien zu historischen und kategorialen Einzelfragen

- -

1. *Empirische Politikforschung:* Erfassung politischer Wirklichkeit in theoriefähiger Form

---

0. Politik = soziale Realität als Prozeß

Während die Politikwissenschaft als Fachdisziplin auf allen hier idealtypisch aufgelisteten Abstraktionsebenen (1–5) argumentieren muß, oft in »Zwischenräumen« und beständig von einer zur anderen wechselnd, befaßt sich die Politische Theorie, wie sie in diesem Buch zur Debatte steht, näher nur mit den Stufen 2–5.

Doch auf jeder dieser Stufen ist sie konfrontiert mit den aus ihrer theoretischen (sprachlichen) Natur herrührenden Einflußfaktoren: Geschichte und Gesellschaft.

Für die hier geführte Argumentation, die eine Linie abnehmender Abstraktion verfolgt (von der höchsten Stufe – *Kapitel 1:* Erkenntnistheorie, Politikbegriff – zu den nächsten – *Kapitel 2:* Gesellschaftstheorie, Ideengeschichte – zur nächsten – *Kapitel 3:* Theorien politikwissenschaftlicher Teilbereiche), bedeutet dies, daß die Politische Theorie in einigen ihrer zentralen Bereiche vor dem Hintergrund ihrer historischen und sozialen Genese vorgestellt und diskutiert wird.

3 Der Methodenstreit in den Sozialwissenschaften

An Antworten auf die schwierige Frage, was politikwissenschaftliche oder generell sozialwissenschaftliche Theorie eigentlich sei und wie sie als Wissenschaft vorzugehen habe, herrscht kein Mangel. Böse Zungen behaupten sogar, es gebe so viele Antworten, wie es Wissenschaftler gibt. Immerhin wird der mit der einen oder anderen Einführung in die Politikwissenschaft vertraute Leser sich von dieser Feststellung nicht mehr allzusehr entmutigen lassen. Der Streit um die erkenntnistheoretischen Grundrichtungen in den Sozialwissenschaften hat zur Bildung mehrerer »Schulen« geführt, aus deren Beiträgen zur Diskussion verschiedene *Typen* sozialwissenschaftlicher Theoriebildung abzulesen sind.

In jeder sozialwissenschaftlichen Theorie finden sich politische Gehalte, d.h. Optionen der Autoren für die eine oder andere politische Richtung; gleichermaßen stellt jeder Theorieansatz eine mehr oder minder eindeutige Entscheidung zugunsten einer erkenntnistheoretisch-methodologischen Position dar.

Diesen Zusammenhang aufzuspüren, ist Voraussetzung für eine sachgerechte Beurteilung politischer Theorien. Die folgenden Kapitel wollen einige Kriterien hierfür aufzeigen, indem sie das im engeren Sinne methodologische Problem auch politisch interpretieren.

Deshalb werden zwei Fragen den Leser beim Studium der folgenden Seiten begleiten:

1. Was heißt im jeweils vorgestellten Konzept wissenschaftliche Erfahrung?
2. Welchen Stellenwert besitzt und worauf bezieht sich jeweils wissenschaftliche Kritik?

3.1 Normativ-ontologische Ansätze

Praktische Philosophie war seit Aristoteles (384–322 v.Chr.) die Lehre vom richtigen Handeln sowohl des Einzelmenschen als auch in der politischen Wirklichkeit der Polis. Ihr gemäß stellt politische Praxis eine Politik und Ethik umgreifende Einheit dar. Das, was in der Wirklichkeit vorhanden ist, besitzt in sich eine Tendenz zum Besseren, so wie auch in der Entwicklung des menschlichen Lebens eine Grundrichtung auf Vermehrung von Tugenden im umfassenden Sinne angelegt ist.

Die normativ-ontologische Theorie entstand als Wiederbelebung der aristotelischen Philosophie und als Reaktion auf den Positivismus der Gründergeneration der »Political Sciences« im anglo-amerikanischen Raum.[2] Ihr erklärtes Ziel ist es, Politik und Ethik wieder miteinander zu verknüpfen. Danach bedürfe Politische Wissenschaft einer Erneuerung aus dem Geiste der klassischen Philosophie.

Die Vertreter der normativ-ontologischen Theorie gehen von der Prämisse aus, »daß es eine objektive Wahrheit gibt, daß diese in den Strukturen des Seins enthalten ist und daß innerhalb der Seinsstrukturen Wahres und Gutes konvergieren«.[3]

Aus den beiden Prämissen:

- es gibt eine objektive Wahrheit;
- diese Wahrheit ist in den Strukturen des Seins, in der geschichtlichen und politischen Wirklichkeit, enthalten,

folgt:

- die erkenntnistheoretische Aussage, wonach die wissenschaftliche Reflexion zu einer steten Annäherung an die Seinswahrheiten führt;

---

2 In Deutschland hat die normativ-ontologische Theorie ihre profiliertesten Vertreter in den sogenannten Freiburger (Arnold Bergstraesser) und Münchener (Eric Voegelin) Schulen gefunden.

3 Naschold, Frieder: Politische Wissenschaft. Freiburg-München 1970, S. 36

– die Vorstellung, wonach sich dem Forschenden bestimmte Seinswahrheiten im Sinne einer »Wesensschau« enthüllen.

Maßstab dieser Politischen Philosophie blieb bis heute die Tradition des Naturrechts mit einer Zielvorstellung, die man unter dem Stichwort der »guten Ordnung des Gemeinwesens« subsumiert.

So will Leo Strauss, einer der Väter der normativ-ontologischen Richtung, alle Politik auf die anthropologische Einsicht gründen, wonach der Mensch ein singuläres und unverwechselbares, in einer durch ihn selbst gestalteten politischen Gemeinschaft lebendes Wesen ist, wobei davon auszugehen sei, daß die menschliche Natur sich ihrem Wesen nach in der Geschichte nicht ändert.

Von seiten normativer Ontologen wird ein Schwund transzendenter Orientierung beklagt, der mit einem Verlust des Verständnisses vom Wesen des Politischen einhergehe. Diesen Verlust zu beheben, erfolgt der Rückgriff auf die Politik des Aristoteles, um einen Grund für die Verankerung des Politischen in einer Seins- und Kosmoswissenschaft zu finden. So erstrebt denn auch diese Theorie eher Deutung und Sinngebung denn begriffliche Analyse.

Von dieser Position aus wird Kritik an allen »modernen Ideologien« geübt, als welche, oft in etwas vereinfachender Weise, unterschiedslos Positivismus, Marxismus, Historismus, Behaviorismus aneinandergereiht werden.

Philosophische Anthropologie, Ethik und Personalismus sind die zentralen Fixpunkte normativ-ontologischer Theorie, die gegen Subjektivismus, Psychologismus und Szientismus ins Feld geführt werden. Begriffe wie »Gemeinwohl«, »bonum commune«, »common sense« und »das gute Leben« sind die Grundkategorien, die sich weniger der wissenschaftlichen Analyse verdanken als einer Seins- und Wesensschau. Vom positivistischen wie vom dialektischen Theorieverständis her werden diese Kategorien eher als integrative Reizformeen zur Steuerung der Massen gewertet.

Das Dilemma der normativ-ontologischen Theorie gleicht damit jenem des Konservatismus. Sie propagiert einen Tugendkanon (»Weisheit«, »Sittlichkeit«, »Glauben«), um dessen Glaubwürdigkeit es immer dann schlecht bestellt ist, wenn etwas, das als ewig seiend, letztgültig und der Wesensschau entsprungen dargestellt werden soll, doch letztlich nur das vorläufige Ergebnis menschlicher Arbeit und sozialer Prozesse ist.

3.2 Empirisch-analytische Ansätze

Der sogenannte empirisch-analytische Forschungsansatz in den Sozialwissenschaften – seine Verfechter nennen ihn »Kritischen Rationalismus«, seine Gegner sprechen von »Positivismus« oder »Neo-Positivismus« – vertritt im Vergleich zur normativ-ontologischen Schule eine entschieden »realistischere« und erklärtermaßen nüchterne Position.

Sein theoretischer Ausgangspunkt und seine innere argumentative Triebkraft entstammen gerade einem großangelegten Angriff gegen die als überzogen kritisierten Ansprüche normativer, phänomenologischer und idealistischer Theorien, die, als »Metaphysik« und »Essentialismus« für untauglich, irreleitend, ja potentiell in gefährliche Heilslehren mündend erklärt und abgelehnt werden.

Betraf die Stoßrichtung dieser Kritik in der entstehenden neo-positivistischen Schule seit Beginn unseres Jahrhunderts zunächst vor allem die in Deutschland dominierenden sozialkonservativen und normativ-ontologischen Strömungen, so wurden seit den dreißiger Jahren die marxistische Theorie und die ihr verwandten kritisch-dialektischen Ansätze zu den erklärten Hauptgegnern.

In Anknüpfung an die englischen Positivisten des 18. und 19. Jahrhunderts sowie vor allem an die Kantische Vernunftkritik formulierten die Neo-Positivisten etwa des »Wiener Kreises« zu Beginn der 20er Jahre das Programm einer Forschungslogik, das, der naturwissenschaftlichen Methodik entnommen, auch für die Sozialwissenschaften Anwendung finden sollte. Ziel war die philosophische Grundlegung einer Einheitswissenschaft mit einem universell gültigen Methodenapparat nach streng logischen Grundsätzen.

Wissenschaftlicher Erfahrung ist nach diesem Programm nur das objektiv Meßbare, sinnlich und gegenständlich Erfaßbare zugänglich, das nach genau festgelegten Regeln innerhalb einer widerspruchsfreien, allgemein gültigen Wissenschaftssprache festgehalten wird.

Den Nachweis der Anwendbarkeit dieser den Naturwissenschaften entlehnten Methode in den Sozialwissenschaften sind ihre Erfinder der Nachwelt schuldig geblieben. Wie sollten auch die in sich widersprüchlichen und prozeßhaften, das heißt in der Regel nicht physikalisch wäg- und meßbaren Fakten des sozialen und politischen Lebens als gleichsam stoffliches, in Zeit und Raum exakt definierbares Material erfaßt werden können?

Innerhalb der neopositivistischen Schule richtete sich die Kritik dieses frühen Ansatzes vornehmlich auf den methodologischen Aspekt. Hier war es vor allem der österreichische Philosoph Karl R. Popper (geb. 1902), der gegen die Vorstellung einer induktiven, d.h. von der reinen Faktenbeobachtung zur Theorie fortschreitenden Wissenschaft Widerspruch einlegte.

Nicht die angeblich reinen Fakten, so seine Überlegung, sondern immer schon Hypothesen, d.h. Vorannahmen über die Wirklichkeit, bilden den Ausgangspunkt jeglicher Forschung – und zwar gleichermaßen naturwissenschaftlicher wie sozialwissenschaftlicher. Will Popper zwar nach wie vor am Ziel der Einheitswissenschaft festhalten, so doch mit einem verfeinerten Methodenverständnis, das, ausgehend von der menschlichen und wissenschaftlichen Neugier- und Fragehaltung (als immer schon vorhandene Hypothese), als nächsten Schritt den der Operationalisierung, d.h. Überprüfbarmachung der Ausgangshypothesen vorsieht. Die Poppersche *deduktive* (von Hypothesen ableitende) Methode konfrontiert Annahmen über die Wirklichkeit mit der empirischen Realität zum Zwecke ihrer (nämlich der Annahmen) stets erneut gebotenen Korrektur.

Wissenschaftliche Kreativität dient damit nicht länger der *Bestätigung* für wahr gehaltener Hypothesen (Verifikation), sondern vorab ihrer Kritik. Dieses Kriterium der *Falsifikation* betrachtet Popper als eigentlichen Motor des wissenschaftlichen Fortschritts. Wissenschaft stellt sich aus dieser Sicht dar als ein unaufhörliches, stetiges Falsifikationsbestreben aller beteiligten Forscher, die, aufeinander aufbauend und voneinander lernend, ihre Hypothesen und daraus gewonnenen Theorien ständig in kleinen Schritten abändern, verwerfen und ersetzen und sich damit Stück für Stück der Wahrheit annähern, die allerdings als Ganzes immer unerreichbar bleibt.

Wahrheit, ein nach normativ-ontologischer Auffassung in ewigen Werten, durch Wesensschau und Metaphysik erfahrbarer letzter Urgrund der Dinge, ist für den empirisch-analytischen Wissenschaftler damit definiert durch die Methode einer stückweisen Annäherung an sie. Diese (nach Popper: deduktive) Methode postuliert den streng logischen Ablauf von:

- *Hypothese* (Frage, Einfall, usw.),
- *Operationalisierung* (Überprüfbarmachen durch Datenerhebung und Umformung des empirischen Materials in sogenannte Basissätze, die mit der Ausgangshypothese verglichen werden können),
- *Falsifikation* (sofern Differenzen zwischen Hypothese und erhobenem Material bestehen; falls nicht, gilt die Hypothese als »bewährt«. Es folgt ein neuer Falsifikationsversuch) mit dem Ergebnis:
- *Neue (oder abgeänderte) Hypothese,* die unter Umständen einmündet in eine übergeordnete *Theorie,* aus der wiederum die Möglichkeit besteht zur Ableitung einer
- *Prognose* über gleichgeartete Probleme.

Poppers Methodenlehre mit ihren Kriterien der Widerspruchsfreiheit, Nachprüfbarkeit (intersubjektive Wiederholbarkeit) und dem Bestehen auf streng kausallogischer Argumentation (in der grammatischen Form von Konditionalsätzen: »wenn ... dann«) hat besonders die Tradition der empirischen Sozialforschung seit den 30er Jahren und erst recht seit der Nachkriegszeit nachhaltig beeinflußt.

Die ihr implizit zugrunde liegende Vorstellung ist die eines unablässigen Dialogs aus wechselseitiger Kritik aller auf einem gemeinsamen Markt der Wissenschaft agierenden Forscher, die im Bestreben auf Widerlegung des Kollegen/Konkurrenten auf diesem Wege einen ständigen, evolutionären Wissensfortschritt betreiben, wobei es den Theorien ähnlich ergeht wie den biologischen Arten nach der Darwinschen Entwicklungstheorie: Die überlebenstüchtigere d.h. falsifikationsresistentere Theorie besteht fort oder »mutiert«, d.h. sie wird neuen Anforderungen und Erkenntnissen angepaßt; die widerlegte und damit »schwächere« geht unter.

Folgerichtig entwickelt sich aus dieser evolutionären Wissenschaftstheorie eine Politische Philosophie der Skepsis gegen alle utopischen Entwürfe sowie die strikte Ablehnung revolutionärer Ziele, die unter dem Verdacht totalitärer Intoleranz und dogmatischer Starrheit stehen. Poppers philosophische Wendung gegen die von ihm als »dunkle Denker« und Konstrukteure von Heilslehren angegriffenen Philosophen solch unterschiedlicher Couleur wie Platon, Hegel oder Marx ist geprägt von der Erfahrung totalitärer Regime wie des Nationalsozialismus und des Stalinismus, gegen deren vermeintliche philosophische Quellen der in englischer Emigration lebende Theoretiker vehement zu Felde zieht.

Analog zu dem Programm des Erkenntnisfortschritts in kleinen Schritten auf einem offenen Wissenschaftsmarkt plädiert Popper für eine »offene Gesellschaft«, d.h. ein politisches und soziales System, das die Chance zur eigenen kontinuierlichen Verbesserung und Anpassung an die sich unvorhersehbar verändernden Lebensbedingungen in sich trägt. Nur in solchen Gesellschaften sei die Möglichkeit zur schrittweisen Bekämpfung sozialer Übel, zum politischen Experiment bei Abwägung der möglichen Nebenfolgen gegeben, ohne das totalitäre Risiko selbst der bestgemeinten, utopisch konstruierten, praktisch jedoch weder wünschbaren noch herstellbaren »Idealgesellschaft« zu laufen.

Poppers Vorstellung von der Politik als »piecemeal engineering«, als Stückwerkarbeit in Gestalt rational geplanter Reformschritte, leitet sich ab aus einem am technisch-pragmatischen Erkenntnisinteresse orientierten sozialwissenschaftlichen Forschungsansatz, ist aber mit ihm keinesfalls identisch. Im Gegenteil: Für die ganze empirisch-analytische Schule gilt als zentrale Kategorie das (auf Max Weber zurückgehende) Postulat der Verpflichtung wissenschaftlicher Arbeit auf das Prinzip der Wertfreiheit.

In strikter Trennung von subjektiver Meinung, speziellen Interessen und persönlichen Gefühlen soll und kann der Forscher seine Aufgabe nüchtern und objektiv erfüllen; Werte und Überzeugungen, deren Existenz die empirisch-analytische Schule keineswegs leugnet, können zwar zum *Gegenstand* wissenschaftlicher Forschung werden, dürfen jedoch deren immanente, an reiner Sachlichkeit interessierte Erkenntnishaltung nicht verletzen.

Die Kritik des empirisch-analytischen Ansatzes vor allem aus den Reihen der materialistischen und dialektischen Theorie setzt genau an dieser Stelle an. Wie, so wird gefragt, kann der Forscher von seinen Erkenntnisinteressen völlig absehen, wo er doch, gerade wenn es um Politik und Gesellschaft geht, selbst Teil des zu behandelnden Gegenstandes ist? Wie kann eine durch Geschichte und Sprache vermittelte soziale Realität quasi unter Laborbedingungen untersucht werden, wo doch diese Laborbedingungen im Gegensatz zur makrophysikalischen Erkenntniswirklichkeit selbst ein Teil dieser Realität und durch sie vermittelt sind? Kurz: Sind Forschungsgegenstand und Forscher, Subjekt und Objekt, nicht viel zu eng und zu mannigfaltig miteinander verknüpft, als daß sie sich ohne weiteres fein säuberlich durch ein formallogisches Verfahren trennen ließen? Verfällt der kritische Sozialwissenschaftler, eingebunden in die Gesellschaft, damit nicht erneut einer Illusion?

Wie die empirisch-analytische Forschungspraxis zeigt, sind diese Fragen berechtigt. Allzu oft nämlich entpuppt sich die Suche nach präziser und detaillierter Datenerfassung durch peinlich genaue Erhebungsmethoden als »Fliegenbeinzählerei«, d.h. als unergiebiges Erstellen von »Zahlenfriedhöfen« mit kargem Aussagewert.

Die methodische Akribie steht dann nicht selten in einem grotesken Verhältnis zur »Relevanz« der Ergebnisse. So wenn etwa gut dotierte Forschungsaufträge zur Frage des Einflusses der Körperfülle auf die Sicherheit am Arbeitsplatz oder jener, wie es zu Unfällen im fahrlässigen Umgang mit Haartrocknern kommt, vergeben werden. Während dieses Problem jeder Elektromeister fachkundig klären könnte, existieren zum erstgenannten Forschungsvorhaben seit Jahrzehnten gesicherte arbeitsmedizinische Erkenntnisse. Gleichwohl sind dies keine erfundenen Beispiele, sondern Forschungsaufträge eines Bundesarbeitsministeriums.

Angesichts derartiger »Exaktheit« wäre vielleicht an die Äußerung eines Vertreters des Kritischen Rationalismus, Ernst Topitsch, zu erinnern, der schon vor einem Vierteljahrhundert bemerkt hat:

»Wo ideologisch orientierte Gruppen nach der Herrschaft greifen und dadurch das Risiko der direkten Kritik wächst, bietet die relativ neutralere empirische Gesellschaftsforschung eine weit weniger gefährdete Ausweichstellung, und zwar besonders dann, wenn sie sich auf Einzeluntersuchungen über sozialstrukturell wenig belangvolle Themen beschränkt. So kann es zu einer verhältnismäßig friedlichen Koexistenz zwischen einer emsigen Kleinsoziologie und einer recht massiven Ideologie kommen. Eine solche Betriebsamkeit wird höherenorts mitunter gern gesehen und wohl auch gefördert, insofern sie als vorbeugende Arbeitstherapie Menschen davor bewahrt, auf unnütze oder gar gefährliche Gedanken zu kommen, und so zur Stabilisierung der bestehenden Gesellschaftsordnung beiträgt.«[4]

Auf dem Wege zur sozialen Wirklichkeit, den die empirisch-analytische Theorie beschreiten will, so könnte man sagen, entpuppt sich ihre größte Schwäche: Da ihr kritischer Impuls sich primär auf ihre Methoden bezieht (»Kritizismus«), verliert sie ihre soziale und politische Relevanz und übt damit ungewollt letztlich eine herrschaftslegitimierende und die bestehenden Verhältnisse bewahrende Funktion aus.

3.3 Funktionalistische Ansätze

Aus den Vereinigten Staaten bezieht die heutige sozialwissenschaftliche Theoriediskussion einen ihrer aktuellsten Beiträge, den Funktionalismus oder die Systemtheorien. In den USA

---

4 Topitsch, Ernst: Sozialphilosophie zwischen Ideologie und Wissenschaft. Neuwied 1961. S. 48

hatten seit den 30er und 40er Jahren Sozialwissenschaftler wie Talcott Parsons (1902–1979) oder Karl Deutsch (geb. 1912) einen neuen gesellschafts- und politiktheoretischen Ansatz ins Gespräch gebracht, der auch in den Sozialwissenschaften der Bundesrepublik vor allem seit den späten 60er Jahren auf fruchtbaren Boden fiel.

Funktionalismus oder Systemtheorie (diese beiden Begriffe werden hier synonym gebraucht, obwohl sich in Wahrheit unter diesen Überschriften eine Vielzahl voneinander abweichender und miteinander konkurrierender Entwürfe verbergen) ist der Versuch, der sozialen Wirklichkeit mit der Konstruktion eines Modells auf die Spur zu kommen. Dieses Modell hat die Form eines Systems.

Was hier in relativ neutraler Sprache einherkommt (was ist im alltäglichen wie im wissenschaftlichen Sprachgebrauch nicht alles »System«!), ist allerdings speziell gemeint: Analog zu den vom Funktionalismus als Vorbild genommenen Disziplinen der Biologie und der Kybernetik (=Lehre von der Information und ihrer Verarbeitung) ist ein System ein »strukturaler Funktionszusammenhang«, d.h. ein in sich geschlossener und nach außen klar abgegrenzter Regelkreis, der innerhalb eines übergeordneten Kontextes bestimmte Aufgaben zu erfüllen hat.

Als Modell kann ein System nun seinen inneren Gesetzmäßigkeiten (Systemsteuerung) und seinen Umweltbeziehungen (zu anderen Systemen) gemäß beschrieben werden, wobei vor allem zwei miteinander verbundene Aspekte ins Blickfeld rücken:

- die Frage der Innen/Außen-Abgrenzung, also nach den Systemgrenzen;
- die Frage nach den Bestandsvoraussetzungen des Systems, d.h. den Bedingungen, unter denen es funktioniert oder nicht (»Systemkrisen«).

Die nach diesen Kriterien entworfenen Systeme können analysiert werden, wobei sich in erster Linie zwei Problemfelder ergeben: das der System*stabilität* und das der System*leistung* (als Verhältnis von »input« zu »output«).

Erscheint die Anwendung des Systemgedankens auf einfache technische oder organisch-physiologische Zusammenhänge noch relativ leicht und kann dort eine gewisse Plausibilität für sich beanspruchen (z.B.: eine Zentralheizung mit Thermostat, der je nach Außentemperatur den Brenner ein- und ausschaltet; die Physiologie der Insulinausschüttung bei hohem Blutzuckerspiegel usw.), so bringt seine Übertragung auf die gesellschaftliche oder politische Ebene einige Schwierigkeiten mit sich.

Zunächst einmal ist die Analogie naheliegend: Politik als System zu betrachten, ermöglicht den klassifizierenden Zugang zu einer ganzen Reihe von Themenkreisen: Innerhalb des Gesamtsystems Gesellschaft gibt es »Subsysteme« der Politik, der Kultur, des Rechts, der Wirtschaft usw., die sich ihrerseits wiederum je nach Perspektive aus einer großen Zahl von Subsystemen (Politik: Administration, Parteien, Parlamente, Politische Öffentlichkeit usw.) zusammensetzen, die nun nach Bedarf – jedes ein politikwissenschaftliches Spezialthema – untersucht werden können.

Doch wie sieht eine solche Untersuchung aus? Wie läßt sich, wenn man konkrete Aussagen über die gesellschaftliche Realität gewinnen will, etwa das Parteiensystem von dem der politischen Administration trennen und wie dessen Leistungen definieren, ohne ein »System der politischen Kultur« zu diskutieren? Die Ergebnisse dieser Fragehaltung (wie sie allerdings beileibe nicht in allen systemtheoretischen Entwürfen zum Tragen kommen) können sich allenfalls auf die klassifizierende und hierarchisierende *Deskription* erstrecken. Im besten Fall werden die in einem Spezialbereich der Politik wirkenden Kräfte und ihre Wechselwirkungen deskriptiv erfaßt und bilanzmäßig registriert.

Die Plausibilität dieses auf einfacher Stufe entwickelten Systemgedankens erweist sich rasch als vordergründig: über die Auflistung sich wechselseitig bedingender Faktoren innerhalb vage umrissener Systemzusammenhänge kommt er nicht hinaus. Sein politikwissenschaftlicher Gegenstand sind dementsprechend in erster Linie Institutionen mit ihrer Leistung und das Problem, inwieweit sie »funktionieren« oder nicht. Die Frage, welchen Sinn diese Institutionen darüber hinaus besitzen, muß der Systemtheorie als abwegig erscheinen. Es fehlt ihr ein die

Gesellschaft in ihrem historisch-dynamischen Aspekt begreifendes analytisches Instrumentarium sowie ein soziologisch-handlungstheoretischer Rahmen, der über die Rollendimension sozialen Handelns hinaus – »in jedem System spielt man eine systembezogene Rolle« – einen Zugriff auf die Beweggründe sozialen Handelns ermöglichte.

Dieser sogenannte informationstheoretische Ansatz in der Systemtheorie kann demgemäß über den Rahmen (=Systemgrenzen) seines jeweiligen Gegenstandes nicht hinausblicken, er bewegt sich sozusagen immer im systemischen Binnenraum und bildet ihn ab. Sein wissenschaftlicher Beitrag ist bestenfalls einer zur Effizienz des untersuchten Systems.

Nun hat sich freilich die neuere funktionalistische Theorie diesem Problem gestellt. Neben Parsons hat sich in der Bundesrepublik vor allem der Soziologe Niklas Luhmann (geb. 1927) um eine Fortschreibung des systemtheoretischen Konzepts bemüht und zwar durch eine stärker gesellschaftstheoretisch und historisch begründete Argumentation. Sein Programm ist das der Radikalisierung des funktionalistischen Gedankens, d.h. einer Ersetzung des auf System*beschreibung* zielenden Anspruchs der älteren Systemtheorie. Diese habe sich, so Luhmann, durch die oben erwähnte einseitige Konzentration auf die System*funktion* immer wieder in die vergebliche Suche nach Systemgrenzen begeben. Aus der strukturell-funktionalen Systemtheorie, die den Strukturgedanken dem Funktionsgedanken vorordnet, soll damit eine funktional-strukturelle werden, was für eine ganze Anzahl von Widersprüchen der ersteren freilich eine elegante Lösung bedeutet.

Im Gegensatz zu den (von Luhmann unter dem Stichwort »alteuropäischen« Denkens rubrizierten) ontologisch, d.h. an Seins- und Wesensaussagen orientierten normativen, empirisch-analytischen und kritisch-dialektischen Theorien, richtet er sein Interesse auf ein ganz anderes Problem: Nicht mehr die Struktur gesellschaftlicher Zustände ist das Thema, sondern das Problem, wie sie sich den Menschen darstellt, die Art und Weise, in der sie ihnen erscheint und wie die Menschen sie verarbeiten. Dieses Thema – zentrale Kategorie der modernen Systemtheorie – heißt *»Komplexität«*.

Die Welt, als letztes und größtes System entzieht sich einer abgrenzenden Bestimmung nach systemtheoretischem Muster, doch läßt sich von ihr unter dem Leitgedanken der Komplexität Zugang zu Systemen gewinnen: »Zum Problem wird die Welt nicht unter dem Gesichtspunkt ihres Seins, sondern unter dem Gesichtspunkt ihrer Komplexität«.[5]

Der dem Menschen zum Überleben in einer chaotischen Vielfalt (»Komplexität als die Gesamtheit möglicher Ereignisse«) aufgegebene Zwang zur »Reduktion von Komplexität« wird durch »Sinn« als Auswahlkriterium aus einer Vielzahl von Möglichkeiten und damit als Steuerungsinstanz geleistet. Die sozialen Systeme übersetzen somit das Komplexitätsproblem in eine für die Menschen handhabbare Größenordnung und werden unter diesem Gesichtspunkt von Luhmann untersucht.

Von diesem Standort aus wird auch die historische Betrachtung neu angeleitet: Die Geschichte der modernen Zivilisationen ist die der Zunahme von Komplexität, deren Bewältigung durch die wachsende innere Differenzierung der sozialen Systeme geleistet wird.

Die logische Stringenz dieses Gedankens liegt in einer einfachen und bestechenden Wendung: Es ist dies die umstandslose Ersetzung der kausalen Logik (Konditionalsatz: »wenn ... dann«) durch eine funktionale (»welchem Zwecke dient ... «). In der Tat eröffnet diese Logik einen breiten Zugang zu sämtlichen gesellschaftstheoretischen Fragen. Die Welt ist »alles, was der Fall ist«, sie ist komplex, und Luhmanns Systemtheorie begreift sich als zugehörig zu einem der sinnverwendenden sozialen Systeme (Wissenschaftssystem), das an vorderster Front an der Mammutaufgabe mitwirkt, diese ungeheure Komplexität zu reduzieren, indem es die gesellschaftlichen Differenzierungsprozesse (etwa in Gestalt der Entwicklung des modernen Rechtssystems) rekonstruiert.

Damit ist aber noch immer nicht gezeigt, wie der aus den Postulaten der Ordnung, des Gleichgewichtes, der Kontrolle

---

5 Luhmann, Niklas: Soziologie als Theorie sozialer Systeme. In: Kölner Zeitschrift für Soziologie und Sozialpsychologie 1967. S. 618

und Effizienz gespeiste Systemgedanke die nötige analytische Distanz zu seinem Gegenstand herstellen kann. Das »Paradigma« System bleibt auch auf dem hohen Luhmannschen Abstraktionsgrad problematisch, da, einmal ins Konkrete übersetzt, sein Aussagewert wiederum auf den einer Funktionsbeschreibung (s.o.) schrumpft.

Natürlich sind die modernen parlamentarischen Regierungssysteme eine Antwort auf die drastisch angewachsene Schwierigkeit zur politischen Willensbildung und Entscheidungsfindung in den modernen komplexen Gesellschaften (im Gegensatz zu den überschaubaren Stadtstaaten der griechischen Antike), doch kann sich die Politische Theorie nicht damit begnügen, ihren Beitrag zur »Reduktion der Komplexität« zu diskutieren, sondern sie muß im Aufweis ihrer Entstehungsbedingungen und der mit ihnen verbundenen Interessen und Konflikte darüber hinaus einen Beitrag zur kritischen Analyse der Gesellschaft als ein Ganzes leisten. Eine Gesellschaftstheorie wie die Luhmannsche, ohne im weitesten Sinne »ontologische« Komponente, mag zwar in sich widerspruchsfrei sein (in diesem Bestreben ist sie den empirisch-analytischen Ansätzen vergleichbar), der Preis hierfür besteht jedoch in ihrer offenbaren Sterilität. In diesem Sinne ist sie eigentlich keine Theorie, sondern ein Schema, das beständig Gefahr läuft, sich seinem Gegenstand anzupassen, anstatt dessen Widersprüchlichkeit zur Sprache zu bringen.

»Das System ist theoretische Form einer Angst vor der Veränderung von Verhältnissen, die dem Anspruch auf Rationalität nur in Teilbereichen entsprechen konnten. . . . Der Realität gesellschaftlicher Verhältnisse, die ein Produkt menschlichen Handelns ist, wird ein System übergestülpt, das Ergebnis menschlichen Ordnungsdenkens ist, und indem sich dieses System der Gedanken als unabhängig von menschlicher Praxis begreift oder besser ausgibt, versucht es, auch die Wirklichkeit einer bestimmten Stufe menschlicher Entwicklung nicht mehr als veränderlich, sondern eben als System überzeitlicher Strukturen auszugeben.«[6]

---

6 Greven, Michael T.: Systemtheorie und Gesellschaftsanalyse. Darmstadt-Neuwied 1974. S. 219

3.4 Kritisch-dialektische Ansätze

Die Kritische Theorie entstand als Reaktion auf die erkenntnistheoretischen Positionen ihrer Zeit. Eher am Rande des herrschenden Wissenschaftsbetriebes entwickelte sich seit Ende der 20er Jahre – zunächst in Gestalt der Auseinandersetzung mit den ontologischen, phänomenologischen und positivistischen Strömungen – im Frankfurter Institut für Sozialforschung eine sozialphilosophische Schule, die öffentliche Aufmerksamkeit und eine gewisse Breitenwirkung erst lange Zeit später im Gefolge der Studentenbewegung der 60er Jahre erhält.

In Anknüpfung an große theoretische Entwürfe des 19. und 20. Jahrhunderts – Dialektik (Hegel), Politische Ökonomie (Marx) und Psychoanalyse (Freud) – entwickelt sie ein weitreichendes Programm der Gesellschafts- und Erkenntnistheorie, das seitdem immer wieder Gegenstand der Diskussion, aber auch heftiger Angriffe ist.

Ein heute oft vorgebrachter Vorwurf gegen die Kritische Theorie geht dahin, daß sie sich in höheren Sphären bewege, in denen der Kritik und der bloßen Theorie nämlich. Man wirft ihr Praxisferne, ja mangelnde Realitätsnähe vor.

Den Vorwurf der Abstraktheit wendet die Kritische Theorie nun seltsamerweise gerade gegen jene, die für sich in Anspruch nehmen, realistische bzw. exakte Wissenschaft zu betreiben. Der fundamentale Unterschied des kritischen zu allen anderen theoretischen Ansätzen ist der *Begriff von Gesellschaft*, von dem her sich alle Fragestellungen und Erkenntnisintentionen bestimmen. Gesellschaft ist weder eine Ansammlung von Individuen, die mit- und gegeneinander agieren (Positivismus), noch ist sie ein »Wesen« (normativ-ontologische Schule), noch ein System, dessen Struktur und Funktionsweise es durch seine Teilsysteme zu bestimmen gilt (Funktionalismus).

Gesellschaft, in Hegelscher und Marxscher Tradition, ist ein durch menschliche *Arbeit* vermitteltes Zusammenhandeln von Menschen, dessen Organisationsformen und Institutionalisierung bestimmt sind durch die jeweils erreichte materielltechnische und kulturelle Entwicklungsstufe. Menschliches

Bewußtsein ist bewußt gewordenes Sein und damit selbst Teil des menschlichen Arbeitsprozesses.

Damit gibt es nicht *die* Gesellschaft, sondern immer nur eine bestimmte, historisch gewordene Gesellschaft, die es analytisch auf den Begriff zu bringen gilt. Da die Kritische Theorie stets nach den Bedingungen ihres Zustandekommens fragt, sodann nach den Zwängen, die von gesellschaftlichen Institutionen auf die Gesellschaft wirken, ist sie selbst nicht »abstrakt« im üblichen Sinne; abstrakt ist allenfalls ihr Gegenstand, die durch Tausch vermittelte spätkapitalistische Gesellschaft, die gegenüber den in ihr lebenden Individuen selbst zu einer »abstrakten«, von ihnen losgelösten Maschinerie geworden ist. Deren Mechanismen theoretisch zu bestimmen, gehört zu den vornehmlichen Aufgaben der Kritischen Theorie.

Um das Funktionieren der Gesellschaft als Totalität begreifen zu können, bedarf es sowohl sozialpsychologischer als auch ökonomischer Fragestellungen. Kritische Theorie plädiert für einen Methodenpluralismus. Sie selbst geht bei ihren Analysen von dem Axiom aus, daß Gesellschaft eine »in sich vermittelte Totalität« ist, deren Teilmomente, die handelnden und leidenden Individuen, zwar einander bedingen, deren »Wesen« sich aber erst von der »Totalität« her bestimmt. Diese Totalität jedoch ist eine *gewordene* und damit auch *veränderbare*. Politische Wirklichkeit gilt stets als eine zu verändernde Handlungswelt, die geschichtliche Dimensionen besitzt und damit im Gegensatz zur naturwissenschaftlichen Objektwelt im strengen Sinne keine Wiederholungen kennt, sondern einen unumkehrbaren Prozeß darstellt.[7]

Strukturen und Gesetzmäßigkeiten gesellschaftlichen und politischen Handelns sind historische Phänomene. »Kritisch« ist die Kritische Theorie insofern, als bloß formale Bestimmungen, rein empirische Datenerhebungen der gesellschaftlichen Realität

---

7 Von Interesse ist an dieser Stelle, daß gerade von der Kritischen Theorie, nicht aber, wie zu vermuten wäre, von empirisch-analytischen Ansätzen, die empirische Sozialforschung in Deutschland ihre ersten wichtigen Impulse erhielt.

stets äußerlich bleiben müssen, weil die Erscheinungsformen der gesellschaftlichen Lebenswelt als solche nur schwer etwas über ihr Wesen selbst aussagen: Jedes soziale Einzelphänomen bleibt Teil eines gesellschaftlichen Gesamtprozesses, von dem her es seine Bestimmung erhält. So ist auch das Individuum ein »Ensemble gesellschaftlicher Verhältnisse« (Marx).

Seit ihren Anfängen war Kritische Theorie unorthodox. Sie arbeitete zugleich interdisziplinär und praxisnah. Sie hat mit ihren Studien über *Autorität und Familie* (Paris 1936) sowie zum *Autoritären Charakter* (New York 1950) neue und fächerübergreifende Fragestellungen aufgenommen und weit über ihre Fachgrenzen hinaus die soziologische und sozialpsychologische Forschung der Vereinigten Staaten und Westeuropas angeregt.

Ihre Motive und Intentionen lassen sich als Reaktion auf die Niederlage der Arbeiterbewegungen in den zwischen den beiden Weltkriegen faschistisch beherrschten Ländern Europas und auf die Ausbreitung des totalitären Potentials in West und Ost interpretieren. Besonders die Erforschung der Entstehungsbedingungen kollektiver Vorurteile und Agressionen, der Anfälligkeit kleinbürgerlicher und deklassierter Massen für faschistische Propaganda geht auf die Bemühungen dieser Forschergruppe zurück, zu der neben Max Horkheimer (1895–1973) vor allem Theodor W. Adorno (1903–1969), Herbert Marcuse (1898–1979), Franz Neumann (1900–1954), Otto Kirchheimer (1905–1965) und Erich Fromm (1900–1982) gehören.

4 Zum Politikbegriff

Die alte Frage, was Politik eigentlich sei, erregt die Gemüter heutzutage weniger als man vielleicht erwartet. Das bedeutet allerdings keinesfalls, daß es nicht weit auseinanderreichende Auffassungen über dieses Problem gäbe. So besteht Einigkeit lediglich darüber, daß es viele miteinander konkurrierende Politikbegriffe gibt, jedoch keinen allgemein gültigen oder zumindest keinen, der als der Stein der Weisen propagiert werden könnte. Jeder der Autoren mag einen mehr oder weniger heimlichen Favoriten haben – aber man vermeidet geflissentlich weltanschauliche Grabenkämpfe und beläßt es beim nüchternen Rundumblick. So werden die harten Differenzen eigentlich eher nebenbei oder implizit deutlich.

Diese Tatsache einer weitgehenden Indifferenz der aktuellen Politischen Theorie gegenüber der Bestimmung ihres eigentlichen Gegenstandes will selbst begriffen werden. Dazu soll uns zunächst eine kurze Durchsicht der vorhandenen, scheinbar handfesten Definitionen von Politik verhelfen. Diese Überprüfung betrifft zweierlei: Zum einen scheint es angebracht, das Alltagsverständnis, also den *vorwissenschaftlichen* Begriff von Politik gegen Aussagen mit wissenschaftlichem Anspruch abzugrenzen, zum anderen soll ein kurzer Überblick über die historische Entwicklung des Politikbegriffs erste Anhaltspunkte geben.

Bei der Frage nach dem alltäglichen Gebrauch des Wortes Politik wird man in aller Regel auf den Bereich dessen stoßen, was etwa in Tageszeitungen oder in der Fernsehberichterstattung unter das Ressort Politik fällt, also auf das, was zu identifizieren ist mit den Tätigkeiten der »Politik-Profis«, der Mächtigen im Staat und in der Welt, also denen, die kraft Amtes über das Schicksal größerer Menschengruppen zu entscheiden haben. Dieser Politikbegriff fällt, bei Licht besehen, ziemlich genau mit dem zusammen, was man »Regierungstätigkeit« nennt.

Dieses Verständnis von Politik ist oftmals gepaart mit einer teils resignativen (»die da oben machen ja sowieso, was sie wollen«; »der kleine Mann wird ja eh nicht gefragt«), teils affirmativen und identifikatorischen Einstellung zur Obrigkeit. Politik wird hier in einer eigentümlichen Polarität zwischen »schmutzigem Geschäft« und »Staatskunst« wahrgenommen (genau betrachtet scheinen jedoch die beiden Pole gar nicht so weit voneinander entfernt zu sein, wie es der erste Augenschein nahelegt!).

Auf dieser Ebene sind denn auch die einschlägigen Definitionen in populären Nachschlagewerken gehalten. So etwa findet sich im Reclam-Fremdwörterbuch (Stuttgart 1960) unter dem Stichwort Politik:

»*Politik*. – f(gr) Regierungskunst; Staatswissenschaft; Tätigkeit zum gemeinen Besten«

An dieser Stelle werden allerdings bereits die Umrisse eines auch wissenschaftlich angeleiteten Sprachgebrauchs deutlich. In der Tat weichen viele der kursierenden wissenschaftlichen Politikbegriffe von dem oben skizzierten alltäglichen gar nicht so weit ab, sondern betreffen prinzipiell die gleiche Ebene. Dies gilt in erster Linie für die historisch älteren Definitionen, um die es im folgenden gehen wird.

Politik als Gegenstand theoretischer Anschauung hat eine bis in die griechische Antike reichende Geschichte. Seit den großen Städtekulturen des griechischen Altertums, seit Platon und Aristoteles ist sie ein zentrales Thema der Philosophie. Die für uns relevante Diskussion des Politikbegriffs beginnt mit der Konstituierung der neuzeitlichen bürgerlichen Gesellschaften und deren Vorformen, also mit dem Ausgang des europäischen Mittelalters. In den Stadt-Staaten der italienischen Renaissance (seit dem 14. Jahrhundert) bilden sich in den feudalen Ordnungen Ansätze zur Umformung der ständischen Sozialordnung, die von einem zu Wohlstand und politischem Selbstbewußtsein gelangten Stadt-Bürgertum vorangetrieben werden. Diese soziale Bewegung findet ihren Niederschlag in einer neuen Reflexion dessen, was Politik sei, eine Reflexion, die sich aus heutiger Sicht gleichermaßen als Ausdruck der damals herrschenden Bewußtseinslage (war sie doch als Handreichung für politisches, also fürstliches Handeln gemeint) wie als Dokument kritischer Zeitgenossenschaft lesen läßt. Der Theoretiker, um den es geht, ist Niccolo Machiavelli (1469–1527). Seine Definition:

»Politik ist die Summe der Mittel, die nötig sind, um zur Macht zu kommen und sich an der Macht zu halten *und um von der Macht den nützlichsten Gebrauch zu machen*. ... Politik ist also der durch die Umstände gebotene und von dem Vermögen (virtu) des Herrschers oder des Volkes sowie von der spezifischen Art der Zeitumstände abhängige Umgang mit der Macht.«[8]

8 Zitiert nach: Böhret, Carl u.a.: Innenpolitik und politische Theorie. Opladen 1979. S. 27

»Macht« ist das zentrale Stichwort und dies mit aller Berechtigung, war doch zu jener Zeit politisches Handeln in erster Linie Machthandeln. Macht und institutionalisierte Macht, also Herrschaft, werden zum dominierenden Aspekt eines von Machiavelli bis in unsere Tage vorherrschenden Politikbegriffs. Dieser Aspekt (ohne den auch kritische Neufassungen nicht auskommen) wird im Zuge der Entstehung der bürgerlichen Gesellschaften Europas fortgeschrieben und nimmt, wie noch zu zeigen ist, ideologische Funktionen an.

Der macht- bzw. herrschaftsorientierte Politikbegriff seit Machiavelli richtet sein Augenmerk auf diejenigen Menschen, Gruppen und Institutionen, die Macht und Herrschaft innehaben und sie erhalten möchten. Sein eigentliches Thema ist der Staat. Politik ist demnach die Steuerung von Staatszielen, Staatszwecken und »Staatsleben« nach Machtgesichtspunkten.

Politische Theorie seit Machiavelli (und später unter dem Einfluß des englischen Philosophen Thomas Hobbes, 1588–1679) sieht im Staat ein Herrschaftsgebilde, einen Ort der Selbstbehauptung von Gruppen und der schließlichen Legalisierung ihres Machtanspruchs.

Recht läßt sich interpretieren als die Geltendmachung erlangter politischer Macht; deren ungehinderte Ausübung heißt Herrschaft. Damit wird die Substanz des modernen Staates als Macht bestimmt und erst in zweiter Linie als Recht. So definiert auch noch der Soziologe Max Weber (1864–1920):

»Politik würde für uns also heißen: Streben nach Machtanteil oder nach Beeinflussung der Machtverteilung, sei es zwischen Staaten, sei es innerhalb eines Staates zwischen den Menschengruppen, die er umschließt.«[9]

Unter dem Aspekt, daß soziales und politisches Handeln stets auf das Verhalten anderer bezogen ist, wird Herrschaft bestimmt als »die Chance, für einen Befehl bestimmten Inhalts bei angebbaren Personen Gehorsam zu finden«.[10] In diesem Sinne

9 Weber, Max: Wirtschaft und Gesellschaft. Tübingen 1980 (zuerst 1921), S. 822

10 Weber, Wirtschaft und Gesellschaft, a.a.O., S. 28

sind alle politischen Beziehungen in einem sozialen Verband *Herrschafts*-Beziehungen, besonders aber jene im Bereich des Staates.

Der Staat ist nach Weber ein politischer Verband gleich allen übrigen Herrschaftsverbänden, allerdings mit dem entscheidenden Unterschied, daß er zugleich die Institution darstellt, die rechtens beanspruchen darf, als die »alleinige Quelle des Rechts auf Gewaltsamkeit« zu gelten.[11]

Entscheidend bei diesen, die gesamten Sozialwissenschaften nach Weber bestimmenden Definitionen von Macht, Herrschaft, Gewalt und Staat ist, daß alle staatliche Legitimität nicht auf der Gewaltsamkeit als solcher beruhen kann (auf Bajonetten läßt sich bekanntlich schlecht sitzen!), sondern auf dem *mit Erfolg* beanspruchten Monopol *legitimer* physischer Gewaltsamkeit. Legitimität bedeutet somit auch die freiwillige Anerkennung eines solchen »Gewaltmonopols« von seiten jener, die man als »Herrschaftsunterworfene« bezeichnet.

Herrschaft ist ein Zustand, in dem jene, über die sie ausgeübt wird, sich über kurz oder lang auch in ihrem Bewußtsein angleichen bzw. anpassen. Machtverhältnisse, die am Anfang durchaus brachiale Formen annehmen können, haben die Tendenz, sich hinter dem Rücken der Herrschaftsunterworfenen im Sinne einer neuen Machtbalance einzuspielen und zwar dann, wenn die Beziehungen zwischen den mächtigeren und den weniger mächtigen Bürgern den Charakter des Selbstverständlichen angenommen haben.

Herrschaft bedeutet, so merkwürdig dies anmutet, stets zugleich auch Begrenzung von Macht. Da Macht die Tendenz besitzt, sich beständig auszudehnen, müssen auch die Träger der Macht danach streben, sie zu stabilisieren. Dies kann nur dadurch geschehen, daß die Rollenerwartungen der Herrschaftsunterworfenen zu einem voraussehbaren Erwartungszusammenhang verfestigt werden: erst dann hat sich die Machtbeziehung zum Herrschaftsverhältnis verdichtet.

---

11 Ebd., S. 822

Die hiermit umrissene Zweiseitigkeit unterscheidet Herrschaft von bloßer Macht. Sie verpflichtet nicht bloß die Herrschaftsunterworfenen, sondern ebenso auch die Herrschenden. Die Verpflichtung auf Wechselseitigkeit ist nun ein wesentliches Ergebnis der Institutionalisierung von Macht*beziehungen* zu Herrschafts*ordnungen*. Machtmittel werden in ihnen als Sanktionsinstrumente definiert und damit in ihrer beliebigen Anwendbarkeit begrenzt. Nur dadurch ist gesellschaftlicher Konsens erreichbar.

Mit der Emanzipation des »Dritten Standes«, d.h. mit der von England und Frankreich im 17. und 18. Jahrhundert ausgehenden politischen Etablierung bürgerlicher Gesellschaften und den dieser Entwicklung zugrundeliegenden ökonomischen und sozialen Umwälzungen (Rationalisierung, Kapitalisierung, Industrialisierung) tritt ein neuer Aspekt des Politikbegriffs ins Bewußtsein: die *Interessen*. War das politische Thema der der Revolution von 1789 vorausgehenden französischen Aufklärung die Republik als Staatsform, so war diese doch nicht mehr als neue Form des Staatshandelns konzipiert, sondern quasi »von unten«, als Organisation freier Bürger (citoyens) zum friedlichen Ausgleich divergierender Interessen. Der Bürger ist sowohl »bourgeois«, d.h. Wirtschaftsbürger, als auch »citoyen«, d.h. Staatsbürger. Die Gesamtheit aller individuellen Interessen gilt es in einem Staat zu vermitteln.

Die im Naturrechtsdenken des 18. Jahrhunderts verankerte Vorstellung der (zumindest idealen) Gleichheit aller Staatsbürger mündet in die politische Forderung nach Beteiligung aller an den öffentlichen Dingen und setzt sich schrittweise und mit unterschiedlichem Tempo politisch durch: Die feudalen Ordnungen weichen im 19. und 20. Jahrhundert allmählich der konstitutionellen Monarchie und den modernen bürgerlichen Demokratien.

Doch gleichzeitig schafft die materielle Grundlage dieser Entwicklung, die kapitalistische Ökonomie, neue Abhängigkeits- und Herrschaftsverhältnisse und stellt damit die Postulate, unter denen die bürgerliche Emanzipationsbewegung zur Zeit der Französischen Revolution angetreten war (»liberté, egalité, fraternité«), auf den Prüfstand. Für den damit zur Sprache kommenden Politikbegriff bedeutet dies eine erneute Rückbesinnung auf den Aspekt der Interessen, der sich nun auf die Auseinandersetzungen der sozialen Klassen um die Teilhabe an gesellschaftlichem Reichtum und politischem Einfluß bezieht. Damit wird dem älteren bürgerlichen Denken ein moderner Begriff von Politik als Kampf verschiedener klassengebundener Interessen um die Macht hinzugefügt, ein Begriff, wie er bis heute auch in der marxistischen Tradition fortbesteht. Politische Theorie versteht sich in diesem Sinne mitunter auch als Teil, als Moment von (revolutionärer) Praxis.

Viele liberal und sozialistisch orientierte Autoren reflektieren die politische Geschichte der modernen Gesellschaften als Geschichte der Auseinandersetzung zwischen Interessen. Diese, vor allem seit dem Zweiten Weltkrieg recht populäre Auffassung sieht Politik als Sphäre interessengeleiteter Konflikte.

Von den beiden Begriffspaaren: Macht/Interessen und Gesellschaft/Staat her versteht die Politische Theorie ihren Gegenstand seit den letzten zweihundert Jahren, und von dieser begrifflichen Polarität aus läßt sich auch die scheinbare Chaotik und Unvereinbarkeit der divergierenden Definitionen entschlüsseln.

Mit dem durch Krisen und Kriege zerstörten alten Europa der Nationen ist das Ende der großen allumfassenden politischen Theorieentwürfe gekommen. Entsprechend »orientierungslos«, fragmentiert und unvermittelt präsentieren sich die Politikbegriffe, wenn denn überhaupt noch von »Begriffen« gesprochen werden kann.

So zeigt sich bei den jüngeren Beiträgen zur Diskussion eine deutliche Tendenz zur Zurückhaltung, wo es um essentielle Bestimmungen des Politischen geht. Zwar trifft man immer wieder »alte Bekannte«, Neuformulierungen und Umschreibungen macht- bzw. interessenorientierter Politikbegriffe, z.B. in marxistisch-leninistischer Prägung oder in staatswissenschaftlicher Tradition. Doch dominieren soziologisch/handlungstheoretische oder systemtheoretische Ansätze, die die Politik als bestimmte Art sozialen Handelns oder als gesellschaftliches Subsystem begreifen. So z.B. Friedrich Stampfer:

»Politik ist zweckbewußt auf das Gemeinwesen gerichtete menschliche Tätigkeit.«[12]

Die Konsequenzen eines solchen Reduktionismus liegen auf der Hand. Der Politik wird nämlich auf diesem Wege eine Rolle als Steuerungsinstanz zugesprochen (was natürlich nicht falsch ist), ohne in die Überlegung einzubeziehen, durch wen und mit welchen Zielen diese Steuerung vollzogen wird. Die implizite Hintergrund-Theorie, die in diesen Definitionen mitschwingt, ist eine auf die Leistungsfähigkeit und -grenzen sozialer Systeme konzentrierte funktionalistische Gesellschaftstheorie, die Politik tendenziell nur mehr als Verwaltung, als *Administration* begreift:

»Politik heißt also Entscheidungsbildung auf dem *öffentlichen Weg* und ist vor allem mit der Aufgabe des Regierens betraut, das heißt mit der Lenkung und Selbstlenkung großer Gemeinschaften.«[13]

Augenfällig ist die Nähe eines solchen Politikbegriffs zu den lediglich am Machtaspekt orientierten, ja es führt uns weiter zurück zum eingangs erwähnten Alltagsverständnis von Politik (»Staatskunst/schmutziges Geschäft«). Wenn Politik mit Administration bzw. mit Regierung zusammenfällt, dann ist sie in den modernen bürokratisierten Gesellschaften identisch mit der Macht (der Verwaltungen), wobei Art und Ziel dieser Macht, dieses neuen komplexen Herrschaftsverhältnisses ziemlich beliebig scheinen.

Wo die funktionalistischen Theorien sich als »Gleitmittel« zur Optimierung administrativer Notwendigkeiten anbieten, verschwistern sie sich mit einem gouvernementalen, d.h. am Regierungshandeln orientierten Politikbegriff, der mühelos mit dem hinlänglich bekannten Topos vom Gemeinwohl operiert, um sich dem Zwang zur Legitimation seiner Optionen zu entziehen.

Was ist dem entgegenzuhalten? Der Einwand könnte lauten: Alles, nicht nur Regierungshandeln, ist politisch! Jede Kon-

---

12 Stampfer, Friedrich: Grundbegriffe der Politik. Hannover 1954 (zuerst 1910). S. 1

13 Deutsch, Karl W.: Staat, Regierung, Politik. Freiburg 1976. S. 11

sumentscheidung, jeder zwischenmenschliche Kontakt kann unter politischem Aspekt gesehen werden, sofern, müßte man hinzufügen, größere Menschengruppen davon betroffen sind. Grundsätzlich kann jeder Bereich des menschlichen Zusammenlebens politisch werden, aber von Politik kann ernsthaft erst dort die Rede sein, wo es sich um öffentliche Belange handelt.

Dieses Element der *Öffentlichkeit* scheint für eine aktuelle (und nicht herrschaftslegitimierende) Neubestimmung des Politikbegriffs unabdingbar. So wie in der gesamten modernen Sozialwissenschaft die Analyse der die Gesellschaft zusammen- und auseinanderhaltenden Vermittlungsinstanzen zum dominierenden Thema geworden ist, muß die Politische Theorie in ihrem Politikbegriff das Element der Öffentlichkeit, der politischen Kommunikation, ohne die weder Machtausübung noch Interessendurchsetzung vorstellbar sind, diskutieren.

Zulängliche Definitionen dieser Art fehlen bislang, sollen auch hier nicht gewagt werden. Vielmehr werden in der folgenden Skizze die drei angesprochenen zentralen Elemente eines historisch-kritischen Politikbegriffs modellhaft miteinander verknüpft. Diese drei Elemente heißen: *Herrschaft – Interessen – Öffentlichkeit*.

Der nebenstehend vorgenommene Versuch der tabellarischen Darstellung der Elemente eines aktuellen Politikbegriffs stellt keine neue, eigenständige Definition dar. Es handelt sich vielmehr um eine aus dem kurzen historischen Überblick gewonnene Synthese der zentralen Aspekte, von denen eine Fortentwicklung der überkommenen Politikbegriffe auszugehen hätte. Von entscheidender Bedeutung ist, daß die Politische Theorie ihre Gegenstände heutzutage immer zugleich von allen drei Perspektiven (Herrschaft, Interessen, Öffentlichkeit) her gleichzeitig ins Auge fassen muß. Jede starre und unflexible Handhabung eines vorab an ein Thema herangetragenen Politikbegriffs führt zu unvermeidlichen Verkürzungen der komplexen Materie auf ein vielleicht handliches und »praktisches«, aber irreführendes Maß.

Zunächst sehen wir in der Skizze (von links nach rechts) die drei historisch aufeinanderfolgenden Paradigmen des jeweils vorherrschenden Politikbegriffs der verschiedenen Entwicklungsstufen der bürgerlichen Gesellschaft. Damit verknüpft sind die speziell auf ihre Zeit bezogenen dominierenden Typen politischen Handelns (B) sowie die dazugehörigen Gesellschaftsformen (A).

Elemente des Politikbegriffs und Problemfelder der Politischen Theorie (historische Dimensionen)

Elemente des Politikbegriffs → / **Problemfelder der Politischen Theorie** ↓	**Herrschaft**	**Interessen**	**Öffentlichkeit**
A Gesellschaftsformen	Feudalismus	Kapitalismus	»Postindustrielle Gesellschaft«/ »Überwachungsstaat«
B Handlungstypen	Regierung (Kabinetts-politik)	Partizipation	Kommunikation/ »Sprachlosigkeit«
C Herrschaftsstrukturen	personal	klassengebunden	demokratisch/totalitär
D Formen der Öffentlichkeit	Hof	Parlament/ Parteien	»herrschaftsfreier Diskurs«/ Manipulation
E Dominante Interessen	Seelenheil	Emanzipation	Autonomie/ Außensteuerung

Das hier erkennbare »Dreistufengesetz« ist allerdings nicht im Sinne einer strengen Chronologie zu verstehen: Die gesellschaftliche, politisch-kulturelle und historische Entwicklung ist selbstverständlich in sich viel zu widersprüchlich und unabgeschlossen, als daß man nicht in jeder Etappe Bestände des Vergangenen und des womöglich künftig zu Erwartenden gleichzeitig antreffen könnte (wofür die deutsche Geschichte das beste Beispiel liefert). So gab es natürlich auch bereits im Feudalismus Formen Politischer Öffentlichkeit (D) und Herrschaftsstrukturen (C) sind keineswegs mit dem Feudalismus abgeschafft, sondern haben, ebenso wie die Interessenorientierungen der großen Menschengruppen (E), einen Strukturwandel durchlaufen.

Besonderes Augenmerk verdient die Rubrik »Öffentlichkeit«. In ihr steht nämlich ein zum größten Teil noch nicht ausgereiftes Gesellschaftskonzept zur Debatte, welches aus heutiger Sicht erst in Umrissen zu erkennen ist (daher auch die in Anführung gesetzten Begriffe, die natürlich nicht dem wissenschaftlichen Sprachgebrauch entstammen können).

Die »Postindustrielle Gesellschaft«, wie sie von manchen Theoretikern schon ausgerufen wird, ist ja beileibe noch keine Realität. Der skeptische Zeitgenosse könnte mit gleicher Berechtigung die momentan anstehende »Zeitenwende« mit negativen Vorzeichen versehen, wie in der jeweiligen Unterzeile angedeutet ist. Hier droht zugleich der Schatten des »großen Bruders« aus George Orwells *1984*.

Für positive wie negative Utopien gibt es zur Zeit gute Gründe. Der Streit hierüber kann an dieser Stelle jedoch nicht entschieden werden. Unerläßlich für einen aktuellen Politikbegriff ist der Aspekt einer in neuer Qualität miteinander vernetzten sozialen, kulturellen und politischen Öffentlichkeit.

Um mit dem hier gebotenen Modell arbeiten zu können, muß man sich den *idealtypischen* Charakter seiner Bestimmungen ständig vor Augen halten. Es wird versucht, aus der in jedem einzelnen Fall fast unüberschaubaren Wirrnis der historischen Details dominante und zeittypische Paramenter zu gewinnen, die wohl niemals in empirischer Reinform anzutreffen sind. Dem Leser ist es anheimgestellt, diese These zu überprüfen, indem er beliebige politikrelevante Themen unter der hier entwickelten dreifachen Optik (Herrschafts-, Interessen-, Öffentlichkeitsaspekt) betrachtet und anhand selbstgewählter Beispiele miteinander in Beziehung setzt. Auf diesem Wege kann das historisch erarbeitete Schema auch einer Neuformulierung des Politikbegriffs dienen.

Dieser gewiß nicht »mundgerechte« Vorschlag einer Orientierung mit dem Ziel, Kriterien zur theoretischen Bestimmung eines offenen und kritischen Politikbegriffs zu liefern, versucht die wesentlichen Ergebnisse einer langen wissenschaftsgeschichtlichen Diskussion festzuhalten und zu dynamisieren. Beim Rückgang auf die Ausgangsfrage, was nun Politik eigentlich sei, dürfte die Antwort eigentlich nicht leichter, sondern womöglich schwerer fallen, was nichts anderes beweist, als daß die Frage nach der handlichen und abgerundeten Definition eines derart mit historischem und inhaltlichem Gewicht angereicherten Begriffs leicht auf die falsche Fährte führt. Man sollte solche Fragen nicht vorschnell beantworten; man sollte sie kritisch reflektieren und diskutieren, dies könnte vielleicht ein Teil der »Antwort« sein.

Schließlich muß darauf hingewiesen werden, daß die Politische Theorie als solche kaum dazu geeignet ist, Harmonie und Einmütigkeit über ihren Gegenstand zu verbreiten, der doch selbst in sich denkbar widersprüchlich und disharmonisch ist; sie kann allenfalls diese Widersprüche zu ihrem Thema machen.

Wie wir gesehen haben, reflektieren die jeweils aktuellen Politikbegriffe einer Zeit in der Regel die gerade zurückliegende Epoche. So steht der machtorientierte Politikbegriff eigentlich für das Feudalzeitalter, der interessenorientierte für den Hochkapitalismus, der kommunikationsorientierte für den Ausblick auf eine an einem kritischen Wendepunkt befindliche Industriegesellschaft.

Literatur

ADORNO, Theodor W. u.a. 1969: Der Positivismusstreit in der deutschen Soziologie. Neuwied-Berlin
(Dokumentation der zentralen wissenschaftstheoretischen Kontroverse der 60er Jahre)

BEYME, Klaus von (Hg.) 1986: Politikwissenschaft in der Bundesrepublik Deutschland. Opladen.
(Jüngste Darstellung aus liberaler Sicht)

BRACHER, Karl D. u.a. 1982: Entwicklungslinien der Politikwissenschaft in der Bundesrepublik Deutschland. Melle
(Aufsätze zum Thema aus konservativer Sicht)

EUCHNER, Walter 1973: Egoismus und Gemeinwohl. Frankfurt/M.
(Darstellung einiger Klassiker der Politischen Theorie)

HABERMAS, Jürgen (Hg.) 1979: Stichworte zur »geistigen Situation der Zeit«, 2 Bde. Frankfurt/M.
(Aufsatzsammlung zur politischen und kulturellen Entwicklung der Bundesrepublik)

HENNIS, Wilhelm 1968: Politik als praktische Wissenschaft. München.
(Aufsatzsammlung vom normativ-ontologischen Ansatz her)

KASTENDIEK, Hans 1977; Die Entwicklung der westdeutschen Politikwissenschaft. Frankfurt/M.-New York
(Kritische Darstellung)

KUHN, Thomas, S. 1973: Die Struktur wissenschaftlicher Revolutionen. Frankfurt/M.
(Wissenschaftstheoretische und -geschichtliche Untersuchung)

LENK, Kurt 1975: Politische Wissenschaft. Stuttgart u.a.
(Einführung in Problemstellungen der Politischen Theorie)

LUHMANN, Niklas 1983: Legitimation durch Verfahren. Frankfurt/M.
(Systemtheoretische Studie zur Entwicklung moderner politischer und sozialer Systeme)

MAIER, Hans 1985: Politische Wissenschaft in Deutschland. München.
(Darstellung des Werdens der Disziplin)

ROHE, Karl 1978: Politik. Begriffe und Wirklichkeiten. Stuttgart u.a.
(Differenzierung der Ebenen des Politischen)

SCHMIDT, Robert H. (Hg.) 1967: Methoden der Politologie. Darmstadt
(Reader zu speziellen methodischen Problemen)

SCHNEIDER, Heinrich (Hg.) 1967: Aufgabe und Selbstverständnis der Politischen Wissenschaft. Darmstadt
(Ausgewählte Themen zum Thema)

TOPITSCH, Ernst (Hg.) 1965: Logik der Sozialwissenschaften. Köln-Berlin
(Sammelband zum Methodenstreit)

Kapitel 2
Politische Ideen und soziale Bewegungen

1 Staats- und Gesellschaftstheorie der Aufklärung

Das 19. Jahrhundert gilt zu Recht als eine Zeit revolutionärer Umbrüche; es beginnt als europäische Epoche mit der Französischen Revolution und endet erst mit dem Ersten Weltkrieg 1918.

Politisch, sozial, ideen- wie wirtschaftsgeschichtlich ist das 19. Jahrhundert ein Jahrhundert der großen Gegensätze. Die entstehenden politischen Bewegungen wie Liberalismus, Konservatismus, Sozialismus, Marxismus, Anarchismus lösen einander nicht ab, sondern überlagern sich. Sie entstehen zwar nacheinander, doch rivalisieren sie permanent, ohne sich völlig besiegen zu können. Bei allen Unterschieden ist ihnen aber die materielle Basis gemeinsam, auf die sie sich beziehen: die industriell-kapitalistische Produktionsweise.

Die politische Theorie der Aufklärung des 18. Jahrhunderts artikulierte als erste gesellschaftliche und politische Bedürfnisse, die von bestimmten normativen Leitbegriffen und Ideen her gefaßt waren. Sie fragte erneut nach der Legitimation staatlicher Herrschaft und konzipierte ihre politischen Entwürfe unter dem Aspekt von Fortschritt und Veränderung.

Die großen Themen des 18. Jahrhunderts: Vernunft, Freiheit, Natur und Fortschritt, verweisen auf einen konkreten historischen Zusammenhang, auf eine Tradition ständestaatlicher Ordnung, die es im bürgerlichen und menschheitlichen Interesse zu überwinden galt. Die bürgerliche Sozialphilosophie und Politische Theorie hatten gerade wegen ihrer utopischen Perspektive einen genau angebbaren Bezug zur politischen Praxis: rechtliche und politische Schranken des feudalen Systems sollten beseitigt und durch eine wissenschaftlich-technisch organisierte Gesellschaft auf der Grundlage entfalteter kapitalistischer Wirtschaftsbeziehungen ersetzt werden.

Die in den Texten der Aufklärungsphilosophie auftretenden Schlüsselkategorien sind zugleich die positivwertigen Orientierungspunkte für politisches Handeln: Glück, Vernunft und Natur. Denn erst seit dem bürgerlichen Zeitalter gilt Geschichte als dem planenden Willen zugänglich.

Der Weg von den als Rahmenbedingung allen menschlichen Lebens verstandenen natürlichen Grundlagen des Daseins zu dessen höchster Bestimmung, dem irdischen Glück, läßt sich als aufsteigender Prozeß in Gestalt einer Stufenleiter aufklärerischer Kategorien entwickeln.

Ausgehend von der (materialistisch interpretierten) *Natur* als letztem raumzeitlichen Maßstab wird eine durch die Anstrengung der *Vernunft* in der Wirklichkeit selbst enthaltene Möglichkeit zum ökonomischen und gesellschaftlichen *Fortschritt* entdeckt. Dieser Fortschritt ist theoretisch gefordert als Anspruch auf individuelle *Freiheit,* die in der Praxis wiederum nur durch die Umwälzung der bestehenden feudal-absolutistischen Verhältnisse, durch die (bürgerliche) *Revolution* zu verwirklichen ist, um schließlich menschliches *Glück für alle* zu ermöglichen.

Die zentralen politiktheoretischen Kategorien seit der Politischen Philosophie der Aufklärung sind:
- politische Herrschaft,
- Recht und Gesetz,
- Freiheit und Eigentum,
- Repräsentation und Repräsentativverfassung,
- Revolution,
- Gewaltenteilung, d.h. die Lehre von der Trennung der Befugnisse politischer Institutionen,

– die klassischen Regierungsformen: Monarchie, Republik, Demokratie, Despotie.

Das feudale Weltbild kannte den Begriff einer arbeitsteiligen Erwerbsgesellschaft (und den des davon abgehobenen Staates) noch nicht. Die politische Philosophie der Aufklärung geht nun von zwei Annahmen aus: von dem Modell eines *Gesellschaftsvertrages* sowie von einem diesem vorausgehenden *Naturzustand* – das heißt, das gesellschaftliche Zusammenleben sollte sich von den allen Menschen gemeinsamen Naturrechten her regeln.

Der Gesellschaftsvertrag beendet einen »Naturzustand«, in dem ein jeder »frei«, d.h. nicht an Recht und Gesetz gebunden war. Die Konsequenz ist der Kampf um die Selbsterhaltung um jeden Preis, der meist nicht auf friedlichem Wege erfolgt, sondern als Krieg aller gegen alle (»bellum omnium contra omnes«). Die Schilderung eines Naturzustandes bildet die Folie dafür, wie die bürgerliche Gesellschaft beschaffen sein sollte.

Der Gesellschaftsvertrag kann – wie es Thomas Hobbes (1588–1679) formuliert – zugleich ein Unterwerfungsvertrag unter einen allmächtigen Staat (»Leviathan«) sein, um die machtbesessenen und einander stets feindlich gesonnenen Menschen zu befrieden.

Jean Jacques Rousseau (1712–1778) hingegen entwirft einen Gesellschaftsvertrag, der eine Gesellschaft von Freien und Gleichen begründen soll. Diese Gesellschaft, weil vom allgemeinen Willen (der *volonté générale*) zusammengehalten, gilt als Inbegriff einer Gesetzesherrschaft. Gesetze sind – freilich im Idealfall – die Resultante der freien Willen aller. Rousseau versucht, jene Frage der demokratischen Theorie zu lösen, die der Quadratur eines Kreises gleicht: Er trachtet danach, einen politischen Zustand zu finden, in dem die Freiheit eines jeden zusammen mit der Freiheit aller anderen bestehen kann. Wie können, so fragt er, die Menschen in einem Gemeinwesen zusammenleben und doch nur ihrem eigenen Willen unterworfen sein?

Rousseau plädiert für eine Gesellschaft von selbständigen Kleinproduzenten, denn er sieht wohl, daß Freiheit und Gleichheit in einem Spannungsverhältnis zueinander stehen.

Freiheit ist demnach die Freiheit zum Eigentumserwerb, eine Vorstellung, die bis heute vor allem liberale Theoretiker betonen. Die Freiheit der Person schließt das Recht auf Eigentum, weil dieses das Ergebnis investierter Arbeitskraft sei, mit ein.

Prototypisch für diese Form der Argumentation ist die politische Theorie von John Locke (1632–1704). Ihr gemäß gilt es, Freiheit und Eigentum durch einen Gesellschaftsvertrag zu schützen. In der damit konstituierten bürgerlichen Gesellschaft gilt allein der Wille der Mehrheit, dem sich die Minderheit zu unterwerfen hat. Die Souveränität kommt hier der gesetzgebenden Gewalt (Legislative) zu, von der alle anderen Gewalten abgeleitet sind. Auch hier ist die Herrschaft des Gesetzes gesellschaftskonstituierend.

Damit sind drei Grundfiguren der modernen Staats- und Gesellschaftstheorie in ihrem Kernbestand bezeichnchnet:

- Hobbes: die autoritär-konservative (Staatssouveränität),
- Locke: die liberale (Parlamentssouveränität),
- Rousseau: die demokratische (Volkssouveränität).

Diese drei Autoren sind zugleich die Stammväter jener Grundrichtungen, die vom 19. Jahrhundert an den Streit der politischen Weltanschauungen und damit auch den der Parteien von Grund auf bestimmen. Thomas Hobbes steht – neben Edmund Burke – für den Konservatismus, John Locke für die liberale Traditionslinie, während Jean Jacques Rousseau die demokratischen und – schon vor Marx und Engels – die sozialistischen Bewegungen bis heute entscheidend beeinflußt hat.

2 Politische Ideen in der Klassengesellschaft: das 19. Jahrhundert

2.1 Liberalismus

Die bürgerliche Gesellschaft als Thema der Politischen Theorie wurde im politisch wie ökonomisch »verspäteten« Deutschland erst zu Anfang des 19. Jahrhunderts entdeckt. Erst mit der Rezeption der englischen Staats- und Wirtschaftstheorie des 17. und 18. Jahrhunderts, der Schriften von Thomas Hobbes, Adam Smith (1723–1790) und David Ricardo (1772–1823) setzte die Diskussion ein, die zunächst auf philosophischer Grundlage argumentierte und in der Gesellschafts- und Staatstheorie von Georg Friedrich Wilhelm Hegel (1770–1831) ihren ersten Höhepunkt fand.

Gemeinsam ist den genannten Autoren das, was sie als das Wesensmerkmal der bürgerlichen Gesellschaft bezeichnen, die Tatsache nämlich, daß der einzelne, indem er seinen Interessen nachgeht, doch zugleich auch die der anderen befriedigt, so daß aus der Vielzahl der konkurrierenden Einzelinteressen letztlich doch ein gesellschaftliches Gesamtinteresse entsteht. Charakteristisch für das gesellschaftliche Verhältnis der Menschen ist die wechselseitige Abhängigkeit voneinander.

Hegel kennzeichnet diesen Sachverhalt folgendermaßen:

> »In der bürgerlichen Gesellschaft ist jeder sich Zweck, alles andere ist ihm nichts. Aber ohne Beziehung auf andere kann er den Umfang seiner Zwecke nicht erreichen; . . . indem die Besonderheit an die Bedingung der Allgemeinheit gebunden ist, ist das Ganze der Boden der Vermittlung . . . «[1]

Was damit philosophisch bezeichnet wird, ist die gesellschaftlich erzeugte Arbeitsteilung und die aus ihr entspringende Notwen-

1 Hegel, Georg Wilhelm Friedrich: Grundlinien der Philosophie des Rechts, § 182 (Zusatz). Frankfurt/M. 1976. S. 339 f.

digkeit, in Tauschbeziehungen miteinander zu treten: Die Vermittlung der besonderen Interessen der Einzelnen geschieht im Medium des *Tausches,* der zentralen Verkehrsform der bürgerlichen Gesellschaft.

Die sechs wichtigsten Voraussetzungen für das Entstehen der bürgerlichen Gesellschaft, deren zentrales sozial vermittelndes Prinzip der konkurrenzwirtschaftliche Tausch ist, sind:

1. Durchsetzung des kapitalistischen Prinzips als Grundlage der Ökonomie: Einsatz von Kapital zum Zweck seiner Verwertung;
2. Produktionssteigerung durch den technischen Fortschritt ermöglicht die Vermehrung gesellschaftlichen Reichtums, was zu einer Ausweitung der bürgerlichen Klasse über die Kapitaleigner im engeren Sinne hinausführt (»breiteres«, mittelständisches Eigentum);
3. »Freisetzung« des einzelnen aus überlieferten ständischen Bindungen und den damit gegebenen Sicherheiten, die sich aus den Fürsorgepflichten der Grundeigentümer ergaben und damit Entstehung einer breiten Lohnarbeiterschicht (sogenannte freie Lohnarbeiter);
4. Befreiung einer neuen gesellschaftlichen Oberschicht (Bourgeoisie), die als Träger von Wissen und Kapitalbesitz den industriellen Fortschritt betreibt sowie Herstellung eines einheitlichen Wirtschaftsraumes (Aufhebung der privilegierten Stände, besonders des Grundadels, Beseitigung von entwicklungshemmenden Binnenzöllen);
5. Entstehung eines rationalitätsbezogenen Weltbildes, wie es sich in der Ausdifferenzierung der modernen Naturwissenschaften und der Technik abzeichnet, die dann ihrerseits von der bürgerlichen Gesellschaft in kommerzielle Dienste genommen werden;
6. Politisch-kulturelle »Öffentlichkeit«, d.h. ein Bereich freier, vernunftgeleiteter Kommunikation selbständiger, über Besitz und Bildung verfügender Bürger.

In der Zeit vor der Revolution von 1848 gab es in Deutschland noch keine organisierten Parteien, sondern Gesinnungsgemeinschaften, die ihre eigene Sache als »Bewegung« sahen. »Partei der Bewegung« hieß soviel wie »mit dem Zug der Zeit und im Interesse des Volkes gehen«: gegen Beamten- und Fürstenwillkür, gegen Kleinstaaterei, Zensur und Meinungskontrolle und die damit verbundene Mißachtung der Rechte des Einzelnen, wie sie u.a. im Metternich-Staat des »Vormärz« in der deutschen Geschichte der ersten Hälfte des 19. Jahrhunderts an der Tagesordnung war.

Das Bürgertum war jedoch mehrheitlich alles andere als revolutionär. Es wollte eine behutsame Reform im Sinne einer Kompromißlösung: die »konstitutionelle Monarchie« erschien hierfür als der geeignete Verfassungsrahmen. Allerdings enthielt dieser Kompromiß zugleich die Diskriminierung der nicht im »Wohlstand« Geborenen. Durch das Zensuswahlrecht (Dreiklassenwahlrecht in Preußen) blieb der Mehrheit der Bevölkerung bis zum Inkrafttreten der Weimarer Reichsverfassung 1919 der Anspruch auf volle staatsbürgerliche Rechte versagt.

Erst als die vom liberalen Bürgertum des Vormärz angestrebte politische Lösung durch Restriktionen, Unterdrückung und verschärfte Zensurmaßnahmen von den Fürsten behindert wurden, bildete sich eine radikale Minderheit entschiedener Demokraten, die unter Umständen auch mit direkten Aktionen die Ziele der bürgerlichen Revolution verwirklichen wollte. Sie erstrebte eine deutsche Republik.

Die Hemmnisse, die der Herausbildung einer bürgerlichen Gesellschaft und den Zielen der Bourgeoisie entgegenstanden, lagen u.a.:

- in der Zersplitterung des deutschen Reiches in drei Dutzend Einzelstaaten (Regionalismus/Provinzialismus; erst ab 1834 brachte der deutsche Zollverein hierin eine Änderung);
- in den feudalen Fesseln für Landwirtschaft und Gewerbe (Heterogenität der Interessen, volle Gewerbefreiheit in Preußen erst ab 1868);

– in der bürokratischen Reglementierung durch staatliche Organe, die nur eine Reform von oben zulassen wollten.

Alle diese – und noch viele andere – Hemmnisse führten zur liberalen Opposition im deutschen »Vormärz« (1830–1848), in der die national-patriotische Komponente von Anfang an stark war, weil die Überwindung der Kleinstaaterei eine der Grundvoraussetzungen für die Entfaltung einer im nationalen Rahmen sich entwickelnden Industrie (die eine übergreifende Infrastruktur, z.B. ein überregionales Eisenbahnnetz zur Entwicklung benötigte) darstellte. Die Entstehungsgeschichte des deutschen Nationalismus ist ihrerseits wiederum eng verbunden mit der erbitterten Abwehr der französischen Zivilisation in den Napoleonischen Kriegen, wie sie sich etwa in den Schriften und Reden von Johann Gottlieb Fichte (1762–1814), Ernst Moritz Arndt (1769–1860) und (Turnvater) Ludwig Jahn (1778–1852) findet.

Deutsche Einheitsbewegung und Liberalismus waren eng miteinander verknüpft. Die Parole war: Ohne Einheit keine Freiheit und ohne Freiheit keine Einheit. Nach 1848 zog man indes auch bei den Liberalen auf breiter Ebene das Streben nach nationaler Einheit dem nach Freiheit vor. Dieser Prozeß läßt sich mit den Stichworten »machtgeschützte Innerlichkeit« (Thomas Mann) und »Realpolitik« bezeichnen. Er ist verbunden mit Ereignissen wie der Bismarckschen Reichsgründung 1871 und dem gleichzeitigen Bündnis mit der feudalen Aristokratie zur Abwehr der erstarkenden Sozialdemokratie.

Der innenpolitische Machtverlust durch die Niederlage der bürgerlichen Revolution von 1848 sollte durch eine nationale Einigung kompensiert werden. Die Nationalstaatsfrage wurde damit zum vordringlichen Thema liberaler Politik (Gründung des Nationalvereins 1859; Nationalliberale Partei 1866). Damit jedoch vollzieht der Liberalismus als soziale Bewegung eine entscheidende Wendung. Er geht einen Kompromiß mit den traditionellen Führungsschichten Preußen-Deutschlands ein. Mit Beginn der ökonomischen und politischen Krisen in den 70er Jahren verliert er seine Integrationskraft und hört für lange Zeit auf, eine eigenständige politische Größe zu sein.

Menschen- und Bürgerrechte

Das politische Programm des Liberalismus geht aus von der Prämisse, daß der Mensch das Maß aller Dinge und das freie Leben des einzelnen das höchste Gut ist. Auch wenn dieser Grundsatz heute banal klingt: selbstverständlich und allgemein anerkannt ist er in der bisherigen Geschichte noch nirgendwo gewesen. Denn die Entdeckung des Individuums mit seinen ihm spezifischen Bedürfnissen bildet durchaus eine Errungenschaft der europäischen Neuzeit seit der Renaissance in Italien. Die Idee der Freiheit als ein verbürgter individueller Rechtsanspruch für alle war in keiner der uns bekannten alten Kulturen verbindlicher Maßstab.

Der Sinn für die Privatsphäre, das angestammte Recht auf einen Bereich persönlicher Beziehungen, Gewissens- und Glaubensfreiheit, alles das, was man unter Individualismus begreift, gehört erst zu den Kennzeichen der neuzeitlich europäischen Hochkulturen.

Selbst in der jüngsten Geschichte der demokratischen Verfassungsstaaten der westlichen Welt ist die Einräumung solcher Menschen-, Bürger- und Freiheitsrechte des einzelnen (Recht auf Mitbestimmung/Recht auf freie Meinungsäußerung und Vereinsbildung/Wahlrecht usw.) ein Kampfprodukt der sich im nationalen Rahmen emanzipierenden bürgerlichen Klasse – also eben nichts Selbstverständliches.

Der gesamte Katalog jener bürgerlichen Freiheitsrechte, der erst seit dem 18. und 19. Jahrhundert in den klassischen Demokratien des Westens verfassungsmäßig garantiert wird, ist bis heute nichts ein für allemal Gesichertes, sondern mußte und muß von den Verfechtern der Demokratie und des demokratischen Sozialismus – die hierin als die Erben des klassischen Liberalismus gelten können – ständig gegen die Bedrohung durch autoritäre Regime verteidigt werden. Als politische Freiheiten bilden sie in unserem Jahrhundert das Fundament für weitergehende Forderungen nach sozialer Gleichheit und demokratischer Mitbestimmung.

Zurückgehend auf englische Vorbilder (etwa John Stuart Mill, 1806–1873) wird im liberalen Verständnis der Staat mit folgenden Aufgaben bedacht:

- Schutz der Gesellschaft vor Gewalt und Invasion durch andere, außerstaatliche Mächte;
- Aufrechterhaltung der inneren Sicherheit und Rechtspflege;
- Errichtung und Unterhaltung jener öffentlichen Institutionen, die für die Fortentwicklung der Gesellschaft nützlich sind, die von einzelnen aber nicht eingerichtet und unterhalten werden können (Bildung/Infrastruktur).

Nur soweit das Wohl anderer berührt wird, darf im liberalen Selbstverständnis legitimerweise in die Freiheitsrechte einzelner eingegriffen werden, ansonsten ist jeder selbst Herr seiner Person, Fähigkeiten und Handlungen.

Die politischen Ausgangsfragen des Liberalismus sind daher stets: Wie kann die Autonomie des einzelnen Bürgers vor dem Herrschaftsanspruch eines einzelnen, einiger weniger oder – was in unserem Jahrhundert vielleicht noch gravierender ist – vor der Tyrannei der Mehrheit erhalten werden? Wo liegen die Grenzen der Macht des Kollektivs und wie sind sie zu bestimmen? Wo endet der legitime Zwang und wo beginnen Willkür und Reglementierung auf Kosten der Freiheitsrechte des Individuums?

Die Antwort lautet: Niemand kann und darf zu seinem Glück gezwungen werden, da prinzipiell jeder selbst in der Lage ist, zu entscheiden, was für ihn selbst gut und was weniger gut ist. (Dieses »individualistische Vorurteil« spielt für die Nationalökonomie bis zur Gegenwart eine zentrale Rolle: »Konsumentensouveränität«.) Nur in dem Falle, wo es um die Sicherung der Freiheitsräume anderer geht, hat der Staat das Recht, die Einhaltung der formal geltenden und für alle verbindlichen Regeln zu überwachen.

Neben und außerhalb der politischen werden eine ganze Reihe anderer Ebenen als autonom anerkannt (Kultur/Wirtschaft/Recht/Privatleben usw.), so daß Liberalität auch eine Form der Abwehr der Tendenz zur Politisierung *aller* Bereiche des öffentlichen und menschlichen Lebens darstellt. In diesem Sinne kann man den Liberalismus auch als jene politisch-kulturelle Strömung der Neuzeit ansehen, die eine fundamentale Trennung von individuell und gesellschaftlich/staatlich in den zwischenmenschlichen Verkehr eingebracht und schließlich auch politisch – durch den Rechtsstaat – institutionalisiert hat.

Die zentrale Achse liberaler Argumentation ist die Trennung zweier Sphären: die des Privatlebens und die der Öffentlichkeit, bzw. der gesellschaftlichen Außenwelt. Zum Innenleben gehören alle Gedanken und Gefühle sowie alle Erlebnisse der privaten Bewußtseins- und Vorstellungswelt, die Gesinnung, der Glaube und alle Handlungen, die das Individuum alleine angehen, weil und soweit sie niemandes Freiheitsrechte behindern. Dem gegenüber steht die Außensphäre, jene Öffentlichkeit, auf deren Bühne die Individuen sozial agieren.

Aus dieser Trennung resultiert für den Liberalen die *Toleranz* als zentrale soziale Tugend, die allen »law-and-order«-Konzepten übergeordnet wird. Gemessen an heutigen Praktiken muten solche Rechtsstaatsforderungen (wie z.B. Meinungs-, Glaubens- und Gewissensfreiheit) nachgerade radikal an. So, um nur ein Beispiel zu nennen, ist der Begriff des Gewissens gerade dadurch definiert, daß es in keinem Fall von Staats wegen überprüft werden kann. Wo dies dennoch versucht wird, werden genuin liberale Freiheitsrechte verletzt. Die Tatsache, daß für liberales Rechtsbewußtsein nur das *Verhalten* einer Person, nicht aber deren Gewissen rechtlicher Beurteilung unterliegen kann, war paradoxerweise selbst noch dem italienischen Diktator Benito Mussolini (1883–1945) bewußt, als er im Blick auf seine zahlreichen politischen Gegner bemerkte: »Laßt die Krähen krächzen; seid aber unerbittlich, die Taten zu unterdrücken.«[2]

Der Mensch – das Maß aller Dinge

Während für den Liberalen die Innensphäre tabu ist, kann die Außensphäre vom Kollektiv allerdings dann beeinflußt werden, wenn es um den Grundsatz der Verwirklichung des größten Glücks für die größte Zahl von Menschen geht, um jenen »Utilitarismus«, der für die liberale Konzeption das Richtmaß

2 Zitiert nach: Agnoli, J./Brückner, P.: Die Transformation der Demokratie. Frankfurt/M. 1974. S. 86 f.

für die Bewertung politischer Handlungen abgibt. Die Beförderung dieses Glücks ist das eigentliche Ziel liberaler Ethik und Politik.

Die vom Markt und von politischen Gesetzen gestiftete Ordnung gilt liberaler Vorstellung als ebenso unumstößlich wie die von Naturgesetzen beherrschte Ordnung der physischen Wirklichkeit. Jeder Eingriff in diesen Selbstlauf gilt als Naturfrevel. Von hier aus erklärt sich die profunde Skepsis vieler Liberaler gegen allen staatlichen Interventionismus. Das Mißtrauen gegen den Staat ist ein Ferment allen klassischen liberalen Denkens, des politischen wie des ökonomischen Liberalismus.

Historisch entstanden als Gegenreaktion auf die übermächtige Gewalt der Fürsten und absoluten Herrscher, gilt bis heute dem wirklichen Liberalen der Staat eher als ein notwendiges Übel denn als sittliches Prinzip (wie im Konservatismus, vgl. *Kapitel 2.2)* oder als erstrebenswertes Ideal (wie im Lasalleanismus, vgl. *Kapitel 2.3)*. Seine Funktion beschränkt sich im wesentlichen auf Freiheitssicherung, Schutz des Eigentums und Vermeidung jeglicher Störung privaten Wohlergehens. Der Staat ist in erster Linie dazu da, Leib, Leben, Eigentum und Freiheit seiner Bürger zu schützen. Er hat für deren Verteidigung nach außen und gegen Rechtsbrecher im Innern zu sorgen.

Den Liberalen geht es in erster Linie um die Freiheit *vom* Staat und erst in zweiter um Freiheit *im* Staat oder *durch* den Staat. Nicht die Institutionen sind die primäre Antriebsquelle der gesellschaftlichen Entwicklung, sondern einzig die Individuen, vor denen die Institutionen sich stets zu rechtfertigen haben. Insbesondere gilt dies, wenn Minoritäten diskriminiert oder die Freiheitsrechte einzelner bedroht werden. So war und ist ein wesentliches Charakteristikum des politischen Liberalismus die Parteinahme gegen alle Tendenzen, die die individuelle Freiheit gefährden, Tendenzen, die besonders gefährlich sind, wenn sie sich in Krisenzeiten gegen Minderheiten als Sündenböcke richten. Damit ist der originäre Liberalismus seiner Substanz nach antiautoritär.

Während auf der Wertrangskala des Konservativen obenan Sicherheit und Ordnung rangieren, hält der Liberale es in erster Linie mit Autonomie und Freiheit des einzelnen, die er natürlich auch gesichert sehen will. Doch ist die Form dieser Sicherung eine Angelegenheit der Bürger selbst, die staatliche Vorkehrungen allein daran messen, inwieweit sie ihnen nützlich oder abträglich sind.

Das Wesen der Freiheit beruht auf individueller Spontaneität und auf der Einschränkung staatlicher Willkür und staatlichen Zwangs, soweit sie nicht gesetzlich gefordert sind. Freiheit von staatlichen Zwängen schließt »Unfreiheit« jedoch nicht aus. Politische und rechtliche Freiheit wird erkauft durch soziale und ökonomische Zwänge, die aus Machtungleichheit (z.B. aufgrund des Nichtverfügens über Besitz und Bildung) resultieren. Ein Liberaler hofft allerdings, daß Menschen und Gesellschaft ohne Anwendung von Zwang eines Tages einen Zustand der Harmonie erreichen können.

Die nicht nur im deutschen Liberalismus des 19. Jahrhunderts lebendige Vorstellung eines Gleichgewichts im Wirtschaftsleben ist eigentlich vorindustriellen Ursprungs. Sie bleibt ständisch orientiert und vergißt, daß die der kapitalistischen Erwerbswirtschaft eigentümliche Dynamik gerade dieses Gleichgewicht zugunsten von Konzentration, Monopolisierung und Kapitalakkumulation zerstört. Überspitzt gesagt: Die liberale Theorie vom wesenseigentümlichen Gleichgewicht im Wirtschaftsleben erscheint dem fortschreitenden Kapitalisierungsprozeß gegenüber anachronistisch und damit ihrer Funktion nach konservativ. Sie stellt – als Rechtfertigungsideologie – aber ein nicht zu unterschätzendes ideologisches Potential dar, von dem der Kapitalismus und seine Verfechter seither einen Großteil ihrer Legitimation bezogen haben und beziehen. In der Tat hat sich das nachrevolutionäre liberale Denken in Deutschland schon vor der Bismarck-Ära in merkwürdiger Weise mit dem ständisch-konservativen verbunden.

Politik im Liberalismus ist stets eine Sache des Zulassens von Spielräumen für Experimente. Dem Individuum wird auch noch das Recht auf Irrtum zugestanden, in der Gewißheit, daß menschliche Lernfähigkeit letztlich doch zur Harmonie führen müsse. Hierauf beruht der vielberufene liberale Fortschrittsglaube.

Im Gegensatz zum konservativen wird im liberalen Politikverständnis die Totalität gesellschaftlicher Zusammenhänge nicht dazu benutzt, in die dem souverän gedachten Individuum vorbehaltenen Freiheitsrechte einzugreifen. Eine Maxime wie die Hegels, Freiheit sei letztlich Einsicht in die Notwendigkeit, wäre für liberales Politikverständnis eine unzulässige und politisch unzumutbare Grenzüberschreitung.

Politische Systeme und Institutionen sind vorab zweckmäßige, pragmatische Einrichtungen menschlicher Schöpfungskraft auf der Grundlage frei zustande gekommener Entscheidungen vernünftiger Subjekte, d.h. sie sind eigentlich Ergebnisse eines *Vertrages* im Sinne einer bewußt herbeigeführten Übereinkunft zum Zweck eines dauerhaften Zusammenschlusses der Individuen.

Die Logik dieses Vertragsverhältnisses verdient eine nähere Erläuterung: Die Individuen gelten im Vertragsschluß als freie und gleiche Warenbesitzer. Die Produktion ihrer Waren ist kein gesellschaftlicher Vorgang, sondern findet zunächst privat statt. Die Vermittlung zwischen den Warenbesitzern bildet der Warentausch, der auf der Voraussetzung beruht, daß in ihm sich die Tauschpartner als mit gegenseitigen Rechten ausgestattete Individuen anerkennen. Diese Anerkennung geschieht durch Stiftung eines Rechtsverhältnisses: eben durch den Vertrag. Für die bürgerliche Gesellschaft charakteristisch ist der durch das Rechtsverhältnis »Vertrag« gestiftete Zustand von Gewaltfreiheit, der sich nicht mehr auf »natürliche« Privilegien gründet, sondern durch die wechselseitige Beachtung von Rechten und Pflichten zustandekommt.

Die Entstehung solcher Verträge wird ausschließlich auf den freien Willensentschluß der Beteiligten zurückgeführt, da nur so die Rechtmäßigkeit des Vertrags gesichert scheint. Vertrag und Tausch stehen in einem logischen Zusammenhang. Das In-Beziehung-Treten der privaten Warenbesitzer geschieht über eine formal (»vertraglich«) niedergelegte Vereinbarung, d.h. es gibt in einer privatkapitalistisch-bürgerlichen Erwerbsgesellschaft keine Unmittelbarkeit der Beziehungen mehr, sondern alles wird vermittelt durch freiwillig geschlossene Verträge (Kaufvertrag, Arbeitsvertrag, Ehevertrag usw.). Diese Verträge verwandeln material Ungleiches (die Tauschobjekte) in formale

Äquivalente und sind damit Ausdruck des Tauschprinzips, das daher als zentrales Merkmal aller bürgerlichen Gesellschaften gelten darf.

Der Markt – das Maß aller Menschen

Ökonomischer und politischer Liberalismus gehen von ähnlichen Prämissen aus, sind aber nicht ohne weiteres identisch. Die Ökonomen des Liberalismus (Adam Smith, Jeremy Bentham, David Ricardo, John Stuart Mill, Jean Baptiste Say) nahmen an, daß der freie Wettbewerb in der kapitalistischen Gesellschaft als solcher eine das gesamte soziale Leben hinreichend regulierende Instanz sei und daß als Folge der am Markt herrschenden Gesetze (Warentausch/Angebot und Nachfrage/Preisbildung) sich das Gemeinwohl, d.h. der Wohlstand, selbsttätig herstelle.

Im klassischen Liberalismus bedarf es hierzu zumindest der Idee nach keines in die Marktabläufe eingreifenden Staates, ja der Staat gilt in der Theorie des ökonomischen Liberalismus eher als ein lästiger Störenfried, sofern er mit seinen bürokratischen Regelungen die Freiheitsräume der Privateigentümer und Produzenten einengt und den »natürlichen« Mechanismus des Wettbewerbs beeinträchtigt, womit die positiven und produktiven Effekte des Selbstinteresses verbogen oder gar aufgehoben werden.

Das Ziel des Liberalismus (des ökonomischen wie des politischen) besteht vor allem darin, eine Ordnung zu verwirklichen, in der jene normativen Regelungen zur Geltung kommen, die die Autonomie des Einzelnen schützen, seine produktiven Leistungen belohnen und Freiheit innerhalb der vom Markt selbst gesetzten Schranken garantieren. Die freie Wirtschaft gilt in jedem Falle als unerläßliche Voraussetzung von Freiheit überhaupt. So sind denn die ökonomische Freiheit des Wirtschaftssubjekts, das Verfügenkönnen über Eigentum und die Autonomie der Unternehmerentscheidung, im Selbstverständnis liberaler Theorie weithin identisch mit der politischen Freiheit, denn jeder freie Bürger ist beides zugleich: Wirtschaftsbürger und Staatsbürger.

Ist es der Grundsatz des *ökonomischen* Liberalismus, daß allein durch die Gesetze des Marktes, durch freien Wettbewerb, Konkurrenz und das möglichst freie Spiel der Kräfte von Angebot und Nachfrage sich das Wohl aller einzelnen trotz ihrer noch so singulären Einzelinteressen herstelle, so ist es Grundsatz des *politischen* Liberalismus, daß in einer freien und gerechten Ordnung allein die Gesetze, die die Bürger sich im günstigsten Fall selber geben, herrschen dürfen. Diesen Gesetzen im Bereich der Politik entspricht im ökonomischen Liberalismus der Markt mit den ihm eigentümlichen Mechanismen.

Der »liberale Glaube« beruht ferner auf dem Gedanken der Gleichheit aller Menschen vor dem Gesetz: sei es das des Marktes oder das der politisch-öffentlichen Sphäre. Nur diese erstrebte Gleichheit dürfe das Maß für die Freiheit und die Grenzen der möglichen Entfaltung der Kräfte aller konkurrierenden Individuen sein. Diese beiden Arten der Gesetze (die des Marktes und die der öffentlichen Meinung) schaffen den Rahmen, innerhalb dessen sich die Freiheit der Individuen möglichst ungehindert entfalten soll. Die Herrschaft von Gesetzen nämlich stellt bestimmte rationale Spielregeln auf, die für alle Beteiligten gleichermaßen gelten. Innerhalb dieser Regeln steht es den einzelnen frei, ihren eigenen Geschäften (=Privatleben) nachzugehen, ihre eigene Wahl zu treffen und ihre eigenen Handlungen zu bestimmen. Alles andere (Herrschaft von Personen, Institutionen, Bürokratien) ist letztlich Zwang und Willkür und damit »irrational«, weil nicht durch den von Vernunft bestimmten Vertrag aufgeklärter Bürger geschaffen und gerechtfertigt.

Auf die Entwicklung ökonomischer Ungleichheit reagiergiert der Liberalismus mit der Tendenz zur Entfaltung ungehemmten Wettbewerbs im Rahmen der für alle geltenden Spielregeln. Da nach liberaler Auffassung die Bürger zwar vor dem Gesetz gleich sind, sich aber durch ihre Fähigkeiten, Bedürfnisse, Talente usw. voneinander unterscheiden, wird es in der Gesellschaft stets Unterschiede geben.

Rechtsgleichheit darf daher nicht zur Gleichmacherei führen, sondern Gerechtigkeit und Billigkeit fordern einen Ausgleich im Sinne der alten aristotelischen Forderung: jedem das

Seine. Wer Menschen gleichzumachen bestrebt ist (dies ist ein zentraler Gedanke des politischen Liberalismus), der sorgt fahrlässigerweise dafür, daß eine Verwaltungsinstanz den Grad der Unterschiede und das Maß der »gerechten« Entschädigung festlegt, womit die »natürliche« Gerechtigkeit der Marktgesetze und damit die Grundlage aller Gerechtigkeit selbst außer Kraft gesetzt würde.

Aller Liberalismus ist zwar im Prinzip für Gleichheit der Ausgangsbedingungen und -chancen (daher sein alter bildungspolitischer Impuls: »Bildung als Bürgerrecht«), nicht aber für Gleichheit der Resultate des als Wettbewerb verstandenen Zusammenspiels aller von den Invididuen verausgabten Energien. Ausgleich der Resultate müßte schließlich dazu führen, daß Leistungsanreize vermindert und verdiente Gratifikationen verwehrt werden.

Die Ungleichheit der *Ergebnisse* privaten Wirtschaftens wird mit der Begründung gerechtfertigt, daß sie im freien Wettbewerb erworben wurden. Der Leistungsbegriff definiert sich allein durch die Erträge, in Analogie zu dem Grundsatz, der wirtschaftliche Erfolg heilige die Mittel. Daher gebe es in jeder Gesellschaft eine gerechte *Meritokratie,* eine auf Leistung gegründete Hierarchie von Eigentum und Freiheit. Hinsichtlich ihres Einkommens, ihres sozialen Status und der darauf beruhenden Autorität sind die Menschen wesensnotwendig ungleich, weil sie auch ihrer Natur nach ungleich sind.

Da ein jeder – wenigstens prinzipiell – die Chance besitzt, sich durch Fleiß, Sparsamkeit und rationales Wirtschaften emporzuarbeiten, ist die so entstandene Sozialordnung »gerecht«, weil sie auf dem Tausch von Äquivalenten beruht: gleicher Lohn bei gleicher Leistung. Verschenkt werden darf nichts, denn dies verstieße gegen die erhabene Gerechtigkeit des Marktgesetzes:

»Wird der reicheren Klasse die direkte Last aufgelegt . . . die der Armut zugehende Masse auf dem Stande ihrer ordentlichen Lebensweise zu erhalten, so würde die Subsistenz der Bedürftigen gesichert, ohne durch die Arbeit vermittelt zu sein, was gegen das Prinzip der bürgerlichen Gesellschaft und des Gefühls ihrer Individuen von ihrer Selbständigkeit und Ehre wäre . . . «[3]

Hieraus folgt, daß das von Hegel bestimmte Prinzip der Vermittlung (bei Marx: der Äquivalententausch) mit sozialstaatlicher Umverteilung unvereinbar ist. Die vielberufene »Krise des Liberalismus« und das Legitimationsdefizit der bürgerlichen Gesellschaft heute ergibt sich nicht zuletzt aus dem zwar gesellschaftlich notwendigen, doch allem liberalen Selbstverständnis zuwiderlaufenden Verstoß gegen das, was der bürgerliche Sozialphilosoph Hegel 1821 noch die »Selbständigkeit und Ehre« nannte, wofür gegenwärtig (wie auch damals) alle ökonomischen Voraussetzungen fehlen.

Aus diesem der kapitalistischen Gesellschaft notwendig innewohnenden Widerspruch speist sich die Idee des Sozialismus.

2.2 Konservatismus

Zur Frühzeit des deutschen Konservatismus

Während der Bewegungscharakter des Liberalismus im 19. Jahrhundert unbezweifelbar ist, trifft dies für den Konservatismus nur bedingt zu. Der liberale Aufbruch der bürgerlichen Mittelschichten richtete sich als Oppositionsbewegung gegen die Privilegien der ständischen Gesellschaftsordnung und gegen einen absoluten Staat, der in der Zeit des Vormärz als Polizeistaat nicht bloß Liberale unterdrückt und verfolgt hatte.

Demgegenüber reagiert der alte Konservatismus gegen die »Ideen von 1789«, die Errungenschaften der Französischen Revolution sowie gegen die in ihrem Gefolge aufkommenden sozialen Bewegungen. Der Konservatismus ist somit als eine Anti-Bewegung anzusprechen.

Das polemische Gegenüber der Liberalen sind Ständeordnungen und Herrschaftsformen, Fürsten und bürokratische

3 Hegel, Rechtsphilosophie § 245, a.a.O., S. 390

Verwaltungen, die die Bewegungsfreiheit der sich emanzipierenden Bürger und Mittelschichten einengen. Im Gegensatz dazu sind die Träger des Konservatismus Feudaladel, die Kirche und kirchlich-ständisch gebundene Schichten, die mit der Gefahr ihrer Auflösung konfrontiert sind. Konservatismus ist in jener Zeit vor allem Kritik der Französischen Aufklärung und Revolution sowie ihrer befürchteten Folgen für den Bestand der überkommenen politischen und sozialen Ordnung. Diese im Vergleich zum Liberalismus völlig unterschiedliche Zielrichtung ergibt sich aus einem andersgearteten Geschichtsverständnis: Der Liberale (und erst recht der Demokrat) hält es mit der Vernünftigkeit der geschichtlichen Entwicklung, die als Chance für eine Veränderung des bestehenden Zustandes zugunsten individueller Freiheitsräume begriffen wird, da Fortschritt in der Geschichte am Maß der Entfaltungsmöglichkeiten der Bürger abgelesen wird.

Für den Konservativen – so es überhaupt für ihn einen solchen geschichtlichen Fortschritt gibt – ist dieser hingegen eine fortwährende Quelle des Legitimitätsentzuges der bestehenden Ordnung: denn durch ihn wird das selbstverständlich Scheinende in Frage gestellt und bislang für wahr Gehaltenes, historisch Gewachsenes bestritten.

So wenig der Liberalismus und die liberale Bewegung eine in sich homogene Struktur besitzen, so unterschiedlich sind auch die konservativen Versuche, der Herausforderung der Französischen Revolution durch neue Legitimationsstrategien zu begegnen. An der Emanzipation der nicht privilegierten Stadt- und Landbevölkerung konnten weder die grundbesitzenden Herrenschichten noch die in der Militär-, Hof- und Zivilverwaltung tätigen Aristokraten interessiert sein. Die Formen der Verteidigung der bestehenden Ordnungen reichen daher auch vom Versuch der bloßen Restauration einer bedrohten und allmählich verschwindenden Ständegesellschaft (Karl Ludwig von Haller, 1768–1845) bis zur konservativen Reform im Sinne eines behutsam verändernden Bewahrenwollens (Lorenz von Stein, 1815–1890).

In jedem Fall aber ist es das Aufbrechen bis dahin unbefragt geltender Lebensformen, die eine konservative Reaktion aufkommen läßt; hier erst entsteht aus einer stummen Mentalität des »Traditionalismus« die bewußte Absicht des Verteidigens überkommener Traditionen: Aus Traditionalismus wird – ungewollt – durch den Zwang zum Reflektierenmüssen eine konservative »Theorie«. Sie geht von einer Reihe von wertbesetzten Vorstellungen und Leitbegriffen aus, die sich durch die Geschichte des konservativen Denkens bis heute verfolgen lassen:

Geschichte	–	gegen Vernunft
Tradition	–	gegen Fortschritt
Autorität	–	gegen individuelle Freiheit
Ordnung	–	gegen Chaos und Anarchie
Legitimität	–	gegen Revolution
Institution	–	gegen individuelle Willkür
Realpolitik	–	gegen Ideologie und Utopie
Gemeinschaft	–	gegen Individualismus
Volk	–	gegen Gesellschaft
Organismus	–	gegen Atomismus, »Mechanismus«
Hierarchie	–	gegen Gleichheit und Demokratie
Gefühl	–	gegen Reflexion
Ewigkeit	–	gegen Mode und Zeitgeist
Bindung	–	gegen Willkür und Vereinzelung
Stand	–	gegen Klasse

Mit der Entstehung des Konservatismus als eine gegen die Französische Aufklärung und Revolution gerichtete Bewegung hängt auch der auffällig defensive Charakter vieler seiner Parteiprogramme im 19. Jahrhundert zusammen. Die Tendenz, alles, was als Neuerung empfunden wird, für schädlich zu halten, führt zu einer eigentümlichen Starrheit der konservativen Position. Da der soziale Wandel als Einbruch in geheiligte Traditionen erfahren wird, bleibt nur der Rückzug auf die tradierten Werte übrig. Diese Verwerfung des »Modernismus« und des »Zeitgeistes« wird deshalb möglich, weil die Bindung an die christliche (meist lutherische) Orthodoxie, wie sie besonders in Preußen vorherrscht, den Bereich von Politik und Gesellschaft in eine Kategorie minderen Ranges verweist. Denn der Konservative neigt stets zu einer Relativierung des Politischen zugunsten einer Sphäre der »Metapolitik«, in der Interessen, Konflikte und Parteiungen gegenstandslos werden. Diese Relativierung alles Politischen findet sich – trotz des ansonsten fundamentalen Wandels im konservativen Politikverständnis – bis heute. So etwa dort, wo alle Übel des »ausufernden« Sozialstaats in der »Anspruchshaltung« der Bürger gesucht werden oder wenn mangelnder Gemeinsinn und fehlende Opferbereitschaft beklagt werden.

Politische Romantik

Die Ideen des Konservatismus werden, zumindest für die erste Hälfte des 19. Jahrhunderts, von dem Engländer Edmund Burke (1729–1797) formuliert. Seine Theorie entsteht zur Verteidigung einer Ordnung, die, gemessen an den damaligen deutschen Verhältnissen, liberal war. Denn England war bereits Schauplatz zweier Revolutionen gewesen. Der Landadel hatte sich an der Einrichtung der bürgerlich-kapitalistischen Gesellschaft aktiv beteiligt und blieb daher eher reformfreundlich.

In Deutschland hingegen verband sich die grundbesitzende Aristokratie mit der Restauration in konsequenter Abwehr gegen alles Moderne. Entsprechend erfolgt die Rezeption Burkes (insbesondere seines Pamphlets über die Französische Revolution) in Deutschland auf dem Wege einer Romantisierung des Königtums.

Die Berufung auf Herkommen und Dauer richtet sich gegen alle Versuche, Staat und Gesellschaft von bestimmten rationalen Prinzipien her organisieren zu wollen. Denn in jeder Erscheinung des sozialen wie politischen Bereichs ist die Vergangenheit gegenwärtig als wirkende Kraft und tragender Grund. Soziale und politische Institutionen können sich nur allmählich entwikkeln. Gegen die von der bürgerlichen Aufklärung getragene naturrechtlich legitimierte Staatsvorstellung wendet Burke sich mit seiner Interpretation des Staates als einer »Gemeinschaft der Lebenden und der Toten«. Gegen den Primat des Individuums vor dem Staat behauptet er die ursprüngliche Einheit von Staat und Individuum, da *beide* göttlichen Ursprungs seien.

Es gibt Burke zufolge für ein Volk keine rationale und

planmäßig durchzuführende Verfassungs- und Verwaltungsordnung; die Geschichte einer Nation selbst sorgt dafür, daß die Verfassungsnormen in einer stetigen und organischen, den Menschen selbst unbewußten Weise durch ein sich parallel entwickelndes Gewohnheitsrecht geregelt werden *(conventional law)*.

Gegen die im liberalen Konzept entworfene Idee der Freiheit als rational-abstraktem Menschenrecht soll ein System von Privilegien aufrecht erhalten werden. Das Individuum ist Teil einer umfassenden Ordnung, die alle Realitätsbereiche umschließt. Damit wird die Teilhabe des einzelnen an Gemeingütern behauptet, die allen partikularen Interessen vorgelagert sind. Das aber heißt: Jeder wird in einen Stand hineingeboren, in dem er lebt, wirkt und verharrt. Er ist ein organisches Glied des Staatsganzen.

Der Ablehnung von abstrakten Gleichheitsforderungen entspricht das Plädoyer für Recht und Würde der geschichtlichen Überlieferung und Erfahrung, so etwa des christlichen Mittelalters mit seinen ritterlichen Tugenden.

Grundmodell konservativen Denkens ist die patriarchalische *Familie*, die mit ihren rational nicht legitimierbaren Werten zum Urbild politischer Ordnung schlechthin wird. Deren Autorität wird als überzeitlich gültiges Orientierungsschema eingeführt. So erhalten die überkommenen Eigentumsverhältnisse und die auf ihnen basierenden Privilegien eine allem menschlichen Wollen und Planen von vornherein überlegene Würde.

Im Staatsdenken bedeutet dies die Wendung gegen die naturrechtlich bestimmten liberalen Vertragstheorien (vgl. *Kapitel 2.1)*, soweit sie auf menschliche Vernunft gründen. Staats- und Gesellschaftsordnungen sollen sich vielmehr auf, sei es göttliche, sei es natürliche Instanzen stützen (Legitimitätsprinzip).

Burkes Konservatismus ist auf die Behauptung von historisch gewachsenen Privilegien und Herrschaftspositionen gerichtet. Es ist dies eine Argumentation aus der Defensive; verteidigt wird das Prinzip der »Legitimität« gegen das der »Revolution«.

Die Linie der konservativ-sozialromantischen Gesellschaftskritik beginnt in Deutschland mit Adam Heinrich Müller (1779–1829), Heinrich Leo (1799–1878) und führt über Wilhelm Heinrich Riehl (1823–1897) bis hin zu konservativen Richtungen in der Weimarer Republik.

»Staat«, »Geschichte« und »Volk« heißen hier die Schlüsselkategorien. Staat ist für die romantische Anschauung ein Organismus mit einer eigenen Lebensgeschichte. Dieser Vergleich des Staates mit einem Organismus ist seit der Antike gebräuchlich. Das Neue am romantisch-organizistischen Staatsbegriff ist jedoch, daß es sich hierbei nicht mehr nur um eine bloße Analogie handelt, sondern daß der romantisch beeinflußte organizistische Staatsbegriff den Vergleich in eine Seinsaussage transformiert. Der Staat *ist* ein Organismus. Das Modell gerinnt zur Wirklichkeitsaussage. Für konservatives Denken heißt das:

- Staat und Volksgemeinschaft sind ein ursprünglich Ganzes und natürlich Gewordenes.
- Es besteht ein eindeutiger Primat des Ganzen vor seinen Gliedern.
- Aus beiden Prämissen folgt die Vorstellung einer gottgewollten ständisch-hierarchischen Ordnung.

Ziel der konservativen Kritik ist der »mechanistische«, der aufgeklärt-absolutistische Staat, der sich von seinen rational gesetzten Zwecken her bestimmt. Die Legitimität der monarchischen Gewalt und die Autorität intermediärer Gewalten ist das zentrale Thema konservativer Staatskonzeptionen. Als Teil der göttlichen Weltordnung symbolisiert der Staat – mit den Worten Adam Müllers – die »Totalität der menschlichen Angelegenheiten«. Der Monarch ist Symbol der Einheit innerhalb der Mannigfaltigkeit der Stände und lokalen Korporationen.

»Jeder Vereinigungsakt zweier oder mehrerer Einzelner kann nur als ein Unterwerfungsakt derselben unter ein gemeinsames Höheres gedacht werden. Das einende Prinzip wirkt somit von oben nach unten, folglich überall von innen heraus und hebt die zu einenden Wesen zu sich und hiermit außer sich selbst hervor und empor, indem es sie von der zerstreuten Peripherie ins innere Centrum sammelt.«[4]

Die von zahlreichen Konservativen geübte Kritik am kapitalistischen Wirtschaftssystem richtet sich vornehmlich gegen die anarchistischen und atomisierenden Tendenzen der industriell fortschreitenden, auf Geld- und Tauschverkehr beruhenden bürgerlichen Konkurrenzgesellschaft, denen gegenüber die Lebenseinheit von »Volk und Staat« beschworen wird. Der Begriff »Volk« leistet die ideologische Überhöhung ständischer Korporationen und monarchischer Autorität und konterkariert damit den Begriff »bürgerliche Gesellschaft«.

Paradigma konservativer Politiksicht ist die Parteienlehre Friedrich Julius Stahls (1802–1861), wie er sie im Jahre 1863 darlegte. Ihr zufolge gibt es letztlich nur zwei politische Lager: dasjenige der Legitimität und das der Revolution. *Tertium non datur* (ein Drittes gibt es nicht).

Jede Abweichung vom hergebrachten, gott- und naturgewollten Legitimitätsprinzip gilt ihm als Anfang vom drohenden Ende. Der Teufel der Revolution erscheint in mancherlei Gestalt. Ist erst einmal die (monarchische) Alleinkompetenz für alle Schlüsselentscheidungen im Staat angetastet, so gibt es kein Halten mehr. Eine solche Gesellschaft endet notwendig in Chaos und Anarchie.

Die Pointe dieser dualistischen Konstruktion besteht nun darin, daß der Liberalismus, gerade weil er zwischen den Extremen zu vermitteln sucht, als das eigentliche Übel gilt. Wo es nichts zu versöhnen gibt, wird der Versuch des Ausgleichs zu einer besonders perfiden Form revolutionärer Gesinnung. So gleicht das Porträt des Liberalen, wie der Konservative Stahl es an die Wand malt, mehr einem Brandstifter als einem politischen Gegner: Unsicherer Kantonist und Sicherheitsrisiko in einem, wird er zum Zugführer der Revolution. Das »Tertium non datur« gerät auch später noch zur Feindbestimmung im

4 Baader, Franz von: Gedanken über Staat und Gesellschaft. Darmstadt 1968. S. 11 f.

konservativen Denken, in der »die graue Internationale« des Liberalismus als des Übels Kern verdammt, in jedem Falle aber als »zersetzend« ausgegrenzt wird.

Von dem Historiker Leopold von Ranke (1795–1886) stammt das Wort, daß alle Epochen der Geschichte gleich nahe zu Gott seien, woraus folgt, daß die Idee eines Fortschritts in der Entwicklung der menschlichen Zivilisation einen Irrglauben darstellt. Ebenso verfährt die historische Rechtsschule: das durch den »Volksgeist« Hervorgebrachte ist stets schon das Rechte und Wahre. Ihr kommt es darauf an, das »Ursprüngliche« gegenüber allen späteren Verfremdungen zu bewahren. Im Laufe des 19. Jahrhunderts folgert man hieraus, daß nur das jeweils gegebene positive Recht (d.h. das überkommene) als das einzig wahre gelten kann.

Der Sinn dieser Aufwertung des Vorgegeben – und »Positiven« – ist natürlich die Ablehnung des Gedankens der Aufklärung, daß alle Geschichte letztlich auf menschlichem Handeln beruhe und daß deshalb Staaten, Gesetze und politische Institutionen auch kritisierbar und damit veränderbar seien. Die Entscheidung für das Vorgegebene ist stets zugleich auch eine Entscheidung zugunsten der Autorität der jeweiligen Obrigkeit. Der konservativen Staats- und Rechtslehre geht es daher um eine überpersonale, letztlich geschichtsjenseitige Verankerung von Staat und Recht, da weder Vernunft und Vertrag noch menschlicher Wille wirkliche Autorität zu begründen vermögen.

Überparteilichkeit als konservativer Anspruch – verkörpert in der Idee eines politisch neutralen Beamtentums – wird zu einem wichtigen Mittel zur Abschirmung der Monarchie gegen die politischen Interessen von Liberalen, Demokraten und Sozialisten. Das Studium der Sozialisten in Frankreich sowie die Erfahrungen mit den dortigen Revolutionen von 1830 und 1848 führten Lorenz von Stein dazu, zwei Entwicklungstendenzen miteinander versöhnen zu wollen: die technologisch bestimmte industrielle Revolution (Arbeitsteiligkeit, Verfügen über Eigentum) und die gesellschaftliche Klassenstruktur.

Für Stein ist die Interessen- und Arbeitsgemeinschaft zwischen Arbeit und Kapital das Gebot der Stunde. Soziale

Reform erhält ihre Zielbestimmung durch die Anerkennung des Rechts der Arbeit auf Kapitalerwerb. Nur durch die Chance zum Kapitalerwerb und damit zum Aufstieg in den Mittelstand kann nach Stein die kapitalistische Erwerbsgesellschaft vor den revolutionären Bewegungen gerettet werden. Aus Feinden (Proletariat, Bourgeoisie) sollen aufgrund von vernünftiger Einsicht Verbündete werden, da sie einander die Voraussetzungen für die Realisierung ihrer je eigenen Interessen liefern:

- Das Kapital sorgt für Arbeit und Bildung sowie für die Chance zum Kapitalerwerb für die Arbeiter;
- die Arbeit ihrerseits sorgt für die Verbesserung der Produkte und die Mehrung des gesellschaftlichen Reichtums.

Beide sind daher in ihrem ureigensten Interesse aufeinander angewiesen: Sie stehen im Verhältnis gegenseitiger Bedingtheit, die zur Solidarität der Interessen führen sollte. Der Staat als »pouvoir neutre« schafft Stein zufolge die Klassenwidersprüche zwar nicht aus der Welt, versucht die beiden Kontrahenten aber – auf sozialstaatlich-administrativem Wege – miteinander zu versöhnen.

Konservatismus heute

Die Neokonservativen von heute präsentieren sich nicht bloß in der Bundesrepublik als die allen übrigen Positionen gegenüber unverbrauchten »Realpolitiker«.

Unmittelbar nach dem Zweiten Weltkrieg war dies anders: der Konservatismus war kompromittiert durch jene Allianz, die sich am Ausgang der Weimarer Republik als ein Bündnis von Deutschnationalen und Nationalsozialisten darstellte, eine Allianz, ohne die Hitler und seine Bewegung die Macht in Deutschland nicht hätten erlangen können. Denn es handelt sich 1933 weniger um eine »Machtergreifung« als um die Tatsache, daß die NSDAP von den Konservativen die Macht zugesprochen bekam, in der frivolen Hoffnung, die Nazis ein wenig zähmen zu können (»Einrahmung Hitlers«).

So gab es in der Weimarer Republik aus dem Spektrum der

»Konservativen Revolution«[5] durchaus eine Vielzahl von Querverbindungen zum völkischen Nationalismus der NSDAP.

Nun sollte diese Erinnerung freilich nicht dazu verleiten, die Weltanschauung der Konservativen der der Nationalsozialisten gleichzusetzen. Seit Beginn der 70er Jahre bezieht nämlich der in den USA und in Westeuropa aufkommende sogenannte Neokonservatismus seine weltanschaulichen Muster wie seine Vorgänger zwar auch aus der Vergangenheit, doch orientiert er sich – im Sinne einer besorgten »Verantwortungsethik« – an der Gegenwart. Seine inzwischen längt erfolgte Aussöhnung mit den Technostrukturen erscheint ihm als Überlebensfrage. Freilich gelten Autorität, Ordnung und Gemeinschaft nach wie vor als zentrale Werte, doch werden diese in einen neuen zweckrationalen Ordnungszusammenhang gestellt.

Zu den Grundsätzen des Neokonservatismus gehören: Sicherung und Ausbau einer Elitenherrschaft zur Stabilisierung der Leistungsgesellschaft; »Entideologisierung« der Politik und Neutralisierung der Interessenkonflikte, besonders jener zwischen Kapital und Arbeit; Stärkung der staatlichen Autorität auf Kosten sozialstaatlicher Funktionen.

Seit Beginn der 60er Jahre wurde das Konzept des »technischen Staates« entwickelt (Daniel Bell, geb. 1919; Helmut Schelsky, 1912–1984). Danach herrschen in der Politik primär »Sachzwänge«, die an die Stelle der früher ideologisch bestimmten Entscheidungen getreten seien. Der Politiker von heute gilt hier als Analytiker, Planer und Konstrukteur. Die Rechtfertigung des sozialen und politischen Systems erfolgt primär aus seiner Effizienz. Von da aus erscheinen Forderungen nach demokratischer Mitbestimmung oder Verkürzung der Arbeitszeit zugunsten von mehr Lebensqualität als geradezu systemwidrig. Die zeitgemäße Utopie des Neokonservatismus ist eine auf fortgeschrittener Technik, Management und Effizienz basierende Leistungsgesellschaft.

Trotz der unübersehbaren Unterschiede ist der Neokonser-

---

5 Zur Herkunft dieses Begriffes, vgl. Mohler, Armin: Die Konservative Revolution in Deutschland 1918–1932. Darmstadt 1972

vatismus hinsichtlich seiner Stellung zum Staat dennoch auch wieder dem früheren Konservatismus verhaftet. Sein Hauptziel bleibt die Bewahrung einer schlagkräftigen und entscheidungsfreudigen Ordnungsmacht, die der Erhaltung gesellschaftlicher Herrschaftsstrukturen dienen soll. Im Selbstverständnis des Neokonservatismus soll dieser Staat ein interessenenthobener, »neutraler« Staat sein, der die in partikulare Interessengruppierungen (Verbände, Gewerkschaften etc.) zerfallene Gesellschaft integriert und regierbar macht. Die ansonsten drohende »Unregierbarkeit« moderner Industriegesellschaften gehört zu den vornehmlichen Sorgen der heutigen Neokonservativen. Damit erhalten die Schutzgarantien der Staatsgewalt und deren Sicherheitsinteressen gegenüber allen sozialstaatlichen Funktionen den Vorrang.

Im wissenschaftlichen Sprachgebrauch lassen sich mindestens vier Hauptbedeutungen von »konservativ« unterscheiden[6]:

a) ein soziales/politisches Verhalten, Handeln oder Denken, das sich am Interesse der jeweils herrschenden Klassen und Schichten festmachen läßt (z.B. Ancien Regime contra Französische Revolution; Aristokratie gegen liberales Bürgertum; Arbeiter gegen Kapitalisten);
b) ein soziales/politisches Verhalten oder Denken, das an bestimmten Organisationsformen innerhalb eines politischen Systems ablesbar ist (z.B.: Konservative Parteien, Verbände, Vereine);
c) ein vorgegebener Kanon sogenannter ewiger Werte, der zeitunabhängig, klassenunabhängig und schlechthin mit der Natur des Menschen verbunden sein soll (anthropologische Wesenskonstanten);
d) jede Art von Anpassung des sozialen Verhaltens und Denkens an überkommene formelle und informelle Regeln,

6 Nach: Schumann, H.G.: »Konservativismus« als analytischer Strukturbegriff«. In: Ders. (Hg.): Konservativismus. Königstein/Ts. 1984. S. 370–382

Normen und Institutionen (Familie, Schule, Beruf, soziales Umfeld).

Wenn es einen gemeinsamen Grundzug der konservativen Positionen gibt, dann ist es deren Flexibilität. Sie erlaubt es, daß diese sich in den verschiedensten Situationen den wechselnden Erfordernissen gegenüber anpassen. Der bewußte Theorieverzicht erweist sich so gerade als Stärke des Konservatismus.

Wenn Konservative behaupten, ihre Gesinnung, Haltung und Weltsicht sei die der Normalität schlechthin, so folgt daraus, daß alle vom Konservatismus überwundenen, in jedem Falle aber anachronistisch gewordenen »Ismen« (wozu vor allem Liberalismus und Sozialismus zu zählen sind) sich dem konservativen Grundmuster menschlichen »Normalverhaltens« gegenüber zu rechtfertigen hätten, während konservatives »Wertfühlen« sich sozusagen von selbst versteht.

Aus der Perspektive der damit behaupteten Ideologiefreiheit erscheinen alle politischen Konzeptionen, die der rationalen Legitimation bedürfen, von vornherein als etwas Künstliches, Abstraktes und Lebensfremdes, während der Konservative für sich stets die lebendige Erfahrung, das Konkrete und Anschauliche reklamiert. An die Stelle von Programm, Theorie und Ideologie treten (mittlerweile allerdings nicht mehr bloß auf Seiten der Konservativen) Persönlichkeiten mit entsprechenden Führungsqualitäten.

Politisch folgt aus dieser Prämisse für den Konservatismus, daß ein Staat, der sich im Ernst darauf einläßt, seine Entscheidungen den Bürgern gegenüber zu rechtfertigen, sich bereits im Zustand des Autoritätsverfalls befindet.

Ein wesentlicher Grund für die schichtenunspezifische Anziehungskraft konservativer Positionen liegt vermutlich in ihrem Versprechen, die arbeitsteilig atomisierten bürgerlichen Individuen aus ihrer Isolierung zu befreien. Dies geschieht durch die Bindung an »ewige Werte«, die dem versprengten einzelnen die Möglichkeit geben sollen, sich wieder an höheren Ordnungen und Ganzheiten zu orientieren. Dazu gehören vor allem: Tradition, Heimat, Familie, Volk, Leben, Gemeinschaft u.a.m. Das gemeinsame Merkmal solcher Vorstellungsmuster besteht darin, das Werthöhere in überindividuellen Instanzen zu sehen. Mehr Gesinnung als ausformuliertes Programm, besteht der soziale Konsens in bestimmten Werten und Haltungen, die der kritischen Reflexion weithin entzogen sind.

Dieser Umstand findet in der einfachen Tatsache seine Erklärung, daß politische Programme nur dort eine Funktion besitzen, wo tatsächlich die Absicht besteht, gesellschaftliche Verhältnisse zu ändern, so wie es bei Liberalen, Demokraten und Sozialisten war und zum Teil noch ist. Da Programme meist von bestimmten Prinzipien geleitet sind, diese aber der rational- planenden Vernunft entspringen, verstößt jede Festlegung auf derartige Prinzipien gegen den Anspruch des Konservatismus, erfahrungs- und lebensnahe Politik zu treiben. Demgegenüber hält man es mit Grundsätzen bzw. Grundwerten, die geschmeidiger und damit politisch leichter verwendbar sind.

Konservativ-Sein ist nie eine im Kern theoretische Position gewesen, sondern eine pragmatisch orientierte Handlungs- und Verfahrensweise, die auf die Bewahrung eines bestimmten soziokulturellen bzw. politischen Status bedacht ist. Die Rechtfertigung solch konservativer Handlungspraxis geschieht gerade heute in der Regel durch Berufung auf das sogenannte Gemeinwohl, die »wahre Volksmeinung« (»der einfache Mann aus dem Volk«, »die schweigende Mehrheit«) oder aber durch beliebig auszufüllende Leerformeln wie »Sachzwang«, »Natur der Sache« oder »gesunder Menschenverstand«.

Konservative bevorzugen die Rede vom Volk und vermeiden den Terminus »Gesellschaft«. »Volk« suggeriert eine metapolitische Einheit, »wahre Traditionen« und unverrückbare Werte. Der wirklich vorhandene Meinungspluralismus wird dabei oft ausgeblendet: die Tatsache nämlich, daß es in ein und demselben Volk seit jeher verschiedene, konfligierende und koexistierende Wertüberzeugungen, Traditionen und Welterfahrungen gegeben hat und gibt.

Trotz der vielfältigen Ausformungen des Konservatismus seit dem Ende des 18. Jahrhunderts lassen sich doch eine Reihe von gemeinsamen Denkmustern festhalten. Diese Muster prägen besonders in Krisenzeiten das konservative Verständnis von Politik, das hier abschließend in den folgenden fünf Punkten zusammengefaßt werden soll:

a) Politik ist die Kunst des Möglichen, die stets nur wenigen vorbehalten bleibt; die Menge hat zu wählen und dann zu gehorchen (vgl. *Kapitel 3.3*).
b) Die Staatsraison besitzt gegenüber gesellschaftlichen Ansprüchen stets die Priorität.
c) Im Innern der modernen Gesellschaften droht latent der Bürgerkrieg, d.h. Realpolitik ist prinzipiell von der Möglichkeit des Eintretens des Ernstfalls (Ausnahmezustand) her konzipiert. Von daher begründet sich die Notwendigkeit einer starken Exekutive *(law and order)*.
d) Politische Autorität (Königtum, Präsidentenamt, Oberste Justiz, Exekutive, Verwaltung) ist aus ihrer Existenz selbst legitimiert. Stabile Institutionen beruhen stets auf der Gehorsamsbereitschaft der Herrschaftsunterworfenen gegenüber gott- und naturgewollten Autoritäten, die zugleich streng und gerecht sein sollen.
e) Der Staat ist zunächst der Garant für den Schutz gegen Bedrohungen von außen und damit zugleich friedens- und freiheitssichernd (Primat der Außenpolitik). Da der Krieg als potentieller Ernstfall stets möglich ist, jedenfalls nicht ausgeschlossen werden kann, ist ein auch militärisch abwehrbereiter Staat (heute Staatenbündnis) erforderlich, um den Frieden zu garantieren.

2.3 Sozialismus

Die Frage nach den Anfängen bleibt umstritten: Während manche Autoren jeden Entwurf für eine gerechtere und humanere Einrichtung der Gesellschaft seit Menschengedenken als Sozialismus bezeichnen, gibt es andere, die ihn erst mit dem Prozeß der Industrialisierung beginnen lassen, in den westeuropäischen Ländern somit im Zeitraum zwischen dem ausgehenden achtzehnten und der Mitte des neunzehnten Jahrhunderts.

Sieht man, wie es heute in der Regel geschieht, im Sozialismus den Ausdruck einer sozialen Bewegung, deren Hauptträger die Klasse der Lohnabhängigen ist, so wird man erst dort von Sozialismus im engeren Sinne sprechen können, wo die modernen Formen der kapitalistischen Produktion einen Entwicklungsgrad erreicht haben, der es erlaubt, von einer auf Privateigentum gegründeten, industriell organisierten Erwerbsgesellschaft zu sprechen. In einer solchen kapitalistischen Gesellschaft stehen sich nicht mehr bloß Arm und Reich, sondern Privateigentümer an Produktionsmitteln (=Kapitalisten) und – vorwiegend manuell tätige – Lohnarbeiter (=Proletarier) gegenüber.

Im modernen Sozialismus als einer Oppositionsbewegung gegen die bürgerliche Gesellschaft verbinden sich drei miteinander verflochtene Strömungen:

1. Eine *Interessenbewegung,* die als Reaktion auf die menschenunwürdigen Folgen der frühkapitalistischen Industrialisierung entstanden ist. Erst langsam bahnen sich hier festere Organisationsformen an, während in der Frühzeit des Sozialismus Geheimbünde, Vereine und lose Zirkel das Bild bestimmen. Die in der zweiten Hälfte des 19. Jahrhunderts entstandenen sozialistischen Parteien sind nur der politische Teil einer breiteren Arbeiterbewegung, wie sie sich mit vorwiegend ökonomischer Zielsetzung auch in den Gewerkschaften organisiert.
2. Eine *Massenbewegung,* für die die angestrebte Emanzipation von staatlicher und besitzbürgerlicher Hegemonie kennzeichnend ist. Zur Integration der von dieser Bewegung angesprochenen Massen kommt es in Deutschland durch Ausbildung eines spezifischen Bewußtseins, in dem sich Proletarier oder »Lohnabhängige« als die Gesamtheit all jener begreifen, die nur über ihre Arbeitskraft verfügen, um ihr Leben und Fortkommen zu sichern.
3. Eine *Kulturbewegung,* die sich in vielfältigen Bereichen des proletarischen Lebens betätigt, z.B. Wander-, Sport- und Jugendbewegung. So bildete sich in der Zeit vor dem 1. Weltkrieg eine Form der proletarischen Gegenöffentlich-

keit, die als Erbin der bürgerlichen Aufklärung und zugleich als bewußte Alternative zum ständisch-feudal bestimmten preußisch-deutschen Staatswesen gelten kann.

Nur wenn man diese drei miteinander eng verknüpften Elemente der sozialistischen Bewegung im Auge behält, kann man den überaus vielschichtigen Richtungen des modernen Sozialismus gerecht werden.

Frühsozialismus

Die in der Zeit des »Vormärz« (1830–1848) in Deutschland auftretenden Kritiker der sozialen Folgen des Industrialisierungsprozesses entstammen meist dem bedrohten Handwerk und der mittelständischen Intelligenz. Diese insbesondere von Saint-Simon (1760–1825), Fourier (1772–1837), Proudhon (1809–1865) und Owen (1771–1858) inspirierten Frühsozialisten erkennen, daß die von den liberalen Ökonomen erwartete Marktgerechtigkeit in einen unübersehbaren Widerspruch zu den desintegrierenden Folgen der frühen Industrialisierung gerät. Ihre vielfältigen Entwürfe und gesellschaftskritischen, utopischen Systeme stehen einander oft konkurrierend gegenüber.

Daneben gibt es zahlreiche Übergänge zu den Demokraten und Radikalen, die sich ebenso wie die Sozialisten von den bürgerlichen Liberalen abgrenzen. Trotz dieser Unterschiede ist ihnen vieles gemeinsam: So die Frontstellung gegen den aufkommenden Industrialismus, gegen die Geldwirtschaft und das damit verbundene Kreditwesen sowie die Hoffnung auf die endliche Realisierung irdischen Glücks für alle.

Es ist berechtigt, in Deutschland statt von Frühsozialismus auch von vor-marxistischem Sozialismus zu sprechen, da im Gegensatz zu Karl Marx (1818–1883) und Friedrich Engels (1820–1895) die Frühsozialisten in der Regel zwar einen ersten Begriff vom Proletariat kennen, gleichwohl aber den »Pauperismus« und erst recht die Strategien zu dessen Überwindung anders als Marx herleiten.

Für die Frühsozialisten zerfällt die Gesellschaft in der Regel in zwei gegensätzliche Hälften:

- auf der einen Seite die Herrschenden, Reichen und Mächtigen, die ihrem Egoismus frönen;
- auf der anderen Seite all jene, die gesellschaftlich nützliche Arbeit leisten und damit dem Fortschritt der Menschheit dienen, ohne in den Genuß ihrer eigenen Produkte zu kommen (Proletarier).

Darüber hinaus gibt es keine Ebene, auf die sich die Analyse beziehen kann, da das Schema Egoismus (der Reichen) contra Altruismus (Solidarität der Unterdrückten) nur eine *moralische* Dichotomie zuläßt.

Demgemäß kommen die Frühsozialisten zu dem Schluß, daß mit einer Propaganda des »Augen-Öffnens« auf seiten der Proletarisierten der Wille zur Solidarisierung das ebenso zwangsläufige Ergebnis sein müsse wie die Alternative: Entweder Zugeständnisse von seiten der Herrschenden oder Revolution.

Entscheidend ist, daß Sozialismus hier noch eine Sache des Willens, nicht aber eine der Einsicht in die sozialen und ökonomischen Prozesse ist; der Kapitalismus wird primär an seinen negativen Folgen, nicht aber schon in seinen potentiell revolutionierenden Aspekten erfaßt. An die Stelle des erbarmungslosen Konkurrenzmechanismus soll eine kollektive Organisation der Produktion und Verteilung treten (»Assoziation«). Hierfür gibt es bei einigen Autoren im Frühsozialismus konkrete und detaillierte Entwürfe (so die Sozialutopien bei Owen, Fourier und bei Wilhelm Weitling).

Marx und Engels

Weder die Klassentheorie noch die Lehre von den Klassenkämpfen in der Geschichte ist eine vom Marxismus[7] neu entwickelte Vorstellung. Vielmehr geht der damit bezeichnete

---

7 Unter diesem pauschalen Begriff sollen im folgenden die theoretischen Schriften von Marx und Engels sowie die sich darauf berufenden Schulen verstanden werden.

sozialökonomische und geschichtliche Zusammenhang auf Autoren des 18. und des frühen 19. Jahrhunderts zurück, so, um nur die wichtigsten zu nennen, auf Ferguson, Saint-Simon, Ricardo und auf einige Theoretiker zur Zeit der Französischen Revolution.

Was den Marxismus sowohl von den klassischen nationalökonomischen Theorien der bürgerlichen Gesellschaft als auch von jenen der Frühsozialisten unterscheidet, ist die ihm eigene Vorstellung von der inneren Dynamik der bürgerlich-kapitalistischen Gesellschaft. Ökonomischer »Unterbau« und gesellschaftliches Bewußtsein verhalten sich im originären Marxismus nicht wie eine reale Basis zu einem zweitrangigen »Überbau«, sondern beide sind Momente derselben gesellschaftlichen Totalität.

Die Veränderung der gesellschaftlichen Verhältnisse kann nur erfolgen, wenn das Proletariat aus einer Klasse »an sich« zu einer Klasse »für sich« wird, d.h. zur Einsicht in die gesellschaftlichen Mechanismen, speziell ihrer eigenen Stellung im Produktionsprozeß gelangt. Erst auf dem Wege seiner Organisation kann das Proletariat zum Subjekt gesellschaftlicher Veränderungen werden. Die marxistische Theorie versteht sich als Teil dieses Prozesses, den sie durch ihre Analyse und die kritische Negation der kapitalistischen Klassengesellschaft zu beschleunigen sucht.

Zwar ist Geschichte letztlich ein von Menschen inszenierter Vorgang; das heißt aber nicht, daß sie, einmal in Gang gekommen, beliebig zu beeinflussen wäre. Die Geschichte ist vielmehr stets nur im Rahmen der historisch entstandenen Produktionsverhältnisse und gemäß dem jeweiligen Stand der Produktivkräfte zu verändern.

Auf eine kurze Formel gebracht, besagt diese Theorie, daß die Veränderungen des sozialen Lebens eine Funktion der Antithetik von Produktivkräften (a) und Produktionsverhältnissen (b) sind. An den Knotenpunkten der Geschichte (c) sprengen die sich fortschreitend entfaltenden Produktivkräfte (a) (worunter Marx nicht nur die menschliche Intelligenz, sondern auch die Gesamtheit der technologischen Einrichtungen einer Gesellschaft versteht) die jeweiligen Produktions- und Eigentumsverhältnisse (b). Deshalb behauptet Marx im An-

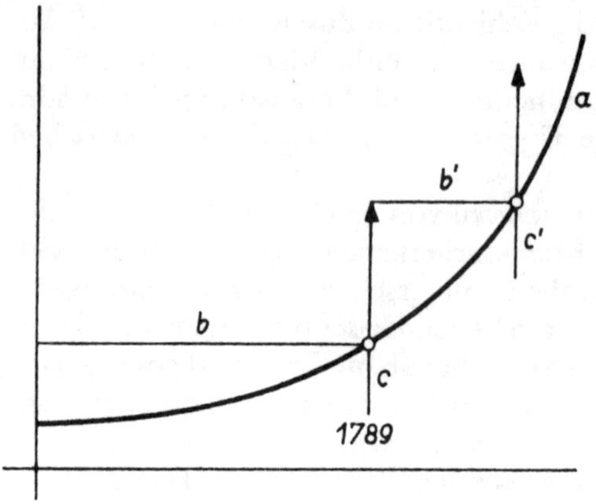

a = Produktivkräfte
b = Produktionsverhältnisse
c = Revolutionen

(Skizze nach Iring Fetscher. In: Handwörterbuch der Staatswissenschaften Bd. 7. Stuttgart Tübingen Göttingen 1961. S. 55)

schluß an Klassentheorien zur Zeit der Französischen Revolution (Babeuf, Saint-Simon), die Geschichte der Menschen sei eine Geschichte von Klassenkämpfen.

Die Dynamik der bürgerlichen Gesellschaft resultiert aus dem zentralen Widerspruch des kapitalistischen Produktionssystems: dem strukturellen Antagonismus zwischen Kapital und Lohnarbeit. In diesem Widerspruch drückt sich die Klassen- und Herrschaftsstruktur der kapitalistischen Gesellschaft aus, deren Grundlage die Trennung der Produzenten von den Produktionsmitteln, damit von der Bestimmung des Arbeitsprozesses, der Produktionsziele sowie der Arbeitsprodukte selber ist. Aus diesem ökonomischen Tatbestand entwickelt der Marxismus seine Theorie der »Entfremdung«.

In der kapitalistischen Gesellschaft veräußert die überwiegende Mehrheit der Bevölkerung ihre Arbeitskraft gegen Lohn, während eine Minderheit als Kapitaleigner die Verfügungsgewalt über die Produktionsmittel, Grund und Boden usw. besitzt, die es ihr erlaubt, sich fortwährend fremde Arbeit anzueignen. Auf der Grundlage des Äquivalententauschs (Ware gegen Geld – Geld gegen Ware) wird auch die Arbeitskraft zu einer Ware unter anderen – einer Ware jedoch, die die besondere Eigenschaft hat, *mehr* an Wert zu produzieren, als sie zur Wiederherstellung ihres Arbeitsvermögens bedarf.

Das »Geheimnis« der kapitalistischen Warenproduktion steckt damit, Marx zufolge, in der *objektiven Struktur* der Ware Arbeitskraft, die als einzige der auf dem kapitalistischen Markt getauschten Waren die Eigenschaft besitzt, Quelle von Wert zu sein (Arbeitswertlehre). Sie produziert den sogenannten *Mehrwert.*

Der im kapitalistischen Produktionsprozeß erzeugte Mehrwert fällt allein den Kapitaleignern zu, während das Proletariat für die geleistete Arbeit nur die Subsistenzmittel zurückerhält, die es benötigt, um seine Arbeitskraft zu regenerieren. Die in dieser privaten Aneignung des Mehrwerts bestehende Ausbeutung der Lohnarbeiterschaft, aus der für Marx und Engels alle wesentlichen Widersprüche der kapitalistischen Gesellschaft resultieren, bleibt jedoch hinter dem Schleier des gerechten (Äquivalenten-)Tauschs verborgen, bei dem »gleiche« Größen: Ware gegen Geld und Arbeitskraft gegen Lohn getauscht werden. Geht somit an der Oberfläche der kapitalistischen Gesellschaft alles »mit rechten Dingen« zu, so zeigt die Analyse ihrer Produktionsbedingungen den ihr notwendig innewohnenden Widerspruch.

Um sich diesen, fürs erste kompliziert scheinenden Zusammenhang einmal zu veranschaulichen, wäre vielleicht folgende, holzschnittartige Analogie hilfreich:

Ein Imker (=Privateigentümer an Produktionsmitteln) hält sich in der Regel seine Bienenvölker nicht nur aus Freude an seinem Hobby, sondern wohl auch deswegen, um Honig zu erwirtschaften. So wie die Klasse der Kapitalisten aufgrund ihrer Verfügungsmöglichkeit über Produktionsmittel Mehrwert zu schöpfen in der Lage ist, gewinnt auch der Imkerstand ein Mehr an Wert in Form von Honig, als er zur Unterhaltung seiner Bienen Kosten in Form von Zucker, Ausrüstungsgegenständen usw. einsetzt. Die Quelle des Reichtums an Honig liegt allein in der Arbeit der Bienen begründet, d.h. in der merkwürdigen Tatsache, daß die Gesamtheit der Bienenvölker ein Mehr an Wert (=Honig) produziert, als sie bei ihrem Tun in der gleichen Zeiteinheit zu ihrer eigenen Erhaltung (=Reproduktion) bedarf (»Geheimnis der Ware Bienenkraft«). Ein guter Imker achtet freilich darauf, daß er in den Besitz des Honigs kommt, die Bienen hingegen in den Genuß des mit Wasser angereicherten Zuckers gelangen. Was hier der Zucker, ist in der kapitalistischen Produktionsweise der Lohn, der die (dem Bienenvolk/Proletariat) verausgabte Arbeitskraft entgilt. In beiden Vorgängen geht es »mit rechten Dingen zu«, denn es werden ja nur Äquivalente getauscht: Die Bienen erhalten ebenso den Preis (Zucker) ihrer Arbeitskraft wie die Lohnarbeiter.

Das kapitalistische Klassenverhältnis ist durch die jeweilige Stellung im Produktionsprozeß definiert, so wie im Laufe der Geschichte die herrschenden politischen Strukturen durch den ökonomisch vermittelten Antagonismus bestimmt bleiben.

Die entscheidende Differenz gegenüber dem Frühsozialismus ergibt sich aus der Marxschen Bestimmung, wonach in der Struktur des Lohnverhältnisses und der ihm zugrundeliegenden Voraussetzungen selbst – und nicht etwa in irgendwelchen sittlich-moralischen Defiziten der beteiligten Akteure – die Ursache der »Verkehrtheit« kapitalistischer Eigentumsverhältnisse zu suchen ist. In diesem Beharren auf einem »sachlichen Standpunkt« unterscheidet sich die von Marx und Engels entwickelte Analyse des Kapitalismus auch von den meisten späteren Spielformen sozialistischer Theorie.

Da Rechtsverhältnisse wie Staatsformen nicht aus sich selbst, sondern aus den der bürgerlichen Gesellschaft innewohnenden Konflikten zu begreifen sind, ist der Staat für Marx jene politische Form, die den Bestand der ökonomischen Verhältnisse garantieren soll. Er tut dies:

- durch das Mittel der Gewaltmonopolisierung;
- durch die rechtliche Sanktionierung der sozialen und ökonomischen Beziehungen und Tauschakte.

Der Staat ist gleichsam die Klammer, die die widerstreitenden gesellschaftlichen Klasseninteressen zusammenhält. Grundthema der marxistischen Staatsauffassung ist die Tatsache, daß in der bürgerlichen Gesellschaft dieser Staat, obwohl Ausdruck der besonderen Interessen der Bourgeoisie, dennoch die illusorische Form allgemeiner und gesamtgesellschaftlicher Interessenwahrnehmung anzunehmen vermag.

Bei Marx selbst, und dies unterscheidet ihn von den meisten seiner späteren Anhänger, ist der Staat weder eine neutrale Gewalt *(pouvoir neutre)*, noch das Werk eines bewußten Betruges der herrschenden Klasse, oder, wie es im späteren marxistischen Jargon heißt: der »Staat der Monopole«. Vielmehr beruhen alle Staatsformen auf der Verselbständigung der von der Gesellschaft nicht beherrschten Produktions- und Reproduktionsbedingungen.

Im Gegensatz zur klassischen liberalen Ökonomie, die von dem Gedanken ausging, daß sich als Ergebnis letztlich irrationaler Einzelhandlungen (Egoismus) am Ende doch allgemeine Wohlfahrt und Harmonie einstelle (vgl. *Kapitel 2.1)*, sehen Marx und Engels die individuellen ökonomischen Handlungen als rational motiviert an, d.h. ein jeder versucht, so gut er kann, nüchtern kalkulierend den Gesetzen des Marktes nachzukommen, um maximalen Gewinn zu erzielen. Die Resultante dieser vielen planmäßig vollzogenen individuellen Handlungen jedoch ist ein von den ursprünglichen Intentionen *verselbständigtes* gesellschaftliches Ganzes:

> »Die Zwecke der Handlungen sind gewollt, aber die Resultate, die wirklich aus den Handlungen folgen, sind nicht gewollt, oder soweit sie dem gewollten Zweck zunächst doch zu entsprechen scheinen, haben sie schließlich ganz andere als die gewollten Folgen.«[8]

Die zentrale These der Marxschen Staatslehre lautet demnach: Der Staat ist eine Prothese, derer die bürgerliche Gesellschaft bedarf, um für ihren Fortbestand sorgen zu können. Daraus ergibt sich die Konsequenz, daß es eines Staates auch nur so lange bedarf, wie die Gesellschaft ihren eigenen Lebensprozeß noch nicht selbst beherrscht.

---

8 Engels, Friedrich: Ludwig Feuerbach und der Ausgang der klassischen deutschen Philosophie. In: Marx Engels Werke (MEW) 21. Berlin 1979. S. 297

Zwar war Marx zu der Überzeugung gelangt, daß die größte Produktivkraft im Kapitalismus, die proletarische Klasse selbst, aufgrund ihrer allmählichen Organisation die Aufhebung der geschichtlichen Widersprüche durch eine Revolution dereinst leisten wird. Er nahm an, daß das Proletariat unter den Bedingungen entfremdeter Arbeit im Laufe seiner von ihm selbst als notwendig empfundenen Organisierung zur revolutionären Praxis gezwungen sein werde, nicht aber, daß die proletarische Klassenlage von sich aus automatisch ein revolutionäres Bewußtsein erzeugen könne.

Entscheidende Bedingungen einer künftigen sozialen Revolution sind für Marx und Engels:

a) volle Entfaltung der Produktivkräfte (hoher Industrialisierungsgrad, Polarisierung der Gesellschaft);
b) akute Wirtschaftskrisen und ein hoher Bewußtseins- und Organisationsstand des Industrieproletariats;
c) die breiten Massen der lohnabhängigen Arbeiter müssen in der Theorie (des wissenschaftlichen Sozialismus) den adäquaten Ausdruck ihrer eigenen Bedürfnisse erkennen;
d) eine Führung des Proletariats durch ihren bewußtesten Teil, d.h. durch die Kommunisten;
e) erfolgreiche proletarische Revolutionen müssen internationalen Charakter tragen.

Das Ziel der sozialen Revolution der proletarischen Klasse besteht letztlich in der Herbeiführung einer herrschaftsfreien und klassenlosen Gesellschaft, d.h. der Staat als verselbständigte Machtapparatur soll in die Gesellschaft zurückgenommen werden:

»Wenn das Proletariat im Kampfe gegen die Bourgeoisie sich notwendig zur Klasse vereint, durch eine Revolution sich zur herrschenden Klasse macht und als herrschende Klasse gewaltsam die alten Produktionsverhältnisse aufhebt, so hebt es mit diesen Produktionsverhältnissen die Existenzbedingungen des Klassengegensatzes, die Klassen überhaupt, und damit seine eigene Herrschaft als Klasse auf.«[9]

---

9 Marx, Karl/Engels, Friedrich: Manifest der kommunistischen Partei. In: MEW 4. Berlin 1980. S. 482

Dieser proletarische Staat steht also auf einer höheren Stufe der Entwicklung; die »Diktatur des Proletariats« kennzeichnet nur die Übergangsperiode zum Sozialismus. Sie dient dem Zweck, die Gesellschaft umzugestalten. Ziel ist eine kommunistische Gesellschaft, d.h. an die Stelle der Regierung über Personen tritt die Verwaltung von Sachen und die Leitung von Produktionsprozessen.

Von Marx zur marxistischen Orthodoxie

Bereits in den Spätschriften von Engels und im Zuge der Rezeption der marxistischen Theorie in der zur Massenorganisation entwickelten Sozialdemokratie der 2. Internationale gerinnt das kritisch-analytische Konzept von Marx zu einer mechanistischen Entwicklungslehre. Das Ende der kapitalistischen Gesellschaft wird nun als das Ergebnis eines unaufhaltsamen, deterministisch gefaßten Fortschrittsgesetzes der Geschichte erklärt.[10] Diese Version des Marxismus, die – erklärbar nur aus der von den politischen Verhältnissen des deutschen Kaiserreichs der Sozialdemokratie aufgezwungenen Isolation – im eigentlichen Sinne schulbildend und historisch wirksam geworden ist, wird vor allem repräsentiert durch Wilhelm Liebknecht (1826–1900), August Bebel (1840–1913) und Karl Kautsky (1854–1938).

Für eine derart »objektivistisch« konzipierte sozialistische Weltanschauung ist der »Zusammenbruch« der kapitalistischen Gesellschaft nur eine Frage der Zeit. In Erwartung des Eintretens einer unmittelbar bevorstehenden Umwälzung (»revolutionärer Attentismus«) konzentriert sich die Arbeiterbewegung entsprechend auf Organisationsfragen und Wahlerfolge sowie die davon erhoffte Mobilisierung der Arbeiterklasse. Sie

10 In kanonisierter Form bildet der »Wissenschaftliche Sozialismus«, wie ihn später Wladimir Iljitsch Lenin (1870–1924) fortentwickelte, bis heute die ideologische Grundlage des Historischen und Dialektischen Materialismus der marxistisch-leninistisch orientierten Parteien.

versteht sich zunehmend als politische Flankierung der Gewerkschaften, während das rhetorisch gewordene utopische Fernziel nur mehr als Integrationsmittel dient.

Die bereits Anfang der 60er Jahre erfolgte Trennung der Arbeiterbewegung vom Liberalismus ist das Werk von Ferdinand Lassalle (1825–1864). Er begründete 1863 den Allgemeinen Deutschen Arbeiterverein (ADAV). Im Gegensatz zum Marxismus geht er von zwei zentralen Forderungen aus, nämlich der nach Einführung des freien, geheimen und allgemeinen Wahlrechts sowie der nach staatlicher Hilfe für Arbeiterassoziationen. Dies aber bedeutet den Primat der Politik: sozialistische Zielsetzungen lassen sich Lassalle zufolge nämlich nur auf dem Weg über den Staat verwirklichen.

Von da an ist die Geschichte des deutschen Sozialismus von der Konkurrenz zweier Richtungen geprägt: der in der politischen Strategie auf den Staat fixierten parlamentarisch orientierten und der revolutionär-marxistischen, die letztlich von der prinzipiellen Möglichkeit der Aufhebung der entfremdeten Staatsgewalt her argumentiert.

Lassalle vertraut auf das stetige Anwachsen einer Arbeiterschaft, auf deren Seite das sittliche Prinzip der Selbstbestimmung und damit auch das historische Recht ist. Hat der »Arbeiterstand« erst einmal die Macht im Staate erreicht, wird dieser unweigerlich zum Hebel sozialistischer Politik.

Die Lassallesche Staatsauffassung läßt sich in folgenden drei Punkten zusammenfassen:

– Die organisierte Mehrheit der lohnarbeitenden Massen kann die Staatsmacht auf friedlichem und parlamentarischen Wege erlangen, wodurch diese Staatsmacht und ihre Organe zum Träger von Reformpolitik und damit einer sozialistischen Entwicklung werden sollen.
– Die Umgestaltung des Staates zu einem »sittlichen Prinzip« der sozialen Gerechtigkeit ist die eigentliche Aufgabe und die historische Mission der Arbeiterschaft, nicht aber dessen Abschaffung (wie der Marxismus annimmt).
– Aus diesen beiden Thesen folgt die Absage an den Gedanken einer sozialen Revolution, die Marx und Engels als notwendig und unvermeidlich erscheint.

Die wachsende Kluft zwischen pragmatischer Gegenwartspolitik und revolutionärem Endziel in der deutschen Sozialdemokratie seit den 90er Jahren des vorigen Jahrhunderts wird nun auch zum Gegenstand einer heftigen theoretischen Kontroverse im sogenannten Revisionismusstreit. Diese Auseinandersetzung kreist um die Frage, ob der Sozialismus weiterhin als eine revolutionäre Antithese zur bestehenden kapitalistischen Gesellschaft oder aber als eine parlamentarisch verfahrende Reformbewegung innerhalb des Kapitalismus gelten solle.

Als bedeutendster Vertreter des Revisionismus wendet sich Eduard Bernstein (1850–1932) gegen die These von der Polarisierung der Gesellschaft in zwei einander feindlich gegenüberstehende Klassen, wie sie z.B. noch das Erfurter Programm der SPD von 1891 vertritt. Er begründet dies mit dem Hinweis auf die nach wie vor existierenden mittleren Schichten, die gar nicht proletarisiert seien sowie auf die stetige Verbesserung der sozialen Lage der Arbeiter. Damit habe sich der Klassenkonflikt nicht verschärft, sondern im Gegenteil abgeschwächt.

Die Anpassungsfähigkeit des Mittelstandes sowie die Bildung von Kartellen, Trusts und Großbanken stellen Bernstein zufolge der kapitalistischen Gesellschaft überdies Mittel der Selbstregulierung zur Verfügung (Organisation, Planung, Kredite), so daß ein modernisierter, in Richtung auf Demokratie geöffneter Kapitalismus seiner Krisen Herr werden könne.

Zu den spezifischen Motiven des Bernsteinschen Ansatzes gehören unter anderem die folgenden:

Politik als ein autonomer Bereich, der regulierend und organisierend für die Schlichtung ökonomischer Gegensätze geeignet ist. Daher müssen politische Rechte und Machtpositionen erkämpft werden, die eine konsequente Reformarbeit erst ermöglichen. Die Gewinnung und Verteilung staatlicher Macht wird nicht mehr an die ökonomischen Klassenpositionen gebunden. Damit dient der politische Bereich als Hebel für langfristige sozialpolitische Veränderungen. »Sozialismus« wird zu einer Frage der Neuorganisation staatlicher Gewalten, die zu gerechterer Verteilung des gesellschaftlichen Reichtums führen soll.

Bernstein fordert – im Gegensatz zum orthodoxen Marxismus – die strikte Trennung von Theorie und Praxis, d.h. die Trennung von empirisch-wissenschaftlicher Analyse einerseits und der Entscheidung für sozialistische Zielsetzungen andererseits. Damit wird der Sozialismus nicht länger entwicklungsgeschichtlich und ökonomisch, sondern primär ethisch fundiert.

»Revolution« ist dementsprechend kein Sprung, sondern eine langfristige organische Entwicklung der jeweiligen gesellschaftlichen Verhältnisse. Dies bedeutet die Absage an die Vorstellung eines aus seinen immanenten Krisen sich notwendig ergebenden Zusammenbruchs des Kapitalismus. An die Stelle dieser »Katastrophentheorie« tritt der Gedanke eines allmählichen *Hineinwachsens* in eine sozialistische Gesellschaft durch unermüdliche Reformtätigkeit der Arbeiter und ihrer Organisationen.

Tenor der Bernsteinschen Argumentation ist der von der »Machbarkeit« des Sozialismus, ein durchaus pragmatischer Ansatz. Sozialismus ist nicht länger ein utopisches Fernziel, sondern Ergebnis einer rationelleren Planung und Organisation technischer Möglichkeiten und gerechter Verteilung. Als Modell hierfür dient ihm England mit seiner Fabrikgesetzgebung, seinen Gewerkschaften und Genossenschaften und demokratisch gewählten Gemeindeverwaltungen. Die deutschen Verhältnisse im Wilhelminischen Zeitalter vor dem ersten Weltkrieg erscheinen demgegenüber als rückständig. Demokratisierung, Sozialstaat und Modernisierung sind hier noch weitgehend identisch mit sozialistischen Forderungen. In dieser revisionistischen Tradition ist Sozialismus primär ein Organisationsproblem; seine Realisierung ist an die demokratische Kontrolle der Trusts und Kartelle geknüpft, die durch ein von Arbeitnehmerparteien bestimmtes Parlament und eine diesem Parlament gegenüber verantwortliche Regierung geleistet werden könne und solle.

Spätestens seit der Weimarer Republik hat die Sozialdemokratie Reformpolitik als ihre ureigenste Aufgabe angesehen. Der Reformismus der SPD heute hat allerdings mit dem Revisionismus (im Sinne einer Revision des Marxismus) nur mehr wenig zu tun. Der Revisionismusstreit als theoretische Debatte ist auf der Ebene der politischen Praxis längst entschieden. Das Ergebnis heißt (am deutlichsten im Godesberger Programm der SPD von 1959 dokumentiert): Gewinnung parlamentarischer Mehrheiten (als Ziel) zum Zwecke der Reformarbeit im Interesse der Arbeitnehmer und aller sozial Benachteiligten.

Das 20. Jahrhundert ist das Zeitalter des Reformismus, und das heißt vor allem: »Demokratischer Sozialismus«. Sozialreform, Sozialpolitik, Arbeitsrecht und Mitbestimmung gehören zum Kernbestand der Programme aller heutigen sozialistischen Parteien in den Wohlfahrtsstaaten Westeuropas, ja manches davon hat sich bis ins Spektrum der liberalen und selbst der konservativen Parteien hinein durchgesetzt.

Diese Grundüberzeugungen der sozialistischen und sozialdemokratischen Parteien (etwa Großbritanniens, Schwedens, Österreichs und auch der Bundesrepublik) lassen sich auf einen gemeinsamen Nenner bringen, den man als Sozialstaatsmodell umschreiben kann. Dazu gehören u.a. die folgenden Leitprinzipien:

- staatliche Wirtschaftsförderungsmaßnahmen bei Wahrung der Autonomie der wirtschaftlichen Unternehmen;
- betriebliche Partnerschaft (»Sozialpartnerschaft«);
- Solidarität als Grundprinzip der Sozialversicherung;
- soziale Gesetzgebung zugunsten der Schwächeren (Einkommensumverteilung, Renten, Arbeitslosenhilfe usw.);
- Vollbeschäftigungspolitik;
- Demokratisierung und Mitbestimmung in allen gesellschaftlichen Bereichen.

Dieses Sozialstaatsmodell des Demokratischen Sozialismus strebt eine Verbindung von gesamtstaatlicher Planung der Wirtschafts- und Gesellschaftsprozesse bei voller Wahrung der individuellen Freiheit an. Er beruht auf dem Grundsatz, daß die optimalen materiellen Bedingungen individueller Freiheit erst dann hergestellt werden können, wenn durch die Mitbestimmung der Betroffenen selbst die Weiterentwicklung von Wirtschaft und Gesellschaft möglich wird. Fernziel ist eine

Spielformen und Zentralbegriffe des Sozialismus seit dem Vormärz im Überblick

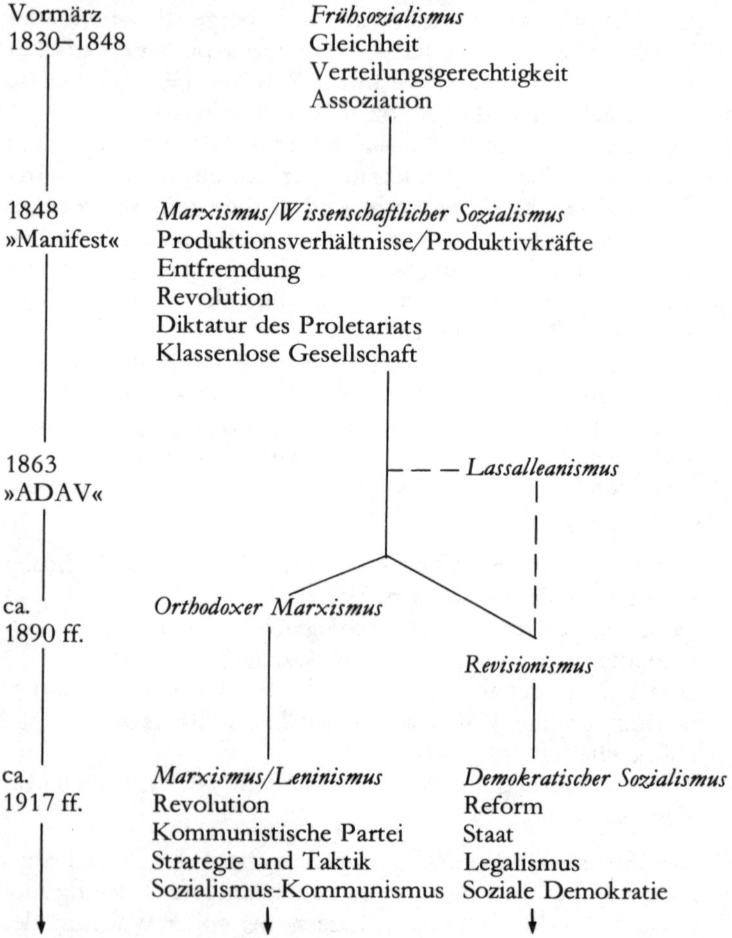

allmähliche Umstrukturierung der nach wie vor privatwirtschaftlichen Maximen folgenden Marktwirtschaft in eine »Wirtschaftsdemokratie«.

Das Dilemma einer solchen Politik liegt heute auf der Hand: Es besteht in der Bindung des politischen Erfolgs an den durch die äußeren Daten der ökonomischen Gesamtentwicklung gesetzten Rahmen.

Sozialstaatliche Maßnahmen lassen sich nämlich nur dann und soweit durchsetzen, wie in Prosperitätsphasen ein wachsendes Sozialprodukt zur Umverteilung zur Verfügung steht. Im Fall der ökonomischen Krise (wie seit Mitte der 70er Jahre in den westlichen Ländern) gerät sozialdemokratische Reformpolitik notwendig in die politisch-moralische Zwickmühle aus geforderten und geplanten sozialstaatlichen Vorhaben und deren (finanzpolitischer) Realisierbarkeit, was, wie zuletzt bei den Bundestagswahlen 1983, dazu führen kann, daß nicht unerhebliche Teile selbst der traditionell an der Sozialdemokratie orientierten Arbeitnehmerschaft den Konservativen eine höhere Kompetenz zur Krisenbewältigung zusprechen.

Der Demokratische Sozialismus sah sich in Zeiten ökonomischer Krisen nicht bloß in Deutschland immer wieder in der Defensive. Die Diskussion der sozio-ökonomischen Ursachen dieser Krise selbst, lange ein heißumstrittenes Thema in der Arbeiterbewegung, wird – merkwürdig genug – heute nur mehr am Rande geführt.

3 Zur politischen Kultur in der Bundesrepublik

3.1 Die Links-Rechts-Skala und die Magie der Mitte

Die politischen Richtungsbezeichnungen: Links – Mitte – Rechts entstammen der im Jahre 1789 eingeführten Sitzordnung der französischen Nationalversammlung. Vom Parlamentspräsidenten aus gesehen sitzen seither in allen Parlamenten auf der Linken die »Fortschrittlichen« (Liberale, Sozialisten, Kommunisten), auf der Rechten die Konservativen.

Durch diese symbolische Dokumentation der politischen Richtungen erhalten die »Gemäßigten« den Platz in der Mitte der Parlamente, d.h. zwischen den zwei »Extremen«.

Im übertragenen Sinne werden Parteien als links bzw. rechts eingestuft, während die von ihnen bevorzugte Selbsteinschätzung nicht selten von dieser Interpretation abweicht. So etwa legen die großen Parteien der Bundesrepublik (SPD, CDU, CSU) Wert darauf, als »Volksparteien« der Mitte zu gelten. Auf den Anspruch, die politische Mitte zu verkörpern, wie ihn auch die FDP vertritt, verzichten lediglich die kommunistischen Parteien und – seit den 70er Jahren – »Die Grünen«, die sich mehrheitlich wohl eher links einstufen.

Im Gegensatz zur politischen Situation der Weimarer Republik haben sich im parteipolitischen Spektrum der Bundesrepublik auch die einstigen Extrempositionen abgeschwächt. Während rechtsradikale Gruppierungen *als Parteien* mit nur geringer Kontinuität auftreten, sehen sich konservative Parteien heute nicht mehr als Antipoden zum republikanischen »System«, wohl aber als Korrektiv der latenten Selbstgefährdungen einer modernen sozialstaatlichen »Massendemokratie«. Auf seiten der Linken hat u.a. das im Jahre 1956 erlassene Verbotsurteil des Bundesverfassungsgerichtes gegen die damalige KPD dazu geführt, daß die »Deutsche Kommunistische Partei« (DKP) es bewußt vermeidet, als Nachfolgeorganisation der KPD in den Verdacht der Verfassungswidrigkeit zu geraten und ihre Strategie daher auch dem Legalitätsprinzip unterordnet.

Seit den Wahlen zum zweiten deutschen Bundestag im Jahre 1953 läßt sich bei sämtlichen Wahlen zum Bundestag und zu den Landtagen eine Konzentration der Wählerpräferenzen auf die drei großen »Volksparteien« feststellen: CDU/CSU, SPD und FDP erhielten in der Regel zusammen rund 90 Prozent der abgegebenen Stimmen. Diese Tendenz zur Mitte und zum Dreiparteiensystem – bis vor kurzem noch eine schier unabänderliche Konstante in der politischen Kultur der Bundesrepublik – scheint mittlerweile nicht mehr so eindeutig vorzuherrschen. Seit den Erfolgen der Partei »Die Grünen« hat sich das Bild in manchen Parlamenten gewandelt.

Welche Folgen diese Verschiebung der Koordinaten im parlamentarischen System der Bundesrepublik auf längere Sicht haben wird, ist heute nur schwer abzusehen. Weder können über die politische Zukunft der FDP noch über die Entwicklung der

Partei »Die Grünen« gesicherte Aussagen getroffen werden. Die Tatsache, daß sich seit Ende der 70er Jahre ein gewisser Wandel der politischen Kultur und eine allmähliche Einstellungsänderung besonders der jüngeren Bevölkerungsteile auch im Parteiensystem und in den Parlamenten widerspiegelt, dürfte allerdings kaum zu leugnen sein. Doch bedarf es keiner besonderen prognostischen Fähigkeiten, um vorauszusagen, daß zumindest in absehbarer Zukunft die Gunst der Wählermehrheit nach wie vor den beiden großen Volksparteien gehören wird.

Der französische Politikwissenschaftler Maurice Duverger hat – im Gegensatz zu der in der Bundesrepublik vorliegenden Tendenz zur Mitte hin – in seiner Parteiensoziologie von einem »natürlichen Phänomen des Dualismus der Parteien« gesprochen. Gemeint ist damit die Tatsache, daß alles politische Handeln letztlich auf Entscheiden und Wählen beruht:

»Jede Politik bedingt eine Alternative zwischen zwei Lösungen, denn die vermittelnden Lösungen lehnen sich an die eine oder andere an. Das besagt nichts anderes, als daß es in der Politik keine Mitte gibt. Es mag wohl eine Partei der Mitte geben, aber keine Richtung der Mitte. Mitte nennt man den geometrischen Ort, an dem sich die gemäßigten der entgegengesetzten Richtungen sammeln. ... Jede Mitte ist in sich selbst gespalten – die linke und die rechte Mitte, denn sie selbst ist nur die künstliche Zusammenfassung des rechten Flügels der Linken und des linken Flügels der Rechten. Es ist die Bestimmung der Mitte, zerteilt, hin und hergeworfen, aufgelöst zu werden. ... Es ist der Traum der Mitte, die Synthese entgegengesetzter Bestrebungen darzustellen, aber die Synthese ist nur eine theoretische Möglichkeit. Das Handeln ist ein Wählen, und Politik ist Handeln.«[11]

Die in der Bundesrepublik seit den 50er Jahren herrschende »Magie der Mitte« ist das Resultat traumatischer geschichtlicher Erfahrungen: Nach dem Ende des II. Weltkrieges schienen die konservativen Rechtsparteien diskreditiert, da sie an der Zerstörung der Weimarer Republik beteiligt waren. Auf das linke Spektrum wirkte nachhaltig die vom KPD-Urteil ausgehende Drohung gegenüber allen »Linksabweichungen« sowie

---

11 Duverger, Maurice: Die politischen Parteien. Tübingen 1959. S. 229 f.

der im Zuge der Ost-West-Auseinandersetzung (Kalter Krieg) wiedererstarkte Antikommunismus.

Aus dieser Situation ergab sich seit der Mitte der 50er Jahre ein dominantes Spektrum von Mitte-Parteien, die sich unterschiedslos als »Volksparteien« verstanden, schon um Mehrheiten gewinnen zu können. Beispielhaft hierfür steht die Entwicklung der SPD bis zum Godesberger Programm 1959, mit dem sie ihren einstigen Charakter als »Klassen- und Weltanschauungspartei« endgültig aufgab.

Zur Erklärung der vorherrschenden Tendenz in den Volksparteien, um den Platz in der Mitte zu konkurrieren, lassen sich folgende Gründe anführen:

- »Mitte« ist ein Symbol für den sozialen und politischen Ausgleich, für die Harmonisierung von Gegensätzen;
- die Mitte wird von den Volksparteien als etwas beschworen, das die Lösung komplexer Fragen verspricht. Zugleich enthält das Bekenntnis zur Mitte eine Absage an *beide* Extreme: Von diesem Doppelcharakter der Beschwörung und der Absage leitet sich die magische Anziehungskraft ab, die die Mittelposition für die Mehrheit der Wähler besitzt.
- Wer die Mitte repräsentiert, beansprucht einen Platz *jenseits* bloß parteiischer Politik. Eine der Politik als Interessenkonflikt abgeneigte, eher apathische Haltung, wird sich stets den Parteien der Mitte anschließen, zumal das Plädoyer für die »gesunde Mitte« zugleich die Verheißung einer höheren dritten Position enthält, die sich der ideologischen Einseitigkeit der linken und rechten Extreme entledigt.
- Die Grenz- und Wechselwähler, um die bei Wahlen stets in erster Linie geworben wird, gehören mehrheitlich dem »neuen Mittelstand« an. Für sie kommen daher auch nur gemäßigte Parteien in Frage, die einen kontrollierten Fortschritt bejahen.

Gegen die mit dem Drang zur Mitte verbundene Entpolitisierung aller Fragen zugunsten von Expertenentscheidungen richtet sich das Verhalten jener meist jüngeren Protestwähler, die seit geraumer Zeit grüne, bunte und alternative Parteien bevorzugen. Doch ist dieser Protest gegen die geruhsame Mitte und gegen die Verkrustungserscheinungen des etablierten Drei-Parteien-Systems zugleich Ausdruck eines Wertwandels, der nicht nur das politische System betrifft. Dieses Phänomen soll im folgenden im Zusammenhang mit den sogenannten Neuen Sozialen Bewegungen erörtert werden.

3.2 Neue Soziale Bewegungen

Soziale Bewegungen im heutigen Sinne gibt es erst seit dem Beginn des vorigen Jahrhunderts. Es bedurfte der epochemachenden Erfahrung der Französischen Revolution des Jahres 1789, um Massen in Aktion auf die öffentliche Bühne zu bringen. Von da an erst galt die Geschichte der Menschen als von Menschen selbst in Gang gesetzt, und nicht mehr, wie in früheren Jahrhunderten, als »göttliches Geschick«, schicksalhaftes Verhängnis oder als Errichtung von »Gottes Reich auf Erden«, wie es die Interpreten des göttlichen Planes für das Diesseits entwarfen.

Im Gegensatz zu religiösen bleiben soziale Bewegungen geschichtsimmanent, wenngleich oft auch utopisch. Insofern sind solche Utopien (der französischen Aufklärung oder des Liberalismus und des Sozialismus), die zum »Dampf« dieser Bewegungen gehören, primär auf die irdische Welt und die menschliche Zukunft gerichtet.

Soziale Bewegungen sind damit zunächst immer auch Oppositionsbewegungen. Sie können als der artikulierte Protest gegen die Welt der vorgegebenen, institutionalisierten Herrschaftsverhältnisse, gegen die etablierten Machtstrukturen verstanden werden. Ohne die erklärte Wendung gegen eine änderungsbedürftige und änderungswürdige Welt wären soziale Bewegungen nicht von jener Dynamik, die ihre Mitglieder erfaßt und die sich mitunter auch denen mitteilt, die sich – aus welchen Gründen immer – gegen solche sozialen Bewegungen richten, wie wir dies im Falle des Konservatismus als einer Gegenbewegung kennengelernt haben.

Zwar standen seit der Mitte des vorigen Jahrhunderts am Ursprung heutiger Volksparteien auch soziale Bewegungen (so die Arbeiter-, Gewerkschafts-, liberale und demokratische Bewegungen), doch haben sich in den darauffolgenden Jahrzehnten alle diese ursprünglichen Bewegungen (auch Vereine, Bünde usw.) zu politischen Parteien bzw. Massenorganisationen mit den für sie kennzeichnenden Apparaten und Organisationsformen entwickelt. Schon deswegen, weil, wie die Erfahrung lehrt, eine solche Entwicklung nicht ausgeschlossen werden kann, müssen die Neuen Sozialen Bewegungen sowohl das Ziel der traditionellen Parteien anvisieren (Beteiligung an der Regierung; Ergreifung des Staatsapparates zum Zwecke der Durchsetzung ihrer Programmatik), als auch ihre Identität als »Bewegung« zu bewahren suchen, was, wie man sieht, keine leichte Aufgabe ist.

In der Entwicklung der sozialen Bewegungen zu großen Massenorganisationen liegt eine eigentümliche Dialektik: sofern und solange sie auf strukturelle Änderungen bestehender gesellschaftlicher und politischer Systeme abzielen, stellen sie ein Ferment der Instabilität und der Desintegration dar. Allerdings nur so lange, wie sie nicht durch die integrativen Kräfte der Gesellschaft vereinnahmt werden. Solange eine soziale Bewegung vom Geist revolutionärer Unruhe erfüllt ist, kann sie sich – als ein Stück Morgen im Heute – im Namen des Ganzen und der Geschichte als Avantgarde begreifen. Im Vollzug der Erfüllung ihrer Mission jedoch geraten diese sozialen Bewegungen, ob sie dies wollen oder nicht, notwendig in den Bannkreis jener politischen Institutionen (Parlamente, Staatsapparate), denen sie einst den Kampf angesagt haben.

Rosa Luxemburg (1870–1919) hat diesen Widerspruch, diese Dialektik der Institutionalisierung, die aus der Spannung zwischen originärer Zielsetzung und Zielverwirklichung lebt, für ihre Zeit wie folgt formuliert:

»Der weltgeschichtliche Vormarsch des Proletariats bis zu seinem Siege ist tatsächlich keine so einfache Sache. Die ganze Besonderheit dieser Bewegung liegt darin, daß hier zum erstenmal in der Geschichte die Volksmassen selbst und gegen alle herrschenden Klassen ihren Willen durchsetzen, aber ins Jenseits der heutigen Gesellschaft über sie hinaussehen müssen. Diesen Willen können sich die Massen aber wiederum nur im beständigen Kampfe mit der bestehenden Ordnung, nur in ihrem Rahmen ausbilden. Die Vereinigung der großen Volksmassen mit einem über die ganze bestehende Ordnung hinausgehenden Ziele, des alltäglichen Kampfes mit der großen Weltreform, das ist das große Problem der sozialdemokratischen Bewegung, die sich auch folgerichtig auf dem ganzen Entwicklungsgang zwischen den beiden Klippen: zwischen dem Aufgeben des Massencharakters und dem Aufgeben des Endziels, zwischen dem Rückfall in die Sekte und dem Umfall in die bürgerliche Reformbewegung, zwischen Anarchismus und Opportunismus vorwärtsarbeiten muß.«[12]

Was Luxemburg hier für die proletarische Arbeiterbewegung diagnostiziert hat, läßt sich zwar nicht ohne weiteres auf heutige soziale Bewegungen übertragen, doch ist die damit bezeichnete Spannung zwischen Fundamentalopposition (»Basis«) und konsequenter Reformpolitik (»Realpolitik«) ein aktuelles Thema geblieben, wie die innerparteilichen Diskussionen in der Partei »Die Grünen« es offenbart haben.

Seit den weltweiten Studentenprotesten im Jahre 1968 spricht man mitunter von einer »stillen Revolution« oder »Kulturrevolution«. Gemeint ist damit der Inbegriff gewaltfreier Protestbewegungen gegen etablierte politische und kulturelle Institutionen innerhalb entwickelter westlicher Industriegesellschaften, wie sie seit den 70er Jahren auch in der Bundesrepublik und in West-Berlin hervorgetreten sind. Eine wesentliche Differenz zwischen den klassischen sozialen Bewegungen (wie etwa der Arbeiterbewegung und des Sozialismus im 19. Jahrhundert) und diesen neuen sozialen Bewegungen ist darin zu sehen, daß jene als Ausdruck eines Klassenkonflikts vor dem Hintergrund des Antagonismus von Kapital und Arbeit, diese aber im Reproduktionsbereich entstanden sind und wohl auch weiter entstehen.

Um der damit in Form von Bürgerinitiativen, ökologischen Bewegungen, Frauenbewegungen, der Grünen und Bunten und nicht zuletzt in der Friedensbewegung sich darstellenden

---

12 Luxemburg, Rosa: Sozialreform und Revisionismus. In: Schriften zur Theorie der Spontaneität. (Hg. Hillmann, Susanne) Reinbek b. Hamburg 1970. S. 65

Dynamik gerecht zu werden, operiert das Modell der »kulturellen Revolution« mit der Annahme einer qualitativen Veränderung der Bedürfnisse der Individuen innerhalb des gesellschaftlichen Systems. Die Impulse hierfür werden von Gruppierungen meist jüngerer, mit qualifizierter Schulbildung ausgestatteter Bürger entwickelt, die vermöge einer neuen Sensibilität alternative Lebensformen zu praktizieren versuchen – was immer das im einzelnen heißen mag. Aus der Tatsache der Verlagerung der Trägerschaft von sozialen Bewegungen auf Angehörige von Mittelschichten erklärt sich der spontane und »voluntaristische» Charakter solcher Initiativen, hierin – wenn auch unter Vorbehalten – den Jugend- und Lebensreformbewegungen der Jahrhundertwende vergleichbar. Hier wie dort gibt es eine »Akzeptanzkrise« der technisch-industriellen Zivilisation und ihrer sozialen und kulturellen Folgen; hier wie dort heißt die Parole: Erst der neue Mensch, dann der neue Staat!

Die sich heute unter dem Sammelbegriff der Alternativbewegungen regenden Reformversuche vollziehen sich im Bereich der *Lebenswelt* (Erziehung, Wohnung, Familie, Geschlechterrolle usw.). War Politik als »Interessenkonflikt« im vorigen Jahrhundert primär Ausdruck ökonomischer Widersprüche und damit Politik im Zeichen des »Herrschaftsparadigmas« (vgl. *Kapitel 1.4)*, so wird dieser Typ der politischen Auseinandersetzung seit den 50er Jahren überlagert durch ein wohlfahrts- und sozialstaatliches »Verteilungsparadigma«. Der einstige Klassenkonflikt wird zum Verteilungskonflikt und erscheint als solcher durch sozialpolitische Maßnahmen regulierbar. Durch die damit ermöglichten systemkonformen Entschädigungen im Sinne einer allmählichen »Professionalisierung der Reform« sind diese Verteilungskonflikte grundsätzlich zu befrieden.

Das neue Paradigma der »Lebenswelt«, das seit den 70er Jahren sich zunehmend Geltung verschafft, bedeutet – als Reflex auf das noch am kontinuierlichen Wirtschaftswachstum orientierte Systemdenken – eine Rückbewegung auf die Bedürfnisstrukturen und Werthaltungen der Individuen selbst, die sich nunmehr als »Betroffene« aufgrund verschiedenster Beweggründe zum Protest gegen die »Etablierten« herausgefordert sehen. Die Kritik an einer Gesellschaftsordnung, die primär einer wirtschaftlichen Fortschrittseuphorie (Wachstumsfetisch) huldigt, entspringt der Erfahrung, daß Wachstum nicht automatisch vom Fortschritt humaner Lebensverhältnisse begleitet sein muß, sondern zunehmend selbstzerstörerische Tendenzen offenbart (Zerstörung der Umwelt und der natürlichen Ressourcen, psychische und soziale Deprivation, Entfremdungserscheinungen im zwischenmenschlichen Umgang usw.). Im Mittelpunkt dieses neuen Paradigmas der Lebenswelt steht die Frage nach dem Wozu, nach dem Sinn des technisch-zivilisatorischen und des wirtschaftlichen Fortschritts und damit zugleich die Frage nach der sozialen Identität des Menschen im ausgehenden 20. Jahrhundert.

Mit dem Aufkommen der Alternativ-, Ökologie-, Frauen-, Friedens- und sonstigen Protestbewegungen ist die traditionelle Links-Rechts-Skala des politischen Spektrums durch eine Querachse überlagert worden, deren Pole man als das Paradigma der Lebenswelt einerseits und das Verteilungsparadigma andererseits bezeichnen kann. Das Paradigma der Lebenswelt umschreibt die Themen der »Neuen Politik«: Selbstverwirklichung, Partizipation, moralische Probleme und nicht zuletzt die Frage nach der »Lebensqualität«, während das Verteilungsparadigma auf die sozialstaatlich garantierte materielle Versorgung und Sicherheit der Bürger abzielt.

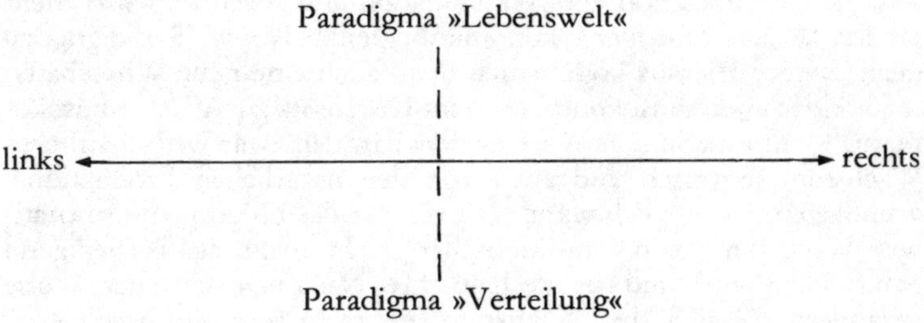

Den meisten Protestbewegungen ist die Abkehr vom Rationalitätsmodell der überkommenen Formen kapitalistischer und sozialistischer Richtungen gemeinsam. Aus der Optik des Paradigmas der Lebenswelt erscheinen alle seitherigen politischen Ideen und Programme (vielleicht mit Ausnahme einiger anarchistischer) als demselben Muster verhaftet, nämlich dem der Wachstumsökonomie. Liberale, sozialistische Konzepte und erst recht die Systeme des real existierenden Sozialismus, soweit sie sich am sowjetischen oder chinesischen Modell orientieren, sehen das Wesensmerkmal des gesellschaftlichen Fortschritts in der Tat im Wachstum der technischen und wirtschaftlichen Instrumente, die allesamt Ergebnisse der neuzeitlichen Naturbeherrschung und des dazugehörigen Herrschaftswissens darstellen. Die Frage des *Know-how* überlagert in der tradierten Politik eindeutig die des *Know why*.

Eben diese kardinale Frage nach dem Sinn menschlichen Tuns, nach dem Wozu des technisch-zivilisatorischen Fortschritts wird von den Neuen Sozialen Bewegungen aufgeworfen, eine Herausforderung nicht allein für westlich-kapitalistische, sondern auch für heutige sozialistische Industriegesellschaften. Demgegenüber plädiert ein Teil der Neuen Sozialen Bewegungen für eine neue »Bestandsökonomie«, auch wenn sich erst rudimentäre Ansätze hierfür abzeichnen.

»Alle ... Schulen der politischen Ökonomie begreifen ... Akkumulation und Wachstum als das *wesentliche* Charakteristikum nicht nur der gegenwärtigen, sondern auch (noch) der künftigen Weltwirtschaft – in Ost und West. Gemeinsam ist den ideologisch so hart widerstreitenden Schulen das Wachstumsparadigma. Deshalb erscheint es angemessen, die Gegenposition, die Akkumulation und Wachstum *nicht* mehr als das Wesen künftiger Ökonomie begreift, als *neues* Paradigma zu qualifizieren. Hieraus könnte sich dann auch eine neue Wirtschaftstheorie der »Bestandsökonomie« – im Gegensatz zur Wachstumsökonomie – entwickeln. ... Wäre es denkbar, daß zwar wirtschaftliches Wachstum technisch und auch von den natürlichen Produktionsgrundlagen her möglich wäre, aber die Art des bisherigen quantitativen Wachstums von den Menschen nicht mehr als befriedigend empfunden wird und sie deshalb ihre Nachfrage in einer Weise verändern, die sich über Wachstum *nicht* mehr befriedigen läßt?«[13]

---

13 Zinn, Karl Georg: Soziale Wachstumsgrenzen – ein neues Paradigma der ökonomischen Theorie? In: Wirtschaft und Gesellschaft. Jg. 10, Heft 2, 1984

Gegenüber dem »Wachstumskartell« (Staat/Mehrheitsparteien/Gewerkschaften/Industrie), das Modernisierung und Fortschritt primär als eine quantitativ meßbare Produktivkraftentfaltung definiert, entwickeln die Neuen Sozialen Bewegungen ein alternatives, qualitativ bestimmtes Rationalitätsmodell von Politik, letztlich eine ethische Lösung sozialer und ökonomischer Probleme mit globaler, weltumspannender Perspektive (z.B. Nord-Süd-Problematik).

War es das Kennzeichen der bisherigen Formen organisierter Bedürfnisbefriedigung, daß die dabei angewandten Mittel regelmäßig über die Zweckbestimmung der Bedürfnisse Herrschaft gewannen, so propagiert die »Neue Politik« qualitativ höherwertige Formen der Beziehungen der Menschen im Umgang miteinander, zu sich selbst und nicht zuletzt auch zur Natur als der eigentlichen Grundlage des Lebens der Menschengattung. Ist es der modernen sozialstaatlichen Organisation der Gesellschaft in Ländern der westlichen Demokratien gelungen, Klassenkonflikte systemneutral auszubalancieren, so liegen die Protestpotentiale heute gerade dort, wo man vom zentralen Konfliktverhältnis der Vergangenheit, dem zwischen Kapital und Arbeit, am weitesten entfernt ist: nämlich im sogenannten tertiären Sektor (Bildungs- und Dienstleistungsbereich). Hier findet jene kulturelle und soziale Reproduktion statt, in denen sich ein Wert- und Einstellungswandel vollzieht, der als Wende zum »Postmaterialismus« bezeichnet wird.

»Sobald die Menschen einer bestimmten Gesellschaft nach und nach höhere Stufen der ökonomischen Sicherheit erreichen, werden ihre Präferenzen immer weniger von ökonomischen Variablen und mehr von außerökonomischen Faktoren abhängig sein. . . . Je reicher man wird, desto weniger bedeutet der Reichtum.«[14]

Die Frage, die sich an diesen »Erklärungsansatz« für das Aufkommen und die Virulenz der Neuen Sozialen Bewegungen

---

14 Inglehart, Ronald: The Silent Revolution: Changing Values and Political Styles among Western Publics. Princeton 1977. Vgl.: Galbraith, John Kenneth: Gesellschaft im Überfluß. München Zürich 1973

anschließt, wäre die nach der Bedingtheit heutiger Protestbewegungen durch eine Wohlstandsgesellschaft, die postmaterialistische Präferenzen überhaupt erst ermöglicht. Das Plädoyer für postmaterialistische Werte wäre damit eines, das sich der mittlerweile als Selbstverständlichkeit erscheinenden Sättigung der materiellen Grundbedürfnisse der Menschen verdankt.

Diese Feststellung enthält noch keinerlei Wertung des Vorhabens Neuer Sozialer Bewegungen, doch sollte sie bei der Beurteilung ihrer künftigen Konsistenz, Stabilität oder Instabilität (einschließlich der Friedensbewegung) berücksichtigt werden, da bei sinkenden Wachstumsraten gerade die hier als Bedingung für postmaterialistische Werthaltungen eingeführte materielle Absicherung in Gefahr geraten könnte.

Fest steht nur soviel: Ohne die Garantie eines Mindestmaßes an materieller Sicherheit ist die Entstehung postmaterialistischer Werthaltungen wohl kaum denkbar. Dieser Umstand wird jedoch die prinzipielle Notwendigkeit zur Umorientierung angesichts völlig neuartiger Problemlagen nicht in Frage stellen können. Das konservative Muster, die Forderungen nach »Neuer Politik« als »Wohlstandsneurose« der verwöhnten Nachkriegsgeneration abzutun, wird jedenfalls dort fadenscheinig, wo die parlamentarischen Vertreter dieser Forderungen mit *sachlichem* Wählerauftrag das Monopol der alten Parteien in Frage stellen.

Auch wenn die heutigen Protestbewegungen mit Vorstellungsmustern teils aus der frühsozialistischen Tradition, teils aus der Gedankenwelt des Reformismus argumentieren, lassen sie sich doch nicht ohne weiteres als eine Fortsetzung der klassischen sozialen Bewegungen begreifen. Vielmehr bietet gerade das offenbar werdende Unbehagen an den etablierten Institutionen (Volksparteien, Gewerkschaften, Verbände) und politischen Systemen (auch des Kommunismus und der orthodox-marxistischen Organisationen) den Hintergrund für das Aufkommen dieses Protests. Ihre programmatischen, strategischen und taktischen Formen lassen sich daher auch als Reaktionsweisen auf die Strukturen der »verwalteten Welt« (Theodor W. Adorno) begreifen.

Literatur

ABENDROTH, Wolfgang 1973: Sozialgeschichte der europäischen Arbeiterbewegung. Frankfurt/M.
(Sachkundige Kurzdarstellung)

BELL, Daniel 1979: Die Zukunft der westlichen Welt. Frankfurt/M.
(Grundlegende Analyse zum Wertwandel aus konservativer Sicht)

BÖHME, Helmut 1968: Prolegomena zu einer Sozial- und Wirtschaftsgeschichte Deutschlands im 19. und 20. Jahrhundert. Frankfurt/M.
(Kurze und prägnante Darstellung der Hauptetappen der deutschen Sozialgeschichte)

BRAND, Karl-Werner u.a. (Hg.) 1983: Aufbruch in eine andere Gesellschaft. Frankfurt/M. New York
(Typologisierung der Analyseansätze zu den Neuen Sozialen Bewegungen)

EUCHNER, Walter 1983: Karl Marx. München
(Leicht verständliche Einführung zu Leben und Werk)

FETSCHER, Iring 1976: Herrschaft und Emanzipation. München
(Einführung in die politische Philosophie des Bürgertums)

GALL, L./KOCH, R. (Hg.) 1981: Der europäische Liberalismus im 19. Jahrhundert. 4 Bde. Frankfurt/M.
(Nützliche Quellensammlung mit Kommentar)

GREBING, Helga 1985: Arbeiterbewegung. München
(Kurze Darstellung der Sozialdemokratie bis 1914)

GREIFFENHAGEN, Martin 1977: Das Dilemma des Konservatismus. München
(Überblick zur Geschichte des Konservatismus seit der Französischen Revolution)

HABERMAS, Jürgen 1973: Legitimationsprobleme im Spätkapitalismus. Frankfurt/M.
(Sozialphilosophische Interpretation der Krisentendenzen in westlichen Industriegesellschaften)

HABERMAS, Jürgen 1981: Theorie des kommunikativen Handelns. 2 Bde. Frankfurt/M.
(Systematischer Analyseansatz zum Verhältnis von Gesellschaftssystem und Lebenswelt)

HIRSCH, Fred 1980: Die sozialen Grenzen des Wachstums. Reinbek b. Hamburg
(Originelle Untersuchung der Wachstumskrise)

HOFMANN, Werner 1979: Ideengeschichte der sozialen Bewegung des 19. und 20. Jahrhunderts. Berlin/New York
(Geraffter, doch zuverlässiger Überblick)

KLÖNNE, Arno 1980: Die deutsche Arbeiterbewegung. Düsseldorf/Köln
(Darstellung der Entstehung und Geschichte sozialistischer Bewegungen seit Mitte des 19. Jh.)

KRAUSHAAR, Wolfgang (Hg.) 1978: Autonomie oder Getto. Frankfurt/M.
(Problembewußte Darstellung der inneren Widersprüche alternativer Lebensformen)

LENK, Kurt 1981: Theorien der Revolution. München
(Vergleichende Darstellung der Revolutionstheorien von der Französischen bis zur Russischen Revolution)

MAYER-TASCH, Peter Cornelius 1981: Die Bürgerinitiativbewegung. Reinbek b. Hamburg
(Informative Darstellung ihrer rechtlichen, politischen und sozialen Rahmenbedingungen)

MINTZEL, Alf 1983: Die Volkspartei. Opladen
(Vergleichende Darstellung der inner- und außerwissenschaftlichen Diskussion)

RAMMSTEDT, Otthein 1978: Soziale Bewegung. Frankfurt/M.
(Sozialpsychologische Analyse sozialer Bewegung in systematischer Absicht)

RASCHKE, Joachim 1985: Soziale Bewegungen. Frankfurt/M.
(Umfassende Darstellung)

REICHEL, Peter 1981: Politische Kultur in der Bundesrepublik. Opladen
(Versuch der Präzisierung einer komplexen und bislang unscharfen Kategorie)

SAAGE, Richard 1983: Rückkehr zum starken Staat? Frankfurt/M.
(Kenntnisreiche Arbeit zum deutschen Konservatismus und Neokonservatismus)

SCHUMANN, Hans-Gerd (Hg.) 1984: Konservativismus. Königstein/Ts.
(Aufsatzsammlung in historisch-systematischer Anordnung)

SHEEHAN, James J. 1983: Der deutsche Liberalismus. München
(Gut lesbare Darstellung eines englischen Historikers)

WEHLER, Hans-Ulrich (Hg.) 1968: Moderne deutsche Sozialgeschichte. Köln/Berlin
(Aufsatzsammlung zum Verhältnis von Wirtschaft, Gesellschaft und Politik)

ZINN, Karl Georg 1980: Die Selbstzerstörung der Wachstumsgesellschaft. Reinbek b. Hamburg
(Leicht zugängliche wirtschaftswissenschaftliche Einführung in das Thema »Wachstumskrise«)

Kapitel 3
Theorien politikwissenschaftlicher Teilbereiche

1 Perspektiven des Politischen

Um den Stellenwert der in diesem Kapitel erörterten Theorien politikwissenschaftlicher Teilbereiche deutlich zu machen, scheint eine kurze Rückbesinnung angebracht. Die Ausgangsfrage nach politiktheoretischen Grundpositionen in *Kapitel 1* führte neben der Diskussion wissenschaftstheoretischer Positionen *(Kapitel 1.3)* zu einem in drei Dimensionen (Herrschaft, Interesse, Öffentlichkeit) entfalteten Politikbegriff *(Kapitel 1.4)*. Bei der Vorstellung der politischen Ideen und Bewegungen seit dem 19. Jahrhundert *(Kapitel 2)* sollten die Wechselwirkungen von Theorie, politischer Idee und sozialen Bewegungen hinreichend deutlich geworden sein.

Die für das folgende Kapitel exemplarisch ausgewählten Theorien über Staat, Demokratie, Eliten, Verbände, Totalitarismus und Faschismus sind keineswegs einheitlich; vielmehr bleiben sie nach wie vor weithin umstritten. Die manchen Leser vielleicht merkwürdig anmutende Tatsache, daß Wissenschaftler bei gleicher Fragestellung zu unterschiedlichen Ergebnissen kommen können, beruht freilich nicht nur auf dem intimen Zusammenhang zwischen Methode und Resultat, bzw. auf den erkenntnistheoretischen Optionen der beteiligten Forscher, sondern gleichermaßen auf der politisch und historisch gegebenen Perspektivität, d.h. der notwendigen Ausschnitthaftigkeit ihrer Erkenntnismöglichkeit.

Dies bedeutet keineswegs, daß damit alle wissenschaftliche Anstrengung unter der gleichmachenden Optik eines unverbindlichen Relativismus gesehen werden soll. Im Gegenteil: Gerade hier wird ein zentraler Ansatzpunkt für die innerwissenschaftliche Kritik gegeben, zu der im folgenden auch die Leser aufgefordert sind.

Der Versuch der Konstruktion einer »objektiven«, einheitlichen und über den jeweils fortgeschrittensten Stand der Erkenntnis auskunftsfähigen Sozialwissenschaft (wie ihn etwa die empirisch-analytische Schule fordert), so »praktisch« diese auch wäre, ist offensichtlich fehlgeschlagen. Die mitunter fundamental einander widersprechenden Theorien politikwissenschaftlicher Teilbereiche bestätigen dies recht eindrucksvoll. Gleichwohl stehen sie, sofern sie überhaupt wissenschaftlichen Charakter für sich in Anspruch nehmen dürfen, unter Begründungszwang, d.h. sie müssen – wie auch immer – ihre Argumentation als begründet ausweisen, so daß sie der wissenschaftlichen Kritik zugänglich sind. Die Leser sollten demgemäß für das folgende Kapitel ihr Augenmerk auf die Art der Begründung politikwissenschaftlicher Aussagen zu den einzelnen Teilbereichen richten und, wo Zweifel angebracht scheinen, die jeweils zugrunde liegenden politischen Optionen aufspüren, um so allmählich ein Sensorium für die Stichhaltigkeit der getroffenen Bestimmungen zu gewinnen.

Diese Bereitschaft zur Kritik erst ermöglicht eine gleichsam »entspanntere« Haltung: nicht in jedem einzelnen Fall muß das Ergebnis in einer klaren Entscheidung *für* die eine Theorie und *gegen* die andere münden. Vielmehr wird sich oft die Chance bieten, entgegengesetzte Positionen »zusammenzulesen«, zunächst Unvermittelbares miteinander in Beziehung zu setzen und sich auf diese Weise selbst ein eigenes theoretisches Instrumentarium aus verschiedenen Angeboten zu erwerben.

Die historische Bedingtheit des Forschungsprozesses fordert für dessen Darstellung eine gleichermaßen historische Perspektive. Wenn daher im folgenden die Theorien politikwissenschaftlicher Teilbereiche oftmals am Faden ihrer aufeinander aufbauenden Entwicklung vorgestellt werden, so geschieht dies, um den Lesern unmittelbar einen wichtigen Schlüssel zur eigenen

Beurteilung mit an die Hand zu geben (so etwa bei der Vorstellung der Totalitarismus- und Faschismustheorien in *Kapitel 3.5*).

Doch muß diese Beurteilung nicht nur historisch erfolgen. Wenn die (in *Kapitel 1.4*) angenommene Dreidimensionalität des Politikbegriffs zutrifft, dann müßte sie sich auch in den einzelnen hier diskutierten Theorien spiegeln. In der Tat läßt sich jedes der behandelten Sachthemen unter den drei genannten Aspekten aufnehmen, doch zeigt sich bei den einzelnen Ansätzen immer wieder die Tendenz zur Bevorzugung eines (oder zweier) der angesprochenen Elemente des Politischen: Herrschaft, Interessen, Öffentlichkeit, je nach Standort der betreffenden Autoren.

Eine kritische Prüfung, wie sie im folgenden versucht wird, muß demgegenüber den in drei Dimensionen ausgreifenden Politikbegriff entwickeln. Herrschaft, Interessen und Öffentlichkeit als zentrale Elemente des Politikbegriffs bedeuten auf der handlungstheoretischen Ebene die Elemente: Regierung, Partizipation und Kommunikation. Da Politikwissenschaft Politik in erster Linie als politisches *Handeln* erfährt, (Politik »als solche«, in abstrakter Form, gibt es nicht), also Institutionen, Formen der Partizipation und politischen Kommunikation analysiert, müßte sie – wollte man systematisch vorgehen – jeden dieser Typen politischen Handelns unter der dreifachen Optik eines historisch differenzierten Politikbegriffes untersuchen.

Die wissenschaftliche Analyse konkreter Politik (als Handlung) unter theoretischer Anleitung (Politikbegriff) führt uns dementsprechend mitten hinein in die einzelnen Sachthemen, mit denen die Politische Theorie heute beschäftigt ist und von denen einige in den folgenden Kapiteln exemplarisch vorgestellt werden. Wie man aus der unten stehenden Tabelle entnehmen kann, sind damit aber – unter den Stichworten Öffentlichkeit/Kommunikation – zugleich Bereiche angesprochen, von denen anzunehmen ist, daß sie für die Zukunft von noch größerer Bedeutung sein werden.

Diese tabellarische Auflistung erhebt natürlich keinen Anspruch auf Vollständigkeit. Sie soll lediglich der Hinführung auf die folgenden Kapitel dienen (vgl. Tabelle »Elemente des

Politikbegriffs und Problemfelder der Politischen Theorie« in *Kapitel 1.4*).

Politik als politisches Handeln: Teilbereiche der Politischen Theorie

Elemente des Politikbegriffs → / **Typen politischen Handelns ↓**	**Herrschaft**	**Interessen**	**Öffentlichkeit**
Regierung (Kabinettspolitik)	Staat	Parlament	Medien
Partizipation	Demokratie	Parteien/Verbände	Pluralismus
Kommunikation	Legitimation	politische Bildung/ Sozialisation	herrschaftsfreier Diskurs

2 Staatstheorien

»Die Wissenschaft vom Staate kann nicht ein glattes, widerspruchsfreies System bieten, aus dem sich auf alle Fragen, die den Staat betreffen, ein für alle Mal die richtige Antwort ergäbe. Die Komplexität läßt sich nicht auf ein vorweggenommenes Prinzip oder eine vorweggenommene einfache Grundtatsache zurückführen. Immer wieder stößt man auch auf die Unvermeidlichkeit des Kompromisses, darauf, daß viele Antinomien, die den Staat betreffen, sich nicht auflösen lassen, sondern der Vermittlung bedürfen, daß sie nicht eine Frage des Entweder – Oder, sonden eine solche des richtigen Maßes sind. Eine solche Vermittlung, etwa zwischen den Grundsätzen der Freiheit und der Gleichheit oder zwischen den Prinzipien der Ordnung und der Freiheit, ist immer wieder von neuem zur Entscheidung aufgegeben und nicht durch ein starres, für alle Zeiten gültiges Schema lösbar. Daß nicht alles schon im voraus gewiß ist, daß

Raum bleibt für Wagnis und Entscheidung, ist Bedingung und Zeichen lebendiger Freiheit.«[1]

Der Staat als ordnungsstiftende Autorität

Eine Tradition staatstheoretischen Denkens, die von den Anfängen bei Thomas Hobbes bis hin zu den Soziologen Arnold Gehlen (1904–1976) und Helmut Schelsky führt, geht von der Prämisse aus, daß eine Staatsverfassung nur dann der wahren Natur des Menschen entspreche, wenn sie es vermag, die egoistischen Interessen der nicht mehr instinktgesteuerten menschlichen Natur im Zaum zu halten. Denn die einzig denkbare Alternative zum starken Staat mit straffer Führung sei der Rückfall ins Chaos. Bürgerliche Freiheit wird damit dem Grundwert der Ordnung und dem Primat eines starken Staates untergeordnet.

Prototypisch für diese Tradition staatstheoretischen Denkens ist die Hobbessche Formel: *auctoritas non veritas facit legem* (Autorität, nicht Wahrheit fundiert das Gesetz), was besagt, daß nicht Recht und Gesetz als die entscheidenden Dimensionen des Staates anzusehen sind, sondern die Möglichkeit, über den »Ausnahmezustand« zu bestimmen.

Der daraus resultierende strategische Grundgedanke beruht auf der Zuspitzung einer scheinbar zwingenden Antithetik: Entweder die Bürger fügen sich dem Staat, der, wie gezähmt auch immer, doch »Leviathan« bleibt, so sehr sie auch im einzelnen dabei von ihren Bedürfnissen abstrahieren müssen – oder aber der ordnungs- und friedensstiftende Leviathan stirbt und an seine Stelle tritt der Bürgerkrieg, das Chaos, die Anarchie.

Dieser anthropologisch begründete Ansatz wird bestätigt durch das christliche Dogma von der Sündhaftigkeit des Menschen. Diese mache starke Institutionen (Staaten und Staatsmänner) notwendig, um die alles andere als friedfertigen Menschen voreinander und nicht zuletzt vor sich selbst zu

---

1 Zippelius, Reinhold: Allgemeine Staatslehre. München 1982. S. VI

schützen. Es gilt, das hybrid-chaotische Wesen des Menschen durch feste politische Autoritäten in Schranken zu halten. Der Wertprimat institutioneller Sicherungen resultiert letztlich aus der Festschreibung eines menschlichen »Wesens«, was sich politisch in der Absolutsetzung staatlicher Obrigkeit niederschlägt.

Die damit bezeichnete Tradition staatstheoretischen Denkens darf man konservativ nennen. Konservative Staatslehre dient primär der Legitimation eines starken Staates. Ihr Grundmotiv ließe sich so formulieren: Nur wenn alle Staatsbürger sich so verhalten, daß begründete Vermutung besteht, sie hätten zugunsten der Aufrechterhaltung der Ordnung im Staat auf ihre Sonderrechte verzichtet, kann es zu einer staatlichen Ordnung kommen. Die Schutzgarantie und die friedenssichernde Funktion des Staates erhält jedoch nicht bloß im konservativen, sondern allgemein im bürgerlichen Sinne den absoluten Primat vor allen anderen möglichen Staatsfunktionen, besonders vor sozialstaatlichen Teilhaberechten. Die Problematik und die immer wieder faszinierende Aura dieses Staatsdenkens liegt in dem »entweder – oder« der scheinbar zwingenden Alternative beschlossen: Bürgerkrieg oder Ordnung.

Der Staat als Herrschaftsinstrument

Ein ganz anderer, auf soziologischer und ökonomischer Argumentation beruhender Ansatz staatstheoretischen Denkens sieht im Staat das Mittel, die Herrschaft einer sozialen Gruppe oder Klasse über andere zu ermöglichen.

Der Staat ist demnach das Produkt einer bestimmten Entwicklungsstufe der Produktivkräfte und zugleich Ausdruck der jeweiligen Form der Produktionsverhältnisse. Daher ist er keine abstrakte, unhistorische Größe, sondern nur der historisch bestimmte, konkrete und aufgrund der in einer Gesellschaft herrschenden Widersprüche (Klassenantagonismus) notwendig gewordene Staat als Machtapparatur. Gäbe es keine grundlegenden ökonomischen und sozialen Widersprüche und die damit verbundenen gesellschaftlichen Macht- und Herrschaftsmonopole (Verfügung über Produktionsmittel, Privilegien), so bedürfte es auch keiner politisch-öffentlichen, d.h. staatlichen Gewalt. Das Vorhandensein dieser staatlichen Gewalt ist folglich stets Ausdruck gesellschaftlicher Herrschaftsverhältnisse.

Dieser Ansatz bestimmt insbesondere die Tradition marxistischer und sozialistischer Staatsvorstellungen (vgl. *Kapitel 2.2.3*). Sein historisch-genetischer Aspekt impliziert die Möglichkeit der Veränderung sozialer und politischer Herrschaftsstrukturen:

- durch Revolution, d.h. durch Beseitigung der Staatsgewalt und durch die Errichtung eines Zustands von Herrschaftslosigkeit (auf dem Weg über eine Diktatur der Mehrheit, d.h. des Proletariats), der nurmehr charakterisiert sein soll durch die »Verwaltung von Sachen und die Leitung von Produktionsprozessen« (Engels/Lenin);
- durch Reform: Der Staat ist Mittel einer friedlichen Transformation der kapitalistischen in eine höher organisierte sozialistische Gesellschaft. Er wird auf demokratisch-parlamentarischem Wege durch die Mehrheit (der Arbeiter) friedlich erobert, ist also Teil der proletarischen Gegenmacht gegen die zu verändernde bürgerlich-kapitalistische Gesellschaft (neben Gewerkschaften, Genossenschaften, Vereinen und Parteien).

Rechts-, Gesetzes- und Parteienstaat

Die historische Genese des Rechtsstaates ist gebunden an den ökonomischen und sozialen Aufstieg des Bürgertums; er war Inhalt und Kampfziel liberaler Staats- und Gesellschaftsvorstellungen. Als Norm liegt er heute allen demokratisch und parlamentarisch verfaßten Staaten zugrunde.

»Die Idee des Rechtsstaates geht dahin, daß zunächst die Grundrechte der Bürger verfassungsmäßig festgestellt werden und dann die Verwaltung in dem Sinne an die Gesetze gebunden wird, daß jede Anordnung, die in die Grundrechte der Bürger eingreift, nur zulässig ist, soweit sie in einem Gesetz ausdrücklich vorgesehen ist, daß ferner die Frage, ob die Verwaltung diese Grenzen wirklich respektiert hat, auf Anrufen des Bürgers von unabhängigen Gerichten nachkontrolliert wird.«[2]

Der Rechtsstaat lebt vom Grundsatz der Gleichheit aller Bürger vor dem Gesetz, denn staatliche Gesetzgebung erscheint als Interessenkompromiß aller an ihr beteiligten gesellschaftlichen Kräfte. Wo Recht und Gesetz herrschen, kann der Staat nur als eine Schutzanstalt zur Garantie der verwaltungsmäßig geregelten Durchsetzung des Rechts für alle fungieren. Primat des Rechts aber bedeutet: die Staatsgewalt soll so wenig als möglich in Erscheinung treten, es sei denn nach außen zur Wahrung und Sicherung der nationalen Interessen und des Friedens gegenüber anderen Staaten.

Die Herrschaft von Gesetzen schafft für alle gleichermaßen geltende und verbindliche Spielregeln: Innerhalb dieser Regeln steht es den Einzelnen frei, ihren Geschäften und ihren privaten Interessen nachzugehen.

Der Rechts- und Gesetzesstaat als Kern der liberalen Staatsvorstellung geht vom Grundgedanken wechselseitiger Kontrolle durch die Interessenkonkurrenz aus. Vorausgesetzt wird eine relative Gleichheit der Interessenträger, d.h. keine Gruppe darf so mächtig werden, daß sie andere beherrschen kann.

Der liberale Rechts- und Gesetzesstaat verschafft dem Bedürfnis der bürgerlichen Schichten Geltung, das auf Voraussehbarkeit der staatlichen Entscheidungen – gewährleistet durch Gesetze – und damit auf ein Höchstmaß an Kalkulierbarkeit der Chancen angewiesen ist. Staatliche Gewalt kann sich allein als Herrschaft des Gesetzes legitimieren.

Im einzelnen bedeutet dies:

– Festlegung und Garantie von Menschen- und Bürgerrechten, die verfassungsmäßig normiert werden;
– Schutz der Grundrechte durch unabhängige Gerichte, die prüfen, ob die Verwaltung die Grenzen staatlicher Rechtsbefugnisse auch respektiert;

---

2 Coing, Helmut: Epochen der Rechtsgeschichte in Deutschland. München 1981. S. 97

- Bindung der Verwaltung durch »Gesetzesvorbehalt«, so daß jede Anordnung, die in die Grundrechte der Bürger eingreift, nur dann als zulässig gilt, wenn sie eine gesetzliche Grundlage besitzt;
- wechselseitige Kontrolle der mit den Staatsfunktionen betrauten Organe bei der Ausübung ihrer Gewalt.

Mit Beginn unseres Jahrhunderts setzt in den meisten industrialisierten Ländern eine Entwicklung politischer Parteien zu Massen- und Mitgliederorganisationen ein. Sie konnten erst im Gefolge der Durchsetzung des allgemeinen Wahlrechts entstehen und sind im Laufe der Zeit zu wichtigen, auch verfassungsrechtlich anerkannten Transformatoren zwischen gesellschaftlichen Interessen und staatlicher Willensbildung geworden. Das Modell der parteienstaatlichen Demokratie bildet in den westeuropäischen Staaten (England, Frankreich, Italien, Bundesrepublik usw.) die Verfassungswirklichkeit, so sehr die verschiedenen Parteiensysteme auch ihrer Funktion und ihrer verfassungsrechtlichen Stellung nach im einzelnen voneinander abweichen mögen.

Mit Artikel 21, Absatz 1 des Grundgesetzes der Bundesrepublik vom Jahre 1949 sind zum ersten Mal in der deutschen Verfassungsgeschichte Parteien nicht mehr »extra-konstitutionelle« Gebilde, sondern verfassungsmäßig eingebunden. Sie sind Organe der staatlichen Willensbildung:

»Die Parteien wirken bei der politischen Willensbildung des Volkes mit. Ihre Gründung ist frei. Ihre innere Ordnung muß demokratischen Grundsätzen entsprechen. Sie müssen über die Herkunft ihrer Mittel öffentlich Rechenschaft geben.«

Sozialstaat

Im Sozialstaat besitzt der Bürger nicht allein Bürger- und Menschenrechte, sondern darüber hinaus auch Teilhaberechte an der politischen Willensbildung. Das im Grundgesetz der Bundesrepublik verankerte Sozialstaatsprinzip (Artikel 20) hat insbesondere im Verhältnis von Rechtsstaatlichkeit und Sozialstaatlichkeit einander konträre Positionen provoziert, denn

Konservative behaupten, das eine ließe sich nur auf Kosten des anderen realisieren. Rechtsstaatlichkeit meint nach diesem Verständnis Begrenzung staatlicher Zuständigkeit, Sozialstaatlichkeit hingegen ermöglicht gesetzgeberische Eingriffe, sofern sie sozialen Zwecken dienen, auch in private Freiheitsräume.

In der konservativen Kritik des Sozialstaats als Berechtigungsstaat wird die Spannung zum alten Rechtsstaatskonzept deutlich. So heißt es bei Arnold Gehlen:

»Der Rechtsstaat alter Art ist unter dem Anprall der wirtschaftlichen und sozialen Gewalten in einen Berechtigungsstaat transformiert worden, und es ist nicht übertrieben, zu sagen, daß im Bewußtsein der Massen nicht nur die Garantie des Lebensstandards, sondern seine laufende Steigerung zu einem Rechtsanspruch geworden ist, dessen Einlösung man vom Staat erwartet.«[3]

»Ein sehr großer Teil der Gesetzgebung hat nämlich das Ziel der Herstellung materialer Gleichheit, und diese ist in einer sehr komplizierten und heterogenen Gesellschaft nur so praktikabel, daß Kategorien von Berechtigten geschaffen werden, die man durch definierte Merkmale abgrenzt und denen jeweils umschriebene Rechte eingeräumt werden, die einklagbar sind.«[4]

Die Spannung zwischen Rechts- und Sozialstaatsprinzip wird so interpretiert, daß soziale Grundrechte, die das Sozialstaatsprinzip konkretisieren, nicht beanspruchen können, als substantielle Freiheitsrechte anerkannt zu werden. Sie vermögen nur Teilhabe, d.h. Statusrechte zu begründen, die im Rahmen der jeweils näher zu bestimmenden sozialen Gerechtigkeit vom Staat nach Maßgabe der Gesetze gewährt, nicht aber – wie die echten Freiheitsrechte – *vom* Staate als diesem vorgegebene Rechte gewährleistet werden.

Die an der Sozialstaatlichkeit orientierte Position plädiert demgegenüber für einen die gesamte Gesellschaftsordnung und ihre wirtschaftlichen Grundlagen bewußt und planvoll umgestaltenden sozialen Wohlfahrtsstaat, der Methoden demokrati-

---

3 Gehlen, Arnold: Studien zur Anthropologie und Soziologie. Neuwied Berlin 1963. S. 253

4 Ebd. S. 252

scher Willensbildung auch in Wirtschaft und Gesellschaft praktizieren soll.

Das Bekenntnis des Grundgesetzes zum demokratischen *und* sozialen Rechtsstaat öffnet nicht nur den Weg zu gelegentlichen Staatsinterventionen, um die als grundsätzlich gerecht anerkannte Gesellschaftsordnung auszubalancieren, sondern stellt prinzipiell die wirtschaftliche Ordnung zur Disposition der demokratischen Willensbildung. Diese sozialstaatlich orientierte Interpretation fußt auf der Theorie des *materialen* Rechtsstaates bzw. der sozialen Demokratie, wie sie etwa in der Weimarer Republik von Hermann Heller (1891–1933) entwickelt wurde.

Ökonomie und Politik

Eine Systemanalyse des heutigen spätkapitalistischen Wohlfahrtsstaates hat Claus Offe[5] unternommen, indem er die Funktionsweise und die vermittelnden Leistungen des sozioökonomischen, politisch-administrativen und legitimatorischen Systems bestimmt. Das sozioökonomische System bleibt permanent krisenanfällig; es bedarf zu seiner Bestandserhaltung und zur Behebung seiner internen Funktionsstörungen daher der Steuerungsleistung (Dauerintervention) von seiten des politisch-administrativen Systems.

Umgekehrt erhält der Staat auf dem Wege der Besteuerung (»fiskalische Abschöpfung«) Teile des im ökonomischen System erzeugten Wertes, die er nicht nur für seine Steuerungsleistungen (Subventionen, Kredite, Infrastrukturpolitik), sondern ebenso für seine sozialstaatlichen Ausgleichsfunktionen braucht. Denn mit dem normativen System ist das »politisch-administrative System« durch die Erwartungen, Forderungen und Ansprüche verbunden, mit denen es konfrontiert wird und auf die es mit sozialstaatlichen Leistungen reagiert.

Für die Krisenanfälligkeit des Systems ergibt sich damit folgendes: Die *Primärkrise* heutiger spätkapitalistischer Gesell-

5 Offe, Claus: »Krisen des Krisenmanagement«: Elemente einer politischen Krisentheorie. In: Jänicke, Martin (Hg.): Herrschaft und Krise. Opladen 1973

schaftssysteme hat nach wie vor ihren Ort im ökonomischen System. Kernbereich des ökonomischen Systems bleibt der Monopolbereich. In ihm sind die gesellschaftlichen Interessen jedoch zugleich am besten organisiert (Gewerkschaften und Arbeitgeberverbände). Der Konflikt von Kapital und Arbeit ist längst institutionalisiert und damit ein »kontrollierter« Konflikt. Nach Offe wachsen jedoch der Wettbewerbssektor (Dienstleistungs- und Distributionsfunktionen), der öffentliche Bereich (Dienstleistungs- und Infrastrukturfunktionen), vor allem aber der Bereich nicht unmittelbar in den Arbeitsprozeß Eingegliederter (Schüler, Studenten, Hausfrauen, Rentner) ständig, während der monopolistische Sektor immer weniger Arbeitskräfte absorbieren kann. Deshalb tritt das ein, was man heute als das Phänomen der *Krisenverlagerung* bezeichnen könnte. Obwohl die eigentliche Konfliktursache die strukturelle Krisenanfälligkeit des ökonomischen Bereichs bleibt, treten Krisen nicht in erster Linie im Produktions- sondern im Verteilungssektor bzw. im legitimatorischen System zutage (vgl. *Kapitel 2.3.2*).

3 Demokratie- und Elitetheorien

Als die beiden Grundmodelle der Demokratietheorie können gelten:

- die klassisch-normative, kontinentaleuropäische Theorie, die auf Jean-Jacques Rousseau zurückgeht;
- das sogenannte Konkurrenzmodell der demokratischen Elitenherrschaft, entwickelt von Joseph A. Schumpeter (1883–1950).

Zwischen diesen beiden alternativen Modellen der Demokratie gibt es eine Fülle von Varianten, die in unserem Zusammenhang jedoch außer acht gelassen werden können.

Die Postulate der klassischen Demokratietheorie lassen sich mit den Begriffen »Volkssouveränität« und »Identität der

Regierenden und Regierten« umschreiben. Seit der Französischen Revolution findet sich in demokratischen Verfassungen der Grundsatz, daß alle Staatsgewalt vom Volke auszugehen habe (vgl. Grundgesetz Artikel 20, Absatz 1). Dies bedeutet, daß der Wille des Volkes die letzte Entscheidungsgewalt in allen das Gemeinwesen betreffenden zentralen Fragen besitzen soll und daß die vom Parlament und von der Regierung beschlossenen und durchgeführten Gesetze letztlich ihre Legitimation dadurch erhalten, daß sie als Ausfluß dieses Volkswillens begriffen werden können.

Da das Volk als solches jedoch keine handlungsfähige politische Einheit bildet, bedarf es bestimmter Organe, durch die es seinen Willen artikulieren kann. Dazu gehören in den modernen Demokratien neben dem Parlament vor allem die politischen Parteien. So hat das Grundgesetz der Bundesrepublik den Parteien einen hohen verfassungsmäßigen Rang in der Demokratie eingeräumt. Der in der deutschen Verfassungsgeschichte erstmals formulierte Auftrag an die Parteien, bei der demokratischen Willensbildung des Volkes mitzuwirken, kann in unmittelbarem Zusammenhang mit der Bestimmung des Artikels 20 gesehen werden, wonach alle Staatsgewalt vom Volke auszugehen habe.

Die politischen Parteien, in denen unterschiedliche Interessen in konkurrierender Form ihren Ausdruck finden, besitzen zwar kein Monopol, gleichwohl aber ein gewisses Privileg bei der demokratischen Willensbildung. Denn durch sie werden alle entscheidenden Staatsorgane und Gremien personell besetzt: so die Parlamente und Ausschüsse, die Regierung, das Bundesverfassungsgericht, Verwaltungen und das Amt des Bundespräsidenten. Man spricht deshalb mit Blick auf die Verfassungswirklichkeit der Bundesrepublik nicht nur von einer repräsentativen, sondern auch von einer parteienstaatlichen Demokratie.[6]

Das zweite Prinzip der klassischen Demokratietheorie, die »Identität der Regierenden und Regierten«, enthält selbstver-

---

6 Vgl. Leibholz, Gerhard: Strukturprobleme der modernen Demokratie. Karlsruhe 1958

ständlich keine Aussage über einen schon existierenden Sachverhalt, sondern stellt eine Norm dar. Sie besagt, daß in einer Demokratie die mit dem Mandat der Ausübung politischer Herrschaft Beauftragten nicht als vom Volk abgehobene Machteliten, sondern als dem Wohl des ganzen Volkes verpflichtete Repräsentanten fungieren sollen. Im Idealfall, so wäre diese Norm zu umschreiben, erkennt sich der Wille des Volkes in den grundlegenden Entscheidungen seiner Organe und Mandatsträger wieder, wodurch der Abstand zwischen bekundetem Volkswillen und dem der Regierenden sich fortwährend vermindert. Nur in diesem Sinne einer *Annäherung* kann daher von einer »Identität der Regierenden und Regierten« gesprochen werden, nicht etwa im wörtlichen Sinn.

Die Diskrepanz zwischen den *Normen* der klassischen Demokratietheorie, wie sie zuerst von Rousseau entwickelt wurde, und der Verfassungs*wirklichkeit* in modernen demokratischen Großflächenstaaten ist offenkundig. Gegen ihre Postulate, die als »utopisch« gelten, hat sich, ausgehend von den Vereinigten Staaten von Amerika, zunehmend das Konkurrenzmodell der Demokratie – als »realistische Demokratietheorie« – durchgesetzt. Für ihre Vertreter ist Demokratie nicht mehr ein auf Verminderung von Herrschaft gerichtetes Verfassungssystem, auch nicht mehr »Regierung durch das Volk«, sondern bloß eine »Regierung *für* das Volk«. Demokratie wird hier als eine von vielen möglichen Herrschaftsformen gesehen, die sich von anderen lediglich durch ihre spezifische Form der »Führerbestellung«, der Konkurrenz der Eliten um die Stimmen der Wähler, unterscheidet. In der Vorstellung einer an Konkurrenz der politischen Eliten auf dem Meinungs-Markt um die Gunst der Wähler orientierten Theorie vertritt das Elitenmodell ein Motiv des klassischen Liberalismus (vgl. *Kapitel 2.2.1*). Demokratie sei, so wird behauptet, nicht gekennzeichnet durch das Ideal der Gleichheit, sondern durch eine bestimmte Methode und Verfahrensweise.

Solchermaßen zu einem »set von Spielregeln« und auf ein methodisches Verfahren reduziert, verliert der Demokratiebegriff seine ursprüngliche Zielqualität zugunsten einer rein funktionalen Sichtweise. Die Realität der Elitenkonkurrenz bei weitgehender politischer Apathie der Massen bildet den Ausgangspunkt eines Demokratiekonzepts, für das politisches Handeln nichts als einen Machtkampf zwischen konkurrierenden Eliten darstellt. Programme und Ziele spielen daher eine untergeordnete, bloß »ideologische« Rolle; für den italienischen Elitentheoretiker Gaetano Mosca (1858–1941) sind sie bloße »politische Formeln«.

Waren in der klassischen Demokratiekonzeption die Bürger noch als aktive und prinzipiell politisch Mündige gefordert, so wird die politische Beteiligung im Konkurrenzmodell der Demokratie im wesentlichen auf Wahlakte reduziert. Während der übrigen Zeit hat sich der politische »Normalverbraucher« eines jeden Versuchs der Einflußnahme auf die von ihm gewählten Vertreter gefälligst zu enthalten.

Hält das klassische Demokratiemodell an der Lernfähigkeit der Bürger als einer wesentlichen Voraussetzung für Selbstbestimmung und Emanzipation noch fest, so sind die anthropologischen Prämissen des Konkurrenzmodells durchweg skeptisch. Die Kompetenz für politische Entscheidungen sei letztlich nur wenigen Fachleuten (=Experten) vorbehalten, während die Masse sich darauf beschränken müsse, die geeignetsten Führer auszuwählen, um sie dann, sofern deren Konkurrenten von der Opposition bei der nächsten Wahl als kompetenter erscheinen, ebenso wieder loszuwerden.

Das Konkurrenzmodell der Demokratie kann als eine realitätsnahe Beschreibung unübersehbarer Strukturmerkmale westlicher Demokratien gelten. Indem es jedoch darauf verzichtet, diese Realität kritisch mit bestimmten Zielvorgaben zu konfrontieren, wird das faktisch Vorgefundene und historisch Gewordene zu einem scheinbar naturgegebenen und unveränderbaren System stilisiert. Die Frage nach Sinn und Ziel demokratischer Einrichtungen scheint sich damit zu erübrigen. Die für das klassische Modell der Demokratie noch verbindliche Begründung der demokratischen Legitimität aller Entscheidungen durch den souveränen Willen des Volkes wird zugunsten der Garantie eines stabilen Systems gegenstandslos.

So geht Joseph A. Schumpeter in seiner Anti-Kritik der klassischen Demokratietheorie von einer Definition aus, die er auf ihren Realitätsgehalt hin befragt. Nach seiner Interpretation der klassischen Demokratietheorie bedeutet Demokratie:

»... jene institutionelle Ordnung zur Erzielung politischer Entscheide, die das Gemeinwohl dadurch verwirklicht, daß sie das Volk selbst die Streitfragen entscheiden läßt und zwar durch die Wahl von Personen, die zusammenzutreten haben, um seinen Willen auszuführen.«[7]

Das mit diesen Bestimmungen umrissene Demokratiemodell unterstellt Schumpeter zufolge

– die Möglichkeit, das Gemeinwohl inhaltlich festlegen zu können;
– das Vorhandensein eines im Prinzip gleichgerichteten Volkswillens, der mit dem Gemeinwohl oder dem Gesamtinteresse identisch sei.

Beide Voraussetzungen werden von Schumpeter geleugnet. Denn das, was sich als Volkswille artikuliert, sei nicht immer auch das allgemeine Beste, und das, was gut für alle sei, lasse sich nicht ein für allemal festschreiben. Dem einzelnen Bürger werden in der klassischen Demokratietheorie zudem eine Unabhängigkeit und rationale Kompetenz unterstellt, was wirklichkeitsfremd genannt werden müsse.

Unter Berufung auf Vilfredo Pareto (1848–1923) und Gustave Le Bon (1841–1931) spricht Schumpeter das dem Einzelnen von der klassischen Demokratietheorie zugesprochene Vermögen, rational geleitetes Handeln in politischen Fragen zu entwickeln, rundweg ab. Die Menschen seien in ihrer Mehrzahl manipulierbar, und es müsse gefragt werden, ob sie selbst überhaupt dazu in der Lage sind, das zu artikulieren, was man ihre Bedürfnisse nennt.

Fachmann sei der Einzelne nur dort, wo es sich um Entscheidungen seines alltäglichen Lebens handle, nicht aber auf dem schwierigen Feld der Politik. Weil dem so ist, gehorche der

---

7 Schumpeter, Joseph A.: Kapitalismus, Sozialismus und Demokratie. München 1950. S. 397

Durchschnittsbürger lieber dem fachkundigen Rat »unparteiischer« Experten. Deshalb, so folgert Schumpeter, müssen die Gremien der gewählten Experten möglichst unbeeinflußt vom Willen der Bürger für das allgemeine Beste sorgen.

In eindeutiger Wendung gegen den klassischen Demokratiebegriff geht Schumpeter davon aus, daß in der Verfassungswirklichkeit das Volk weder die Streitfragen der großen Politik stellt noch entscheidet, sondern daß diese in aller Regel *für* das Volk gestellt und entschieden werden und auch werden sollen.

Der Gegensatz zwischen der klassischen und der Schumpeterschen Demokratietheorie läuft letztlich auf die unterschiedliche Bestimmung dessen hinaus, was unter »Demokratie« eigentlich zu verstehen ist: ein *Prozeß* oder eine *Methode*. Faßt man Demokratie als Prozeß – und nicht als eine bestimmte politisch bereits vorgegebene Ordnung –, so wird man kaum leugnen können, daß die mit ihm in Gang gesetzten Formen der Partizipation, der Mitbestimmung und erst recht die Ansätze zur demokratischen Gestaltung der Gesellschaft ein mühsames, durch viele Rückschläge unterbrochenes Unterfangen darstellen. Doch wird man – verfällt man nicht der Schumpeterschen Resignation – hinzufügen müssen, daß es zu dem damit in Gang gesetzten Demokratisierungsprozeß kaum eine Alternative gibt, es sei denn, man plädiere für die Diktatur.

Nun vollziehen sich freilich auch alle Demokratisierungsprozesse im Rahmen bestimmter, verfassungsmäßig normierter politischer Ordnungen. Doch ist es ein Unterschied, ob in ihnen das Recht auf Opposition als ein demokratisches Grundrecht verbürgt und institutionell garantiert ist, wie in »offenen Gesellschaften«, oder ob dieses Recht den Bürgern von Staats wegen verwehrt ist. Demokratie, verstanden als das Streben nach Demokratisierung gesellschaftlicher Verhältnisse, nach demokratischer Willensbildung und erweiterten Möglichkeiten der Beteiligung an politischen Entscheidungen, bleibt in der Bundesrepublik Deutschland ein grundgesetzlich verbürgter Verfassungsauftrag, der weder mit der im Oktober 1969 vom damaligen Bundeskanzler Brandt erhobenen Forderung, »mehr Demokratie wagen«, begann, noch mit der

»Wende« zur CDU/CSU/FDP-Regierung im Jahre 1982/83 endet.

Faßt man Demokratie mit Schumpeter hingegen als eine bestimmte Methode der Elitenauswahl und -abwahl auf, so mag eine solche Definition zwar den gegenwärtigen realen Verhältnissen näherkommen, doch wird mit ihr der ohnedies zunehmende Dualismus zwischen Experten (»die da oben«) und dem einfachen Mann auf der Straße (»wir da unten«) gleichsam festgeschrieben und obendrein mit einem guten Gewissen versehen.

So wenig die Entwicklung eines Menschen im Laufe seines Lebens je als abgeschlossen gelten kann, so unfertig ist auch die

Demokratiemodelle im Überblick

	»Klassisches Modell« (Rousseau)	*»Konkurenzmodell«* (Schumpeter)
Demokratie	als Ziel, Prozeß, Utopie: Identität von Regierenden und Regierten = Volkssouveränität	als Methode, Spielregeln: Regierung für das Volk durch Eliten = Elitenherrschaft auf Zeit
Partzipation	Beteiligung aller Bürger an prinzipiell allen politischen Fragen	periodische Beteiligung an Personalentscheidungen
Wahlen	Artikulation des Volkswillen	Elitenauswahl
Staat	Ausschuß des politischen Volkswillen; Utopie: Staat und Gesellschaft fallen zusammen	regulierende Instanz: Herrschaft auf Zeit
Öffentlichkeit	Argumentation und Konsens	Meinungsmarkt und Manipulation

politische Verfassungsform der Demokratie. Wird sie nicht mit den Hoffnungen ihrer Bürger erfüllt, so besteht stets aufs neue die Gefahr, daß – besonders in Zeiten andauernder Krisen – »schnellere Lösungen« als die des demokratischen Willensbildungsprozesses bevorzugt werden (etwa in autoritären Militärregimen).

Mit der Absolutsetzung des Konkurrenzmodells der Demokratie entfielen zudem auch sämtliche Maßstäbe, an denen erreichte Stufen der Demokratisierung kritisch geprüft werden könnten, da die Beschränkung auf die demokratische Methode unweigerlich ein *stationäres* Moment bedeutet. Setzte die klassische Theorie der Demokratie noch auf die Lernfähigkeit der Bürger, so verzichtet das Konkurrenzmodell auf dieses dynamische Moment. Nicht das Demokratiegebot gilt als Kriterium für die Kritik bestehender gesellschaftlicher und politischer Verhältnisse, sondern das Faktische selbst wird hier zum Normativen. In dieser Verklärung des status quo trifft sich die »nüchterne« und »realistische« Demokratietheorie mit heutigen konservativen Denkmustern.

4 Verbändetheorien

»Wir befinden uns, glaube ich, in einer Krise des Verbändestaates. Denn er funktioniert heute längst nicht mehr so fraglos wie in der Nachkriegszeit.« Was hier der derzeitige Bundesarbeitsminister Norbert Blüm ausspricht[8], beschäftigt nicht nur die Politiker, die in ständiger Auseinandersetzung mit den in Verbänden organisierten Interessen stehen, sondern auch die Politische Theorie.

Die Verbände als Ausdruck gesellschaftlicher Interessen außerhalb des im engeren Sinne politischen Systems (dies ein Unterschied gegenüber den politischen Parteien) sind in den

8 Interview in: DIE ZEIT vom 6.7.1984. S. 16

heutigen Demokratien zu einem außerordentlich wirksamen Faktor in der politischen Willens- und Entscheidungsbildung geworden, auch wenn sie ursprünglich nicht auf das politische System abzielen, sondern speziellen Interessen in organisierter Form zur Durchsetzung verhelfen wollen. Dabei spielen neben kulturellen (vom Sportverband bis zu den Kirchen), berufsständischen (vom Tanzlehrerverband bis zu den Rechtsanwälten) die großen Wirtschaftsverbände (vor allem Gewerkschaften und Arbeitgeberorganisationen) die wichtigste Rolle.

Bereits in den 50er Jahren ist die Zunahme des Einflusses der großen Verbände auf Politik und Staat erkannt und kritisiert worden. Die Vorbehalte gegenüber einem gesteigerten Einfluß von Interessenorganisationen entstammten der Sorge um die Gefährdung des jungen bundesrepublikanischen Staatswesens durch die ungehemmte Konfrontation partikularer Interessen.

Pluralismus hieß zwar die Zauberformel der Demokratietheorie in jenen Jahren, ein Zuviel an Pluralität, vor allem wenn sie in offene Auseinandersetzungen um Macht und Einfluß mündete, wurde für das demokratische Gemeinwesen jedoch oft als abträglich, weil die staatliche Autorität gefährdend, erachtet.

Pluralismus als Zielvorstellung, die nicht nur die Vielfalt von Meinungen, sondern auch von legitimen konkurrierenden Interessen und deren Anspruch auf Geltung im konkreten gesellschaftlichen Miteinander meint, ermöglicht jedoch auch eine umgekehrte Perspektive, nämlich die der Verbände als legitimer Sachwalter gesellschaftlicher Ansprüche gegenüber einem auf Effizienz bedachten Staat. Dieses im eigentlichen Sinne liberale Konzept ging von der Vorstellung einer Interessenkonkurrenz der Verbände (vor allem zwischen Gewerkschaften und Arbeitgeberverbänden) aus, die – bei Wahrung von Chancengleichheit – zum allgemeinen Wohl und Fortschritt beiträgt.

Eine Theorie der Verbände läßt sich prinzipiell von zwei Aspekten her betreiben:

- von »oben«, d.h. von den vorgegebenen Strukturen der gesellschaftlichen Herrschaftsverhältnisse, also vom Staat aus;

– von »unten«, d.h. von den nur teilweise verwirklichten demokratischen Forderungen der Bürger oder Minderheiten, also von der Gesellschaft und ihren Widersprüchen aus.

Macht und Interesse, Staat und Gesellschaft heißen die beiden möglichen Ausgangspunkte der Verbändetheorie.

Knüpft die konservative Pluralismuskritik ohne Umschweife an das Machtkonzept an (durchaus in der Tradition von Carl Schmitt), so pendelt die liberale Auffassung zwischen beiden Optionen in der Überzeugung, daß es vor allem auf eine exakte Balance zwischen den konkurrierenden Interessen ankomme.

Wie aber, wenn diese Ansprüche gar nicht auszugleichen wären, da das Gesellschaftssystem als ganzes auf einem fundamentalen Machtungleichgewicht beruht? Diese Frage stellte zu Ende der 60er Jahre auch die mit der Studentenbewegung aufkommende neomarxistische Gesellschaftskritik. Die angebliche »Waffengleichheit« von Unternehmer- und Arbeitnehmerorganisationen entpuppte sich bei näherer Prüfung als ein vorgängiges Ungleichgewicht, wo die Kapitaleigner aufgrund der Verfügungsmöglichkeit über die Produktionsmittel sowie ihrer vielfältigen Verflechtungen mit den politischen Machteliten über hinreichende Mittel zur Durchsetzung ihrer Interessen verfügen. Gerade in der Verbandspolitik spiegele sich, so argumentieren vor allem die Vertreter der These vom sogenannten staatsmonopolistischen Kapitalismus, der »Unternehmerstaat«.

Diese, gewiß grob verallgemeinernde Vorstellung enthält allerdings den wichtigen Gedanken, daß ohne Analyse gesamtgesellschaftlicher Macht- und Interessenlagen die Verbändetheorien kaum mehr als »Verbandschroniken« liefern können.

Verbände als *pressure groups* innerhalb des parlamentarischen Systems haben sich seit Ende des 19. Jahrhunderts bei der Verfolgung ihrer Ziele zunehmend von der Beeinflussung der öffentlichen Meinung auf die direkte Mitgestaltung des politischen Entscheidungsprozesses verlegt. Als »Lobbies« mit direktem Einfluß auf die die Gesetze vorbereitenden Ausschüsse und Ministerialbürokratien bleibt ihr Wirken der öffentlichen Kontrolle oft weitgehend entzogen. Dieser Sachverhalt der direkten Einbindung von Verbandspolitik in das politische System wird in der sogenannten *Korporatismus*forschung diskutiert, bei der es um das Problem der mehr oder minder offen zutage liegenden Verflechtung von demokratischer Willensbildung und Partikularinteressen geht.

Die einstmals als Leistung gepriesene Funktion des Verbändewesens als eines hervorragenden Apparates zum Interessenausgleich sieht der Neokonservatismus in Frage gestellt durch die Gefahr einer Einengung des Handlungsspielraumes der Staatsorgane durch die unkontrollierte Bindung an egoistische Verbandsinteressen. Der als interessenenthoben gedachte Staat kann durch die Intervention mächtiger Verbände und durch die vielfältigen Loyalitätspflichten ihnen gegenüber (jeder Verband repräsentiert schließlich nicht unerhebliche Mengen von Wählerstimmen) seiner eigentlichen Aufgabe, dem »Gemeinwohl« zu dienen, immer weniger gerecht werden.

Doch die Tatsache, daß diese Angriffe fast ausschließlich der angeblichen Dominanz gewerkschaftlichen Einflusses gelten (so z.B. in dem »Filzokratie«-Vorwurf des CDU-Politikers Kurt Biedenkopf), wirft ein Licht auf die eigentliche Stoßrichtung dieses Gedankens. Hinter der Wendung gegen die Verflechtung von Regierung und Verbänden, die sich auf das angebliche Gemeinwohl beruft, verbirgt sich hier der bekannte Vorbehalt des Neokonservatismus gegen alle Forderungen nach gerechterer Verteilung des gesellschaftlichen Reichtums und der Mitbestimmungschancen, die einer angeblich überzogenen Anspruchsmentalität der Bürger entspringen. Der damit oft verbundene Angriff gegen den »Gewerkschaftsstaat« meint letztlich den Sozialstaat und das »soziale Netz«, an dem die Lebenschancen gerade der Schwächeren in unserer Gesellschaft hängen.

5 Totalitarismus- und Faschismustheorien

Die Rolle, die die griffige Formel vom Totalitarismus spielte und immer noch spielt, findet ihre Begründung vor allem darin, daß sie geeignet scheint, das pluralistisch-demokratische Selbstverständnis der westlichen Welt von einem Gegenmodell her zu definieren. Es sind vor allem *drei Grundannahmen*, die dem Totalitarismusbegriff zu seiner politisch-polemischen Wirksamkeit verhalfen:

a) Die Annahme, daß der Totalitarismus sich prinzipiell von allen sonstigen Erscheinungen diktatorialer Herrschaft in der seitherigen Geschichte unterscheide: neuartige technische Möglichkeiten der Herrschaftsausübung einerseits und neue soziale Bedingungen andererseits, die diese Techniken erst wirksam machen konnten, lassen den Totalitarismus zu einer spezifischen Erscheinung im 20. Jahrhundert werden.
b) Diese Behauptung der Zugehörigkeit des Totalitarismus zur modernen Massengesellschaft stützt die zweite Prämisse, wonach ein totalitäres System einen *End*zustand gesellschaftlicher Entwicklung darstelle, aus dem sich die dem Totalitarismus anheimfallenden Staaten nicht aus eigener Kraft herausarbeiten können, da die Atomisierung der Individuen durch Herrschaftstechniken aufrechterhalten und hierdurch die Formierung oppositioneller Kräfte verhindert wird. Opposition und innerer Wandel sind damit von vornherein ausgeschlossen. Totalitäre Systeme könnten somit nur von außen aufgebrochen werden.
c) Alle totalitären Systeme sind in ihren wesentlichen Grundstrukturen identisch, vornehmlich also die beiden Zwangssysteme des Faschismus und des Bolschewismus. Diese Gleichsetzung von »Rot« und »Braun« ermöglicht es, in der Zeit nach der militärischen Niederlage des Dritten Reiches die eigentliche Gefahr nur mehr in der sowjetischen Form des »real existierenden Sozialismus« zu sehen und damit die eigene politische Vergangenheit zu verdrängen.

Diese drei Grundannahmen sich gegenseitig ergänzender und stützender Merkmale eines Modells totalitärer Herrschaft sind seit ihrer ersten Formulierung in den Schriften von Hannah Arendt (1906–1975), Carl J. Friedrich (geb. 1901) u.a. nicht unwidersprochen geblieben.

Besonders die These von der inneren Unwandelbarkeit und von der strukturellen Identität totalitärer Systeme waren Gegenstand einer wissenschaftlichen Diskussion, die bis heute andauert. Unter dem unmittelbaren Eindruck der frappierenden Ähnlichkeit nationalsozialistischer und stalinistischer Gewaltmethoden in den 30er und 40er Jahren lag es nahe, im *Terror* das Wesen totaler Herrschaft zu sehen. In den Systemen des Totalitarismus erblickte man die für das moderne Massenzeitalter typische Form der Diktatur. In der neuzeitlichen Idee rationaler Planung von Geschichte und Gesellschaft lag sonach die Quelle des Unheils, die zu einer Verfallsgeschichte des europäischen Geistes führen mußte. Planung, Utopie und Totalitarismus entstammten, wie es hieß, demselben Geist rationalistischer Aufklärung. Diesem Totalitarismus wurde nach dem Ende des Zweiten Weltkrieges das Selbstverständnis westlicher Demokratien gegenübergestellt. Im Begriff des Pluralismus fand man einen geeigneten Terminus, der alle Werte »offener« Gesellschaften enthielt, an denen es den »geschlossenen« totalitären ermangelte.

Der Totalitarismusbegriff gehört zu jenen Kategorien der politischen Theorie, die zugleich mit dem Anspruch auf Wissenschaftlichkeit *und* als politischer Kampfbegriff auftreten. Wie stets bei solchen ideologisch befrachteten Begriffen bleiben die Konturen undeutlich und die Merkmale diffus. So ist dieser Begriff bis heute umstritten, obwohl er im politischen Alltag – als Schlagwort – nach wie vor eine große Rolle spielt.

Die »klassische« Totalitarismustheorie kennt für das Phänomen des Totalitären sechs grundlegende Merkmale:

- eine absolut gesetzte, alle Bereiche der Politik, Gesellschaft und Kultur einschließende und auf einen utopischen Endzustand der Menschheit gerichtete *Ideologie;*
- eine straff organisierte, mit der staatlichen Bürokratie verflochtene Monopol- und *Einheitspartei;*

- ein mit allen technischen Mitteln ausgestattetes System des physischen und psychischen *Terrors;*
- die Monopolisierung sämtlicher *Massenmedien* in der Hand von Partei und Staat;
- ein rigides *Waffenmonopol;*
- eine zentral gelenkte, bürokratisch organisierte *Verwaltungswirtschaft.*

Fragt man nun weiter nach dem Selbstverständnis der unter den Totalitarismusbegriff gebrachten faschistischen und kommunistischen Systeme, so zeigt sich, daß nur die faschistischen Autoren (so etwa Giovanni Gentile und Benito Mussolini in Italien) eine Theorie des Totalitären entwickelt haben. Demgegenüber stützt sich in kommunistischen Bewegungen Herrschaft auf den Anspruch der Vertretung von Menschheitsinteressen durch die proletarische Klasse und ihre Partei. Die dem Faschismus eigene Kampfesmythologie (»Wir werden weitermarschieren, bis alles in Scherben fällt«) mit ihrer Eigendynamik ist den heutigen kommunistischen Parteien und Bewegungen ebenso fremd wie die faschistische Rassen- und Elitenideologie. Während man im faschistischen Selbstverständnis einen ausgeprägten Irrationalismus findet, legitimiert sich der Kommunismus mit einer wissenschaftlichen Weltanschauung, die zwar dogmatischen Charakter annimmt, jedoch keinen vergleichbar zynisch-elitären Charakter trägt, wie er durch das Herrenrassenideal des Nationalsozialismus demonstriert wird.

Die statische Version der Totalitarismustheorie stellt meist auf Institutionen wie Massenpartei, Ideologie, Propaganda- und Organisationsmonopol, Geheimpolizei usw. ab. Hingegen treten Fragen der sozialen Basis, des politischen Kontexts und der Art und Weise der Herausbildung totalitärer Systeme in den Hintergrund. Um diese Schwäche zu überwinden, hat eine dynamisch-konflikttheoretisch orientierte Version der Totalitarismustheorie sich auf die Merkmale Terror, Machtexpansion, totaler Krieg, Irrationalismus usw. konzentriert.

Ein kaum bestreitbarer Mangel bleibt dennoch die Ausblendung der Analyse des Zusammenhangs von Gesellschaftsstruktur und totalitärem System. Da weder in Italien noch in

Deutschland – im Gegensatz zu Rußland – eine »totale« soziale Revolution stattgefunden hat, wurden im Faschismus und Nationalsozialismus die bestehenden Gesellschaftsordnungen in ihrer Kernstruktur auch kaum angetastet. Dies ist schon darum nicht verwunderlich, als ja die NSDAP und die faschistische Partei Italiens nur im Bündnis und mit aktiver Unterstützung der alten Machteliten die Regierung übernehmen konnten, während die Sowjets im zaristischen Rußland in der Tat eine Staats- und Gesellschaftsordnung von Grund auf revolutionierten.

In diesem Zusammenhang stellt sich das Problem der Unterscheidung von sozialer Basis und sozialer Funktion faschistischer Bewegungen. Während man die NSDAP als die politische Organisation vielfältiger Ressentiments der Mittelschichten gegen die sozialen Folgen der fortschreitenden Durchkapitalisierung aller Lebensbereiche ansprechen kann, läßt sich die von der NS-Führung betriebene Wirtschaftspolitik als eine unverhüllte Stützung monopolkapitalistischer Interessen begreifen, die nicht bloß durch forcierte Aufrüstung und die damit notwendige Intervention zugunsten der Großindustrie zu belegen ist.

Insgesamt muß sich also die Totalitarismustheorie der Frage stellen, inwieweit ihr Leitbegriff als analytisches Instrument tauglich ist, wenn sie von gesellschaftstheoretisch so erheblichen Differenzen wie den genannten absieht. Stand am Anfang des Bolschewismus eine Massenbewegung mit emanzipatorischen Interessen und einer theoretisch fundierten Utopie der Überwindung der Klassengesellschaft mit dem Ziel einer letztendlichen Abschaffung von Staat und Herrschaft überhaupt, so war der Faschismus eine Revolte der verängstigten, von Krisen geschüttelten Kleinbürger und von sozial Entwurzelten der verschiedensten Herkunft, die den an der Erhaltung ihrer politischen und ökonomischen Machtstellung interessierten Kreisen die »schmutzige Arbeit« verrichteten. »Totalitarismus« als historisch-politiktheoretischer Begriff ist daher für eine trennscharfe Diskussion heutzutage wohl kaum mehr geeignet.

Helmut Schelsky ist beizupflichten, wenn er die statische Totalitarismustheorie wie folgt kritisiert:

»Wer glaubt, noch mit den alten Formeln und Begriffen für politische Werte und Unwerte heute politisch argumentieren zu können, wer z.B. noch Kommunismus und Antikommunismus oder westliche Sozialordnung, Totalitarismus und Antitotalitarismus oder freiheitliche Sozialordnung als die grundsätzlichen politischen Konflikt- und Entscheidungsfelder für die Bundesrepublik heute hinstellen zu können glaubt, der hat die Chance für eine politisch grundsätzliche Neuorientierung bereits verloren, und zwar weil er damit nicht nur die ausgesprochenen Gegner der freiheitlich-demokratischen Gesellschaftsordnung nicht mehr überzeugt – die sind durch Einsichten dafür kaum noch zu gewinnen – sondern weil er bei dem größten Teil der jüngeren Bevölkerung damit gar nicht mehr ankommt und so nur die Älteren in ihren festen, aber erstarrenden Überzeugungen bestätigt.«[9]

Auch infolge der Ausblendungen der Differenzen zwischen den im Totalitarismusbegriff gefaßten Bewegungen und Systeme hat sich seit Mitte der 60er Jahre in der Bundesrepublik das Interesse zunehmend auf die Analyse faschistischer Herrschaftsordnungen konzentriert. Hierbei ist allerdings wegen einer mitunter problematischen Ausdehnung des – gleichsam zum Totalitarismuskonzept in Konkurrenz tretenden – Faschismusbegriffs erneut die Gefahr einer terminologischen Inflationierung entstanden. Besonders im Zuge der Rezeption marxistischer Kapitalismuskritik durch die Studentenbewegung erschienen mitunter autoritäre Tendenzen im eigenen Land, Militärregime der Dritten Welt, die faschistischen Bewegungen zwischen den beiden Weltkriegen und neofaschistische Tendenzen unterschiedslos als »faschistisch«. Die vom Totalitarismuskonzept isolierend betonte Wesensdifferenz zwischen Demokratie und Diktatur sollte gleichsam durch die nun dominierende Alternative von Kapitalismus (=Faschismus) oder Sozialismus unterlaufen werden. Beides dient weniger wissenschaftlicher Klärung als polemischen Zwecken.

Inzwischen sind die pauschalen Formeln zumindest in der innerwissenschaftlichen Diskussion meist sozialhistorischen

---

9 Schelsky, Helmut: Der selbständige und der betreute Mensch. Frankfurt/M. u.a. 1978. S. 50 f.

Einzelstudien zur Rekrutierung, ideologischen Programmatik und Propaganda faschistischer und nationalsozialistischer Bewegungen gewichen.

Totalitarismus- und Faschismustheorien betreffen nicht verschiedene, sondern sich überschneidende Themen, sie stellen weniger unterschiedliche Gegenstandsbereiche der Politischen Theorie als vielmehr unterschiedliche Ausgangspositionen dar (gleiches gilt im übrigen für die Demokratie- und Elitetheorien).

Dabei orientieren sie sich an entgegengesetzten Leitbegriffen, die in sich – je nach politischer Auffassung der Autoren – auf entsprechende Gegenbegriffe verweisen. Diese Positionen heißen, wenn man sie einmal idealtypisch auf ihren Gegensatz hin konstruiert:

- Totalitarismus versus Demokratie (in konservativer Lesart);
- Faschismus (als Form bürgerlich-kapitalistischer Herrschaft) versus Sozialismus (in »linker« Lesart).

Die Kritik der Totalitarismustheorie am Faschismusbegriff, wie sie etwa Karl Dietrich Bracher vorbringt[10], gründet auf dem Vorwurf einer Nivellierung des Unterschieds von einerseits diktatorisch-totalitärer Herrschaft im Nationalsozialismus *und* im Stalinismus und andererseits freiheitlicher Ordnung in parlamentarisch-demokratischen Systemen. Desgleichen wird moniert, daß die erheblichen Unterschiede zwischen faschistischen Bewegungen und Systemen (etwa in Italien und Spanien) und dem deutschen Nationalsozialismus verwischt werden, wenn man sie gemeinsam unter die Überschrift »Faschismus« stellt.

Diese Kritik an einem verkürzten Gebrauch des Faschismusbegriffs ist ernst zu nehmen, doch bei Licht besehen sind gegen die Totalitarismusthese mit ihrer starren Entgegensetzung von Diktatur und Demokratie merkwürdig ähnliche Einwände zu erheben. Wie gezeigt, mangelt es nämlich auch hier an der nötigen begrifflichen Trennschärfe: In ihrer Genese und

10 Vgl. hierzu: Bracher, Karl Dietrich: Zeit der Ideologien. Stuttgart 1982

Struktur höchst unterschiedliche Systeme (Nationalsozialismus, Stalinismus, »real existierender Sozialismus«) werden umstandslos im Totalitarismuskonzept zusammengewürfelt und so einer präzisen Detailanalyse entzogen.

Die einseitig auf die Leitbegriffe Faschismus oder Totalitarismus fixierten Theorien müssen sich vorhalten lassen, daß ihre gegenseitige Kritik zwar berechtigt ist, beide aber die jeweils dem Kontrohenten gegenüber erhobenen Ansprüche selbst nicht hinreichend einlösen.

Dieser merkwürdige Tatbestand legt die Vermutung nahe, daß sich beide Konzepte weniger einer nüchternen und analytischen Haltung verdanken, als daß sie von ihren zugrundeliegenden konträren politischen Optionen geleitet sind. Totalitarismus- wie Faschismusbegriff in verkürzter Form sind damit eher als politische Kampfbegriffe denn als wissenschaftliche Kategorien anzusehen. Die Folgerungen für die Politische Theorie wären demnach, sich weder das eine noch das andere Konzept aufdrängen zu lassen, sondern zu differenzieren:

- zwischen den verschiedenen faschistischen und totalitären Systemen;
- zwischen sozio-ökonomischen und ideologischen Kriterien und den Herrschaftstechniken;
- zwischen Genese und Funktion faschistischer und totalitärer Ideen und Bewegungen.

Für kaum ein politisches Phänomen dieses Jahrhunderts, so könnte man annehmen, besteht ein ähnlich hohes wissenschaftliches – auch politiktheoretisches – Erklärungsbedürfnis wie für den Faschismus. Dennoch gilt für dieses Thema das gleiche wie für alle anderen bisher behandelten: Die Politikwissenschaft ist ihren Gegenständen gegenüber nicht autonom, sondern stellt Fragen und bietet Antworten auf der Grundlage der je obwaltenden gesellschaftlichen Gegebenheiten. So könnte man an der Geschichte der Behandlung des Faschismusthemas vor allem in Deutschland beispielhaft die Entwicklung des politisch-ideologischen Klimas und der politischen Kultur durch die Jahrzehnte studieren.

Theorien über den Faschismus existieren, seitdem es den Faschismus als politische Bewegung gibt, also seit den frühen 20er Jahren dieses Jahrhunderts. Unter dem Eindruck des Sieges des italienischen Faschismus (Marsch auf Rom 1922, Machtübernahme durch den Diktator Benito Mussolini) und der in dieser Zeit zu beobachtenden Formierung der deutschen extremen Rechten (Hitlerputsch, München 1923) entstammen die ersten Analysen dem sozialistischen Lager.

Aus dieser Perspektive kamen vor allem zwei Fragen auf:

- die Frage nach der Massenbasis des Faschismus (denn die breite Mobilisierung kleinbürgerlicher und proletarisierter Schichten durch den Faschismus warf für die revolutionäre Arbeiterbewegung das Problem der eigenen Strategie und Taktik auf);
- das Problem des Verhältnisses von Kapitalismus und Faschismus, d.h. die Frage, inwieweit faschistische Massenbewegungen im Interesse bürgerlich-kapitalistischer Machterhaltung handelten.

Beschränkte man sich beim ersten Problem (wie es etwa Trotzki aufgeworfen hatte) auf den globalen Verweis auf das den wahren Klassenkonflikt (Bourgeoisie/Proletariat) leugnende, rückwärtsgerichteten Utopien nachhängende Kleinbürgertum, so entfaltete sich hinsichtlich des zweiten eine breite Diskussion, die schließlich in die sogenannte Dimitroff-These (1935) mündete, wonach der Faschismus an der Macht »die offene, terroristische Diktatur der reaktionärsten, chauvinistischsten, am meisten imperialistischen Elemente des Finanzkapitals« sei.[11]

Diese These hat seither die orthodox-marxistische Diskussion beherrscht und den ursprünglichen Doppelansatz (soziale Basis/soziale Funktion) überlagert. Die bei einer ausschließlichen Fixierung auf dieses Theorem notwendig auftretende

---

11 Dimitroff, Georgi: Arbeiterklasse gegen Faschismus (1935). In: Kühnl, Reinhard (Hg.): Texte zur Faschismusdiskussion I. Reinbek b. Hamburg 1974. S. 58

Einengung der Perspektive ließe sich freilich durch eine Rückbesinnung auf diesen Doppelansatz vermeiden, denn in der analytischen Trennung von Genese (Massenbasis) und gesellschaftlicher Funktion faschistischer Bewegungen liegt ein entscheidender Maßstab für jede weiterführende Analyse.

Die deutsche Arbeiterbewegung hat den Sieg des Faschismus und Nationalsozialismus weder theoretisch absehen noch praktisch verhindern können. Aus dieser Erfahrung speist sich der Forschungsansatz des in den 30er und 40er Jahren in die USA emigrierten Frankfurter Instituts für Sozialforschung:

Wenn die breiten Massen trotz des zur Verfügung stehenden »Angebots« einer sozialistischen Zukunftsperspektive in der Krise dennoch die faschistische Barbarei, Krieg und Unterdrükkung nicht verhindert haben, dann müssen die Ursachen tiefer liegen als lediglich im »falschen Bewußtsein« oder im »Hereinfallen« auf die raffinierte faschistische Propaganda. Die breite Unterstützung und Duldung der von Anfang an offen antihumamen und brutalen faschistischen Ideologie und Machtausübung verlangt eine sozialpsychologische Erklärung.

Die sich in Krisenzeiten öffnende »Schere« (Wilhelm Reich) zwischen der objektiven Situation und der politischen Einstellung breiter Bevölkerungsschichten ist ein offenbar von psychischen Ursachen mitgesteuerter Faktor. Dieser Faktor wird von den Forschern des Instituts für Sozialforschung (vor allem Max Horkheimer, Erich Fromm und Theodor W. Adorno) als »autoritäre Charakterstruktur« bestimmt und untersucht.

In Anwendung der Freudschen Psychoanalyse auf die Massenpsychologie wird der »autoritäre Charakter« (Untertanenmentalität, Sado-Masochismus, Identifikation mit den Mächtigen usw.) auf eine fundamentale »Ich-Schwäche« als dem zentralen Merkmal des vor allem in mittelständischen und proletarisierten Schichten vorherrschenden Sozialcharakters zurückgeführt. Diese aus frühkindlichen Angst- und Versagungserlebnissen (repressive Erziehung in der patriarchalischen Familie) erworbene Ich-Schwäche korrespondiert mit der realen gesellschaftlichen Lage dieser Schichten und ist damit eine Quelle ihrer Neigung zu politischem Irrationalismus.

Neu an dieser erstmals auch mit großem empirischen Forschungsaufwand erarbeiteten Theorie ist, daß der Faschismus nicht aus psychologischen Ursachen erklärt wird, sondern daß in der Psychologie wichtige Erkenntnisse für eine ansonsten natürlich auf soziologische, ökonomische und historische Argumentation verwiesene globale Faschismustheorie zutage treten, ohne die der Faktor der massenhaften Affinität für faschistische Ideologie (z.B. Antisemitismus) nicht zu erklären wäre.

»Wer aber vom Kapitalismus nicht reden will, sollte auch vom Faschismus schweigen.«[12]

Dieser Satz von Max Horkheimer wird in der nach dem Zusammenbruch des »Dritten Reiches« neu beginnenden bundesrepublikanischen Faschismustheorie zunächst tunlichst übergangen. Dabei lag nach 1945 der hiermit angesprochene Zusammenhang offen zutage: Sowohl das Zustandekommen der nationalsozialistischen Diktatur durch das Bündnis zwischen den »alten Eliten«, der Großindustrie und der NSDAP, als auch die Herrschaftspraxis der braunen Diktatoren (Zerschlagung der Arbeiterbewegung, Anerkennung der bestehenden Eigentumsverhältnisse, Rüstungspolitik) zeigen deutlich, inwieweit das Arrangement von Politik und Kapital im faschistischen Deutschland auf einer gleichsam verschwiegenen, doch darum um so wirksameren Interessenhomogenität beruhte, wofür die Protokolle der »Nürnberger Prozesse« (1945/46) eine Fülle von Belegen liefern.

Doch die zentrale Forderung an die neu begründete Politische Theorie, die Entstehungsursachen für die nationalsozialistische Gewaltherrschaft zu erforschen (vgl. *Kapitel 1.1)*, wird in der Bundesrepublik unter anderen Vorzeichen aufgenommen. Mit zwei Hypotheken nämlich blieb die Faschismustheorie der ersten Nachkriegszeit belastet: Zum einen mit der eigenen unbewältigten Vergangenheit einer ganzen Reihe von

12 Horkheimer, Max: Die Juden in Europa. In: Zeitschrift für Sozialforschung, Jg. 8 1939/40. S. 115 (Neudruck: München 1980)

beteiligten Wissenschaftlern, die mit der immensen Aufgabe konfrontiert sind, als »schlechtes Gewissen und gutes Gedächtnis« für eine ganze Nation aufklärend zu wirken, die am liebsten von alledem, was an Schuld und Mitverantwortung abzutragen und zu reflektieren wäre, nichts mehr hören will und sich statt dessen lieber in die Selbstzufriedenheit der Wirtschaftswunder- und Konsumwelt flüchtet (»wir haben schließlich die Karre wieder aus dem Dreck gezogen«). Eine zweie Hypothek betrifft die Tatsache, daß im Schatten der weltpolitischen Entwicklung (Kalter Krieg, Einbindung der Bundesrepublik ins westliche Bündnis in den frühen fünfziger Jahren) eine umstandslose Identifikation mit westlich-demokratischen Werten möglich wird, wodurch Kontinuität in Gestalt eines erneuerten antikommunistischen Feindbildes entsteht, das die Reflexion der tatsächlichen Ursachen der Katastrophe erschwert.

Die sich aus diesem Komplex ergebenden »Blindstellen« der Faschismustheorie laufen auf zwei bis heute populäre Grundmuster hinaus:

- die am *Führermythos* orientierten Ansätze (das gutgläubige Volk wurde von einer kleinen Clique um einen genialen Demagogen übertölpelt; mit dem Ende Hitlers sei auch das Faschismusproblem erledigt);
- die am *Totalitarismus-Theorem* orientierten Ansätze (»Rot gleich Braun«; Kollektivismus; der Nationalsozialismus war nur eine Spielart des Sozialismus).

Aus dieser ideologischen Beschränkung löst sich die Faschismustheorie in den folgenden Jahren nur zögernd. Wichtige neue Perspektiven entwickelt erst die seit Beginn der 60er Jahre einsetzende Diskussion um die »deutsche Sonderentwicklung« (u.a. Talcott Parsons, Ralf Dahrendorf), die die Entstehungsbedingungen des Nationalsozialismus vor dem Hintergrund der verspäteten und darum überstürzten politischen und ökonomischen Entwicklung Deutschlands untersucht. Denn: Faschistische Massenbewegungen existieren zur Zeit der großen Weltwirtschaftskrise zu Anfang der 30er Jahre in allen europäischen Industriestaaten. Doch konnten sie nur in den »verspäteten

Nationen« (Helmuth Plessner) Italien und Deutschland zur Macht gelangen.

Sieht dieser liberale Ansatz den Hauptgrund für den Untergang der Weimarer Republik noch in der unzulänglichen Ausprägung demokratischer Werthaltungen und Tugenden mit einer klaren, dem Totalitarismuskonzept verwandten Wendung gegen den rechten und linken Extremismus (Tenor: Die Weimarer Republik und die sie tragenden Parteien, SPD, Zentrum und Liberale, wurden zwischen den beiden extremistischen Blöcken NSDAP und KPD zerrieben), so erweitert sich der Diskussionsrahmen in der Folgezeit beträchtlich.

Im Zuge der Rezeption marxistischer Theorien durch die Studentenbewegung kommt der »vergessene« Zusammenhang von Politik und Ökonomie erneut ins Blickfeld. Auch wenn es hierbei bisweilen zu den bereits erörterten Vereinfachungen (»Kapitalismus = bürgerliche Herrschaft je nach dem in Gestalt einer Demokratie oder in Gestalt des Faschismus«) kommt, ist damit der Weg frei für gesellschaftstheoretisch und empirisch gleichermaßen fundiertere Überlegungen.

Die Faschismusforschung der jüngsten Zeit ist ohne diese Umorientierung nicht vorstellbar. Zwar ist an die Stelle globaler Entwürfe eine Vielzahl von sozialhistorischen, empirischen und regionalen Spezialarbeiten getreten – womit ein dringender Nachholbedarf gedeckt wurde –, doch die Fragestellung hat sich gegenüber der unmittelbaren Nachkriegszeit grundlegend geändert: Erst die analytische Differenzierung (Genese/Funktion, Ideologie/Herrschaftspraxis, Sozialstruktur/Psychologie, Wählerverhalten/Propaganda usw.), die diesen Studien zu verdanken ist, ermöglicht die nach wie vor zu leistende Analyse der Entstehungsbedingungen und Herrschaftspraktiken des Faschismus, wie umgekehrt jede Detailforschung eines gesellschaftstheoretischen Ausgangspunktes bedarf.

Eine aktuelle, empirisch untermauerte politische Theorie des Faschismus könnte sich somit zwei gesellschaftstheoretischen Fragen zuwenden:

- Entwicklungstheorie: Inwieweit stellt der Faschismus als Reaktion der vom Modernisierungs-, Rationalisierungs- und

Kapitalisierungsprozeß bedrängten und verängstigten Mittelschichten ein Ergebnis des vor allem in Deutschland und Italien unabgeschlossenen Strukturwandels von der feudalen zur bürgerlichen Gesellschaft dar?
- Primat der Politik oder Primat der Ökonomie: Läßt sich die nationalsozialistische Gewaltherrschaft als Verselbständigung der Exekutive begreifen oder ist sie in *jeder* ihrer Dimensionen (auch der Judenvernichtung z.B.) bloßer Ausdruck sozialer und ökonomischer Widersprüche?

Eine so angeleitete Faschismustheorie wäre nicht nur wünschenswert, sondern sie steht auf der Tagesordnung; nicht zuletzt, weil kritische Sozialwissenschaft im Zeichen von »Hitlerwelle«, neonazistischen Aktivitäten, Leugnungs- und Verharmlosungsbestrebungen sowie der immer wieder aufgewärmten Totalitarismusthese klare Begriffe und Argumente mehr denn je benötigt.

6 Theorie und Praxis

Ziel des vorliegenden Buches ist es vor allem, zu verdeutlichen, inwieweit die Politische Theorie von praktischem Nutzen sein kann. Um diese, den von der (theoretischen) Arbeit zu Recht ermüdeten Lesern womöglich wenig einsichtige Behauptung zu verdeutlichen, scheint es sinnvoll, die oft aufgeworfene Frage des Verhältnisses von Politischer Theorie und Praxis an dieser Stelle noch einmal aufzunehmen.

Seit ihren Anfängen stehen die Sozialwissenschaften, erst recht die Politische Theorie, unter Verdacht; dieser Verdacht geht allerdings in der Regel von zwei gegensätzlichen Vermutungen aus: Den einen ist die Politische Theorie ein Ort der Unruhe, des Widerstandes, ja der Revolution. Sie sei eine ständige Gefahr für Ruhe und Ordnung und ein Betätigungsfeld für »Ideologen« und Umstürzler, die unter Kontrolle zu halten sind, um ihren verhängnisvollen Einfluß auf die politische Praxis einzudämmen. Den anderen erscheint die Politische

Theorie als weltferne und abstrakte Spinnerei einiger schreibwütiger Forscher im »Elfenbeinturm« ihrer Wissenschaft, denen es weniger um die wirklichen Nöte ihrer Mitmenschen als um die Abfassung von Traktaten in unverständlichem Jargon gehe, um damit vor ihresgleichen zu brillieren. Wo von der einen Seite der Politischen Theorie eine bedenkliche Nähe zur Praxis unterstellt wird, wird ihr von der anderen die Verliebtheit in »reine« Theorie vorgeworfen.

Seltsamerweise münden *beide* Haltungen in ein – gerade in der deutschen Geschichte oft verhängnisvolles – Syndrom der Theoriefeindschaft. So treffen sich konservative Intellektuellenschelte (man denke nur an den Vorwurf der Mitverantwortlichkeit linker Theorie für den Terrorismus) und voluntaristische Verächtlichmachung des angeblich überflüssigen Theoriegeschwafels (oft aus sogenannten alternativen oder anarchistischen Kreisen) nicht selten in einer gemeinsamen Haltung der grundsätzlichen Theorieskepsis und des Anti-Intellektualismus.

Beide Einstellungen scheinen einem Mißverständnis über den wahren Charakter und die tatsächlichen Möglichkeiten der Politischen Theorie zu entspringen, denn: weder kann sie *als Theorie* die Welt verändern, noch lebt sie freischwebend und folgenlos neben der politischen Realität einher.

Wie die vorstehenden Kapitel zu zeigen versuchten, verdankt die Politische Theorie ihre Existenz konkreten Problemen der politischen Praxis und nimmt, wo sie ihrer Aufgabe gerecht wird, diese als Fragen auf. Jede Wissenschaft hat ihren Ausgangspunkt im Leidensdruck, im Zwang zur Suche nach Lösungen für lebenspraktische Probleme. Die aus der Analyse der bestehenden Verhältnisse gewonnenen Interpretationsansätze können allerdings bestenfalls Vorschläge entwickeln, deren Durchführung allein der Praxis zukommt, die ihrerseits wieder von einer Unzahl von historischen und sozialen Faktoren bestimmt ist, nicht primär von wissenschaftlichen.

Allerdings kann und sollte die Politische Theorie, gerade weil sie zum politischen Alltagsgeschehen in analytischer Distanz zu stehen vermag, ein feines Sensorium für die ihre Zeit bewegenden Kräfte entwickeln, um als Seismograph dienen zu können. Auch wenn nicht jede Warnung einer solchermaßen als

»Horchposten an der politischen Entwicklung« verstandenen Politischen Theorie zutreffen muß, so zeigt die historische Erfahrung doch, daß alle politischen Katastrophen unserer Zeit (wie der Nationalsozialismus) von Theoretikern bereits zu einem Zeitpunkt vorausgesehen wurden, zu dem diejenigen sozialen Kräfte, die sie allein praktisch hätten verhindern können, noch in der Lage waren zu handeln.

Tatsächlich scheint die heutige Weltlage eher die Abwendung drohender Gefahren zu fordern als das theoretische Fortschreiben von Entwicklungen, die viele Zeitgenossen noch als zukunftsträchtig ansehen. Wenn die großen Probleme der heutigen Zeit: Friedenssicherung, Armut und Angst gelöst werden können, dann nur im Rahmen einer globalen Veränderung der bestehenden ökonomischen, sozialen und politischen Verhältnisse. Eine solche Umwälzung, soll sie nicht Resultat eines Weltbürgerkrieges sein, bedarf auch einer Umorientierung des politischen Bewußtseins.

In dieser Situation kann Politische Theorie mit ihrem historischen, analytischen und kritischen Potential Bewußtsein zwar von sich aus nicht verändern, aber sie kann veränderungswilligem Bewußtsein eine Orientierung anbieten. Allein in diesem Sinne ist sie praktisch und damit wohl auch – unverzichtbar.

Literatur

ALEMANN, U. von/HEINZE, R.G. (Hg.) 1980: Verbände und Staat. Opladen
(Aufsatz- und Quellensammlung: übersichtliche Einführung)

BACHRACH, Peter 1970: Die Theorie demokratischer Elitenherrschaft. Frankfurt/M.
(Wissenschaftssoziologische Darstellung eines amerikanischen Autors)

BEYME, Klaus von 1982: Parteien in westlichen Demokratien. München
(Vergleichender Überblick zur empirisch fundierten Parteienforschung)

FUNKE, Manfred (Hg.) 1978: Totalitarismus. Düsseldorf (Landeszentrale für Politische Bildung)
(Reader mit aktuellen Beiträgen)

KÜHNL, Reinhard (Hg.) 1974: Texte zur Faschismusdiskussion I. Reinbek b. Hamburg
(Auswahl einflußreicher Interpretationsansätze)

LENK, Kurt 1982: Politische Soziologie. Stuttgart u.a.
(Übersicht über Grundfragen mit ausführlicher Bibliographie)

MATZ, Ulrich (Hg.) 1973: Grundprobleme der Demokratie. Darmstadt
(Politik- und Staatswissenschaftlicher Reader)

NEUMANN, Franz 1977: Behemoth. Struktur und Praxis des Nationalsozialismus 1933–1944. Frankfurt/M.
(Erste, seither unübertroffene Detailanalyse)

NOLTE, Ernst (Hg.) 1967: Theorien über den Faschismus. Köln.
(Quellensammlung mit Kommentar)

OFFE, Claus 1972: Strukturprobleme des kapitalistischen Staates. Frankfurt/M.
(Theoretische Erörterung des Legitimationsproblems)

PASCHUKANIS, Eugen 1970: Allgemeine Rechtslehre und Marxismus. Frankfurt/M.
(Neudruck einer marxistischen Analyse)

SCHÜTT-WETSCHKY, Eberhard 1984: Grundtypen parlamentarischer Demokratie. Freiburg
(Systematische Arbeit auf dem neuesten Stand)

WIESENDAHL, Elmar 1981: Moderne Demokratietheorien. Frankfurt/M. u.a.
(Knappe und übersichtliche Einführung)

WIPPERMANN, Wolfgang 1976: Faschismustheorien. Darmstadt
(Darstellung der kontroversen Positionen)

ZIPPELIUS, Reinhold 1982: Allgemeine Staatslehre (Politikwissenschaft). München
(Übersichtliches Lehr- und Studienbuch)

Teil II

Politische Theorie und Ideengeschichte: Quellen und Kommentare

Hinweise zur Lektüre

Bei der Frage nach der Leistungsfähigkeit einer kommentierten Textsammlung wird man hier zunächst die Kriterien der Auswahl verdeutlichen müssen. An erster Stelle empfehlen sich Texte oder Textausschnitte von hoher Prägnanz und komprimierter Aussage, die am ehesten in der Lage sind, womöglich stellvertretend für ganze Denksysteme und Theorietraditionen zu stehen. Hier stand also das Bemühen im Vordergrund, Texte zu bieten, die als repräsentativ und typisch gelten können, die sowohl inhaltlich als auch durch ihre äußere Gestalt den »Geschmack« der dahinterstehenden Theorie vermitteln können (so etwa bei Voegelin, Hegel, Stahl oder Agnoli).

In der Politikwissenschaft zählen nicht nur wissenschaftliche Texte, sondern auch politische. Jeder politikwissenschaftliche Text kann auch als politischer gelesen werden und umgekehrt. Anhand vieler der vorgestellten Beiträge können die Leser die für Politologen unerläßliche Qualifikation zur »doppelten Lektüre« (nach der wissenschaftlichen und nach der politischen Seite) einüben. Dokumente wie das »Kommunistische Manifest« mit ihrer Rezeptionsgeschichte in Wissenschaft und Politik und ihrer prominenten Stellung in wissenschaftlicher und politischer Diskussion stellen in dieser Hinsicht einen Idealfall dar.

Neben der Präsentation einer ganzen Reihe von solchen »prominenten« Texten war ein weiteres Kriterium der Textauswahl die Originalität der Beiträge. Dahinter stand die Überlegung, dem Leser gleichzeitig mit einer thematischen Zuordnungsmöglichkeit ein historisches Modell der politischen Theorie an die Hand zu geben, einen Laufplan durch die Ideengeschichte anhand wichtiger theoretischer Meilensteine (unter Vernachlässigung der mannigfachen Verästelungen). Die Konzentration auf Schlüsselstellen theoretischer Innovation (etwa in der Linie Hobbes-Locke-Rousseau–Marx) dokumentiert das Bemühen, die Anfänge politisch folgenreicher Denksysteme vorzustellen.

Theoriegeschichte ist auch Sprachgeschichte. Da Theorie immer und ausschließlich in sprachlicher Form existiert, spiegelt sich die Entwicklung des Denkens in der sprachlichen Formen- und Begriffsentwicklung. Insofern sind eben diese Formen aufs Innigste mit den Inhalten verwoben und nicht von ihnen zu trennen. Nur indem die Quellen auch in ihrer stark divergierenden Sprachgestalt ungetrübt zur Geltung kommen, wird sich Verständnis für den Gegenstand einstellen. Deshalb sollen die Texte zunächst einmal möglichst »ungefiltert« für sich sprechen.[1]

Verständnis für den Gegenstand bedeutet hier vor allem Einarbeitung in die Theoriegeschichte als Prozeß und Diskurs. So geht es zunächst um die Tatsache, daß jeder der Autoren nur als Nachfolger und Kritiker anderer zu verstehen ist, daß also in jeder neuen Theorie die ältere »aufgehoben« ist, und im weiteren um die Entwicklung des historisch-politischen Kontextes, in dem die jeweiligen Beiträge stehen.

Auch die in der Kommentierung angestrebte überblicksartige Verortung der Texte kann den Lesern leider nicht die Mühe ersparen, sich durch zusätzliche Arbeit (etwa anhand einschlägiger Nachschlagewerke) der zum Verständnis unerläßlichen geschichtlichen Rahmendaten zu versichern, ohne die politische Theorie und Ideengeschichte nicht denkbar sind. Die Kommentare verstehen sich als Ratgeber zur Lektüre: sie bieten (neben

---

1 Ein Problem stellen in dieser Hinsicht immer Übersetzungen dar. Hobbes, Locke und Rousseau sind natürlich am besten im Original zu studieren. Übersetzungen bergen stets Probleme, wie jeder erfahren kann, der zwei Rousseau-Übersetzungen vergleicht.

einigen biographischen Daten) pointierte Ansätze zur Interpretation, wollen diese aber keineswegs vorwegnehmen.

Die Politische Theorie hat es mit dem Postulat der »Wertfreiheit« nie besonders ernst gemeint, dafür liefern die ausgewählten Texte reiches Anschauungsmaterial. Inwieweit es überhaupt zu erfüllen wäre, ist eine andere Frage. Doch gerade an dieser Eigenschaft der allermeisten der hier vorgestellten Texte kann die kritische Interpretation ansetzen.

Interpretation bedeutet also im ersten Schritt die oben angesprochene »doppelte Lektüre«, denn jeder Text enthält mehr oder weniger offen neben der theoretischen Aussage auch politische Optionen, und zwar in den allermeisten Fällen unlösbar miteinander verknüpft. Wer sich der Mühe unterzieht, einmal probehalber beides voneinander zu trennen, etwa bei Marx/Engels oder bei Carl Schmitt, wird rasch erkennen, wie wenig eine Forderung nach strikter Wertfreiheit erbringt. Dennoch liefert die *analytische* Trennung von politischer und theoretischer Aussage ein erstes und unerläßliches Kriterium zum kritischen Verständnis. Im Zusammenspiel mit der Bestimmung des historischen Kontexts könnte sich eine adäquate Annäherung an den komplexen Bereich der Politischen Theorie und Ideengeschichte ergeben.

Kapitel 1
Der Methodenstreit in den Sozialwissenschaften

1 Überblick

Beim Studium der nachfolgenden Texte wird der Leser womöglich stutzen: Die mit der Überschrift »Methodenstreit« geweckten Erwartungen scheinen auf den ersten Blick nur unzureichend befriedigt zu werden. Denn wo, so mag man fragen, geben die drei Autoren (Voegelin, Popper, Adorno) eigentlich klar und eindeutig Auskunft über die *Methoden,* deren sich ihrer Meinung nach die Sozialwissenschaften, also auch die Politikwissenschaft, zu bedienen haben?

Zunächst wird es dem Leser hier nicht leicht gemacht. Doch dies ist weder der Schludrigkeit oder Hinterlist der herangezogenen Autoren zuzurechnen, noch liegt es an der Textauswahl. In der Tat behandeln die drei Texte, jeder auf seine Art, methodische Fragen, doch die Art und Weise, wie das geschieht, variiert erheblich, und zwar aus gutem Grund.

Dieser Grund besteht offensichtlich im je verschiedenen Kontext, aus dem heraus jeweils argumentiert wird. Dieser ist gegeben durch die weit auseinanderklaffenden historischen, politischen und wissenschaftsgeschichtlichen Traditionen der sozialwissenschaftlichen Schulen, für die die drei Autoren als jeweils prominente Vertreter stehen.

Und dies betrifft nicht nur die wechselnden Terminologien (vgl. z.B.: Voegelin/Popper) oder die Berufung auf unterschiedliche Traditionen, die dem Leser anfänglich Kopfzerbrechen bereiten könnten, sondern auch und vor allem die grundsätzliche Haltung zum Methodenproblem überhaupt. Die Schwierigkeit besteht folglich nicht eigentlich darin, verschiedene Methodenvorschläge gegeneinander abzuwägen, sondern darin, einer Position (einem Autor) abzuringen, was er überhaupt unter »Methode« verstehen will. Erst die Lösung dieser Aufgabe kann den kritischen Vergleich ermöglichen.

Bereits die Wahl der Kapitelüberschrift könnte demnach Gegenstand der hier in Umrissen vorgestellten Diskussion sein. In der Tat ist sie nur ein Kompromiß, d.h. sie verwendet den eingebürgerten Begriff »Methode«, wo doch letztlich prinzipiell verschiedene Wissenschaftskonzeptionen zur Debatte stehen, deren Divergenzen im methodischen Bereich nur einen Aspekt betreffen, allerdings einen, der zur Verdeutlichung hervorragend geeignet ist.

Nun stehen allerdings diese drei Ansätze,

- der normativ-ontologische (Voegelin),
- der empirisch-analytische (Popper),
- der kritisch-dialektische (Adorno),

nicht völlig unvermittelt nebeneinander. Im Gegenteil, sie beziehen sich kritisch aufeinander und stellen in ihren Kernaussagen fast immer Kommentare zur jeweiligen »Konkurrenz« dar. So wird man bei Adorno Grundsätzliches über die empirisch-analytische Richtung erfahren wie umgekehrt; desgleichen bei Voegelin – unter dem Stichwort »Formal-Logik« – über die Poppersche.

Wissenschaftstheoretisch haben sich diese Schulen immer aneinander und gegeneinander entwickelt und sie spiegeln, auch wenn sie alle drei noch als Ansätze »von heute«, also als im aktuellen Wissenschaftsbetrieb wirksame anzusehen sind, recht präzise zentrale Strömungen der Wissenschaftsgeschichte wider. Deshalb auch die gewählte Reihenfolge:

Der *normativ-ontologische* Ansatz ist der älteste. Er beruft sich (bei Voegelin besonders deutlich) auf philosophische Vorbilder seit der Antike sowie auf die christlich geprägte Tradition vom Mittelalter bis heute.

Der *empirisch-analytische* Ansatz entstand in seiner philosophischen »Urprägung« (mit der er allerdings nicht gleichzusetzen ist), der rationalistischen und positivistischen Philosophie des 18. Jahrhunderts, gerade als Kritik der damals noch überwiegend scholastisch betriebenen Staatslehren und erhielt sein heutiges Gesicht durch Aufnahme und Fortentwicklung angloamerikanischer Wissenschaftstheorien, wie Pragmatismus und Behaviourismus. Seit dem zweiten Drittel des 20. Jahrhunderts verstand er sich aber als Gegenpol zu den verschiedenen marxistisch und dialektisch argumentierenden Strömungen.

Gegen normative *und* positivistische (dies die oft gewählte Bezeichnung der empirisch-analytischen Schule durch deren Kritiker) Ansätze aber wandten sich seit Beginn der dreißiger Jahre die *kritisch-dialektischen* Theoretiker (vor allem aus dem Kreis um das Frankfurter Institut für Sozialforschung). Ihr Programm bestand in der Verbindung der dialektischen Methode (Hegel) mit einer Fortentwicklung der marxistischen Theorie unter Einbeziehung psychoanalytischer und kulturkritischer Forschungen, mit der Absicht einer Ideologie- und Gesellschaftskritik, die gegen den (aus ihrer Sicht:) verkürzenden Wissenschaftsansatz der empirisch-analytischen Schule und die Versteinerungen marxistischer Dogmatik (z.B. parteioffizieller Art) auf den Plan trat.

Die Vielschichtigkeit und die Verästelungen der Diskussion lassen sich natürlich nicht zur Gänze dem Studium der folgenden Texte entnehmen. Gleichwohl sollte über den rein wissenschaftsgeschichtlichen Aspekt hinaus auch deutlich werden, daß in den Sozialwissenschaften (erst recht in ihrer wissenschaftstheoretischen Ausformung) nicht nur von der Realität losgelöste Debatten um die »richtige« Sozialwissenschaft oder interne Rivalitäten abgehandelt werden, sondern daß mit den einzelnen erkenntnistheoretischen Positionen auch spezifische historisch-gesellschaftliche Erfahrungen ihrer Protagonisten und entsprechende konkrete politische Optionen verbunden sind, ja daß womöglich sogar die Politik in die Wissenschaft hineinwirkt und diese instrumentalisiert.

Auch diese These würde von den Vertretern unserer drei Richtungen unterschiedlich bewertet. Doch sollte der Versuch gemacht werden, ihr nachzugehen und mögliche (mehr oder weniger) untergründige Beziehungen von wissenschaftstheoretischer (auch: methodischer!) und politischer Stellungnahme aufzudecken.

Erst auf diesem Weg könnten womöglich Ausgangsfragen, die vor der Lektüre bestehen, einer Klärung nähergebracht werden, so z.B. die Frage, warum es überhaupt mehr als einen (verbindlichen) theoretischen und methodischen Ansatz gibt. Denn wenn es zutrifft, daß jede Wissenschaft – neben persönlich-biographischen Einflüssen – von historischen und gesellschaftlich-politischen Faktoren geprägt ist, und daß sich solche Faktoren in »Lagern« und »Schulen« bündeln, dann kann die Tatsache der Größe und Vielfalt des Angebots an solchen Schulen niemanden mehr verwundern.[2]

Die aufregenden Jahre des Methodenstreits scheinen vorerst vorbei zu sein. Die hitzige Debatte der 60er Jahre etwa (die durchaus etwas mit dem damaligen politischen Klima zu tun hatte) ist heutzutage einem oftmals mit zynischem Unterton vorgetragenen »anything goes« (Paul Feyerabend) gewichen.

Doch damit scheint das Thema allenfalls vertagt. Auch wenn es nicht mehr in ideologischen Fehden ausgetragen werden muß, bleibt die Frage nach einer immer wieder neuen kritischen und darum kontroversen Bestimmung der Aufgaben und Verfahren in den Sozialwissenschaften weiterhin aktuell.

---

2 Die Auswahl gerade dieser drei Stränge richtete sich nach ihrer Prominenz und nach dem in der Literatur am meisten verbreiteten Ordnungsschema. Einen weiteren wichtigen Ansatz stellen für die aktuelle Diskussion die Systemtheorien dar. Als Zusatzlektüre ist zu empfehlen: Luhmann, Niklas: Legitimation durch Verfahren. Frankfurt/M. 1983

2 Texte und Kommentare

VOEGELIN, ERIC, Geschichts- und Religionsphilosoph

geb. 1901 in Köln; gest. 1985 in USA
1929 Universität Wien
1938 Harvard University
1958 Universität München

Hauptwerke:
- *Die Rassenidee in der Geistesgeschichte* (1933)
- *Der Autoritäre Staat* (1936)
- *Die politischen Religionen* (1938)
- *Order and History I–IV* (1956/57)
- *Die neue Wissenschaft der Politik* (1959)

Wie bei den meisten Vertretern der sogenannten normativ-ontologischen Schule hinterläßt auch der folgende Text den Eindruck einer ausgesprochenen Sicherheit und Souveränität in seinen Bestimmungen. Schon die Eigenart des Vokabulars und der Bezug auf antike Vorbilder verweisen auf eine große Tradition der politischen Philosophie, in der Voegelin steht. Dieses Selbstbewußtsein schöpfen normativ-ontologische Denker seit je aus der Gewißheit, quasi zeitenthoben im Kontakt mit seit Anbeginn der Kulturgeschichte feststehenden und überzeitlichen Kategorien zu stehen. Nur hieraus läßt sich der immer wieder zutage tretende Argumentationsstil dieser Schule verstehen, in der Politik und Ethik als Einheit gelten und wo von einer Warte, die sich ewiger Werte sicher scheint, geurteilt werden kann.

Die im Text angesprochene Kontroverse zwischen »Wissenschaftslogik« und »formaler Logik« impliziert genau dieses Argumentationsmuster und mündet folgerichtig in eine Konzeption, die von einer »Seinsordnung«, im Rückgang auf einen angeblichen »Urgrund« ohne Umschweife die Brücke zur Gesellschaftsordnung schlägt. Die Betonung liegt hier (wie die Wortwahl zeigt) auf *Ordnung*.

Auch wenn man es dem Autor an dieser Stelle nicht unbedingt als Ziel unterstellen kann: die Gefahren einer solchen Konzeption sind unverkennbar. Wo Ordnung in diesem Sinne postuliert wird, ist Herrschaft nicht weit und wo die Legitimation dieser Herrschaft, analog zur Herleitung dieses Wissenschaftsansatzes, aus sich selbst entstehen kann, ist einer Politik der blanken Machtausübung gegenüber jegliche theoretische Gegenposition preisgegeben. Das eigentliche Defizit der normativ-ontologischen Schule in den Sozialwissenschaften läßt sich bei Voegelin in den letzten Absätzen des hier vorgestellten Textes beispielhaft ablesen. Es ist ihr *statisches Geschichtsverständnis.*

Auszug aus: VOEGELIN, Eric: Wissenschaft, Politik und Gnosis. München (Kösel Verlag) 1959, S. 23–31

Die politische Wissenschaft, die *politike episteme,* ist von Platon und Aristoteles gegründet worden. In der geistigen Verwirrung der Zeit ging es um die Frage, ob ein Bild von der richtigen Seelen- und Gesellschaftsordnung entworfen werden konnte: ein Paradigma, ein Modell, ein Leitbild für die Bürger der Polis, so wie in der homerischen Zeit der paränetische Mythos den Helden als Leitbild diente. Der Bilder gab es zwar genug im Athen des vierten Jahrhunderts – der Meinungen über die richtige Lebensführung des Menschen und die richtige Ordnung der Gesellschaft. Aber war es möglich, aus dieser Vielzahl von skeptischen, hedonistischen, utilitaristischen, machtrationalen und parteipolitischen *doxai* eine als die richtige zu erweisen? Oder, wenn keine der kritischen Prüfung standhielt, ein neues Bild der Ordnung zu formen, das nicht auch wieder den Charakter einer unverbindlichen, subjektiven Meinung hatte? Aus den Bemühungen um die Antwort auf diese Frage ist die politische als eine philosophische Wissenschaft entstanden.

Die Gründung hat einen Kernbestand, der noch heute gültig ist. Im folgenden werde er kurz umrissen nach den Richtungen des Gegenstandes, der analytischen Methode und der anthropologischen Voraussetzung der Wissenschaft.

Versichern wir uns zunächst des Gegenstandes. Er liegt nicht fern von den Tagesfragen; er ist nicht esoterisch. Es geht um die Wahrheit über Dinge, von denen jedermann spricht. Was ist Glück? und wie soll der Mensch sein Leben führen, um glücklich zu sein? Was ist Tugend? und im besonderen die Tugend der Gerechtigkeit? Welche Größenordnung von Territorium und Bevölkerung ist für eine Gesellschaft die beste, welche Art von Erziehung und Berufen und welche Art von Herrschaftsordnung? Alle diese Fragen erwachsen aus den Bedingungen der Existenz des Menschen in der Gesellschaft. Und der Philosoph ist Mensch wie jeder andere; er hat, was die Ordnung der Gesellschaft betrifft, keine anderen Fragen zu stellen als seine Mitbürger.

Sein Fragen führt jedoch zu einem Konflikt mit den Meinungen – zu einem Konflikt von anderer Art als dem der Meinungen untereinander; denn wenn auch die Fragen des Philosophen sich auf die gleichen Gegenstände richten, so ist doch die Art seiner Fragestellung eine radikal andere. Die Frage des Philosophen unterscheidet sich von der des Philodoxen – das sind die Ausdrücke, die Platon für die Antagonisten eingeführt hat – dadurch, daß sie beim Versuch, zur Wahrheit jenseits der Meinungen vorzudringen, sich der Analyse im Sinne der Wissenschaftslogik bedient, wie Aristoteles sie in den *Analytica Posteriora* entwickelt hat. Und wenn das Instrument der Analyse angewendet wird, dann zerfallen die in einer Gesellschaft umlaufenden Aussagen über politische Dinge in die vor-analytischen Meinungen und in die wissenschaftlichen Sätze im strengen Sinne; und die Sprachsymbole in die vor-analytischen, unzureichend analysierten Ausdrücke und die analytischen Begriffe der politischen Wissenschaft. Die Meinungen und ihre Vertreter, die in der Tagespolitik sich befehden, rücken dadurch zusammen gegenüber ihrem gemeinsamen Gegner, dem Philosophen.

Wenn wir von der Analyse im Sinne der Wissenschaftslogik sprechen, soll damit der Gegensatz zur formalen Logik betont werden. Denn eine formal-logische Analyse kann zu nicht mehr führen als dem Nachweis, daß eine Meinung an einem inneren Widerspruch leidet, oder daß verschiedene Meinungen einander widersprechen, oder daß Schlüsse falsch gezogen wurden. Die Wissenschaftslogik dagegen ermöglicht ein Urteil über die Richtigkeit der Prämissen, die in einer Meinung enthalten sind. Zu dieser Leistung ist sie jedoch nur unter der Annahme befähigt, daß die Wahrheit über die Seinsordnung, auf die sich ja auch die Meinungen richten, objektiv feststellbar ist. Und die Platonisch-Aristotelische Analyse arbeitet in der Tat mit der Annahme einer der Wissenschaft jenseits der Meinungen zugänglichen Ordnung des Seins. Ihr Ziel ist die Erkenntnis der Seinsordnung, der Stufen der Seinshierarchie und ihres Verhältnisses zueinander, der Wesensgefüge der Seinsbereiche, und im besonderen des menschlichen Wesens und seiner Stellung im Ganzen des Seins. Die Analyse ist daher wissenschaftlich und führt zur Wissenschaft von der Ordnung, dadurch daß und insofern sie ontologisch gerichtet ist.

Die Annahme allein, daß die Seinsordnung der Erkenntnis zugänglich, daß Ontologie möglich sei, genügt jedoch nicht zur Durchführung einer Analyse. Denn die Annahme könnte ja unbegründet sein. Es muß daher immer eine Erkenntnis betreffend einen Seinsverhalt schon real vorgegeben sein, nicht nur um die ersten Schritte im Unternehmen der Analyse zu tun, sondern vor allem um die Idee der Analyse überhaupt zu fassen und zu entwerfen. Und die Platonisch-Aristotelische Analyse hat auch keineswegs mit Spekulationen über ihre Möglichkeiten begonnen, sondern mit der tatsächlichen Erkenntnis eines Seinsverhaltes, die den Prozeß der Analyse motivierte. Das entscheidende Ereignis, das eigentlich philosophische, das die *politike episteme* begründete, war die Einsicht, daß die innerhalb der Welt unterscheidbaren Seinsstufen überhöht werden von einer jenseitigen Quelle des Seins und seiner Ordnung. Und die Einsicht wieder hatte ihre Wurzel in den realen Bewegungen der menschlichen Geistseele auf das als jenseitig erlebte, göttliche Sein hin. In den Erlebnissen der Liebe zum welt-jenseitigen Ursprung des Seins, in der *philia* zum *sophon,* im *eros* zum *agathon* und *kalon,* wurde der Mensch zum Philosophen. Aus diesen Erlebnissen erwuchs das Bild von der Ordnung des Seins. Wenn die Seele sich öffnet – das ist die Metapher, in der Bergson von dem Ereignis spricht – dann wird die Seinsordnung sichtbar bis zu ihrem Grund und Ursprung im Jenseits, dem Platonischen *epékeina,* an dem die Seele teilnimmt, indem sie ihr Öffnen erleidet und begeht.

Erst wenn die Seinsordnung im Ganzen, bis zu ihrem Ursprung im transzendenten Sein, im Blickfeld liegt, kann die Analyse mit Aussicht auf Erfolg unternommen werden. Denn erst jetzt ist es möglich, die Meinungen über rechte Ordnung, die in der Gesellschaft im Umlauf sind, daraufhin zu prüfen, ob sie mit der Seinsordnung zusammenstimmen. Wenn der Starke und Erfolgreiche hochgewertet wird, so kann ihm der Mann entgegengestellt werden, der die Tugend der *phronesis,* der Weisheit, besitzt, der Mann, der *sub specie mortis* lebt und der handelt im Blick auf das Letzte Gericht. Wenn die Staatsmänner gepriesen werden, die ihre Völker groß und mächtig gemacht haben, wie Themistokles und Perikles Athen, kann Platon ihnen den sittlichen Verfall entgegenhalten, der die Folge ihrer Politik war. (Man denke dabei nicht nur an klassische Beispiele, sondern vielleicht auch an das Wort Gladstones über Bismarck: daß er Deutschland groß und die Deutschen klein gemacht hat.) Und wieder: wenn feurige Jünglinge von der Vulgarität der Demokratie abgestoßen werden, kann Platon sie aufmerksam machen, daß Energie, Stolz und Herrschaftswille zwar das Gewaltregime einer geistig ungewaschenen Elite begründen können, nicht aber eine gerechte Herrschaft; wenn Demokraten von Gleichheit und Freiheit schwärmen und vergessen, daß Herrschaft geistige Zucht und intellektuelle Disziplin erfordert, kann er sie warnen, daß sie auf dem Wege zur Tyrannis sind. Das sind genug der Beispiele, um zu zeigen, daß es in der politischen Wissenschaft, über die Richtigkeit der Sätze hinaus, um die Wahrheit der Existenz geht. Denn die Meinungen, um deren Klärung willen die Analyse unternommen wird, sind mehr als nur falsch, sie sind die Symptome geistiger Unordnung in den Menschen, die sie vertreten; und die Analyse wird in der Absicht geführt, zu überzeugen; sie will erreichen, daß ihre Einsichten, wenn möglich, in der Sozialrealität an die Stelle der Meinungen treten. In der Analyse geht es um die Therapie der Ordnung. Gegen das therapeutische Wirken der Wissenschaft leistet die Gesellschaft Widerstand. Weil eben nicht nur die Richtigkeit der Meinungen in Frage steht, sondern die Wahrheit der menschlichen Haltungen, die sich in den Meinungen ausdrücken; weil das Bemühen um die Wahrheit sich gegen die Unwahrheit der Existenz in konkreten Menschen richtet, steigert sich die intellektuelle Auseinandersetzung, über die Ebene von Analyse und Argument hinaus, zum existentiellen Kampf um und gegen die Wahrheit – einem Kampf, der auf allen Stufen des menschlichen Seins, von der Geistigkeit der Überredung, der Peitho im Platonischen Sinne, über die psychologische Propaganda, bis hinunter zur physischen Attacke und Vernichtung geführt werden kann. Wir sind heute, unter den Eindrücken totalitären Terrors, vielleicht geneigt, vor allem an die physischen Formen des Widerstandes zu denken. Aber sie sind nicht die erfolgreichsten. Radikal und gefährlich wird der Widerstand erst, wenn das philosophische Fragestellen selbst in Frage gestellt wird, wenn die Doxa philosophische Form annimmt, wenn sie den Titel der Wissenschaft für sich arrogiert und die Wissenschaft als Nicht-Wissenschaft verbietet. Erst wenn dieses Verbot sozialwirksam durchgesetzt werden kann, ist der Punkt erreicht, an dem die Ratio als Remedium der geistigen Unordnung nicht mehr wirken kann. In der hellenischen Kultur ist er nie erreicht worden – Philosophieren konnte lebensgefährlich sein, aber die Philosophie, und im besonderen die politische Wissenschaft, blühte. Nie ist ein Grieche auf den Gedanken gekommen, das analytische Fragen als solches zu verbieten.

Das Gesamtbild der politischen Wissenschaft hat sich in den mehr als zweitausend Jahren, die seit ihrer Gründung vergangen sind, erheblich verändert. Die Erweiterung des zeitlichen und räumlichen Horizontes hat der vergleichenden Analyse gewaltige Materialmassen gebracht, die der Antike unbekannt waren; und der Eintritt des Christentums in die Geschichte hat durch die Spannung zwischen Vernunft und Offenbarung die Problematik des Philosophierens tief affiziert. Das Platonisch-Aristotelische Paradigma der besten Polis gibt uns keine Antwort mehr auf die großen Fragen unserer Zeit – weder auf die Organisationsfragen der Industriegesellschaft, noch auf die geistigen Fragen des Kampfes zwischen Christentum und Ideologie. An der Situation der politischen Wissenschaft, die ich eben kurz umrissen habe, hat sich jedoch, bis auf einen Punkt, nichts geändert. Heute wie vor zweitausend Jahren befaßt sich die *politike episteme* mit den Fragen, die jedermann angehen und die jedermann stellt; und wenn auch heute andere Meinungen in der Gesellschaft im Umlauf sind, so haben sich doch ihre Gegenstände nicht verändert. Ihre Methode ist noch immer die Analyse im Sinne der Wissenschaftslogik; und die Voraussetzung der Analyse ist noch immer die Erkenntnis der Seinsordnung bis zu ihrem Ursprung im transzendenten Sein, und im besonderen die liebende Offenheit der Seele zu ihrem jenseitigen Ordnungsgrund.

POPPER, KARL RAIMUND. Wissenschaftstheoretiker.

geb. 1902 in Wien
1937 Universität Neuseeland
1945–1969 Prof. für Logik und Methodologie an der London School of Economics and Political Science

Hauptwerke:
- *Logik der Forschung* (1934)
- *The open Society and its Enemies. 2 Bde.* (1945)
- *Poverty of Historicism* (1957)

In dem hier wiedergegebenen Interview mit Karl R. Popper kommt die klare Haltung der Popperschen »kritisch-rationalistischen« Position gegen neomarxistische Strömungen zum Ausdruck. Dies verweist auf die Theoriedebatte seit dem Ende der 50er Jahre, die gemeinhin unter der Überschrift *Positivismusstreit* bekannt geworden ist.

Aus dem Bereich der Naturwissenschaften entlehnen Popper und andere ihre Wissenschaftskonzeption, die auf der *Falsifikation* von (d.h. der Kritik an) Hypothesen über die soziale Wirklichkeit beruht. Der damit verknüpfte Begriff von Wahrheit ist der einer jeweils nur in Teilen und in ständig wachsender

Annäherung realisierbaren Erkenntnis, wie er sich letztlich aus der Kantischen Vernunftkritik herleitet.

Interessanterweise wird dieses Erkenntnismodell auch auf die gesellschaftliche Praxis angewandt: analog zum wissenschaftlichen Fortschritt in kleinen Schritten soll die soziale Wirklichkeit durch stückweise, zurücknehmbare Veränderungen den sich wandelnden Anforderungen angepaßt werden, wie die Analogie zum Darwinschen Evolutionsmodell der lebenden Natur verdeutlicht. Die Idee der »offenen Gesellschaft« ist ein Gegenbild zu totalitären Systemen.

Auszug aus: STARK, Franz (Hrsg.): Revolution oder Reform? Herbert Marcuse und Karl Popper – Eine Konfrontation. München (Kösel Verlag) 1971, S. 34–39

Interviewer:
In der »Logik der Forschung« und in »Conjectures and Refutations« haben Sie Ihren wissenschaftstheoretischen Ansatz entwickelt: den »kritischen Rationalismus«.

Könnten Sie die Grundgedanken hier noch einmal skizzieren?

Karl Popper:
Sokrates sagt in seiner berühmten Verteidigungsrede einmal: »Ich weiß, daß ich nichts weiß, und kaum das. Dennoch hat mich das Delphische Orakel als den weisesten der Menschen bezeichnet.« Und nach einigem Nachdenken findet Sokrates folgende Lösung: »Ich bin mir meiner Unwissenheit bewußt. Vielleicht ist es dieses Bewußtsein meiner engen Grenzen, das mich um ein Weniges weiser macht als die anderen, die nicht einmal wissen, daß sie nichts wissen.«

Sokrates sagte auch, daß ein Politiker oder Staatsmann weise sein sollte. Damit meinte er: »Ein Politiker sollte, mehr noch als andere Menschen, sich seiner Unwissenheit bewußt sein. Denn es liegt auf ihm eine schwere Verantwortung. Diese Verantwortung sollte ihn zur Einsicht in seine Grenzen führen und so zur intellektuellen Bescheidenheit.«

Ich stimme Sokrates zu. Und ich kann hier meinen Grundvorwurf gegen alle modernen Marxisten am besten so formulieren: die Marxisten glauben, viel zu wissen. Es fehlt ihnen völlig an intellektueller Bescheidenheit. Sie prunken mit ihrem Wissen und mit einer großartigen Terminologie.

Der Vorwurf gilt nicht für Marx oder Engels. Das waren große, originelle Denker, die neue Ideen hatten, die oft schwer zu formulieren waren. Wer Neues und Wichtiges zu sagen hat, dem liegt daran, verstanden zu werden. Und er wird den größten Wert darauf legen, so einfach und verständlich zu schreiben, wie er eben kann. Nichts ist leichter als schwierig zu schreiben. Aber ich klage die modernen revolutionären Marxisten an, daß sie große Worte machen und versuchen, uns mit wenigen Ideen und vielen Worten zu beeindrukken. Nichts ist ihnen fremder als intellektuelle Bescheidenheit. Sie sind eben nicht bei Sokrates in die Schule gegangen, auch nicht bei Kant, sondern bei Hegel. Ich glaube also wie Sokrates, daß wir nichts oder sehr wenig wissen. Unsere Unwissenheit ist grenzenlos. Aber das ist offenbar nicht alles. Wir dürfen die Existenz der Naturwissenschaften und ihre großartigen Erfolge natürlich nicht ignorieren. Doch wenn wir uns diese Wissenschaften etwas näher ansehen, dann finden wir, daß sie nicht aus positivem oder sicherem Wissen bestehen, sondern aus kühnen Hypothesen, die wir durch scharfe Kritik dauernd verbessern oder auch ganz eliminieren. Damit kommt es zu einer schrittweisen Annäherung an die Wahrheit. Aber wir haben kein positives, sicheres Wissen. Es gibt eben auch hypothetisches Wissen.

Und vor allem gibt es einen wissenschaftlichen Fortschritt. Denn die kritische Diskussion unserer Hypothesen bewertet diese Hypothesen immer von dem Standpunkt aus, daß wir jene vorziehen, die uns als die bessere Annäherung an die Wahrheit erscheinen und die unseren Widerlegungsversuchen besser standhalten.

Es gibt also in der Wissenschaft keine Ruhepunkte; keinen Punkt, von dem wir sagen können: »Jetzt haben wir die Wahrheit erreicht.« Sondern es gibt nur kühne hypothetische Theorien, die wir versuchen, zu kritisieren und durch bessere zu überholen.

In der Wissenschaft gibt es also die Regel: Je mehr wissenschaftliche Revolutionen, desto besser. Für die Geschichte der Wissenschaft gilt also in der Tat der Marxsche Schlachtruf: Revolution in Permanenz!

Man hat mir deshalb vorgeworfen, daß ich inkonsequent sei, und daß eine solche revolutionäre Wissenschaftstheorie mich konsequenterweise auch zu einem politischen Revolutionär machen sollte. Aber das ist ein arges Mißverständnis. Gerade der Radikalismus im geistigen Gebiet, die kühne Erfindung neuer revolutionärer Theorien und der revolutionäre Umsturz alter Theorien, gerade das ermöglicht es uns, im Gebiete der Praxis alle Gewaltsamkeiten zu vermeiden. Um diese These besser verständlich zu machen, will ich den Kampf ums

Dasein in der Tier- und Pflanzenwelt mit dem »Kampf ums Dasein« unserer Hypothesen vergleichen.

Planzen und Tiere produzieren Veränderungen oder Mutationen, und die Mutationen, die eine bessere Anpassung an die Lebensbedingungen ermöglichen, werden durch die natürliche Zuchtwahl ausgewählt. Das heißt aber nichts anderes, als daß die weniger gut angepaßten oder schlechten Mutationen dadurch eliminiert werden, daß diejenigen Pflanzen und Tiere, die Träger dieser schlechten Mutation sind, ausgemerzt werden: sie überleben nicht, oder sie produzieren so wenige Nachkommen, daß sie schließlich aussterben. Eine Hypothese kann mit einer Mutation verglichen werden. Statt neue Mutationen hervorzubringen, bringen die Menschen manchmal neue Hypothesen oder Theorien hervor. Wenn die Menschen unkritisch sind, so werden die Träger der unangepaßten oder schlechten Hypothesen ausgemerzt.

Aber die vernünftige, kritische Diskussion ermöglicht es uns, unsere Hypothesen zu kritisieren und als falsch zu eliminieren, ohne die Erfinder oder Repräsentanten der schlechten Hypothesen zu vernichten. Das ist die große Errungenschaft der kritischen Methode. Sie ermöglicht es, Hypothesen als verfehlt zu erkennen und zu verurteilen, ohne ihre Träger zu verurteilen.

Die Methode der kritischen Diskussion läßt unsere Hypothesen für uns sterben; während die unkritische Methode der Fanatiker darin besteht, daß wir als Märtyrer für unsere Hypothesen einstehen. Wenn sie schlecht sind, so gehen wir mit unseren Hypothesen zugrunde. Die scharfe Kritik, die kritische Überprüfung unserer Hypothesen tritt also an die Stelle des gewaltsamen Kampfes ums Dasein. Und ebenso kann der revolutionäre Umschwung unserer Ideen, Theorien oder Hypothesen an die Stelle der gewaltsamen Revolutionen treten, die so viele Menschenopfer gefordert haben.

Es ist interessant, daß mir neuerdings in Deutschland der Titel eines Positivisten angehängt wird, von Leuten, die offenbar nicht ganz verstehen, wovon sie reden. Die Positivisten sind Philosophen, die sich gegen spekulative Theorien wenden: sie wollen so nahe wie möglich am Gegebenen und Wahrnehmbaren kleben. Nun, ich war immer ein Gegner jedes Dogmatismus, und ich habe von meinen ersten Veröffentlichungen an diesen Positivismus bekämpft. Während der Positivismus lehrt: »Bleibe beim Wahrnehmbaren«, lehrte ich: »Sei kühn mit der Aufstellung spekulativer Hypothesen, aber kritisiere und prüfe sie dann erbarmungslos«!

Interviewer:
Herr Professor, Sie fordern also Revolution in der Wissenschaft, im Denken, nicht aber in der politischen Praxis! Und Wissenschaft selbst könne niemals sicheres Wissen liefern, sondern nur Hypothesen, die vorläufig noch nicht widerlegt sind. Wie sieht das im sozialen Bereich aus?

Karl Popper:
Genauso! Auch im sozialen Bereich haben wir Ideen und Theorien. Wir arbeiten Theorien für die Beseitigung sozialer Übel aus, versuchen ihre Konsequenzen zu durchdenken und beurteilen dann die Theorien in entsprechender Weise.

Interviewer:
Aber was sind hier »soziale Übel«? Was solche sozialen Fehler sind, läßt sich doch nur messen an bestimmten sozialen Wertvorstellungen. Wie läßt sich erweisen, welche dieser soziale Postulate richtig sind und welche nicht?

Karl Popper:
Das läßt sich nicht erweisen. Ebenso wie in den Naturwissenschaften sich nichts erweisen läßt. Aber man kann es diskutieren. Und man kann die verschiedenen sozialen Einstellungen und die Folgen miteinander vergleichen. In letzter Hinsicht ist die Annahme oder Verwerfung eines solchen sozialen Wertes eine Frage der Entscheidung.

Interviewer:
Soziale Axiome, die Axiome der Politik könnte man also letztlich nicht beweisen, man kann sich nur persönlich für oder gegen sie entscheiden! Tatsächlich basiert Ihre Idee der »Offenen Gesellschaft« als Ganzes ja auch auf einer solchen Grundentscheidung: nämlich der Entscheidung zur Rationalität auch im sozialen Bereich. Können Sie das noch etwas näher erläutern?

Karl Popper:
Der Rationalismus schätzt das Argument und die Theorie und die Überprüfung an der Erfahrung. Aber diese Entscheidung zum Rationalismus kann man nicht selbst wieder durch Argument und Erfahrung begründen. Obwohl man über sie diskutieren kann, beruht sie letztlich auf einem irrationalen Entschluß, auf dem Glauben an die Vernunft. Aber diese Entscheidung für die Vernunft ist keine rein intellektuelle, sondern eine moralische. Sie beeinflußt unsere ganze Einstellung zu anderen Menschen und zu den Problemen des sozialen

Lebens. Eng verbunden ist damit ein Glaube an die rationale Einheit des Menschen, an den Wert jedes Menschen. Rationalismus läßt sich besser mit einer humanitären Einstellung verbinden als der Irrationalismus mit seiner Ablehnung der Gleichberechtigung. Zwar sind die menschlichen Individuen in vielerlei Hinsicht ungleich. Aber das steht dem Anspruch auf gleiche Behandlung, auf gleiche Rechte nicht entgegen. »Gleichheit vor dem Gesetz« ist keine Tatsache, sondern eine politische Forderung, die auf einer moralischen Entscheidung beruht.

Der Glaube an die Vernunft, an die Vernunft auch des anderen, impliziert die Idee der Unparteilichkeit und Toleranz, der Ablehnung jedes Autoritätsanspruchs.

ADORNO, THEODOR W.; Philosoph und Soziologe.

geb. 1903 in Frankfurt/M.; gest. 1969 in Brig (Kanton Wallis)
1934 Emigration nach England
1938 New York
1941 Los Angeles und Lehrtätigkeit in Berkeley
1950 Prof. Universität Frankfurt/M.
1953 geschäftsführender Direktor des Instituts für Sozialforschung in Frankfurt/M.

Hauptwerke:
- *Dialektik der Aufklärung* (mit Max Horkheimer) (1947)
- *The Authoritarian Personality* (mit anderen) (1950)
- *Minima Moralia* (1950)
- *Negative Dialektik* (1966)
- *Der Positivismusstreit in der deutschen Soziologie* (Mithg.) (1969)
- *Ästhetische Theorie* (unvollendet) (1970)
- *Soziologische Schriften* (1979)

Das Dilemma des Kritischen Rationalismus nimmt die Kritische Theorie zu ihrem methodischen Ausgangspunkt. Die ihr von positivistischer Seite aufgezwungene Scheinalternative: »saubere« empirische Sozialforschung oder »Metaphysik«, wird als bloße Spiegelung tatsächlich bestehender gesellschaftlicher Arbeitsteilung oder »Entfremdung« erkannt und in einem Konzept der Sozialwissenschaften als dialektische, Gesellschaftstheorie und Empirie umfassende historische Analyse kritisiert.

Wissenschaft als »gesellschaftliche Veranstaltung« muß ihre eigene soziale und historische Position, ihr »Gewordensein« genau reflektieren: von dieser Erkenntnis aus verbietet sich die strenge Trennung von erkennendem Subjekt und zu erkennendem Objekt, wie sie in den Naturwissenschaften erfolgreich und bei den Positivisten programmatisch wurde. Dialektik (=historischer Bezug, Subjekt-Objekt-Relation) als Methode verwirklicht sich damit in einer Kritik, die nicht nur einzelnes (quantitativ) mißt, sondern auch danach trachtet, das Ganze (die Gesellschaft als Totalität) qualitativ zu bestimmen.

Diese Form der Analyse beschreitet nicht den (ihr oft fälschlich vorgeworfenen) Weg der Ableitung von Einzelphänomenen aus der zuvor abstrakt und irrational »gesetzten« Gesamtperspektive, sondern sie vollzieht sich als ständig selbstkritische, vom Besonderen zum Allgemeinen fortschreitende Analyse.

So wenig die Sozialwissenschaften nach dieser Argumentation auf präzise empirische Basisdaten verzichten können, so wenig können sie sich mit der bloßen Erfassung dessen begnügen, was der von ihnen untersuchte Gegenstand unmittelbar über sich selbst aussagt.

ADORNO, Theodor W.: Soziologie und empirische Sozialforschung. Aus: Institut für Sozialforschung (Hrsg.): Soziologische Exkurse. Frankfurt a.M./Köln (Europäische Verlagsanstalt) 1956, S. 106–115

Die empirische Sozialforschung scheint sich als Teil dem Gesamtgebiet der Soziologie einzufügen, unterschieden etwa von Gesellschaftstheorie, formaler Soziologie, institutioneller Soziologie, also der soziologischen Analyse objektiver Gebilde, Einrichtungen und Kräfte der Gesellschaft. Diese Unterscheidung jedoch ist einigermaßen willkürlich und äußerlich. Wohl hat es die empirische Sozialforschung vielfach mit subjektiven Meinungen, Motivationen, Haltungen und Verhaltensweisen zu tun, kann sich aber ebenso auch objektiven gesellschaftlichen Sachverhalten widmen. Ihr Begriff bezeichnet nicht sowohl einen Sektor als eine Methode, die tendenziell über das gesamte Gebiet der Soziologie sich ausbreitet und die »im Zeichen einer an den Naturwissenschaften orientierten Forderung von Exaktheit und Objektivität steht. Kriterien wie das der Verifizierbarkeit oder Falsifizierbarkeit von Aussagen, der Quantifizierbarkeit, der Wiederholbarkeit – also weitgehende Unabhängigkeit von den subjektiven Momenten der Forschung – spielen dabei eine wesentliche Rolle«[1]. Daß diese Methode sich als eigene Disziplin etabliert und dabei sich gegenüber den Sachgebieten, auf die sie angewandt wird, verselbständigt, wird eher von der Organisation des Wissenschaftsbetriebs gefordert als von der Soziologie als solcher und ihrem Gegenstand. Ständig wächst der Bedarf an Wissenschaftlern mit jenen methodologischen Spezialkenntnissen und technischen Erfahrungen, die unter dem Titel empirische Sozialforschung zusammengefaßt werden. Diese Verselbständigung eines bestimmten Methodenapparates gegenüber den Sachen wirft jedoch zahlreiche Probleme auf. Fraglos zeigt die empirische Sozialforschung heute im akademischen Betrieb der angelsächsischen Länder, zumal in Nordamerika, eine Tendenz, den Primat zu beanspruchen. Was ihren Kriterien nicht gehorcht, sei unwissenschaftlich oder bestensfalls bloße Anweisung auf zukünftige empirische Erfüllung. Umgekehrt fühlen die älteren Zweige der Soziologie, etwa die theoretische Deutung von sozialen Gebilden oder Manifestationen des objektiven Geistes, sich durch die empirische Soziologie in ihrer geistigen Freiheit eingeengt. Die Beschränkung auf kontrollierbare Erfahrungstatsachen, der virtuelle Ausschluß des spekulativen Gedankens, scheint nicht nur die Erfassung des Sinnes vom Gesellschaftlichen, sondern den Sinn von Soziologie selbst zu bedrohen. Daher ist die empirische Sozialforschung nicht ein Teilgebiet neben anderen, sondern steht zu den Sparten der Soziologie, denen sie zugleich dient, in unverkennbarer Spannung.

Der Konflikt ist darum so ernst, weil Soziologie, als Lehre von der Vergesellschaftung, auch heute noch, und keineswegs anachronistischerweise, der Philosophie verwandt ist, in der sie entsprang. Sie läßt sich nicht ohne weiteres als Branche auf der Landkarte der Wissenschaften eintragen. Kaum ein Gegenstand – die sogenannte

---

1 *Institut für Sozialforschung:* Artikel »Sozialforschung, empirische« in: »Handwörterbuch der Sozialwissenschaften«, hrsg. von *E. v. Beckerath u.a.*, Stuttgart/Tübingen/Göttingen 1954, S. 419 ff. – Der Artikel gibt einen Überblick über die Geschichte und die Methoden der empirischen Sozialforschung mit einer Literaturübersicht.

Natur mit eingeschlossen – der ihr vorweg sich entzöge, ohne daß damit im übrigen »Soziologismus«, also die automatische Abhängigkeit der Geltung der Erkenntnisse von ihrem gesellschaftlichen Ursprung, vertreten wäre. Die heute allenthalben sich ausbildenden »Bindestrich-Soziologien«, wie Industrie-Soziologie, Agrar-Soziologie, Wirtschafts-Soziologie, Familien-Soziologie und zahlreiche andere, bieten nicht sowohl, wie sie es vielfach selbst sich vorstellen mögen, eine Anwendung soziologischer Methoden auf einzelne Sachgebiete, als daß ungewollt in der Vielfalt solcher Teildisziplinen die Universalität des gesellschaftlichen Zusammenhangs zum Ausdruck kommt, der alle Gegenstände, und ganz gewiß alles Bewußtsein von Gegenständen, präformiert. Diese Universalität aber kann weder auf allgemeine formale Prinzipien zurückgeführt werden, noch ist sie aus unermüdlichen Beschreibungen aller nur möglichen Teilgebiete soziologischer Betrachtungsweisen zusammenzuaddieren. Das ist wohl für die Spannung zwischen Soziologie und empirischer Sozialforschung zuinnerst verantwortlich. Schon die ältere Soziologie Max Weberschen Stils, in der intensive theoretische und breite stoffliche Interessen sich verbanden, hat zur Totalität nicht mehr zugereicht. Es bezeugt die Not ihres geistigen Zustandes, wenn sie mit Begriffen wie dem des Idealtyps über die blinde Tatsächlichkeit sich erheben wollte, ohne es doch den eigenen zuinnerst positivistischen Voraussetzungen nach zu vermögen, und darum die Idealtypen wiederum in bloße Tatsächlichkeit auflöst[2]. Was die Soziologie als ihre Aufgabe ansieht und doch stets wieder vertagt, wäre einzig von einer Theorie der Gesellschaft zu leisten, die zugleich Kritik an der Soziologie und ihrem wissenschaftlichen Betrieb impliziert. Eine solche Theorie müßte der heutigen Situation in beiden Hälften der Welt gewachsen sein. Der Sieg der positivistisch orientierten Einzelwissenschaften über die Spekulation war keine bloße Kapitulation des geschwächten und eingeschüchterten Geistes, sondern selbst Produkt der realen Entwicklungstendenz, und der bloße Entschluß vermag nichts dagegen. Gerade wer der Theorie sich verantwortlich weiß, wird deren Aporien so rücksichtslos sich zu stellen haben wie der Unzulänglichkeit der bloßen Empirie, anstatt durch frisch-fröhliches Drauflosdenken den negativen Zustand womöglich noch zu verstärken. Darum sind Besinnungen über die empirische Sozialforschung so notwendig wie die eingreifende Vertrautheit mit dem, was sie vollzieht. Aufs

---

2 vgl. *Max Weber:* »Gesammelte Aufsätze zur Wissenschaftslehre«, Tübingen 1922, S. 206

dringendste an der Zeit wäre eine Selbstreflexion der empirischen Sozialforschung, durchgeführt an ihrer eigenen Verfahrensweise und charakteristischen Modellen ihrer Arbeit. Hier müssen einige allgemeine, vordeutende Erwägungen genügen.

Die gesamte empirische Sozialforschung ist polemisch zugespitzt nicht bloß gegen die gesellschaftsphilosophische Spekulation, sondern auch gegen Zentralkategorien der älteren, selbst bereits weitgehend empirisch orientierten Soziologie, wie die des »Verstehens«. Man will sich ans Gegebene halten und bei überschaubaren einzelnen Forschungssektoren bescheiden. Die Frage nach dem gesellschaftlichen Sinn von Phänomenen gilt vielfach als müßig, die nach der gesellschaftlichen Gesamtstruktur, die dem einzelnen solchen Sinn verleiht, wird allenfalls auf spätere Synthesen vertagt. Trotz vereinzelter Ausnahmen[3] ist zumal das gesellschaftskritische Motiv der Soziologie aus dem Betrieb der empirischen Sozialforschung verbannt. Insofern stellt sie die radikale Konsequenz aus der Forderung nach »wertfreier« Soziologie dar, wie sie vor fünfzig Jahren von Max Weber und seinem Kreis erhoben wurde.

Gewiß meint kein Einsichtiger unter den Repräsentanten der empirischen Sozialforschung, daß seine Arbeit ohne Theorie möglich, daß das Instrumentarium der Forschung eine von jedem »Vorurteil« gereinigte tabula rasa sei, die sich den zu sammelnden und zu klassifizierenden Fakten darbiete. Bereits das seit Dezennien viel diskutierte Problem der Selektion der zu bearbeitenden Gegenstände macht diese primitive Form von Empirismus unmöglich. Aber die Theorie wird doch mehr als notwendiges Übel, als »Hypothesenbildung« geduldet, als daß ihr volles Eigenrecht zugesprochen würde. Die von der empirischen Sozialforschung vollzogenen Erwägungen über die Rolle der Theorie tragen meist den Charakter des apologetischen, widerstrebenden Zugeständnisses.

Demgegenüber ist zunächst darauf hinzuweisen, daß die Lücke zwischen der Theorie der Gesellschaft und der empirischen Sozialforschung ihren Grund keineswegs bloß in der relativen Jugend der letzteren hat. Sie wird sich kaum derart ausfüllen lassen, daß bei längerer Entwicklung die Theorie durch weitere Häufung der ohnehin kaum mehr übersehbaren Befunde ohne Rest eingelöst und dadurch überflüssig gemacht würde. Verglichen mit den zentralen Fragen der

3 vgl. etwa *Paul F. Lazarsfeld:* »Remarks on Administrative and Critical Communication Research«, in: »Studies in Philosophy and Social Science«, Jahrg. IX, New York 1941, S. 2 ff.

gesellschaftlichen Struktur, von denen das Leben der Menschen abhängt, erfaßt die empirische Sozialforschung nur schmale Sektoren. Die Beschränkung auf herausgeschnittene scharf isolierte Gegenstände – also gerade jene Annäherung der empirischen Sozialforschung an die Naturwissenschaften, die aus dem Bedürfnis nach Exaktheit laboratoriumsähnliche Bedingungen zu schaffen trachtet – verwehrt nicht bloß temporär, sondern prinzipiell die Behandlung der Totalität der Gesellschaft. Das bringt mit sich, daß die Aussagen der empirischen Sozialforschung häufig den Charakter des Unergiebigen, Peripheren, oder den von Informationen zu administrativen Zwecken tragen, wofern sie nicht von vornherein in relevante theoretische Fragestellungen sich einfügen. Unverkennbar ist die Gefahr einer Stoffhuberei, wie sie von Robert S. Lynd in seinem Buch »Knowledge for What?«[4] ausgemacht wurde. Durchs Bestreben, sich an hieb- und stichfeste Daten zu halten und jede Frage nach dem Wesen als »Metaphysik« zu diskreditieren, droht der empirischen Sozialforschung die Beschränkung aufs Unwesentliche im Namen unbezweifelbarer Richtigkeit. Oft genug werden ihr die Gegenstände durch die verfügbaren Methoden vorgeschrieben, statt daß die Methode dem Gegenstand sich anmäße.

Die Wesensgesetze der Gesellschaft sind nicht das Gemeinsame möglichst reichhaltiger empirischer Befunde. Vielfach ist das empirisch Ermittelte – man denke nur an die »Meinungen« – bloßes Epiphänomen. Durch Subsumierung gleichartiger Befunde unter abstrakte Kategorien wird das, worauf es ankommt, zuweilen schief wiedergegeben, wenn nicht gar verdeckt. Anstelle der Bedingungen, unter denen die Menschen leben, oder der objektiven Funktion, welche sie im gesellschaftlichen Prozeß einnehmen, rücken vielfach deren subjektive Spiegelungen. Ohne kritische Reflexion darüber, daß die Verhaltensweisen und Bewußtseinsinhalte der Individuen unendlich vermittelt, gesellschaftlich produziert sind, fällt die empirische Sozialforschung ihren eigenen Ergebnissen zum Opfer.

Um sich ein besonnenes Urteil über den Wert der empirischen Sozialforschung zu bilden, muß man sich andererseits von einer Reihe von Vorurteilen freimachen. Das von der Unzuverlässigkeit der Statistik ist von der Entwicklung längst überholt, so wenig auch verkannt werden darf, daß wirklich produktive Einsichten meist der Versenkung in den einzelnen Fall entspringen und daß die Statistik im

---

4 *Robert S. Lynd:* »Knowledge for What? / The Place of Social Science in American Culture«, Princeton, New Jersey, 1939

allgemeinen solche Einsichten eher überprüft als zeitigt. Die Technik des »sampling«, der Herstellung zuverlässiger statistischer Querschnitte, ist heute so hoch entwickelt, daß Treue zu den wissenschaftlich erarbeiteten Maßstäben bereits der Zuverlässigkeit Gewähr bietet. Gewiß führen auch die strengsten Methoden zu falschen oder sinnlosen Ergebnissen, wenn sie auf Probleme angewandt werden, für die sie nicht ausreichen oder zu denen sie windschief stehen. Aber dieser Gefahr ist keine Wissenschaft entzogen. Ein Allheilmittel gibt es nicht, sondern einzig die Verpflichtung zur insistenten, unnachgiebigen Selbstkritik. So muß der Sozialforscher dessen eingedenk sein, daß wesentliche gesellschaftliche Tendenzen, etwa politische Entwicklungen, sich oftmals nicht nach dem statistischen Querschnitt der Gesamtbevölkerung, sondern nach den stärksten Interessen und nach denen richten, die die öffentliche Meinung »machen«. Er muß seine Erhebungen, so weit es nur möglich ist, an den konkreten Differenzen ausrichten, statt stets am statistischen Mittel sich zu orientieren. An solchen Problemen wird die Notwendigkeit einer Theorie der Gesellschaft selbst für die empirische Zuverlässigkeit von Befunden handgreiflich. Was etwa eine Schlüsselgruppe sei, darüber kann die Statistik als solche nicht belehren, sondern nur die Reflexion auf die tatsächliche Machtverteilung innerhalb der Gesellschaft.

Die Frage des Verhältnisses quantitativer und qualitativer Analyse für die Soziologie ist unmittelbar aktuell. Denn die Einsichten, die zwischen der statistischen Methode und ihrer adäquaten Anwendbarkeit auf bestimmte Inhalte vermitteln, sind in weitem Maße qualitativer Art. Gerade in Amerika, wo die quantitativen Methoden auf ihre gegenwärtige Höhe getrieben wurden, wird die Notwendigkeit der qualitativen Arbeit nicht nur als einer Ergänzung, sondern als eines konstitutiven Elements der empirischen Sozialforschung heute eingesehen [5].

So wenig die Gefahr der Oberflächlichkeit einer vom Grundsatz »science is measurement« stets noch tief abhängigen Methode geleugnet werden soll, so sehr ist doch vor einem gewissen Gestus der Vornehmtuerei zu warnen. Insofern das gegenwärtige Leben durch die zum Extrem getriebene Konzentration der ökonomischen Mächte weithin standardisiert, das Individuum weit ohnmächtiger ist, als es sich selber zugesteht, sind standardisierte und in gewissem Sinne

5 vgl. etwa *Allen H. Barton and Paul F. Lazarsfeld:* »Some Functions of Qualitative Analysis in Social Research«, in: »Frankfurter Beiträge zur Soziologie«, Bd.: »Sociologica«, Frankfurt am Main 1955, S. 321 ff.

entindividualisierte Methoden ebensowohl der Ausdruck der Situation wie das angemessene Mittel, sie zu beschreiben und zu durchdringen. Daß soziale Phänomene durch den Geist, durch das Bewußtsein der Menschen vermittelt sind, darf nicht dazu verleiten, jene Phänomene selber umstandslos aus einem geistigen Prinzip abzuleiten. In einer Welt, die weithin beherrscht wird von ökonomischen Gesetzen, über welche die Menschen wenig vermögen, wäre es illusionär, die sozialen Phänomene prinzipiell als »sinnhaft« verstehen zu wollen. Was bloßes Faktum ist, wird angemessen durch »fact-finding-methods« getroffen. Wer gegen die Übertragung naturwissenschaftlicher Methoden auf das vorgebliche Gebiet des Geistes apologetisch eifert, der übersieht, daß die Gegenstände der Gesellschaftswissenschaft selber in großem Maße »naturhaft«, Ausdruck der zur zweiten Natur geronnenen Gesellschaft, und darum alles andere eher als geistbestimmt sind. Daß in ihnen die menschliche Zweckrationalität ein Moment abgibt, macht sie weder selber rational noch menschlich. Wer sie behandeln wollte, als wären sie es, trüge dazu bei, zu glorifizieren, was den Menschen bloß angetan wird. Der übliche Einwand, die empirische Sozialforschung sei zu mechanisch, zu grob und ungeistig, verschiebt die Verantwortung vom Gegenstand der Wissenschaft auf diese. Die vielgescholtene Inhumanität der empirischen Methoden ist immer noch humaner als die Humanisierung des Unmenschlichen. Zäh erhält sich in Deutschland die Neigung, Phänomene, die der grobmateriellen Praxis angehören, mit prätentiösen Kategorien, heute vielfach solchen existentialontologischer Tönung, zu verkleiden. Unter den aufklärerischen Aufgaben der empirischen Sozialforschung ist nicht die letzte, dem abzuhelfen. In der Tradition der westlichen Länder ist die gesellschaftliche Erkenntnis untrennbar von dem Willen, das Aufgespreizte auf sein menschliches Maß zu bringen. Aber solcher Wille war bis vor kurzem suspekt in einem Land, in dem Gebildete ungern von Aufklärung sprachen, ohne das Wort »platt« hinzuzufügen. Demgegenüber ist an die Gefahr zu erinnern, die ein selbst aus der philosophischen Tradition hervorgegangener Gesellschaftsdenker einmal »Verflachung durch Tiefe« genannt hat. Gerade das Überwiegen der geisteswissenschaftlichen Tradition in der deutschen Soziologie erheischt als Korrektiv dringend die empirischen Methoden. Deren authentischer Sinn ist der kritische Impuls. Ihn darf die empirische Sozialforschung sich nicht verkümmern, in der Erkenntnis der gesellschaftlichen Zusammenhänge darf sie sich nichts vormachen lassen. Statt erst mit Hilfe ideologischer Begriffe ein versöhnliches Bild der sozialen Wirklichkeit sich zurechtzustilisieren und sich dann mit den Verhältnissen, wie sie sind, »verstehend« und verzeihend abzufinden, muß Wissenschaft die Härte dessen, was ist, zum Bewußtsein erheben. Das wäre legitim an dem, was man neuerdings so gern mit dem Namen »Realsoziologie« bedenkt.

Soziologie ist keine Geisteswissenschaft. Die Fragen, mit denen sie sich zu beschäftigen hat, sind nicht wesentlich und primär solche des Bewußtseins oder auch selbst des Unbewußtseins der Menschen, aus denen die Gesellschaft sich zusammensetzt. Sie beziehen sich vorab auf die Auseinandersetzung zwischen Mensch und Natur und auf objektive Formen der Vergesellschaftung, die sich auf den Geist im Sinne einer inwendigen Verfassung der Menschen keineswegs zurückführen lassen. Empirische Sozialforschung hat die dem Einzelmenschen und selbst dem kollektiven Bewußtsein weithin entzogene Objektivität dessen, was gesellschaftlich der Fall ist, streng und ohne Verklärung herauszustellen. Begegnet dem Sozialforscher etwa, unter Berufung auf irgendwelche vorgeblichen Autoritäten geisteswissenschaftlicher Soziologie, die Aussage, daß der sogenannte »bäuerliche Mensch« aufgrund seines wesenhaft konservativen Geistes oder seiner invarianten Haltung sich gegen Neuerungen technischer und gesellschaftlicher Art sträube, so wird er solche Erklärungen nicht einfach hinnehmen. Er wird den Nachweis verlangen, daß sie wahr sind. Er wird also etwa mit Bauern vertraute Interviewer aufs Land schicken und sie dazu anhalten, weiter zu fragen, wenn die Bauern ihnen erklären, sie blieben auf ihrem Hof aus Liebe zur Heimat und Treue zu den Sitten der Väter. Er wird den bekundeten Konservativismus mit wirtschaftlichen Fakten konfrontieren und der Frage nachgehen, ob etwa technische Neuerungen in Betriebseinheiten unterhalb einer gewissen Größe unrentabel sind und so hohe Investitionskosten verursachen, daß technische Rationalisierung unrationell würde. Er wird sich weiter darum bekümmern, ob nicht das Festhalten am Grundbesitz, auch wenn er nach den Prinzipien gewerblicher Buchführung nur wenig abwirft, sich deshalb für die befragten Bauern rechtfertigt, weil sie durch die billigen Arbeitskräfte der eigenen Familie einen höheren Realertrag erzielen, als es ihnen in der Stadt möglich wäre. Damit ist nicht alles verstanden und die Bedeutung irrationaler Momente als eines gesellschaftlichen Kitts nicht geleugnet. Aber jene Momente sind selbst gesellschaftlich abzuleiten, nicht als letzte Weisheit zu akzeptieren. Die Ohnmacht und Dumpfheit der Individuen sollte zum Versuch anspornen zu erkennen, was sie zu solcher Ohnmacht und Dumpfheit verurteilt, statt deren bloße Äußerungen zu registrieren und gar den Inbegriff dieser Äußerungen mit dem Weltgeist zu verwechseln. Dazu aber bedarf es des selbständigen, unbeirrten theoretischen Denkens und nicht der bloßen

Hypothesenbildung. Selbstverständlich erfüllen nicht alle empirisch-soziologischen Erhebungen kritische Funktionen. Aber selbst Marktanalysen mit genau umgrenzter Thematik sollten etwas vom aufklärerischen, unideologischen Geist in sich tragen, wenn sie leisten wollen, was sie versprechen.

Die eigentümliche Situation des »social research« im engeren Sinn hängt damit zusammen, daß er nicht eigentlich in der alten universitas literarum wurzelt. Er steht dem amerikanischen Pragmatismus näher als jede andere Wissenschaft. Daß seine Techniken zunächst weithin auf kommerzielle und administrative Zwecke zugeschnitten wurden, ist ihm nicht äußerlich. Er erwirbt, um abkürzend einmal die Ausdrücke von Max Scheler zu gebrauchen, Herrschaftswissen, nicht Bildungswissen. Bei den Naturwissenschaften gilt eine solche Erkenntnisstruktur, außer in wenigen Gebieten, für selbstverständlich. In den Wissenschaften von den menschlichen Dingen scheint sie befremdlich und mit Begriffen wie Würde und Innerlichkeit unvereinbar. Dabei ist die im Namen dieser Begriffe verherrlichte Abtrennung der theoretischen Einsicht von der Praxis auch im Gesellschaftsbereich selber erst das Ergebnis eines langwierigen historischen Prozesses. Wenn Aristoteles seine Politik und die Wendung gegen den Platonischen Idealstaat auf eine vergleichende Studie zahlreicher Verfassungen griechischer Stadtstaaten stützte[6], so war das im Grunde »social research«, der Prototyp der Anwendung von Erhebungsverfahren auf das, was man heute politische Wissenschaft nennt. Es lohnte, darüber nachzudenken, warum man gegen die Erinnerung daran sich so leidenschaftlich sperrt. Vielleicht schämt man sich, daß derlei praktische Bemühungen der gesellschaftlichen Erkenntnis seit der Antike real unvergleichlich viel weniger nützten als die wissenschaftlichen Anstrengungen zur Beherrschung der außermenschlichen Natur. Der Überlegenheitsanspruch der reinen Kontemplation ist nicht frei von der Geringschätzung der Trauben, die zu hoch hängen. Trotz allen Erfahrungsmaterials haben die Menschen bis heute ihre eigenen Angelegenheiten nicht mit der gleichen Rationalität ordnen können, mit der sie Produktions-, Konsum- und Vernichtungsgüter herstellen. Naiv wäre es, von der empirischen Sozialwissenschaft ähnliche Triumphe zu erwarten wie von den empirisch kontrollierten Naturwissenschaften. Die praktische Anwendbarkeit der Wissenschaft auf die Gesellschaft hängt wesentlich von deren eigenem Zustand ab. Es gibt kein gesellschaftliches Gesamtsubjekt, das etwa wissenschaftliche

---

6 *Aristoteles:* »Politik«, II. Buch, 7. Kap., 1266 a; 10. Kap., 1271 b, 1272a, b

Heilmethoden – wenn überhaupt davon sinnvoll sich reden läßt – ebenso universal durchsetzen könnte, wie es in der Medizin mit einer neuen Droge von selbst sich versteht. Gerade dort, wo es nicht um die Behebung von Mißständen, sondern um die Struktur geht, sind die Interessen gespalten. Das ist der wahre Grund dafür, daß die Methoden der empirischen Sozialwissenschaft so leicht manipulativen Zwecken zugute kommen. Man resigniert, wo man keine Macht hat, und beschränkt sich um so lieber darauf, herauszubekommen, wie man vorgegebene Aufgaben – den Verkauf einer Ware, die Beeinflussung einer Menschengruppe – am wirkungsvollsten und ökonomischsten lösen kann, als in der gegenwärtigen Phase Informationen darüber auf dem Markt recht begehrt sind. Hinter der Beschränkung auf genau definierte und überblickbare Sektoren, die man so leicht dem streng wissenschaftlichen Verantwortungsbewußtsein gutschreibt, steht zugleich immer auch die Hilflosigkeit gegenüber dem Eigentlichen.

Die Gefahr der Technifizierung der Soziologie, der Abspaltung der Methoden vom Interesse an ihrem eigentlichen Gegenstand, rührt aber nicht primär her von einer innerwissenschaftlichen Fehlentwicklung, sondern gerade von der Beschaffenheit jenes Gegenstandes und der Stellung, die der Soziologie in der heutigen Gesellschaft angewiesen wird. Man hat daher den Begriff des »administrative social research« im weitesten Sinne dem des »critical research« kontrastiert[7]. Beide Begriffe stehen einander jedoch nicht unvermittelt gegenüber. Die Reproduktion des Lebens unter den heutigen Bedingungen erscheint überhaupt nicht möglich, ohne daß zentralen Verwaltungsstellen jene präzisen Informationen über die mannigfachsten sozialen Verhältnisse zugeleitet werden, die nur durch die Techniken der empirischen Sozialforschung gewonnen werden können. Zugleich obliegt es der eigentlichen Theorie der Gesellschaft, ihre Konzeption unermüdlich an den tatsächlichen Verhältnissen zu messen, heute wie in Aristotelischen Zeiten. Gerade eine Theorie der Gesellschaft, der die Veränderung keine Sonntagsphrase bedeutet, muß die ganze Gewalt der widerstrebenden Faktizität in sich aufnehmen, wenn sie nicht ohnmächtiger Traum bleiben will, dessen Ohnmacht wiederum bloß der Macht des Bestehenden zugute kommt. Die Affinität der empirischen Sozialforschung zur Praxis, deren negative Momente man gewiß nicht leichtfertig einschätzen darf, schließt in sich das Potential, gleichermaßen den Selbstbetrug auszuschalten und präzis, wirksam in die Realität einzugreifen. Die endliche Legitimation des Verfahrens

---

7 vgl. *Lazarsfeld,* a.a.O., S. 8 f.

wird in einer Einheit von Theorie und Praxis liegen, die weder an den freischwebenden Gedanken sich verliert, noch in die befangene Betriebsamkeit abgleitet. Technisches Spezialistentum läßt sich nicht durch gewissermaßen ergänzend hinzutretende, abstrakte und unverbindliche humanistische Forderungen überwinden. Der Weg des realen Humanismus führt mitten durch die spezialistischen und technischen Probleme hindurch, wofern es gelingt, ihres Sinnes im gesellschaftlichen Ganzen inne zu werden und aus ihm die Konsequenz zu ziehen.

Kapitel 2
Politische Ideen in der bürgerlichen Gesellschaft

1 Zum Verhältnis von Staat und Gesellschaft

1.1 Überblick

Das gemeinsame Merkmal der großen Theoretiker des bürgerlichen Liberalismus ist die konsequente Trennung von Gesellschaft und Staat. Damit wird eine Dualität gesetzt, die die Interessen der Bürger in ihrer Gesamtheit mit denen des Staates so koordiniert, daß private Freiheiten (wozu Glaubensfreiheit wie die zum Eigentumserwerb gleichermaßen zählen) mit einem Höchstmaß an Sicherheit in Übereinstimmung gebracht werden sollen. Während der Staat als die Inkarnation der Bedürfnisse nach Ruhe und Ordnung erscheint, bildet die Gesellschaft den Bereich rein individueller und damit unpolitischer Freiheitssphären.

Schon bei Thomas Hobbes wird die Entwicklung von Recht und Staat aus der Natur der Individuen hergeleitet. Für die autoritär-konservative Variante der modernen Staats- und Gesellschaftstheorie, wie sie Thomas Hobbes begründet, bleibt bis heute kennzeichnend, daß sie von der anthropologischen Prämisse ausgeht, der Mensch sei von Natur aus ein ungeselliges, primär auf Triebbefriedigung gerichtetes Wesen, das einer strengen Autorität bedürfe, um zu einem gesellschaftsfähigen Bürger gezähmt zu werden.

Gleichwohl wird die so begründete staatliche Omnipotenz nicht zu einer absoluten. Vielmehr wird der Staat an seiner Funktion gemessen, die er für die allgemeine Wohlfahrt – als Summe individueller Zufriedenheiten – besitzt. Der Hobbessche »Leviathan« ist auch eine Recht und Gesetz hervorbringende Instanz und erfüllt damit eine den bürgerlichen Gesamtinteressen letztlich dienende Funktion. Er ist noch nicht jener totale Staat unseres Jahrhunderts, der über Leib und Leben und selbst noch über die Gesinnungen der Bürger wacht.

Die zur Verhinderung des Rückfalls in den vorzivilisatorischen Naturzustand errichtete staatliche Souveränität, wie sie von Hobbes konstruiert wird, erscheint bei dem Liberalen John Locke bereits als der kündbare Vertragspartner einer Gesellschaft freier Bürger. Die Frage richtet sich nun vornehmlich auf die Grenzen der Staatgewalt.

Schon im vorstaatlichen Naturzustand hat es nach Locke natürliche Rechte der Menschen gegeben, die durch Vertragsabschluß nur gleichsam unter das schützende Dach des Staates und seiner Organe gebracht worden sind. Angewiesen auf den staatlichen Schutz, bedürfen die bürgerlichen Schichten nunmehr auch einer gewissen politischen Mitsprache, die sich im Parlament und in der Forderung nach *Gewaltenteilung* Ausdruck verschafft. In der allmählichen Reform zugunsten des politischen Einflusses der inzwischen ökonomisch erstarkten bürgerlichen Mittelstände liegt der liberale Grundzug dieser Variante bürgerlichen Denkens.

Die Naturrechtslehren der Moderne sind durchweg an der Tradition des *Utilitarismus* orientiert, dem der Staat – in autoritärer oder liberaler Gestalt – als eine zweckmäßige, dem Wohl der Bürger dienende Konstruktion gilt. In der Arbeitsteilung zwischen Politik (=Staatsgewalt) und bürgerlicher Privatmoral liegt geradezu das Kernelement jener dualistischen Konstruktion (Staat/Gesellschaft), von der eingangs die Rede war.

Dies ändert sich im vorrevolutionären Frankreich des 18. Jahrhunderts. Die Wendung vollzieht Jean-Jacques Rousseau mit seinem »Gesellschaftsvertrag«. Der Sinn der darin enthaltenen Lehre von der Souveränität des Volkes weist über den liberalen Utilitarismus insofern hinaus, als hier Prinzipien der Gerechtigkeit ins Spiel kommen, an denen das gegebene Recht gemessen wird. Die Artikulation des politischen Willens verlangt dem politisch mündigen »citoyen« eine sittliche Leistung ab: der Volkswille (volonté générale) soll mehr sein als die Summe aller Einzelinteressen; er stellt auf einer qualitativ höheren Stufe zugleich den Inbegriff des staatlichen Gemeinwesens selbst dar.

Über den utopischen Charakter seiner Konstruktion war sich Rousseau selbst im klaren. Das Paradoxon seines Entwurfs besteht darin, daß jene demokratische Ordnung, die ihm als einzig gerechte vorschwebt, bereits politische und moralische Qualitäten der Bürger voraussetzt, die eben diese Ordnung erst freilegen soll. So läßt sich wohl auch der Satz Rousseaus verstehen: »Wenn es ein Volk von Göttern gäbe, würde es sich demokratisch regieren«.

Gemeinsames Merkmal der liberalen und der demokratischen Variante des Vertragsgedankens ist die Vorstellung, daß die herrschenden Gesetze nur dann als legitim gelten dürfen, wenn in ihnen sich der Wille aller aufgeklärten Bürger wiederfindet. Herrschen soll, so lautet das gemeinsame Postulat, allein das von allen gesetzte Recht: es gilt als das Ergebnis freier Entscheidung mündig gewordener Bürger.

Die Staats- und Gesellschaftstheorie Hegels nähert sich in mancher Hinsicht wieder dem frühbürgerlichen Modell des Staatsdenkens von Hobbes. Fern der Utopie Rousseaus, sieht er im allgemeinen Willen nicht mehr die Resultante aufgeklärter Individualwillen. Vielmehr ruht die Idee des historisch werdenden Ganzen wiederum im Staat, der als das höchste sittliche Prinzip erscheint. Demgegenüber bleibt alles Gesellschaftliche ein atomisiertes Chaos, ohne eigenen Bestand. Das Verhältnis von Staat und bürgerlicher Gesellschaft ist ein von Grund auf gebrochenes, da die bürgerliche Gesellschaft, Hegels »System der Bedürfnisse«, nur vom Prinzip des Staates her integriert werden kann.

1.2 Texte und Kommentare

HOBBES, THOMAS; Staatsphilosoph.

geb. 1588 in Malmesbury; gest. 1679 in Hardwickshire Hall (Derby)
1640–1651 in Paris im Exil

Hauptwerke:
- *Vom Menschen – Vom Bürger* (1966)
- *Leviathan oder Stoff, Form und Gewalt eines bürgerlichen und kirchlichen Staates* (1966)

Thomas Hobbes prägte die bekannte Formel vom »Krieg aller gegen alle« (bellum omnium contra omnes). Der damit als »Chaos und Bürgerkrieg« charakterisierte »Naturzustand« der Gesellschaft zwingt die Individuen zwecks Selbsterhaltung zum Abschluß eines Vertrages, den Hobbes als »Begünstigungsvertrag« konzipiert.

Mit Hobbes beginnen die modernen Vertragstheorien, die mittels der theoretischen Hilfskonstruktion von Naturrecht und Vertrag sowie der Herleitung der staatlichen Gewalt aus der Natur des Menschen nachzuweisen versuchen, daß ohne diese Zwangsgewalt ein gesellschaftliches Zusammenleben unmöglich wäre. Das gegenseitige Bedingungsverhältnis von Staat und Gesellschaft ist das spezifisch Moderne an der Hobbesschen Theorie.

Die solchermaßen gestiftete staatliche Ordnung ist jedoch kein geschichtliches Ereignis, sondern eine notwendige Fiktion: Mit ihrer Hilfe soll verdeutlicht werden, daß die aus der Gehorsamsverpflichtung gegenüber dem »Leviathan« sich ergebende Form sozialen Zusammenlebens einer jeden anderen überlegen ist, zumindest im Blick auf die durch ihn garantierte Sicherheit und individuelle Freiheit. Aus diesem Grund verzichten alle Bürger auf ihre politischen Rechte zugunsten eines souveränen Herrschers (Begünstigungsvertrag).

So wie es nach mittelalterlicher Vorstellung kein Heil außerhalb der Kirche geben sollte, so wird nun der absolute Staat zu der Instanz, die das Gesetz des Zusammenlebens vorschreibt und sichert. Der stets willkürlich bleibenden Logik des Individuums will Hobbes die im Leviathan inkarnierte Logik des vernunftgeleiteten Selbsterhaltungsinteresses aller Bürger überordnen. So besteht die damit geschaffene »Gleichheit« der Bürger als Untertanen vor dem Souverän auch darin, daß sie sich alle gleichermaßen ihrer politischen Rechte begeben, um fortan in Ruhe und Frieden leben zu können. Was ihnen bleibt, ist das individuelle Recht auf Selbsterhaltung, Eigentumserwerb und Gewissensfreiheit.

Das Paradigma der Hobbesschen Theorie ist für das politische Selbstverständnis der bürgerlichen Gesellschaft bestimmend geblieben. Es prägt – etwa in der Theorie Carl Schmitts – die Diskussionen noch bis heute.

Auszug aus HOBBES, *Thomas: Leviathan. Darmstadt/Neuwied und Berlin (Luchterhand Verlag) 1966, S. 131–135*

17. Kapitel
Von den Ursachen, der Erzeugung und der Definition eines Staates

Die Menschen, die von Natur aus Freiheit und Herrschaft über andere lieben, führten die Selbstbeschränkung, unter der sie, wie wir wissen, in Staaten leben, letztlich allein mit dem Ziel und der Absicht ein, dadurch für ihre Selbsterhaltung zu sorgen und ein zufriedeneres Leben zu führen – das heißt, dem elenden Kriegszustand zu entkommen, der, wie im 13. Kapitel gezeigt wurde, aus den natürlichen Leidenschaften der Menschen notwendig folgt, dann nämlich, wenn es keine sichtbare Gewalt gibt, die sie im Zaume zu halten und durch Furcht vor Strafe an die Erfüllung ihrer Verträge und an die Beachtung der natürlichen Gesetze zu binden vermag, die im vierzehnten und fünfzehnten Kapitel aufgestellt wurden.

Denn die natürlichen Gesetze wie *Gerechtigkeit, Billigkeit, Bescheidenheit, Dankbarkeit,* kurz, das Gesetz, *andere so zu behandeln, wie wir selbst behandelt werden wollen,* sind an sich, ohne die Furcht vor einer Macht, die ihre Befolgung veranlaßt, unseren natürlichen Leidenschaften entgegengesetzt, die uns zu Parteilichkeit, Hochmut, Rachsucht und ähnlichem verleiten. Und Verträge ohne das Schwert sind bloße Worte und besitzen nicht die Kraft, einem Menschen auch nur die geringste Sicherheit zu bieten. Falls keine Zwangsgewalt errichtet worden oder diese für unsere Sicherheit nicht stark genug ist, wird und darf deshalb jedermann sich rechtmäßig zur Sicherung gegen alle anderen Menschen auf seine eigene Kraft und Geschicklichkeit verlassen – ungeachtet der natürlichen Gesetze (die jedermann dann eingehalten hat, wenn er willens ist, sie in den Fällen einzuhalten, wo er dies ungefährdet tun kann). Und überall dort, wo die Menschen in kleinen Familien zusammenlebten, war gegenseitiges Rauben und Plündern ein Gewerbe und weit davon entfernt, als naturrechtswidrig angesehen zu werden: je größer die Beute, die sie machten, desto größer die Ehre. Und die Menschen beachteten hierbei keine anderen Gesetze als die der Ehre, das heißt, Grausamkeiten waren dadurch zu vermeiden, daß man den Leuten das Leben und die Wirtschaftsgeräte ließ. Und wie damals kleine Familien, so vergrößern jetzt Städte und Königreiche, die nichts anderes als größere Familien sind, aus Gründen der eigenen Sicherheit ihren Herrschaftsbereich bei jeder angeblichen Gefahr und aus Furcht vor einem Angriff oder der Unterstützung, die den Angreifern zuteil werden könnte, und bemühen sich nach Kräften, ihre Nachbarn mit offener Gewalt und Hinterlist zu unterwerfen oder zu schwächen – mit Recht, da es keine andere Sicherheitsgarantie gibt. Und in späteren Zeiten gedenkt man ihrer deswegen in Verehrung.

Auch der Zusammenschluß einer kleinen Anzahl von Menschen gibt ihnen diese Sicherheit nicht, denn bei kleinen Zahlen verleihen kleine Zunahmen auf der einen oder der anderen Seite eine so große Übermacht, daß sie genügt, zum Sieg zu führen und deshalb zu einem Angriff ermutigt. Die Menge, die zu einer verläßlichen Sicherheit ausreicht, ergibt sich nicht aus einer bestimmten Zahl, sondern aus einem Vergleich mit dem gefürchteten Feind, und sie reicht dann aus, wenn die Überzahl des Feindes nicht so offensichtlich und ausschlaggebend ist, daß von vornherein der Ausgang des Krieges feststeht und ihn deshalb zu einem Versuch ermuntert.

Und eine Menge mag noch so groß sein: Wenn die Handlungen der einzelnen von ihren besonderen Urteilen und Neigungen geleitet werden, so können sie von ihnen weder Verteidigung noch Schutz gegen einen gemeinsamen Feind, noch gegen Übergriffe, die sie sich gegenseitig zufügen, erwarten. Denn da ihre Meinungen über die beste Ausnützung und Anwendung ihrer Stärke auseinandergehen, helfen sie sich nicht, sondern hindern sich gegenseitig und reduzieren ihre Stärke, indem sie sich gegenseitig bekämpfen, auf ein Nichts. Dadurch werden sie nicht nur leicht durch eine sehr kleine Zahl von Menschen, die sich einig sind, unterworfen, sondern sie führen auch ohne gemeinsamen Feind wegen ihrer Einzelinteressen gegeneinander Krieg.

Denn könnten wir annehmen, eine große Menge von Menschen stimmte ohne eine allgemeine, sie alle im Zaum haltende Macht miteinander in der Beachtung von Gerechtigkeit und allen anderen natürlichen Gesetzen überein, so könnten wir ebensogut annehmen, die ganze Menschheit verhielte sich so, und dann gäbe es überhaupt keine bürgerliche Regierung oder einen Staat, noch wären sie nötig, denn es herrschte Frieden ohne Unterwerfung.

Die Sicherheit, von der die Menschen wünschen, sie möge ihr Leben lang andauern, ist auch nicht gewährleistet, wenn diese nach dem Ermessen eines einzelnen für eine begrenzte Zeit, z.B. in einer Schlacht oder in einem Krieg, regiert oder gelenkt werden. Denn selbst wenn sie durch ihre einmütige Anstrengung einen Sieg über einen auswärtigen Feind erringen, so müssen sie danach doch notwendig sich wegen ihrer unterschiedlichen Interessen entzweien und wieder in einen Krieg untereinander zurückfallen, wenn sie nämlich entweder keinen gemeinsamen Feind haben oder aber jemand von der einen Partei als Feind und von der anderen als Freund angesehen wird.

Es ist richtig, daß gewisse Lebewesen wie Bienen und Ameisen gesellig zusammenleben, weshalb sie von *Aristoteles* zu den politischen Lebewesen gerechnet werden, und daß sie doch keine andere Führung haben als ihre eigenen Urteile und Neigungen, auch keine Sprache, wodurch der eine dem anderen zu erkennen geben könnte, was seiner Meinung nach dem Gemeinwohl zuträglich ist. Und deshalb möchten manche vielleicht wissen, weshalb sich die Menschheit nicht ebenso verhalten kann. Darauf gebe ich zur Antwort:

Erstens. Die Menschen liegen in einem ständigen Wettkampf um Ehre und Würde, diese Lebewesen aber nicht; folglich entsteht zwischen den Menschen aus diesem Grund Neid und Haß und letztlich Krieg, zwischen diesen Lebewesen aber nicht.

Zweitens. Bei diesen Lebewesen unterscheidet sich das Gemeinwohl nicht vom Privatwohl, und da sie von Natur aus ihr privates Wohl anstreben, fördern sie dadurch das Gemeinwohl. Der Mensch dagegen, der es liebt, sich mit anderen Menschen zu vergleichen, kann nur an Außerordentlichem Geschmack finden.

Drittens. Da diese Lebewesen nicht wie die Menschen über Vernunft verfügen, sehen sie keine Mängel in der Verwaltung ihrer allgemeinen Angelegenheiten und meinen auch nicht, solche zu sehen, während es bei den Menschen sehr viele gibt, die sich für klüger und zur Regierung der Öffentlichkeit fähiger halten als der Rest. Und diese Leute streben nach Reformen und Neuerungen und stürzen die Öffentlichkeit dadurch in Wirren und Bürgerkrieg.

Viertens. Obwohl diese Tiere in gewissem Maße die Stimme benützen können, um sich gegenseitig ihre Wünsche und andere Gemütsbewegungen zu erkennen zu geben, so fehlt ihnen doch diese Wortkunst, durch die es einige Menschen verstehen, anderen gut als böse und böse als gut hinzustellen und die offensichtliche Größe eines Guts oder Übels zu vergrößern oder zu verringern. Dadurch machen sie die Menschen unzufrieden und stören ihren Frieden, wie es ihnen paßt.

Fünftens. Unvernünftige Lebewesen können nicht zwischen *Beleidigung* und *Verletzung* unterscheiden. Deshalb sind sie mit ihren Artgenossen nicht verfeindet, solange sie ungestört sind, während der Mensch dann am unleidlichsten ist, wenn er am meisten Muße hat. Denn dann liebt er es, seine Weisheit zu zeigen und die Handlungen derer, die den Staat regieren, zu kritisieren.

Letztlich. Die Übereinstimmung dieser Lebewesen ist natürlich, die der Menschen beruht nur auf Vertrag, der künstlich ist. Und deshalb ist es kein Wunder, daß außer dem Vertrag noch etwas erforderlich ist, um ihre Übereinstimmung beständig und dauerhaft zu machen, nämlich eine allgemeine Gewalt, die sie im Zaum halten und ihre Handlungen auf das Gemeinwohl hinlenken soll.

Der alleinige Weg zur Errichtung einer solchen allgemeinen Gewalt, die in der Lage ist, die Menschen vor dem Angriff Fremder und vor gegenseitigen Übergriffen zu schützen und ihnen dadurch eine solche Sicherheit zu verschaffen, daß sie sich durch eigenen Fleiß und von den Früchten der Erde ernähren und zufrieden leben können, liegt in der Übertragung ihrer gesamten Macht und Stärke auf einen Menschen oder eine Versammlung von Menschen, die ihre Einzelwillen durch Stimmenmehrheit auf einen Willen reduzieren können. Das heißt soviel wie einen Menschen oder eine Versammlung von Menschen bestimmen, die deren Person verkörpern sollen, und bedeutet, daß jedermann alles als eigen anerkennt, was derjenige, der auf diese Weise seine Person verkörpert, in Dingen des allgemeinen Friedens und der allgemeinen Sicherheit tun oder veranlassen wird, und sich selbst als Autor alles dessen bekennt und dabei den eigenen Willen und das eigene Urteil seinem Willen und Urteil unterwirft. Dies ist mehr als Zustimmung oder Übereinstimmung: Es ist eine wirkliche Einheit aller in ein und derselben Person, die durch Vertrag eines jeden mit jedem zustande kam, als hätte jeder zu jedem gesagt: *Ich autorisiere diesen Menschen oder diese Versammlung von Menschen und übertrage ihnen mein Recht, mich zu regieren, unter der Bedingung, daß du ihnen ebenso dein Recht überträgst und alle ihre Handlungen autorisierst.* Ist dies geschehen, so nennt man diese zu einer Person vereinte Menge *Staat,* auf lateinisch *civitas*. Dies ist die Erzeugung jenes großen *Leviathan* oder besser, um es ehrerbietiger auszudrücken, jenes *sterblichen Gottes*, dem wir unter dem *unsterblichen Gott* unseren Frieden und Schutz verdanken. Denn durch diese ihm von jedem einzelnen im Staate verliehene Autorität steht ihm so viel Macht und Stärke zur Verfügung, die auf ihn übertragen worden sind, daß er durch den dadurch erzeugten Schrecken in die Lage versetzt wird, den Willen aller auf den innerstaatlichen Frieden und auf gegenseitige Hilfe gegen auswärtige Feinde hinzulenken. Hierin liegt das Wesen des Staates, der, um eine Definition zu geben, *eine Person* ist, *bei der sich jeder einzelne einer großen Menge durch gegenseitigen Vertrag eines jeden mit jedem zum Autor ihrer Handlungen gemacht hat, zu dem Zweck, daß sie die Stärke und Hilfsmittel aller so, wie sie es für zweckmäßig hält, für den Frieden und die gemeinsame Verteidigung einsetzt.*

Wer diese Person verkörpert, wird *Souverän* genannt und besitzt, wie man sagt, *höchste Gewalt*, und jeder andere daneben ist sein *Untertan.*

Diese höchste Gewalt wird auf zwei Wegen erlangt: Der eine besteht in der natürlichen Kraft, wenn z.B. jemand seine Kinder dazu bringt, sich zusammen mit ihren Kindern seiner Regierung zu unterwerfen, da er sie vernichten kann, wenn sie es ablehnen, oder wenn jemand seine Feinde seinem Willen dadurch unterwirft, daß er ihnen unter dieser Bedingung das Leben schenkt. Der andere ist gegeben, wenn Menschen miteinander übereinkommen, sich willentlich einem Menschen oder einer Versammlung von Menschen zu unterwerfen, im Vertrauen darauf, von ihnen gegen alle anderen geschützt zu werden. Der letzte Fall kann »politischer Staat« oder »Staat durch *Einsetzung*« genannt werden, und der erste »Staat durch *Aneignung*«.

LOCKE, JOHN, Philosoph.

geb. 1632 in Wrington/Bristol; gest. 1704 in Oates (Essex)
1675–1679 Exil in Frankreich
1683–1688 Exil in den Niederlanden.

Hauptwerke:
- *An Essay Concerning Human Understanding* (1690)
- *Two Treatises of Government* (1689)
- *Three Letters on Toleration* (1689–92)

Auch John Locke entwickelt seine Regierungslehre auf der Basis der Vorstellung eines gesellschaftlichen Naturzustandes. Die dort herrschende »Freiheit« und Eigenverantwortlichkeit der Individuen läßt sich allerdings in höher entwickelten Gesellschaften nicht mehr aufrechterhalten, und zwar aus dem wohlverstandenen Eigeninteresse der Einzelnen, deren »Eigentum« vor willkürlichen Übergriffen, d.h. vor den Begehrlichkeiten von durch »Verderbtheit und Schlechtigkeit entarteten Menschen« zu schützen ist.

Aus diesem Grunde bedeutet der moderne Staat ein freiwilliges Opfer an Freiheit, also die Unterordnung des einzelnen unter ein als legitim erachtetes Prinzip. Er bildet damit gegenüber dem Naturzustand einen »zweiten Zustand« im Sinne einer »positiven Vereinbarung«, in dem gesellschaftlich gesetztes Recht herrscht, welches von dem prinzipiell allen Bürgern einsichtigen Naturrecht abgeleitet ist und durch das erst die vielen Einzelinteressen gewahrt werden können.

Dies ist im Vergleich zu Hobbes nicht nur ein moderateres Modell, sondern es markiert einen prinzipiellen Unterschied. Ist der Hobbessche »Leviathan« ein dem als natürlich unterstellten, prinzipiell unbegrenzten menschlichen Macht- und Besitzstreben entgegengesetztes Ordnungsprinzip, ohne das Chaos und Anarchie herrschte, so finden wir bei Locke den Staat als einen Vertrag vernünftiger Bürger, die nur ein bestimmtes Quantum ihrer eigenen Souveränität an den Staat abtreten.

Dem Opfer individueller Freiheit dieser Bürger steht folgerichtig auf staatlicher Seite die Verpflichtung zur ausschließlichen Verfolgung des »gemeinsamen Wohls«, also eine klare Begrenzung staatlichen Zugriffs auf die öffentliche Sphäre gegenüber. Der Staat ist hiernach nur durch die Einhaltung der Regeln und die Wahrnehmung stets aufs neue zu bestimmender Aufgaben legitimiert. Damit ist die liberale Staatsauffassung, gegenüber der autoritär-konservativen, zum ersten Mal gültig formuliert.

Auszug aus: LOCKE, John: Über die Regierung. Stuttgart (Philipp Reclam jun.) 1974, S. 95–99

Die Ziele der politischen Gesellschaft und der Regierung

123. Wenn der Mensch im Naturzustand so frei ist, wie gesagt worden ist, wenn er der absolute Herr seiner eigenen Person und Besitztümer

ist, dem Größten gleich und niemandem untertan – warum soll er seine Freiheit aufgeben? Warum soll er auf diese Selbstherrschaft verzichten und sich der Herrschaft und dem Zwang einer anderen Gewalt unterwerfen? Die Antwort darauf liegt auf der Hand; denn wenn er im Naturzustand auch ein solches Recht hat, so kann er sich seiner doch nur mit wenig Sicherheit erfreuen und ist fortwährend den Übergriffen anderer ausgesetzt. Da nämlich alle in demselben Maße König sind wie er selbst, da alle Menschen gleich sind und der größere Teil von ihnen sich nicht streng an Billigkeit und Gerechtigkeit hält, ist der Besitz seines Eigentums in diesem Zustand höchst unsicher und höchst ungewiß. Das läßt ihn bereitwillig einen Zustand aufgeben, der bei aller Freiheit voll ist von Furcht und ständiger Gefahr, und nicht ohne Grund verlangt es ihn und ist er bereit, sich zu einer Gesellschaft mit anderen zu verbinden, die sich entweder schon vereinigt haben oder doch die Absicht haben, sich zu vereinigen – zur gegenseitigen Erhaltung ihres Lebens, ihrer Freiheiten und Güter, was ich ganz allgemein Eigentum nenne.

124. Das große und hauptsächliche Ziel also, zu dem sich Menschen in Staatswesen zusammenschließen und sich unter eine Regierung stellen, ist die Erhaltung ihres Eigentums. Im Naturzustand fehlt dazu vielerlei.

Zum ersten bedarf es eines eingeführten und anerkannten Gesetzes, das mit allgemeiner Zustimmung als die Norm für Recht und Unrecht und als der allgemeine Maßstab zur Entscheidung aller Streitfälle unter ihnen angenommen und anerkannt ist. Denn obwohl das Naturgesetz allen vernunftbegabten Wesen klar und verständlich ist, werden die Menschen doch von ihrem eigenen Interesse beeinflußt, und da sie es außerdem zu wenig kennen, weil sie nicht genügend darüber nachdenken, sind sie nicht geneigt, es als ein Gesetz anzuerkennen, das in seiner Anwendung auf ihre eigenen Streitfälle für sie verbindlich wäre.

125. Zum zweiten fehlt es im Naturzustand an einem anerkannten und unparteiischen Richter, mit Autorität, alle Streitfälle nach dem eingeführten Gesetz zu entscheiden. Da jeder in diesem Zustand sowohl Richter als auch Vollstrecker des Naturgesetzes ist, die Menschen aber sich selbst gegenüber parteiisch sind, ist es leicht möglich, daß Leidenschaft und Rachsucht sie in ihren eigenen Angelegenheiten zu weit und zu hitzig mit sich fortreißen, auf der anderen Seite aber Nachlässigkeit und Unbeteiligtsein sie zu gleichgültig gegenüber den Angelegenheiten anderer machen.

126. Zum dritten fehlt es im Naturzustand häufig an einer Gewalt, die dem Urteil, wenn es gerecht ist, Rückhalt gibt, es unterstützt und

für die gebührende Vollstreckung sorgt. Wer sich mit einer unrechten Tat gegen das Gesetz vergeht, wird selten darauf verzichten, wenn es in seiner Macht steht, sein Unrecht mit Gewalt durchzusetzen – ein solcher Widerstand macht oftmals die Bestrafung gefährlich und häufig für die, die sie durchführen, verderblich.

127. Die Menschen befinden sich also trotz aller Privilegien des Naturzustandes in einer schlechten Lage, solange sie in ihm verbleiben, und es treibt sie deshalb bald zur Gesellschaft. Und das ist auch die Ursache, daß wir nur selten eine Anzahl von Menschen finden, die längere Zeit in diesem Zustand zusammenleben. Die Unannehmlichkeiten, denen sie darin ausgesetzt sind durch die unregelmäßige und unbestimmte Ausübung der Macht, die jeder Mensch zur Bestrafung der Rechtsbrüche anderer besitzt, veranlaßt sie, zu den festen Gesetzen einer Regierung Zuflucht zu nehmen und dort die Erhaltung ihres Eigentums zu suchen. Dies ist es, was alle Menschen so bereitwillig auf ihre persönliche Macht, zu strafen, verzichten läßt, damit sie allein von denen ausgeübt werde, die man aus ihrer Mitte dazu bestimmt – und zwar nach Regeln, wie sie die Gemeinschaft oder diejenigen, die sie zu diesem Zweck dazu ermächtigt haben, vereinbaren. Und hierin liegt also das ursprüngliche Recht und der Ursprung von beiden, der legislativen und der exekutiven Gewalt wie auch der Regierungen und der Gesellschaft selbst.

128. Denn im Naturzustand hat der Mensch neben der Freiheit unschuldigen Vergnügens zweierlei Gewalten.

Die erste ist die, alles zu tun, was ihm innerhalb der Grenzen des Naturgesetzes für die Erhaltung seiner selbst und der anderen Menschen dienlich scheint. Durch dieses ihnen allen gemeinsame Gesetz bilden er und alle übrigen Menschen eine einzige Gemeinschaft und formen eine Gesellschaft, die sich deutlich von allen übrigen Lebewesen abhebt. Und wenn nicht die Verderbtheit und Schlechtigkeit entarteter Menschen wäre, würde man kein Verlangen nach einer anderen haben, es läge keinerlei Notwendigkeit vor, daß sich die Menschen von dieser großen und natürlichen Gemeinschaft trennen sollten und sich durch positive Vereinbarungen zu kleineren oder Teilgemeinschaften zusammenschlössen.

Die andere Gewalt des Menschen im Naturzustand ist die Gewalt, Verbrechen zu bestrafen, die gegen jenes Gesetz begangen werden. Diese beiden Gewalten gibt er auf, wenn er sich privaten – wenn ich es so nennen darf – oder besonderen politischen Gesellschaften anschließt und sich einem von den übrigen Menschen gesonderten Staatswesen eingliedert.

129. Der ersteren, nämlich der Gewalt, alles zu tun, was ihm der Erhaltung seiner selbst und der übrigen Menschheit dienlich scheint, entsagt er, um sich durch die von der Gesellschaft gegebenen Gesetze so weit lenken zu lassen, wie dies die Erhaltung seiner selbst und der übrigen Glieder jener Gesellschaft verlangt. Diese Gesetze der Gesellschaft schränken in vielen Fällen die Freiheit ein, die er nach dem Naturgesetz besaß.

130. Zum zweiten entsagt er der Macht zu strafen vollkommen und setzt seine natürliche Kraft ein (die er vordem nur kraft eigener Autorität nach eigenem Ermessen zur Vollstreckung des Naturgesetzes gebrauchen konnte), um die exekutive Gewalt der Gesellschaft zu unterstützen, wie das Gesetz es verlangt. Er befindet sich jetzt in einem neuen Zustand, der ihm von der Arbeit, dem Beistand und der Gesellschaft anderer Menschen dieser Gemeinschaft große Vorteile wie auch den Schutz ihrer gesamten Stärke bringen soll, und er muß deshalb so weit auf seine natürliche Freiheit, für sich selbst zu sorgen, verzichten, als es das Wohl, das Gedeihen und die Sicherheit der Gesellschaft verlangen. Das ist nicht nur notwendig, sondern auch gerecht, denn alle übrigen Glieder der Gesellschaft tun ebendasselbe.

131. Aber obwohl die Menschen mit ihrem Eintritt in die Gesellschaft auf die Gleichheit, Freiheit und Exekutivgewalt des Naturzustandes verzichten, um sie in die Hände der Gesellschaft zu legen, damit die Legislative so darüber verfügen kann, wie es das Wohl der Gesellschaft verlangt, so geschieht das doch nur mit der Absicht jedes einzelnen, sich seine Freiheit und sein Eigentum um so besser zu erhalten (denn von keinem vernunftbegabten Lebewesen wird man annehmen, daß es seine Lebensbedingungen mit der Absicht verändert, sie zu verschlechtern). Und darum kann man auch niemals annehmen, daß sich die Gewalt der Gesellschaft oder der von ihr eingesetzten Legislative weiter erstrecken soll als auf das gemeinsame Wohl. Sie ist vielmehr verpflichtet, eines jeden Eigentum dadurch zu sichern, daß sie Vorsorge trifft gegen jene drei Mängel, von denen oben die Rede war, die den Naturzustand so unsicher und unbequem machten. Wer immer deshalb die legislative oder höchste Gewalt eines Staatswesens innehat, ist verpflichtet, nach eingeführten, stehenden Gesetzen zu regieren, die dem Volk verkündet und bekanntgemacht wurden – und nicht durch Maßnahmeverordnungen – durch unparteiische und aufrechte Richter, die Streitfälle nach eben jenen Gesetzen entscheiden müssen, und die Macht der Gemeinschaft im Inland nur zur Vollziehung dieser Gesetze und nach außen zur Verhütung oder Vergeltung fremden Unrechts und zum Schutz der Gemeinschaft vor Überfällen und Angriffen zu verwenden. Und mit

all dem darf kein anderes Ziel verfolgt werden als der Friede, die Sicherheit und das öffentliche Wohl des Volkes.

Der zu den Grundzügen des Liberalismus zählenden Berufung auf die in der englischen und französischen Aufklärung des 17. und 18. Jahrhunderts entdeckten Menschen- und Bürgerrechte entspricht John Lockes (in seinem *Brief über Toleranz* gelieferte) Begründung für den liberalen Grundsatz der Nichteinmischung des Staates in das »Heil der Seelen«. Die eindeutige Beschränkung staatlicher Aktivität auf die Wohlfahrt der bürgerlichen Gesellschaft als ganzer bildet die Voraussetzung aller individuellen Freiheiten, von denen die Religions-, Meinungs- und Gewissensfreiheit den Kern aller politischen Bewegungsfreiheiten darstellen.

Die politische Aufklärung, dies zeigt der folgende Text, ist damit ein Kind der aufklärerischen Religionskritik, die auf eine Beschränkung klerikal-dogmatischer Herrschaftsansprüche im politischen Bereich hinauslief.

Wie aktuell die Idee einer Abwehr staatlichen Zugriffs auf Glaubens- und damit auf Privatangelegenheiten überhaupt ist, liegt im Zeitalter des »gläsernen Menschen« und der technisch fast unbegrenzten Möglichkeit zur Datenspeicherung auf der Hand.

Auszug aus: Locke, John: Ein Brief über Toleranz. Hamburg (Verlag Felix Meiner) 1957, S. 11–19

Die Duldung derer, die von anderen in Religionssachen abweichen, ist mit dem Evangelium Jesu Christi und der unverfälschten menschlichen Vernunft so sehr in Übereinstimmung, daß es ungeheuerlich scheint, wenn Menschen so blind sind, ihre Notwendigkeit und Vorzüglichkeit bei so hellem Lichte nicht zu gewahren. Ich will hier nicht den Stolz und den Ehrgeiz einiger und die Leidenschaft und den mitleidlosen Eifer anderer abschätzen. Dies sind Fehler, von denen menschliche Angelegenheiten vielleicht kaum jemals völlig befreit werden können. Und doch wird so gut wie niemand, der ihrer offen beschuldigt wird, sie auf sich sitzen lassen, ohne sie mit einer beschönigenden Farbe zu bedecken, und so auf Lob Anspruch machen, während er doch nur von seinen ungeregelten Leidenschaften fortgerissen ist. Aber damit nicht einige ihre Verfolgungswut und unchristliche Grausamkeit mit dem Vorwande der Sorge für das öffentliche Wohl und die Beachtung der Gesetze schönfärben, andere nicht unter dem Vorwande der Religion Freiheit für Unsittlichkeit und Straflosigkeit für Verbrechen zu erlangen suchen, mit einem Wort, damit niemand sich selbst oder andere täuscht durch den Vorwand von Ergebenheit und Gehorsam gegen den Fürsten oder von zarter Besorgnis für die Aufrichtigkeit des Gottesdienstes – so halte ich es in jedem Falle für über alles notwendig, zwischen dem Geschäfte der staatlichen Gewalt und dem der Religion genau zu unterscheiden und die rechten Grenzen festzusetzen, die zwischen beiden liegen. Wenn das nicht geschieht, kann den Streitigkeiten kein Ende gemacht werden, die immer entstehen werden zwischen denen, die auf der einen Seite an den Interessen der menschlichen Seelen Anteil nehmen oder wenigstens zu nehmen behaupten, und denen, die auf der anderen Seite für das gemeine Wesen zu sorgen haben.

Das gemeine Wesen scheint mir eine Gesellschaft von Menschen zu sein, deren Verfassung lediglich die Befriedigung, Wahrung und Beförderung ihrer bürgerlichen Interessen bezweckt.

Bürgerliche Interessen nenne ich Leben, Freiheit, Gesundheit, Schmerzlosigkeit des Körpers und den Besitz äußerer Dinge wie Geld, Ländereien, Häuser, Einrichtungsgegenstände und dergleichen.

Es ist die Pflicht der staatlichen Obrigkeit, durch die unparteiische Ausführung von Gesetzen, die für alle gleich sind, allgemein dem ganzen Volke und jedem ihrer Untertanen im besonderen den gerechten Besitz dieser Dinge, die zu seinem Leben gehören, zu sichern. Wenn einer sich herausnehmen wollte, die Gesetze der öffentlichen Gerechtigkeit und Billigkeit zu verletzen, die für die Erhaltung dieser Dinge festgelegt sind, so muß seine Anmaßung durch die Furcht vor einer Bestrafung gehemmt sein, die ihn derjenigen bürgerlichen Interessen oder Güter beraubt oder sie vermindert, die er sonst genießen könnte und müßte. Aber man sieht, daß kein Mensch freiwillig eine Strafe duldet, die ihn irgendeines Teils seiner Güter oder gar seiner Freiheit oder seines Lebens beraubt. Daher ist die Obrigkeit mit der Kraft und Stärke aller ihrer Untertanen bewaffnet, um diejenigen zu bestrafen, die die Rechte eines andern verletzen.

Daß nun die ganze Rechtsgewalt der Obrigkeit sich nur auf diese bürgerlichen Anliegen erstreckt, und daß alle staatliche Gewalt, ihr Recht und ihre Herrschaft durch die alleinige Sorge für die Beförderung dieser Dinge gebunden und begrenzt ist, daß sie in keiner Weise auf das Heil der Seelen ausgedehnt werden weder kann noch darf – das scheinen mir die folgenden Betrachtungen im Überfluß zu beweisen.

Erstens, weil die Sorge für die Seelen um nichts mehr der staatlichen Obrigkeit als anderen Menschen übertragen ist. Ich meine, sie ist ihr nicht übertragen von Gott, weil es nicht den Anschein hat, als hätte Gott jemals einem Menschen eine derartige Autorität über einen anderen gegeben wie die, irgend jemanden zu seiner Religion zu zwingen. Auch kann eine solche Macht nicht auf die Obrigkeit durch Zustimmung des Volkes übertragen werden, weil kein Mensch die Sorge für sein eignes Heil so weit aufgeben kann, daß er es blindlings der Wahl eines anderen, sei es Fürst oder Untertan überließe, ihm vorzuschreiben, welchen Glauben oder Gottesdienst er annehmen solle. Denn niemand kann, selbst wenn er wollte, seinen Glauben dem Diktate anderer anpassen. Alles Leben und alle Macht wahrer Religion besteht in der inneren und vollkommenen Gewißheit des Urteils, und kein Glaube ist Glaube ohne Fürwahrhalten. Was immer wir für ein Bekenntnis ablegen, welchem äußeren Gottesdienste wir uns anschließen, wenn wir nicht in unserm eignen Urteil völlig darüber beruhigt sind, daß jenes wahr ist und dieser Gott wohlgefällig, so sind solches Bekenntnis und solches Tun, weit entfernt uns zu fördern, in Wahrheit große Hindernisse für unsere Seligkeit. Denn indem wir auf diese Weise, anstatt andere Sünden durch die Ausübung der Religion zu sühnen – ich meine, indem wir dem allmächtigen Gott auf diese Weise eine Verehrung darbringen, die wir als ihm mißfällig erachten, so fügen wir zur Zahl unserer andern Sünden noch die der Heuchelei und der Verachtung seiner göttlichen Majestät hinzu.

An *zweiter* Stelle kann die Sorge für die Seelen deswegen nicht der staatlichen Obrigkeit obliegen, weil deren Macht nur im äußeren Zwange liegt; aber die wahre und heilbringende Religion liegt in der inneren Gewißheit des Urteiles, ohne die nichts für Gott annehmbar sein kann. Und solcherart ist die Natur des Urteilsvermögens, daß es nicht zum Glauben von etwas mit Gewalt gezwungen werden kann. Konfiskation der Güter, Kerker, Tortur, nichts von der Art kann irgendeine Wirksamkeit für die Änderung des Urteils haben, das Menschen sich über die Dinge gebildet haben.

Man könnte sich darauf berufen, daß die Obrigkeit von Beweisgründen Gebrauch machen und dadurch die Andersgläubigen auf den Weg der Wahrheit bringen und ihnen die Seligkeit verschaffen könnte. Ich gebe es zu. Aber das ist ihr mit anderen Menschen gemein. Durch Belehrung, Unterrichtung und Zurechtsetzen der Irrenden mittels der Vernunft kann sie sicherlich das tun, was jedem guten Manne wohl ansteht. Behördliche Gewalt verpflichtet sie nicht, Menschlichkeit oder Christlichkeit abzulegen; aber überzeugen ist nicht befehlen, der Druck von Gründen nicht der von Strafen. Zu letzteren hat allein die Staatsgewalt ein Recht; für das andere genügt guter Wille als Autorität. Jeder Mensch hat eine Befugnis, einen andern zu ermahnen, aufzufordern, des Irrtums zu überführen und ihn durch Vernunftgründe auf die Seite der Wahrheit zu ziehen; aber Gesetze zu geben, Gehorsam zu empfangen und mit dem Schwerte zu zwingen, kommt niemandem zu als der Obrigkeit. Und aus diesem Grunde behaupte ich, daß die Macht der Obrigkeit sich nicht auf die Festsetzung irgendwelcher Glaubensartikel oder gottesdienstlicher Formen durch den Zwang ihrer Gesetze erstreckt. Denn Gesetze haben keinerlei Kraft ohne Strafen, und Strafen sind in diesem Falle absolut ungehörig, weil sie nicht geeignet sind, im Innern Überzeugung hervorzubringen. Weder das Bekenntnis irgendeines Glaubensartikels noch die Anpassung an irgendeine äußere gottesdienstliche Form kann für das Seelenheil von Nutzen sein, wenn nicht die Wahrheit von jenem und die Gottwohlgefälligkeit von dieser innerlichst von denen geglaubt wird, die solches bekennen und solches tun. Strafen aber sind kein Mittel, das imstande wäre, solchen Glauben zu bewirken. Nur Einleuchtendes und Augenscheinliches kann einen Wechsel in menschlichen Meinungen bewerkstelligen; und solche Erleuchtung kann in keiner Weise vom körperlichen Leiden oder irgendeiner andern äußeren Strafe ausgehen.

An *dritter* Stelle könnte die Sorge für menschliches Seelenheil selbst dann nicht der Obrigkeit obliegen, wenn die Strenge des Gesetzes und der Zwang von Strafen imstande wären, zu überzeugen und die Ansichten der Menschen zu ändern. Denn das würde trotzdem ihrem Seelenheile ganz und gar nicht dienen. Da es nämlich nur eine Wahrheit, nur einen Weg zum Himmel gibt – welche Hoffnung besteht denn, daß mehr Menschen dahin geführt würden, wenn sie kein anderes Gesetz hätten als die Religion des Hofes, und in die Notwendigkeit versetzt würden, das Licht ihrer eigenen Vernunft aufzugeben, den Vorschriften ihres eignen Gewissens zu widerstehn und sich blindlings zufrieden zu geben mit dem Willen ihrer Herrscher und der Religion, die Unwissenheit, Ehrsucht oder Aberglaube zufällig in den Ländern festgesetzt haben, wo sie geboren sind? Bei der Vielfalt und dem Widerspruch religiöser Meinungen, in denen die Fürsten der Welt ebenso gespalten sind wie in ihren weltlichen Interessen, würde der enge Weg noch sehr verengt werden. Ein Land allein würde im Rechte sein und die ganze übrige Welt unter der Verpflichtung stehen, ihren Fürsten auf den Wegen zu folgen, die zum Verderben führen. Und was die Absurdität noch steigert und dem

Begriffe einer Gottheit sehr schlecht ansteht: Menschen würden ihre ewige Seligkeit oder Unseligkeit ihren Geburtsplätzen verdanken.

Diese Betrachtungen – um viele andere zu übergehen, auf die man zu demselben Ende dringen könnte – scheinen mir ausreichend, um zu schließen, daß sich alle Macht der Staatsgewalt nur auf die bürgerlichen Interessen der Menschen bezieht, daß sie auf die Sorge für die Dinge dieser Welt beschränkt ist und nichts mit der zukünftigen zu tun hat.

ROUSSEAU, JEAN-JACQUES, Kulturkritiker und Philosoph

geb. 1712 in Genf; gest. 1778 in Ermenonville bei Paris;
1741 Paris
Mitarbeiter der Enzyklopädie
1766–1770 Exil in England

Hauptwerke:
- *Schriften zur Kulturkritik* (1971)
- *Emile* (1762)
- *Contrat Social* (1762)

Der Gesellschaftsvertrag bedeutet, daß nach Abschluß eines Vertrages alle gleich und doch auch frei sind. Sie sind gleich, sofern sie keine Instanz über sich haben; sie sind frei, weil sie sich die Gesetze des Handelns selbst vorgeben. Die Herrschaft des Gesetzes schließt personale Abhängigkeiten und individuelle Vorrechte aus. Jeder ist Teil eines politischen Körpers, dessen »oberste Richtschnur« der Gemeinwille (volonté générale) ist.

Die Rousseausche Gesellschaftskonzeption beruht somit auf zwei Prämissen: der Tugend der Bürger und dem Verzicht auf Eigen- und Sonderrechte. Die Durchsetzung von Egoismus und Sonderinteressen, sei es von einzelnen oder von Gruppen, ist identisch mit dem Rückfall in den Naturzustand. Dieser ist die Metapher für eine mißlungene Integration aller in einen einzigen politischen Körper.

Jeder ist »citoyen«, politisch aktiver Bürger, der (mittels der volonté générale) zusammen mit allen anderen Gesetzgeber und zugleich Untertan ist, da er den sich selbst gegebenen Gesetzen zu gehorchen hat. Hören die Bürger auf, das Gemeinwohl zu wollen, so tritt auch das Volk als potentieller Souverän ab. »Volk« ist für Rousseau ein politischer, kein ethnischer Begriff. Die politische Substanz eines Volkes ist freilich an bestimmte Qualitäten und Leistungen der Staatsbürger gebunden.

Der zentrale Begriff der Rousseauschen Theorie ist der Gemeinwille (so wie in der Hobbesschen die Staatsgewalt und in der Lockeschen die Gewaltenteilung). Die volonté générale konstituiert sich aus dem gemeinsamen Bemühen um das Wohl der Allgemeinheit der den politischen Körper bildenden Aktivbürgerschaft. Dies bedeutet:

- Der Gemeinwille ist mehr als die bloße Summe der partikularen Einzelwillen;
- er ist der einigende Wille einer mündig werdenden politischen Gemeinschaft, die ihre »union« zum Ziel hat;
- er ist absoluter Wille, weil es keinen höheren Willen gibt, an den man appellieren könnte;
- in ihm kommt die Idee des Vertragsschlusses zur Geltung, wonach ein jeder sich bereit erklärt, als Teil eines Ganzen im Sinne dieses politischen Körpers zu handeln.

Rousseau vertraut darauf, daß, wenn nur jeder frei und unbeeinflußt seinem Gewissen und seiner Vernunft folgt, letztlich die Identifikation aller Bürger mit dem gesellschaftlichen Ganzen möglich sei.

Auszug aus: ROUSSEAU, Jean-Jacques: Vom Gesellschaftsvertrag oder Grundsätze des Staatsrechts. Stuttgart (Philipp Reclam jun.) 1977, S. 16–21

Vom Gesellschaftsvertrag

Ich unterstelle, daß die Menschen jenen Punkt erreicht haben, an dem die Hindernisse, die ihrem Fortbestehen im Naturzustand schaden, in ihrem Widerstand den Sieg davontragen über die Kräfte, die jedes Individuum einsetzen kann, um sich in diesem Zustand zu halten. Dann kann dieser ursprüngliche Zustand nicht weiterbestehen, und das Menschengeschlecht würde zugrunde gehen, wenn es die Art seines Daseins nicht änderte.

Da die Menschen nun keine neuen Kräfte hervorbringen, sondern nur die vorhandenen vereinen und lenken können, haben sie kein anderes Mittel, sich zu erhalten, als durch Zusammenschluß eine Summe von Kräften zu bilden, stärker als jener Widerstand, und diese aus einem einzigen Antrieb einzusetzen und gemeinsam wirken zu lassen.

Diese Summe von Kräften kann nur durch das Zusammenwirken mehrerer entstehen: da aber Kraft und Freiheit jedes Menschen die ersten Werkzeuge für seine Erhaltung sind – wie kann er sie verpfänden, ohne sich zu schaden und ohne die Pflichten gegen sich selbst zu vernachlässigen? Diese Schwierigkeit läßt sich, auf meinen Gegenstand angewandt, so ausdrücken: »Finde eine Form des Zusammenschlusses, die mit ihrer ganzen gemeinsamen Kraft die Person und das Vermögen jedes einzelnen Mitglieds verteidigt und schützt und durch die doch jeder, indem er sich mit allen vereinigt, nur sich selbst gehorcht und genauso frei bleibt wie zuvor.« Das ist das grundlegende Problem, dessen Lösung der Gesellschaftsvertrag darstellt.

Die Bestimmungen dieses Vertrages sind durch die Natur des Aktes so vorgegeben, daß die geringste Abänderung sie null und nichtig machen würde; so daß sie, wiewohl sie vielleicht niemals förmlich ausgesprochen wurden, allenthalben die gleichen sind, allenthalben stillschweigend in Kraft und anerkannt; bis dann, wenn der Gesellschaftsvertrag verletzt wird, jeder wieder in seine ursprünglichen Rechte eintritt, seine natürliche Freiheit wiedererlangt und dadurch die auf Vertrag beruhende Freiheit verliert, für die er die seine aufgegeben hatte.

Diese Bestimmungen lassen sich bei richtigem Verständnis sämtlich auf eine einzige zurückführen, nämlich die völlige Entäußerung jedes Mitglieds mit allen seinen Rechten an das Gemeinwesen als Ganzes. Denn erstens ist die Ausgangslage, da jeder sich voll und ganz gibt, für alle die gleiche, und da sie für alle gleich ist, hat keiner ein Interesse daran, sie für die anderen beschwerlich zu machen.

Darüber hinaus ist die Vereinigung, da die Entäußerung ohne Vorbehalt geschah, so vollkommen, wie sie nur sein kann, und kein Mitglied hat mehr etwas zu fordern: denn wenn den Einzelnen einige Rechte blieben, würde jeder – da es keine allen übergeordnete Instanz gäbe, die zwischen ihm und der Öffentlichkeit entscheiden könnte – bald den Anspruch erheben, weil er in manchen Punkten sein eigener Richter ist, es auch in allen zu sein; der Naturzustand würde fortdauern, und der Zusammenschluß wäre dann notwendig tyrannisch oder inhaltlos.

Schließlich gibt sich jeder, da er sich allen gibt, niemandem, und da kein Mitglied existiert, über das man nicht das gleiche Recht erwirbt, das man ihm über sich einräumt, gewinnt man den Gegenwert für alles, was man aufgibt, und mehr Kraft, um zu bewahren, was man hat.

Wenn man also beim Gesellschaftsvertrag von allem absieht, was nicht zu seinem Wesen gehört, wird man finden, daß er sich auf folgendes beschränkt: *Gemeinsam stellen wir alle, jeder von uns seine Person und seine ganze Kraft unter die oberste Richtschnur des Gemeinwillens; und wir nehmen, als Körper, jedes Glied als untrennbaren Teil des Ganzen auf.*

Dieser Akt des Zusammenschlusses schafft augenblicklich anstelle der Einzelperson jedes Vertragspartners eine sittliche Gesamtkörperschaft, die aus ebenso vielen Gliedern besteht, wie die Versammlung Stimmen hat, und die durch ebendiesen Akt ihre Einheit, ihr gemeinschaftliches Ich, ihr Leben und ihren Willen erhält. Diese öffentliche Person, die so aus dem Zusammenschluß aller zustande kommt, trug früher den Namen Polis*, heute trägt sie den der *Republik* oder der staatlichen Körperschaft, die von ihren Gliedern *Staat* genannt wird, wenn sie passiv, *Souverän,* wenn sie aktiv ist, und *Macht* im Vergleich mit ihresgleichen. Was die Mitglieder betrifft, so tragen sie als Gesamtheit den Namen *Volk,* als Einzelne nennen sie sich *Bürger,* sofern sie Teilhaber an der Souveränität, und *Untertanen,* sofern

---

* Der wahre Sinn dieses Wortes ist bei den Neueren fast völlig verschwunden; die meisten verwechseln Stadt [ville] und Polis [cité], Städter [bourgeois] und Bürger [citoyen]. Sie wissen nicht, daß die Häuser die Stadt, die Bürger aber die Polis machen. Der nämliche Irrtum ist damals den Karthagern teuer zu stehen gekommmen. Ich habe noch nie gelesen, daß der Titel eines *cives* jemals dem Untertanen irgendeines Fürsten gegeben worden wäre, nicht einmal in der Antike den Makedonen noch heutzutage den Engländern, obwohl diese der Freiheit viel näher sind als alle anderen. Nur die Franzosen bedienen sich ganz zwanglos des Begriffes *Bürger,* weil sie davon auch nicht die leiseste wirkliche Vorstellung haben, wie man aus ihren Wörterbüchern sehen kann, sonst würden sie sich nämlich bei seiner anmaßenden Verwendung des Verbrechens der Majestätsbeleidigung schuldig machen: dieses Wort drückt bei ihnen eine Tugend aus und nicht ein Recht. Als Bodin von unseren Bürgern und Städtern sprechen wollte, machte er einen groben Schnitzer, da er die einen mit den andern verwechselte. D'Alembert hat sich nicht getäuscht und in seinem Artikel *Genf* genau die vier (fünf sogar, wenn man die einfachen Fremden dazuzählt) Klassen von Menschen in unserer Stadt unterschieden, von denen nur zwei die Republik bilden. Kein anderer französischer Autor hat meines Wissens den wirklichen Sinn des Wortes *Bürger* verstanden.

sie den Gesetzen des Staates unterworfen sind. Aber diese Begriffe werden oft vermengt und einer für den anderen genommen; es genügt, sie auseinanderhalten zu können, wenn sie im strengen Sinn gebraucht werden.

Vom Souverän

Man sieht aus dieser Formel, daß der Akt des Zusammenschlusses eine gegenseitige Verpflichtung von Öffentlichkeit und Einzelnen enthält und daß jeder Einzelne, indem er sozusagen mit sich selbst einen Vertrag schließt, sich in doppelter Hinsicht verpflichtet findet, nämlich als Glied des Souveräns gegenüber den Einzelnen und als Glied des Staates gegenüber dem Souverän. Hier kann man jedoch nicht die Vorschrift des Bürgerlichen Rechtes anwenden, wonach niemand an Verträge mit sich selbst gebunden ist; denn es ist ein großer Unterschied, sich gegenüber sich selbst zu verpflichten oder gegenüber einem Ganzen, dessen Teil man ist.

Darüber hinaus muß beachtet werden, daß der öffentliche Beschluß, der alle Untertanen gegenüber dem Souverän verpflichten kann aufgrund der zwei unterschiedlichen Beziehungen, unter denen jeder von ihnen gesehen werden muß, aus dem entgegengesetzten Grund den Souverän nicht gegen sich selbst verpflichten kann und daß es infolgedessen gegen die Natur der politischen Körperschaft ist, daß sich der Souverän ein Gesetz auferlegt, das er nicht brechen kann. Da er sich nur in ein- und derselben Beziehung sehen kann, ist er dann in der Lage eines Einzelnen, der einen Vertrag mit sich selbst schließt: daraus sieht man, daß es für den Volkskörper keinerlei verpflichtendes Grundgesetz gibt noch geben kann, welcher Art auch immer, nicht einmal den Gesellschaftsvertrag. Was nicht heißt, daß diese Körperschaft sich nicht sehr wohl gegenüber Dritten verpflichten kann in Dingen, die nicht gegen diesen Vertrag verstoßen; denn einem Außenstehenden gegenüber wird sie ein einfaches Wesen, ein Individuum.

Jedoch kann sich die politische Körperschaft oder der Souverän, der sein Sein nur aus der Heiligkeit des Vertrages empfängt, niemals – auch nicht gegenüber Dritten – zu etwas verpflichten, was gegen diesen ursprünglichen Akt verstößt, wie z.B. die teilweise Veräußerung seiner selbst oder die Unterwerfung unter einen anderen Souverän. Den Akt verletzen, dem er sein Dasein verdankt, hieße sich selbst vernichten, und aus nichts folgt nichts.

Sobald jene Menge auf solche Art zu einer Körperschaft verschmolzen ist, kann man keines ihrer Glieder verletzen, ohne die

Körperschaft anzugreifen; noch weniger kann man die Körperschaft verletzen, ohne daß die Glieder die Wirkung spüren. So zwingen Pflicht und Vorteil die beiden Vertragsteile gleicherweise zu gegenseitigem Beistand, und die gleichen Menschen müssen versuchen, in dieser Doppelbeziehung alle sich daraus ergebenden Vorteile zu vereinen.

Da nun der Souverän nur aus den Einzelnen besteht, aus denen er sich zusammensetzt, hat er kein und kann auch kein dem ihren widersprechendes Interesse haben; folglich braucht sich die souveräne Macht gegenüber den Untertanen nicht zu verbürgen, weil es unmöglich ist, daß die Körperschaft allen ihren Gliedern schaden will, und wir werden im folgenden sehen, daß sie auch niemandem im besonderen schaden kann. Der Souverän ist, allein weil er ist, immer alles, was er sein soll.

Nicht so verhält es sich aber mit den Untertanen gegenüber dem Souverän, dem nichts, trotz des gemeinsamen Interesses, für deren Verpflichtung einstünde, wenn er nicht Mittel fände, sich ihrer Treue zu versichern.

In der Tat kann jedes Individuum als Mensch einen Sonderwillen haben, der dem Gemeinwillen, den er als Bürger hat, zuwiderläuft oder sich von diesem unterscheidet. Sein Sonderinteresse kann ihm ganz anderes sagen als das Gemeininteresse; sein selbständiges und natürlicherweise unabhängiges Dasein kann ihn das, was er der gemeinsamen Sache schuldig ist, als eine unnütze Abgabe betrachten lassen, deren Einbuße den anderen weniger schadet, als ihn ihre Leistung belastet, und er könnte gar seine Rechte als Staatsbürger in Anspruch nehmen, ohne die Pflichten eines Untertanen erfüllen zu wollen, da er die moralische Person, die der Staat darstellt, als Gedankending betrachtet, weil sie kein Mensch ist; eine Ungerechtigkeit, deren Umsichgreifen den Untergang der politischen Körperschaft verursachen würde.

Damit nun aber der Gesellschaftsvertrag keine Leerformel sei, schließt er stillschweigend jene Übereinkunft ein, die allein die anderen ermächtigt, daß, wer immer sich weigert, dem Gemeinwillen zu folgen, von der gesamten Körperschaft dazu gezwungen wird, was nichts anderes heißt, als daß man ihn zwingt, frei zu sein; denn dies ist die Bedingung, die den einzelnen Bürger vor jeder persönlichen Abhängigkeit schützt, indem sie ihn dem Vaterland übergibt; eine Bedingung, in der das kunstvolle Spiel der politischen Maschine liegt und die allein den Verpflichtungen der Bürger Rechtmäßigkeit verleiht, welche sonst sinnlos, tyrannisch und größtem Mißbrauch unterworfen wären.

HEGEL, GEORG WILHELM FRIEDRICH, Staats- Rechts- und Geschichtsphilosoph.

geb. 1770 in Stuttgart; gest. 1831 in Berlin
Hauslehrer in Bern und Frankfurt/M.
1801 Privatdozent in Jena
1816 Prof. in Heidelberg
1818 Berlin

Hauptwerke:
- *Phänomenologie des Geistes* (1807)
- *Wissenschaft der Logik* (1812/13)
- *Grundlinien der Philosophie des Rechts* (1821)

Seit Hegel ist das Verhältnis von Staat und bürgerlicher Gesellschaft ein gebrochenes geblieben. Die Gesellschaft wird – im Gegensatz zum liberalen Harmoniemodell – als Kampfplatz individueller Privatinteressen, als Kampf aller gegen alle begriffen, d.h. als zivilisatorisch angereicherter Naturzustand, in dem jeder nur »sich Zweck« ist.

Hegel charakterisiert die bürgerliche Gesellschaft in seiner Rechtsphilosophie wie folgt:

Erstens produziert die Reichtumsanhäufung der industriellen Gesellschaft deren eigenen Untergang, denn diese ist zwar reich, aber nicht reich genug, um dem von ihr hervorgebrachten »Pöbel« zu steuern, einem Pöbel, der für sich das Recht proklamiert, am Reichtum zu partizipieren. Geschähe dies aber, d.h. triebe der Staat Wohlfahrtspolitik, so verstieße die bürgerliche Gesellschaft gegen ihr ureigenstes Prinzip: das Gesetz des Äquivalententauschs, wonach nur gegen Leistung Subsistenzmittel zu bekommen sind.

Sonach erkennt Hegel in der bürgerlichen Industriegesellschaft eine unauflösbare Antinomie: Die Klasse der Bourgeoisie produziert mit ihrem Wohlstand zugleich den vierten Stand, der bloß noch zum Bewußtsein seiner selbst gelangen muß, um das System der Bedürfnisse über sich hinauszutreiben und damit die bürgerliche Gesellschaft in Anarchie und Despotie aufzulösen.

Zweitens wird in der fortschreitenden Teilung der Arbeit der einzelne in der bürgerlichen Gesellschaft auf sich selbst zurückgeworfen, um so, als ein Isolierter, noch abhängiger von der Gesamtheit aller anderen Bürger zu werden. Die Spezialisierung und Differenzierung der die bürgerliche Gesellschaft in Gang haltenden Geschäfte und Arbeitsverrichtungen ist verantwortlich dafür, daß Freiheit, Gleichheit und Brüderlichkeit zuschanden werden und an deren Stelle Unfreiheit, Ungleichheit und erbarmungsloser Kampf aller gegen alle treten, so daß eine schreiende Diskrepanz zwischen Anspruch und Realisierung der Aufklärung den Bestand des bürgerlichen Gemeinwesens selbst in Frage stelle. Dies ist der Abschied vom liberalen Harmoniedenken in der politischen Theorie.

Drittens sieht Hegel keinen Ausweg im Rückgang zur feudalen Beschränktheit, sowenig wie in einer proletarischen Revolution. Als ökonomische Lösung scheinen sich Kapitalexport und imperiale Kolonialisierung anzubieten.

Die Aufdeckung der destruktiven Tendenzen in der bürgerlichen Gesellschaft als einer Potenzierung ihrer immanenten Widersprüche, die sich letztlich daraus ergeben, daß in dieser Gesellschaft ein jeder sich selbst alleiniger Zweck ist, führt Hegel zur Konstruktion eines monarchischen Staates, in dem er die Chance der Bestandserhaltung der bürgerlichen Gesellschaft sieht.

Auszug aus: HEGEL, Georg Wilhelm Friedrich: Grundlinien der Philosophie des Rechts. Frankfurt a.M./Berlin/Wien (Ullstein Verlag) 1972, S. 168–170 und 207–209

§ 182

Die konkrete Person, welche sich als *besondere* Zweck ist, als ein Ganzes von Bedürfnissen und eine Vermischung von Naturnotwendigkeit und Willkür, ist das *eine Prinzip* der bürgerlichen Gesellschaft – aber die besondere Person als wesentlich in *Beziehung* auf andere solche Besonderheit, so daß jede durch die andere und zugleich schlechthin nur als durch die Form der *Allgemeinheit, das andere Prinzip, vermittelt* sich geltend macht und befriedigt.[1]

1 [Zusatz. Die bürgerliche Gesellschaft ist die Differenz, welche zwischen die Familie und den Staat tritt, wenn auch die Ausbildung derselben später als

§ 183

Der selbstsüchtige Zweck in seiner Verwirklichung, so durch die Allgemeinheit bedingt, begründet ein System allseitiger Abhängigkeit, daß die Subsistenz und das Wohl des Einzelnen und sein rechtliches Dasein in die Subsistenz, das Wohl und Recht aller verflochten, darauf gegründet und nur in diesem Zusammenhange wirklich und gesichert ist. – Man kann dieses System zunächst als den *äußeren Staat*, – *Not-* und *Verstandesstaat* ansehen.

§ 184

Die Idee in dieser ihrer Entzweiung erteilt den *Momenten eigentümliches Dasein,* der *Besonderheit* das Recht, sich nach allen Seiten zu entwickeln und zu ergehen, und der Allgemeinheit das Recht, sich als Grund und notwendige Form der Besonderheit sowie als die Macht über sie und ihren letzten Zweck zu erweisen. Es ist das System der in ihre Extreme verlornen Sittlichkeit, was das abstrakte Moment der *Realität* der Idee ausmacht, welche hier nur als die *relative Totalität* und *innere Notwendigkeit* an dieser äußern *Erscheinung* ist.[2]

---

die des Staates erfolgt; denn als die Differenz setzt sie den Staat voraus, den sie als Selbständiges vor sich haben muß, um zu bestehen. Die Schöpfung der bürgerlichen Gesellschaft gehört übrigens der modernen Welt an, welche allen Bestimmungen der Idee erst ihr Recht widerfahren läßt. Wenn der Staat vorgestellt wird als eine Einheit verschiedener Personen, als eine Einheit, die nur Gemeinsamkeit ist, so ist damit nur die Bestimmung der bürgerlichen Gesellschaft gemeint. Viele der neueren Staatsrechtslehrer haben es zu keiner anderen Ansicht vom Staate bringen können. In der bürgerlichen Gesellschaft ist jeder sich Zweck, alles andere ist ihm nichts. Aber ohne Beziehung auf andere kann er den Umfang seiner Zwecke nicht erreichen; diese anderen sind daher Mittel zum Zweck des Besonderen. Aber der besondere Zweck gibt sich durch die Beziehung auf andere die Form der Allgemeinheit und befriedigt sich, indem er zugleich das Wohl des anderen mit befriedigt. Indem die Besonderheit an die Bedingung der Allgemeinheit gebunden ist, ist das Ganze der Boden der Vermittlung, wo alle Einzelheiten, alle Anlagen, alle Zufälligkeiten der Geburt und des Glücks sich frei machen, wo die Wellen aller Leidenschaften ausströmen, die nur durch die hineinscheinende Vernunft regiert werden. Die Besonderheit, beschränkt durch die Allgemeinheit, ist allein das Maß, wodurch jede Besonderheit ihr Wohl befördert.]

2 [Zusatz. Das Sittliche ist hier in seine Extreme verloren, und die unmittelbare Einheit der Familie ist in eine Vielheit zerfallen. Die Realität ist hier Äußerlichkeit, Auflösung des Begriffs, Selbständigkeit der freigewordenen daseienden Momente. Indem in der bürgerlichen Gesellschaft

§ 243

Wenn die bürgerliche Gesellschaft sich in ungehinderter Wirksamkeit befindet, so ist sie innerhalb ihrer selbst in *fortschreitender Bevölkerung* und *Industrie* begriffen. – Durch die *Verallgemeinerung* des Zusammenhangs der Menschen durch ihre Bedürfnisse, und der Weisen, die Mittel für diese zu bereiten und herbeizubringen, vermehrt sich die *Anhäufung der Reichtümer,* denn aus dieser gedoppelten Allgemeinheit wird der größte Gewinn gezogen, auf der einen Seite, wie auf der andern Seite die *Vereinzelung* und *Beschränktheit* der besondern Arbeit und damit die *Abhängigkeit* und *Not* der an diese Arbeit gebundenen Klasse, womit die Unfähigkeit der Empfindungen und des Genusses der weitern Freiheiten und besonders der geistigen Vorteile der bürgerlichen Gesellschaft zusammenhängt.

§ 244

Das Herabsinken einer großen Masse unter das Maß einer gewissen Subsistenzweise, die sich von selbst als die für ein Mitglied der Gesellschaft notwendige reguliert, und damit zum Verluste des Gefühls des Rechts, der Rechtlichkeit und der Ehre, durch eigene Tätigkeit und Arbeit zu bestehen, bringt die Erzeugung des *Pöbels* hervor, die hinwiederum zugleich die größere Leichtigkeit, unverhältnismäßige Reichtümer in wenige Hände zu konzentrieren, mit sich führt.[3]

Besonderheit und Allgemeinheit auseinandergefallen sind, sind sie dennochbeide wechselseitig gebunden und bedingt. Indem das eine gerade das dem andern Entgegengesetzte zu tun scheint und nur sein zu können vermeint, indem es sich das andere vom Leibe hält, hat jedes das andere doch zu seiner Bedingung. So sehen die meisten z.B. die Bezahlung von Abgaben für ein Verletzen ihrer Besonderheit an, für ein ihnen Feindseliges, das ihren Zweck verkümmert; aber so wahr dies *scheint,* so kann doch die Besonderheit des Zwecks nicht befriedigt werden ohne das Allgemeine, und ein Land, worin keine Abgaben bezahlt werden, dürfte sich auch nicht durch die Erkräftigung der Besonderheit auszeichnen. Ebenso könnte es scheinen, die Allgemeinheit verhielte sich besser, wenn sie die Kräfte der Besonderheit an sich zieht, wie dies zum Beispiel im Platonischen Staate ausgeführt ist; aber auch dieses ist wiederum nur ein Schein, indem beide nur durch- und füreinander sind und ineinander umschlagen. Meinen Zweck befördernd, befördere ich das Allgemeine, und dieses befördert wiederum meinen Zweck.]

3. [Zusatz. Die niedrigste Weise der Subsistenz, die des Pöbels, macht sich von selbst: dies Minimum ist jedoch bei verschiedenen Völkern sehr verschieden. In England glaubt auch der Ärmste sein Recht zu haben; dies ist etwas

§ 245

Wird der reichern Klasse die direkte Last aufgelegt, oder es wären in anderem öffentlichen Eigentum (reichen Hospitälern, Stiftungen, Klöstern) die direkten Mittel vorhanden, die der Armut zugehende Masse auf dem Stande ihrer ordentlichen Lebensweise zu erhalten, so würde die Subsistenz der Bedürftigen gesichert, ohne durch die Arbeit vermittelt zu sein, was gegen das Prinzip der bürgerlichen Gesellschaft und des Gefühls ihrer Individuen von ihrer Selbständigkeit und Ehre wäre; oder sie würde durch Arbeit (durch Gelegenheit dazu) vermittelt, so würde die Menge der Produktionen vermehrt, in deren Überfluß und dem Mangel der verhältnismäßigen selbst produktiven Konsumenten gerade das Übel besteht, das auf beide Weisen sich nur vergrößert. Es kommt hierin zum Vorschein, daß bei dem *Übermaße des Reichtums* die bürgerliche Gesellschaft *nicht reich genug* ist, d.h. an dem ihr eigentümlichen Vermögen nicht genug besitzt, dem Übermaße der Armut und der Erzeugung des Pöbels zu steuern.

Diese Erscheinungen lassen sich im großen an *Englands* Beispiel studieren, sowie näher die Erfolge, welche die Armentaxe, unermeßliche Stiftungen und ebenso unbegrenzte Privatwohltätigkeit, vor allem auch dabei das Aufheben der Korporationen gehabt haben. Als das direkteste Mittel hat sich daselbst (vornehmlich in Schottland) gegen Armut sowohl als insbesondere gegen die Abwerfung der Scham und Ehre, der subjektiven Basen der Gesellschaft, und gegen die Faulheit und Verschwendung usf., woraus der Pöbel hervorgeht, dies erprobt, die Armen ihrem Schicksal zu überlassen und sie auf den öffentlichen Bettel anzuweisen.

---

anderes, als womit in anderen Ländern die Armen zufrieden sind. Die Armut an sich macht keinen zum Pöbel: dieser wird erst bestimmt durch die mit der Armut sich verknüpfende Gesinnung, durch die innere Empörung gegen die Reichen, gegen die Gesellschaft, die Regierung usw. Ferner ist damit verbunden, daß der Mensch, der auf die Zufälligkeit angewiesen ist, leichtsinnig und arbeitsscheu wird, wie z.B. die Lazzaronis in Neapel. Somit entsteht im Pöbel das Böse, daß er die Ehre nicht hat, seine Subsistenz durch seine Arbeit zu finden, und doch seine Subsistenz zu finden als sein Recht anspricht. Gegen die Natur kann kein Mensch ein Recht behaupten, aber im Zustande der Gesellschaft gewinnt der Mangel sogleich die Form eines Unrechts, was dieser oder jener Klasse angetan wird. Die wichtige Frage, wie der Armut abzuhelfen sei, ist eine vorzüglich die modernen Gesellschaften bewegende und quälende.]

§ 246

Durch diese ihre Dialektik wird die bürgerliche Gesellschaft über sich hinausgetrieben, zunächst *diese bestimmte* Gesellschaft, um außer ihr in anderen Völkern, die ihr an den Mitteln, woran sie Überfluß hat, oder überhaupt an Kunstfleiß usf. nachstehen, Konsumenten und damit die nötigen Subsistenzmittel zu suchen.

2 Konservatismus

2.1 Überblick

Die Entstehung einer konservativen politischen Theorie ist im allgemeinen als eine Reaktionsform auf die liberalen Ideen der Aufklärung und deren Praxis im Zeitalter der Französischen Revolution begriffen worden. Für Deutschland läßt sich die Theorie des Konservatismus (ebenso wie die des Sozialismus) im engen Zusammenhang mit dem Streit um das Erbe der Hegelschen Staatslehre verstehen.

Hatte Hegel in der Vorrede zu seiner Rechtsphilosophie den berühmt-berüchtigten Satz geprägt: »Was vernünftig ist, das ist wirklich; und was wirklich ist, das ist vernünftig«, so läßt sich diese Aussage in zwei Fragen verwandeln:

- Ist das Vernünftige (schon) wirklich?
- Ist das Wirkliche (noch) vernünftig?

Die Linke beantwortet beide Fragen mit einem Nein; die konservative Rechte hingegen mit einem Ja.

In der rechtshegelianischen Version, wie sie beispielhaft bei Friedrich Julius Stahl vorliegt, bedeutet, wie schon für Hegel, der Staat das höchste Prinzip der Sittlichkeit. Allerdings ist dies ein Staat, in dem das monarchische Prinzip herrscht, d.h. der souveräne Monarch alle entscheidenden Kompetenzen besitzt, da für konservatives Denken die königliche Gewalt zugleich die irdische Repräsentation einer transzendenten Ordnung darstellt. In diesem Sinne verteidigt Stahl den »christlichen Staat« gegen alle seine Widersacher: die Liberalen, die Demokraten und erst recht gegen Sozialisten und Anarchisten.

2.2 Text und Kommentar

STAHL, FRIEDRICH JULIUS, Rechtsphilosoph und Politiker.

geb. 1802 in München; gest. 1861 in Bad Brückenau
1832 Prof. in Würzburg
1840 Berlin
1849 Mitglied der preußischen Ersten Kammer und Führer der Hochkonservativen

Hauptwerke:
- *Die Philosophie des Rechts nach geschichtlicher Ansicht* (1830–37)
- *Das monarchische Prinzip* (1845)
- *Der christliche Staat* (1847)

Ein Problem bei der Erschließung des Textes von Friedrich Julius Stahl könnte darin bestehen, daß im Vordergrund seiner Argumentation nicht die Darstellung und Verteidigung seiner eigenen Position, sondern die Analyse des politischen Gegners steht. Doch gerade hierbei werden wichtige Determinanten konservativer Politikauffassung deutlich.

Die Frage, um die es letztlich geht, ist die nach der Organisation von Staat und Gesellschaft. Die Sorge des Konservativen ist dabei stets die um die Handlungs- und Entscheidungsfähigkeit des Staates gegenüber den divergierenden gesellschaftlichen Interessen. Es gilt der Primat des Staates (des Monarchen) vor der Gesellschaft, in Stahls Worten: das Prinzip der Legitimität. Von dieser Warte aus fallen tatsächlich solch unterschiedliche Strömungen wie die des Liberalismus, der radikalen Demokratie oder des Sozialismus in einen Topf. Ob sich dahinter nun der politische Anspruch der aufstrebenden Bürgerklasse, die radikale Forderung nach Volksherrschaft oder gar die nach der Emanzipation des Proletariats verbirgt: alle stellen dem Legitimitätsprinzip gegenüber gesellschaftliche Interessen in den Vordergrund. Die Forderung nach einem diesen Interessen gemäß organisierten Staat kommt aus konservativer Optik einer Forderung nach Revolution gleich.

Stahl sieht deutlich die Klassengebundenheit dieser Interessen, was für manche seiner Nachfolger nicht gilt. Entscheidend aber bleibt seine Option für den »christlichen Staat« und die Monarchie, von der aus der Begriff der Partei überhaupt (als politischer Ausdruck partieller Interessen) an sich schon als revolutionärer Begriff verstanden wird. Revolution ist in der Stahlschen Konzeption alles, was die bestehende Ordnung anzweifelt. In dieser Reduktion eines historischen Begriffs auf eine Kampfvokabel zur Freund-Feind-Erkennung ist eine wichtige Konstante konservativen Politikverständnisses zu sehen.

Auszug aus: STAHL, Friedrich Julius: Die gegenwärtigen Parteien in Staat und Kirche. Zit. nach: LENK, K./NEUMANN, F. (Hrsg.): Theorie und Soziologie der politischen Parteien, Bd. 1. Darmstadt/Neuwied (Luchterhand Verlag) 1974, S. 99–108

Revolution und Legitimität

Die politischen Parteien scheide ich nach ihrem fundamentalen Gegensatz in die Parteien der *Revolution* und die Parteien der *Legitimität.* Revolution nehme ich dabei in ihrem weltgeschichtlichen Begriffe, wonach sie nicht dasselbe ist mit Empörung, überhaupt nicht bloß eine Tat und ein Vorgang, sondern ein politisches System. Die Empörungen, an welchen die Geschichte alter und neuer Zeit so reich ist, die Vertreibungen von Dynastien, ja selbst die Umwandlung von Monarchien in Republiken sind darum doch nicht Revolution, und umgekehrt kann die Revolution ohne Schwertstreich in friedlich legaler Weise und mit Belassung der Dynastie, ja von Fürsten selbst, eingeführt werden. Empörung ist Abwerfung einer bestimmten bestehenden Herrschaft, Revolution ist Umkehrung des Herrscher*verhältnisses* selbst, daß Obrigkeit und Gesetz grundsätzlich und permanent unter den Menschen stehen, statt über ihnen. Die Souveränität des Volkswillens, die Entgliederung der überkommenen Gesellschaft, die Unterordnung der Institutionen unter die Menschenrechte, statt der Bemessung der Menschenrechte nach den Institutionen – das ist Revolution. Die Revolution hat darum dem Begriffe und der Sache nach nicht existiert, wenigstens nicht vollständig existiert vor 1789. Seitdem aber ist sie eine Weltmacht geworden und der Kampf für und gegen sie erfüllt die Geschichte. Ein hochbegabter französischer Staatsmann, *Guizot,* in der Verzweiflung über sein Vaterland, untersucht in einer ausführlichen Abhandlung, warum die Revolution in England gelungen und in Frankreich mißlungen sei. Wollte ich auf die Ursachen näher eingehen, ich würde sie darein setzen, daß die Freiheits-Bewegung in England christlich, in Frankreich irreligiös und der Rechtszustand in England germanisch, in Frankreich romanisch war. Aber man kann die Frage *Guizots* einfacher beantworten: Die Revolution in England ist gelungen, weil sie nicht Revolution war. Was man in Frankreich unter Revolution versteht, das existiert in England nicht. Die Rebellion unter Kromwell, die der Revolution allenfalls nahe kommt, ist nicht die Basis des englischen Zustandes geworden, sie wurde wieder ausgewurzelt, hat nicht gesiegt, und die Katastrophe unter Jakob II., welche die Engländer vorzugsweise Revolution nennen, war nur Vertreibung der Dynastie, aber nicht Revolution und Schwächung des Königtums zugunsten der Aristokratie. Kurz, England ist nicht ein revolutioniertes Land, wie Frankreich ein revolutioniertes Land ist. – Zu den Parteien der Revolution in diesem Sinne zähle ich denn ebensowohl die liberale und die liberal-konstitutionelle Partei, als die demokratische und die socialistische Partei. Nicht daß ich jene gemäßigten und ordnungssuchenden Parteien der Empörung und des Umsturzes zeihe, sondern ihre politischen Prinzipien sind bestimmte Schattierungen der Prinzipien von 1789, der Prinzipien der Revolution.

Unter den Parteien der Legitimität begreife ich alle diejenigen, welche ein Höheres, unbedingt Bindendes, eine gottgesetzte Ordnung anerkennen über dem Volkswillen und über den Zwecken der Herrscher – gegebene Autorität, geschichtliches Recht, natürliche Gliederungen, welche noch einen Grund und Maßstab der Staatsordnung gelten lassen außer dem Rechte und Nutzen des Menschen und der Freiheit des Volks oder der mechanischen Sicherung der Gesellschaft. Hier werden wir zu betrachten haben: die englischen Torys, die französischen Legitimisten, die deutschen Hallerianer, alle geschichtlich-konservativ Gesinnten unter jeder Verfassung, insbesondere aber aller monarchischen Parteien, die Partei der absoluten Monarchie, der ständischen Monarchie und auch die Konstitutionellen, welche das monarchische Prinzip festhalten. Auf dem Gegensatz von Revolution und Legitimität beruht die Scheidung der Parteien in eine *Linke* und eine *Rechte,* wenn sie anders eine absolute, gedankenmäßige sein soll, nicht der Ausdruck für ein bloßes Mehr oder Minder an Lizenz oder Gleichheit. Dies war auch der Sinn der Bezeichnung in den französischen Versammlungen und Kammern, wo sie zuerst entstand, es ist jedenfalls ihr Sinn in dem allgemeinen Parlamente der Geister. . . .

Ich durfte mich nicht auf die politischen Parteien beschränken und die kirchlichen einer anderen Darstellung überlassen. Beide zusammen sind ein untrennbares Ganzes, in beiden zusammen stellt sich die Signatur des Zeitalters dar. Die Solidarität der politischen und der kirchlichen Stellen wird auch bereits mehr oder minder von allen Parteien selbst empfunden. Man hat behauptet, die kirchliche Oppositions-Bewegung vor 1848 sei nur die Schale der politischen gewesen. Ich bestreite das nicht; aber ich behaupte auch umgekehrt, die politische Bewegung von 1848 selbst ist nur die Schale einer religiösen. Nicht bloß ist die Entchristianisierung des Staats einer ihrer Zielpunkte und nicht der geringste, sondern sie selbst im Ganzen ist nach ihrem Innersten religiöser, meist antireligiöser Natur; ihr Kern ist die Emanzipation von den göttlichen Ordnungen. Der verworrene Kampf, der sich jetzt über das kirchliche, politische und soziale Gebiet als über seine verschiedenen Schlachtfelder verbreitet, ist in letzter Instanz doch nur ein Kampf um eine Entscheidung, um die Entscheidung, wer der Herr der sittlichen Welt sei, die Ordnung Gottes oder der Wille des Menschen.

Die kirchlichen Parteien scheide ich denn gleichfalls nach ihrem fundamentalsten Gegensatz in die Parteien des Glaubens und des Unglaubens, also namentlich der Christen einerseits und der Rationalisten, Deisten, Pantheisten, Atheisten andererseits. Innerhalb des christlichen Glaubens werden wir wieder den Gegensatz von Katholizismus und Protestantismus zu beleuchten haben, so wie die Parteirichtungen in jeder Kirche selbst, dort Episkopale, Ultramontane, hier Pietisten und Kirchliche, Unionisten und Konfessionelle. Dabei wird überall der Einfluß des kirchlichen Standpunktes auf den politischen unsere Aufmerksamkeit besonders in Anspruch nehmen . . .

Der Gang, den die Revolution überall nimmt, ist der, daß die liberale Partei an der Spitze der Bewegung sie vollbringt, Königtum und Aristokratie stürzt und damit zur Herrschaft gelangt, daß sie aber in Bälde selbst wieder gestürzt wird durch die demokratische Partei. Dies ist das andere Stadium im natürlichen Verlauf der Revolution.

Man muß aber die Frage aufwerfen: wie kommt es, daß die Revolution, die doch *ein* Gedankensystem ist, zwei Parteien erzeugt, die gegeneinander einen Vernichtungskampf führen? worauf beruht der Gegensatz, der diese Parteien zu solcher Todfeindschaft gegeneinander treibt, da doch beide die Kinder *einer* Mutter sind, beide Strömungen aus *einer* Quelle? Die Beantwortung dieser Frage ist zugleich auch die Darlegung des Wesens der demokratischen Partei und die Erklärung jenes natürlichen und allgemeinen Verlaufs der Revolution.

Der Gegensatz dieser Parteien beruht einmal darauf: die liberale Partei bleibt bei der Durchführung der Revolution auf halbem Wege stehen, sie ist zurückgehalten teils durch das Interesse des Mittelstandes, teils aber auch durch den Machteindruck des Bestehenden und ein sittliches Gefühl für das Bestehende. Die demokratische Partei hingegen vollzieht die Konsequenz des revolutionären Prinzips bis zum Äußersten, sie erschrickt vor keinem Ergebnis. Insofern ist die liberale Partei die Partei der Gemäßigten (modérés), die demokratische Partei die Partei der Extremen (exagérés).

Der Gegensatz beruht ferner darauf: Nachdem das Königtum und was an größerer Machtstellung sich an das Königtum schloß, gefallen ist, werden zwei Klassen des Volks, die bis dahin unter dem Gehorsam standen, herrscherlos. Der Mittelstand und die große Volksmasse. Diese beiden Klassen, die in ihrer Lage und ihrem Interesse keineswegs eins sind, und nur den Kampf gegen den gemeinschaftlichen Herrscher gemein hatten, ringen in dem Konflikt ihres Interesses gegeneinander um die Herrschaft. Insofern ist die liberale Partei die Partei des Mittelstandes (bourgeoisie), die demokratische Partei die Partei der Volksmasse (peuple).

Allein weder jene Verschiedenheit in *Grad und Maß,* noch diese Verschiedenheit im *natürlichen Interesse* der Volksklassen, noch beide miteinander reichen aus, den Gegensatz zu erschöpfen und die absolute Feindschaft der beiden Parteien zu erklären. Der Gegensatz beruht zugleich auch auf einer Verschiedenheit des *Prinzips.* Die liberale Partei hat zu ihrem Prinzip den einzelnen Menschen, daher die individuelle Freiheit, die demokratische Partei die menschliche Gattung, als ununterschiedene, unabgeteilte Einheit, daher die Volksgewalt. Diese Spaltung ist im Wesen der Revolution begründet. Denn die Revolution hat ja zu ihrem Grunde, auf dem sie steht, den Willen des *Menschen,* gelöst von der höhern Macht über ihm, der Mensch aber ist Individuum und ist Gattung. Das Ideal der liberalen Partei ist demnach *Recht und Freiheit des Menschen in seiner Vereinzelung, ungestörter Genuß der leiblichen und geistigen Existenz des Menschen in seiner Vereinzelung.* Das Ideal der demokratischen Partei ist die *Apotheose der menschlichen Gattung,* daher *absolute Volksgewalt, absolute Volksverherrlichung, absolute Volksgleichheit.* Ohne diesen idealen Beweggrund ist das Wesen der demokratischen Partei und ist namentlich ihre weltgeschichtliche Erscheinung im vergangenen Jahrhundert nicht zu begreifen.

Aus diesem allen aber erklärt es sich, wie diese beiden Parteien, obwohl auf dem gemeinsamen Boden der Revolution stehend, obwohl gemeinsam gegen alle Autorität kämpfend, dennoch gegeneinander die erbittertste Feindschaft und die tiefste Verachtung hegen. Eben so erklärt es sich, daß die liberale Partei immer der demokratischen erlag, diese hat nicht bloß die größere Masse, sondern auch die mächtigeren Impulse für sich; und erklärt sich endlich, daß die demokratische noch weniger als die liberale ihre Herrschaft auf die Dauer behaupten kann, daß bei ihr Sieg und Ende fast in denselben Augenblick fallen.

Der natürliche Träger des Demokratismus ist hiernach die große Volksmasse der unteren Klassen, im Unterschiede des Mittelstandes und nach der Abgrenzung, die früher angegeben worden ist. Sein Wesen beruht aber hiernach auf den verschiedenen Beweggründen: der Konsequenz des revolutionären Prinzips, dem Interesse, d.i. der Herrschbegierde der größern Volksmasse, und dem Ideal der Apotheose der menschlichen Gattung. Alle drei zusammen geben ihr die Fülle ihrer Existenz und ihrer Energie. Es kann aber auch nach Zeit, Ort und Beschaffenheit der Menschen der eine über den andern dieser Beweggründe vorherrschen, und danach unterscheiden sich verschiedene Nuancen, Richtungen, Fraktionen der Demokratie. . . .

In der Republik selbst – oder resp. dem Rest der Monarchie, den sie noch übrig läßt – duldet die demokratische Partei *keine Temperamente:* keine *zwei* Kammern, keine *indirekten Wahlen,* ja in ihrer Strenge gar keine *Teilung der Gewalten,* der legislativen und exekutiven Gewalt, weshalb der Konvent sofort beide an sich nahm. Die ganze *Mechanik des Konstitutionalismus,* der diese Temperamente angehören, ist der demokratischen Partei ferne, sie stammt nur aus dem Interesse der liberalen Partei: Schutz der individuellen Freiheit und Abhaltung der Volksmasse. Die demokratische Partei, wo sie siegt, stellt vielmehr eine *einfache ungeteilte, unermäßigte Gewalt* her, die dann dem Volke zukommt oder den Führern, welche das Volks als die Seinigen, als Fleisch von seinem Fleisch und Bein von seinem Bein erkennt.

Die demokratische Partei fordert zweitens die Unbegrenztheit der Volksgewalt auch nach ihrem Gegenstand und Umfang. Sie duldet keine Schranke des Volkswillens an bestehendem Gesetz und Verfassung. Die liberale Partei trägt zwar auch kein Bedenken, die vorgefundene naturwüchsige, historische Verfassung als unverbindlich für das Volk zu erklären. Aber sie hält doch an der Unverbrüchlichkeit der Charte, die das Volk selbst frei durch seine Repräsentanten sich gegeben. Sie will an diesem Produkt der Volksgewalt eine Schranke für die Volksgewalt, an dieser Fixierung des menschlichen Willens in einem Moment eine Autorität für den menschlichen Willen in alle Zukunft gewinnen, da sie alle Autoritäten und Schranken anderer Art aufgibt. Die demokratische Partei dagegen konsequenter verschmäht dies. Der *gegenwärtige* Wille des souveränen Volkes kann durch gar nichts, auch nicht seinen eigenen *vergangenen* Willen gebunden sein. Das Volk setzt in der Charte fest, der König sei unverantwortlich; wenn es aber nachher Verantwortung und Strafe fordert, wer darf ihm das weigern?

Ebenso duldet die demokratische Partei keine Schranke des Volkswillens an dem Rechte des Individuums. Das ist ein tiefer Gegensatz gegen die liberale Partei. Diese scheut sich zwar auch nicht, die bestimmten wohlerworbenen Rechte zu brechen, wie sie aus dem ältern Rechtszustande stammen und das Gepräge desselben an sich tragen, nicht bloß die politischen, sondern auch die Vermögensrechte, z.B. Aufhebung der Familienfideikommisse, der Bodenrenten; aber sie erkennt doch überhaupt die Freiheit des Einzelnen und die Rechte, welche sie aus dieser abstrakten Freiheit ableitet, als eine Schranke der Volksgewalt an, ja sogar als den letzten Zweck der Volksgewalt selbst. Für das Eigentum in seiner nackten unorganischen Gestalt, nach der es nicht Grundlage von Banden mit den Menschen ist, desgleichen für die sogenannten angeborenen Rechte, die Freiheit der Erwerbstätigkeit, des religiösen Gewissens, der individuellen Denkart, fordert sie absolute Unverletzlichkeit, auch gegenüber dem Volkswillen. – Nicht also die demokratische Partei. Ihr Standpunkt ist die gänzliche Unterwerfung des Einzelnen unter das Volk. Er hat kein Recht gegenüber dem Willen des Volkes, seine Freiheit ist kein Hindernis gegenüber den Zwecken des Volkes. Sie will darum nicht unbedingten Schutz des Privateigentums, sondern viel lieber die Einziehung zum Nationaleigentum; sie schwärmt nicht für Gewerbefreiheit, Freiheit des Güterhandels, Freiheit von Kauf und Verkauf, sondern sucht vielmehr Anordnung und Garantie für die Versorgung der ganzen Volksmasse; sie will nicht Freiheit der individuellen Überzeugung, sonden allgemeine demokratische Überzeugung und allgemeine demokratische Begeisterung. Man forderte in den neunziger Jahren Opfer des Eigentums zum Besten des Volkes ins Maßlose; so z.B. will *Danton,* daß die Reichen den Krieg gegen das Ausland mit ihrem Vermögen bestreiten, da die Armen ihr Leben einsetzen, *Marat* fordert Herabsetzung der Taxe für die Lebensmittel, durch welche die Besitzer zugrunde gerichtet werden. Die demokratische Partei stand hier bereits an der Grenze des Kommunismus. Man schrieb nicht minder die Gesinnung vor; auch nur aristokratisch zu denken, nicht bloß zu handeln, ja nur aristokratischer Gesinnung verdächtig zu sein, war mit Ächtung belegt. Und auch in unseren schwachen Anfängen der demokratischen Gewalt haben wir den Beschluß erlebt, daß den Offizieren der Armee Wahl zwischen Ablegung eines politischen Glaubensbekenntnisses und Entsagung ihrer Ämter gestellt werden sollte.

Am deutlichsten zeigt sich dieser Gegensatz der liberalen und demokratischen Partei hinsichtlich der *Religion.* Die liberale Partei, von der individuellen Freiheit ausgehend, fordert die *Toleranz,* alle Religionen sollen gestattet, keine soll begünstigt sein; sie fordert aber damit Indifferenz des Staates und damit auch des Volkes gegen die Religion. Das Volk als solches hat danach gar keine Stellung zur Religion und keinen Willen über die Religion, dies ist rein den *Individuen* überwiesen. Die demokratische Partei dagegen, ausgehend von der Einheit des Volkes und der absoluten Gewalt des Volkes, fordert gemeinsame, ausschließliche, öffentliche Religion für Alle und Diktatur des Volkes über die Religion. So dekretierte in Frankreich die Volksvertretung abwechselnd: es ist ein Gott oder es ist kein Gott, sie befahl je nach dem Sieg der Parteien den öffentlichen Kultus der Natur, der Vernunft, zuletzt des höchsten Wesens. Das ist noch etwas ganz anderes, als was man sonst Staatsreligion nennt, es ist eine Religion, die nicht bloß die Einrichtungen des Staates bestimmt, sondern die sich auf die Autorität des Staates statt auf die Offenbarung Gottes gründet und daher die ganze Wirkung einer reinen Staatsanstalt hat. Auch die äußersten Anhänger der christlichen Staatsreligion wollen doch nur den Vorzug des Christentums, aber sie wollen weder jemanden zur Teilnahme am christlichen Kultus zwingen, noch andere Kulte aus dem Staat verbannen. Dagegen die Staatsreligion, welche die demokratische Partei ihrem Prinzip nach vorschrieb, war Bürgerpflicht, niemandem war es gestattet, dem Kultus des höchsten Wesens sich zu entziehen und ein anderer neben ihm konnte nicht Raum haben.

3 Sozialismus

3.1 Überblick

Das Gesellschafts- und Staatsverständnis bei Marx und Engels ist dem konservativen diametral entgegengesetzt. Wird im konservativen Denken der bürgerliche Staat als ein allem Gesellschaftlichen enthobenes Prinzip eingeführt, so gilt er im marxistischen Denken als ein Organisationsinstrument der herrschenden Klassen. Damit wird der Staat seiner scheinbaren Jenseitigkeit entkleidet und als ein interessenbestimmtes Diesseitiges gefaßt. Er ist Objekt in der Auseinandersetzung der sozialen Klassen, die ihrerseits durch ihre Stellung im Produktionsprozeß bestimmt sind.

Aus der Perspektive des *Klassendualismus* erscheint der Staat geradezu als ein Bollwerk, hinter dem sich die herrschenden Klassen verschanzen. Für Marx und Engels ist er Ausdruck der herrschenden Entfremdung der Produzenten, als welche sie vor allem die lohnabhängigen proletarischen Schichten begreifen. Das Klassenverhältnis gründet sich im Kapitalismus auf das Verfügenkönnen einer Minderheit (Bourgeoisie) über die Produktionsmittel, während die überwältigende Mehrheit der Menschen allein ihre Arbeitskraft besitzt. Erst mit der Aufhebung dieses Klassengegensatzes entfiele die Notwendigkeit für die Existenz eines Staates, der die herrschende ökonomische Ungleichheit hinter formaler Rechtsgleichheit versteckt.

Aus dieser fundamentalen Kritik an der bürgerlichen Klassengesellschaft ergeben sich auch die Zielbestimmungen des *Kommunistischen Manifests.* In einer künftigen herrschaftsfreien, und das heißt hier: klassenlosen Gesellschaft, sollen die Produzenten aufgrund der rationellen Planung ihrer Produktion selbst den Reichtum an Gütern sich aneignen können, da nach der Aufhebung des Lohnverhältnisses bei solidarischer Planung keine ökonomische Entfremdung mehr entstehen könne. Damit werden die Menschen, bislang nur Objekte, erstmals selbst zu Subjekten der gesellschaftlichen Entwicklung, die den Produktionsapparat bewußt zu steuern vermögen.

Eine Voraussetzung hierfür wäre das Verschwinden der *gesellschaftlichen* Form der Arbeitsteilung, womit zugleich der gegenüber den Bedürfnissen der Menschen verselbständigte bürokratische Staatsapparat überflüssig werden könne.

Die Wendung vom Marxismus zum *Revisionismus* ist theoretisch identisch mit der Ablehnung zentraler Begriffe wie Dialektik, Klassenkampf, Klassenantagonismus, Revolution und Diktatur des Proletariats. Ein ähnlicher Vorgang vollzieht sich heute bei der Herausbildung des Eurokommunismus.

Revisionismus ist ein Versuch, die schwierige Koexistenz von marxistisch-orthodoxen Formeln (Zusammenbruch des Kapitalismus etc.) und täglicher Reformarbeit aufzuheben, Theorie und Praxis in Einklang zu bringen. Insofern muß Eduard Bernstein es ablehnen, einen Gegensatz von Marxismus und Revisionismus zu konstruieren. Revisionismus bedeutet für ihn, den Entwicklungen in Gesellschaft, Ökonomie und Politik seit den Anfängen des Marxismus Rechnung zu tragen, wie dies bereits Ferdinand Lassalle mit der Gründung des Allgemeinen Deutschen Arbeitervereins (1863) tat.

Zentraler Punkt ist die Orientierung der Sozialdemokratie in Theorie und Praxis auf den Staat. Dies reflektiert eine historische Situation, in der – wie in der Zeit vor dem Ersten Weltkrieg – die Sozialdemokratie organisatorisch angewachsen ist und der Staat als allmächtiger Hebel zur Interessendurchsetzung erscheint.

Der Revisionismus bekennt sich zur *Reform*, zur Politik mittels des Staates und der Organisation der Arbeiter in einer Partei. Handelndes Subjekt ist die Sozialdemokratische Partei, nicht das Proletariat. Sie interpretiert sich als eigentlichen Vollender ehedem fortschrittlicher Zielsetzungen des Bürgertums. Unter Aufnahme demokratischer Forderungen (allgemeines, geheimes und gleiches Wahlrecht) und durch Einbezug anderer Arbeiterorganisationen (Gewerkschaften etc.) wird die Herbeiführung einer sozialen Demokratie als Ziel propagiert. Das klassenkämpferische Pathos weicht dem Bekenntnis zur sozialistischen Ethik, d.h. nicht Klassenschicksal und »objektive« Interessenlagen des Proletariats sind das verbindende Moment in der Arbeiterbewegung, sondern humanistische Grundwerte motivieren zu einer Entscheidung für den Sozialismus als sittlich-politischer Aufgabe.

Bereits auf dem Stuttgarter Parteitag der SPD des Jahres 1898 gab es lebhafte Auseinandersetzungen um eine Aufsatzreihe, die der damals im Londoner Exil lebende Bernstein unter dem Titel »Probleme des Sozialismus« vom Herbst 1896 an veröffentlicht hatte. In diesen Artikeln, die erstmals 1899 in Buchform (*Die Voraussetzungen des Sozialismus und die Aufgaben der Sozialdemokratie*) erschienen, unternahm Bernstein eine grundlegende Revision der bis dahin geltenden Auffassung über die künftige proletarisch-sozialistische Revolution. Der Revisionismusstreit, der sich bis in die ersten Weltkriegsjahre hineinzog und aus dem letztlich die Spaltung der deutschen Arbeiterbewegung resultierte, bewegte sich um die zentrale Frage: Reform oder Revolution.

3.2 Texte und Kommentare

MARX, KARL, Politischer Ökonom.

geb. 1818 in Trier; gest. 1883 in London
1842 Redakteur der Rheinischen Zeitung in Köln
1844 Exil in Paris
1849 Brüssel, Köln
1849 Exil in London

Hauptwerke:
- *Die deutsche Ideologie* (mit F. Engels) (1845/46)
- *Grundrisse der Kritik der Politischen Ökonomie (Rohentwurf)* (1857/58)
- *Zur Kritik der Politischen Ökonomie* (1859)
- *Das Kapital* Bd. I (1867)

ENGELS, FRIEDRICH

geb. 1820 in Barmen; gest. 1895 in London
1843–1844 Manchester
1848/49 Beteiligung an Aufständen in Deutschland
1849 Manchester
1870 London

Hauptwerke:
- *Die Lage der arbeitenden Klassen in England* (1845)
- *Herrn Eugen Dührings Umwälzung der Wissenschaft* (1878)
- *Dialektik der Natur* (1873/83)

Das *Kommunistische Manifest* reflektiert jene historische Situation, in der die Bourgeoisie nach sozialer Stellung und Funktion ihrem

»Totengräber«, dem Proletariat weichen muß. Die Organisation der Arbeiter in einer Partei wird erst in einer Gesellschaft möglich, in der soziale Beziehungen sich allein über Waren und Dinge vermitteln: Vertrag, Geld, Tausch und Konkurrenz.

Die Bourgeoisie hat mit ihrer Industrie die Entmythologisierung der mittelalterlich-feudalen Welt vollzogen und in einer gewaltigen Leistung Produktions- und Verkehrsmittel entwikkelt, Industrien geschaffen und den Weltmarkt erobert. Sie beseitigte die feudale Welt durch die Aufhebung nationaler und lokaler Gegebenheiten mittels Zentralisation, sie schuf »eine Nation, eine Regierung, eine Douanenlinie«. Sie »schafft sich eine Welt nach ihrem eigenen Bilde«, doch zugleich ist sie »willenloser und widerstandsloser Träger« der von ihr geschaffenen Produktionsverhältnisse und Produktivkräfte. Die von ihr geschaffenen Produktionsverhältnisse (Eigentumsverhältnisse) sind zugleich gesellschaftliche Machtverhältnisse (Verfügenkönnen der Kapitalisten über die Ware Arbeitskraft der Lohnarbeiter) und setzen das Recht.

Produktions- und Eigentumsverhältnisse sind stets geschichtliche Verhältnisse. Sie als ewig und naturgegeben darzustellen – das ist die Funktion der bürgerlichen Ideologie. Anders ausgedrückt: Sobald eine Klasse historische Verhältnisse als »ewige Natur- und Vernunftgesetze« auszugeben sucht, ist dies ein Indikator dafür, daß sie ihre historische Rolle verewigen möchte.

Die Ideologie der Bourgeoisie ist jene von der Freiheit und Gleichheit aller Bürger, hinter der sich in Wahrheit die Ausbeutung der proletarischen Klasse verbirgt. Wenn im Kommunistischen Manifest dem Privateigentum an Produktionsmitteln der Kampf angesagt wird, dann gilt diese Kampfansage nicht dem sogenannten Mittelstand, sondern dem Kapital.

Soziale Revolutionen sind nicht ein einmaliger gewaltsamer Akt, in dem das Proletariat die Macht ergreift, sondern ein durch Rückschläge gekennzeichneter langwieriger Prozeß. An dessen Ende steht jedoch die Assoziation der Arbeiter, die Aufhebung einer jeglichen Klassengesellschaft. Was Marx hier »Demokratie« nennt, bzw. als Staat des »als herrschende Klasse organisierten Proletariats«, bezeichnet jene Übergangsphase, die unter dem Begriff »Diktatur des Proletariats« später insbesondere bei Lenin eine Rolle spielt.

Auszug aus: MARX, K./ENGELS, F.: Manifest der Kommunistischen Partei. In: Marx Engels Werke, Bd. 4. Berlin (Dietz Verlag) 1959, S. 462 f., 464–469, 471 f. und 480 ff.

Die Geschichte aller bisherigen Gesellschaft ist die Geschichte von Klassenkämpfen.

Freier und Sklave, Patrizier und Plebejer, Baron und Leibeigener, Zunftbürger und Gesell, kurz, Unterdrücker und Unterdrückte standen in stetem Gegensatz zueinander, führten einen ununterbrochenen, bald versteckten, bald offenen Kampf, einen Kampf, der jedesmal mit einer revolutionären Umgestaltung der ganzen Gesellschaft endete oder mit dem gemeinsamen Untergang der kämpfenden Klassen.

In den früheren Epochen der Geschichte finden wir fast überall eine vollständige Gliederung der Gesellschaft in verschiedene Stände, eine mannigfaltige Abstufung der gesellschaftlichen Stellungen. Im alten Rom haben wir Patrizier, Ritter, Plebejer, Sklaven; im Mittelalter Feudalherren, Vasallen, Zunftbürger, Gesellen, Leibeigene, und noch dazu in fast jeder dieser Klassen wieder besondere Abstufungen.

Die aus dem Untergang der feudalen Gesellschaft hervorgegangene moderne bürgerliche Gesellschaft hat die Klassengegensätze nicht aufgehoben. Sie hat nur neue Klassen, neue Bedingungen der Unterdrückung, neue Gestaltungen des Kampfes an die Stelle der alten gesetzt.

Unsere Epoche, die Epoche der Bourgeoisie, zeichnet sich jedoch dadurch aus, daß sie die Klassengegensätze vereinfacht hat. Die ganze Gesellschaft spaltet sich mehr und mehr in zwei große feindliche Lager, in zwei große, einander direkt gegenüberstehende Klassen: Bourgeoisie und Proletariat. . . .

Die Bourgeoisie hat in der Geschichte eine höchst revolutionäre Rolle gespielt.

Die Bourgeoisie, wo sie zur Herrschaft gekommen, hat alle feudalen, patriarchalischen, idyllischen Verhältnisse zerstört. Sie hat die buntscheckigen Feudalbande, die den Menschen an seinen natürlichen Vorgesetzten knüpften, unbarmherzig zerrisssen und kein anderes Band zwischen Mensch und Mensch übriggelassen als das nackte Interesse, als die gefühllose »bare Zahlung«. Sie hat die heiligen Schauer der frommen Schwärmerei, der ritterlichen Begeisterung, der spießbürgerlichen Wehmut in dem eiskalten Wasser egoistischer Berechnung ertränkt. Sie hat die persönliche Würde in den Tauschwert aufgelöst und an die Stelle der zahllosen verbrieften und wohlerworbenen Freiheiten die *eine* gewissenlose Handelsfreiheit gesetzt. Sie hat, mit einem Wort, an die Stelle der mit religiösen und politischen Illusionen verhüllten Ausbeutung die offene, unverschämte, direkte, dürre Ausbeutung gesetzt.

Die Bourgeoisie hat alle bisher ehrwürdigen und mit frommer Scheu betrachteten Tätigkeiten ihres Heiligenscheins entkleidet. Sie hat den Arzt, den Juristen, den Pfaffen, den Poeten, den Mann der Wissenschaft in ihre bezahlten Lohnarbeiter verwandelt.

Die Bourgeoisie hat dem Familienverhältnis seinen rührendsentimentalen Schleier abgerissen und es auf ein reines Geldverhältnis zurückgeführt.

Die Bourgeoisie hat enthüllt, wie die brutale Kraftäußerung, die die Reaktion so sehr am Mittelalter bewundert, in der trägsten Bärenhäuterei ihre passende Ergänzung fand. Erst sie hat bewiesen, was die Tätigkeit der Menschen zustande bringen kann. Sie hat ganz andere Wunderwerke vollbracht als ägyptische Pyramiden, römische Wasserleitungen und gotische Kathedralen, sie hat ganz andere Züge ausgeführt als Völkerwanderungen und Kreuzzüge.

Die Bourgeoisie kann nicht existieren, ohne die Produktionsinstrumente, also die Produktionsverhältnisse, also sämtliche gesellschaftlichen Verhältnisse fortwährend zu revolutionieren. Unveränderte Beibehaltung der alten Produktionsweise war dagegen die erste Existenzbedingung aller früheren industriellen Klassen. Die fortwährende Umwälzung der Produktion, die ununterbrochene Erschütterung aller gesellschaftlichen Zustände, die ewige Unsicherheit und Bewegung zeichnet die Bourgeoisepoche vor allen anderen aus. Alle festen eingerosteten Verhältnisse mit ihrem Gefolge von altehrwürdigen Vorstellungen und Anschauungen werden aufgelöst, alle neugebildeten veralten, ehe sie verknöchern können. Alles Ständische und Stehende verdampft, alles Heilige wird entweiht, und die Menschen sind endlich gezwungen, ihre Lebensstellung, ihre gegenseitigen Beziehungen mit nüchternen Augen anzusehen.

Das Bedürfnis nach einem stets ausgedehnteren Absatz für ihre Produkte jagt die Bourgeoisie über die ganze Erdkugel. Überall muß sie sich einnisten, überall anbauen, überall Verbindungen herstellen.

Die Bourgeoisie hat durch ihre Exploitation des Weltmarkts die Produktion und Konsumtion aller Länder kosmopolitisch gestaltet.

Sie hat zum großen Bedauern der Reaktionäre den nationalen Boden der Industrie unter den Füßen weggezogen. Die uralten nationalen Industrien sind vernichtet worden und werden noch täglich vernichtet. Sie werden verdrängt durch neue Industrien, deren Einführung eine Lebensfrage für alle zivilisierten Nationen wird, durch Industrien, die nicht mehr einheimische Rohstoffe, sondern den entlegensten Zonen angehörige Rohstoffe verarbeiten und deren Fabrikate nicht nur im Lande selbst, sondern in allen Weltteilen zugleich verbraucht werden. An die Stelle der alten, durch Landeserzeugnisse befriedigten Bedürfnisse treten neue, welche die Produkte der entferntesten Länder und Klimate zu ihrer Befriedigung erheischen. An die Stelle der alten lokalen und nationalen Selbstgenügsamkeit und Abgeschlossenheit tritt ein allseitiger Verkehr, eine allseitige Abhängigkeit der Nationen voneinander. Und wie in der materiellen, so auch in der geistigen Produktion. Die geistigen Erzeugnisse der einzelnen Nationen werden Gemeingut. Die nationale Einseitigkeit und Beschränktheit wird mehr und mehr unmöglich, und aus den vielen nationalen und lokalen Literaturen bildet sich eine Weltliteratur.

Die Bourgeoisie reißt durch die rasche Verbesserung aller Produktionsinstrumente, durch die unendlich erleichterten Kommunikationen alle, auch die barbarischsten Nationen in die Zivilisation. Die wohlfeilen Preise ihrer Waren sind die schwere Artillerie, mit der sie alle chinesischen Mauern in den Grund schießt, mit der sie den hartnäckigsten Fremdenhaß der Barbaren zur Kapitulation zwingt. Sie zwingt alle Nationen, die Produktionsweise der Bourgeoisie sich anzueignen, wenn sie nicht zugrunde gehn wollen; sie zwingt sie, die sogenannte Zivilisation bei sich selbst einzuführen, d.h. Bourgeois zu werden. Mit einem Wort, sie schafft sich eine Welt nach ihrem eigenen Bilde. . . .

Die Produktions- und Verkehrsmittel, auf deren Grundlage sich die Bourgeoisie heranbildete, wurden in der feudalen Gesellschaft erzeugt. Auf einer gewissen Stufe der Entwicklung dieser Produktions- und Verkehrsmittel entsprachen die Verhältnisse, worin die feudale Gesellschaft produzierte und austauschte, die feudale Organisation der Agrikultur und Manufaktur, mit einem Wort die feudalen Eigentumsverhältnisse den schon entwickelten Produktivkräften nicht mehr. Sie hemmten die Produktion, statt sie zu fördern. Sie verwandelten sich in ebenso viele Fesseln. Sie mußten gesprengt werden, sie wurden gesprengt.

An ihre Stelle trat die freie Konkurrenz mit der ihr angemessenen gesellschaftlichen und politischen Konstitution, mit der ökonomischen und politischen Herrschaft der Bourgeoisklasse.

Unter unsern Augen geht eine ähnliche Bewegung vor. Die bürgerlichen Produktions- und Verkehrsverhältnisse, die bürgerlichen Eigentumsverhältnisse, die moderne bürgerliche Gesellschaft, die so gewaltige Produktions- und Verkehrsmittel hervorgezaubert hat, gleicht dem Hexenmeister, der die unterirdischen Gewalten nicht mehr zu beherrschen vermag, die er heraufbeschwor. Seit Dezennien ist die Geschichte der Industrie und des Handels nur die Geschichte der Empörung der modernen Produktivkräfte gegen die modernen Produktionsverhältnisse, gegen die Eigentumsverhältnisse, welche die Lebensbedingungen der Bourgeoisie und ihrer Herrschaft sind. Es genügt, die Handelskrisen zu nennen, welche in ihrer periodischen Wiederkehr immer drohender die Existenz der ganzen bürgerlichen Gesellschaft in Frage stellen. In den Handelskrisen wird ein großer Teil nicht nur der erzeugten Produkte, sondern der bereits geschaffenen Produktivkräfte regelmäßig vernichtet. In den Krisen bricht eine gesellschaftliche Epidemie aus, welche alle früheren Epochen als ein Widersinn erschienen wäre – die Epidemie der Überproduktion. Die Gesellschaft findet sich plötzlich in einen Zustand momentaner Barbarei zurückversetzt; eine Hungersnot, ein allgemeiner Vernichtungskrieg scheinen ihr alle Lebensmittel abgeschnitten zu haben ; die Industrie, der Handel scheinen vernichtet, und warum? Weil sie zuviel Zivilisation, zuviel Lebensmittel, zuviel Industrie, zuviel Handel besitzt. Die Produktivkräfte, die ihr zur Verfügung stehen, dienen nicht mehr zur Beförderung der bürgerlichen Eigentumsverhältnisse; im Gegenteil, sie sind zu gewaltig für diese Verhältnisse geworden, sie werden von ihnen gehemmt; und sobald sie dies Hemmnis überwinden, bringen sie die ganze bürgerliche Gesellschaft in Unordnung, gefährden sie die Existenz des bürgerlichen Eigentums. Die bürgerlichen Verhältnisse sind zu eng geworden, um den von ihnen erzeugten Reichtum zu fassen. – Wodurch überwindet die Bourgeoisie die Krisen? Einerseits durch die erzwungene Vernichtung einer Masse von Produktivkräften; andererseits durch die Eroberung neuer Märkte und die gründlichere Ausbeutung aller Märkte. Wodurch also? Dadurch, daß sie allseitigere und gewaltigere Krisen vorbereitet und die Mittel, den Krisen vorzubeugen, vermindert.

Die Waffen, womit die Bourgeoisie den Feudalismus zu Boden geschlagen hat, richten sich jetzt gegen die Bourgeoisie selbst.

Aber die Bourgeoisie hat nicht nur die Waffen geschmiedet, die ihr den Tod bringen; sie hat auch die Männer gezeugt, die diese Waffen führen werden – die modernen Arbeiter, die *Proletarier*.

In demselben Maße, worin sich die Bourgeoisie, d.h. das Kapital, entwickelt, in demselben Maße entwickelt sich das Proletariat, die Klasse der modernen Arbeiter, die nur so lange leben, als sie Arbeit finden, und die nur so lange Arbeit finden, als ihre Arbeit das Kapital vermehrt. Diese Arbeiter, die sich stückweis verkaufen müssen, sind eine Ware wie jeder andere Handelsartikel und daher gleichmäßig allen Wechselfällen der Konkurrenz, allen Schwankungen des Marktes ausgesetzt.

Die Arbeit der Proletarier hat durch die Ausdehnung der Maschinerie und die Teilung der Arbeit allen selbständigen Charakter und damit allen Reiz für die Arbeiter verloren. Er wird ein bloßes Zubehör der Maschine, von dem nur der einfachste, eintönigste, am leichtesten erlernbare Handgriff verlangt wird. Die Kosten, die der Arbeiter verursacht, beschränken sich daher fast nur auf die Lebensmittel, die er zu seinem Unterhalt und zur Fortpflanzung seiner Race bedarf. Der Preis einer Ware, also auch der Arbeit, ist aber gleich ihren Produktionskosten. In demselben Maße, in dem die Widerwärtigkeit der Arbeit wächst, nimmt daher der Lohn ab. Noch mehr, in demselben Maße, wie Maschinerie und Teilung der Arbeit zunehmen, in demselben Maße nimmt auch die Masse der Arbeit zu, sei es durch Vermehrung der Arbeitsstunden, sei es durch Vermehrung der in einer gegebenen Zeit geforderten Arbeit, beschleunigten Lauf der Maschinen usw. . . .

In Zeiten endlich, wo der Klassenkampf sich der Entscheidung nähert, nimmt der Auflösungsprozeß innerhalb der herrschenden Klasse, innerhalb der ganzen alten Gesellschaft, einen so heftigen, so grellen Charakter an, daß ein kleiner Teil der herrschenden Klasse sich von ihr lossagt und sich der revolutionären Klasse anschließt, der Klasse, welche die Zukunft in ihren Händen trägt. Wie daher früher ein Teil des Adels zur Bourgeoisie überging, so geht jetzt ein Teil der Bourgeoisie zum Proletariat über, und namentlich ein Teil der Bourgeoisideologen, welche zum theoretischen Verständnis der ganzen geschichtlichen Bewegung sich hinaufgearbeitet haben.

Von allen Klassen, welche heutzutage der Bourgeoisie gegenüberstehen, ist nur das Proletariat eine wirklich revolutionäre Klasse. Die übrigen Klassen verkommen und gehen unter mit der großen Industrie, das Proletariat ist ihr eigenstes Produkt.

Die Mittelstände, der kleine Industrielle, der kleine Kaufmann, der Handwerker, der Bauer, sie alle bekämpfen die Bourgeoisie, um ihre Existenz als Mittelstände vor dem Untergang zu sichern. Sie sind also nicht revolutionär, sondern konservativ. Noch mehr, sie sind reaktionär, sie suchen das Rad der Geschichte zurückzudrehen. Sind sie revolutionär, so sind sie es im Hinblick auf den ihnen bevorstehenden Übergang ins Proletariat, so verteidigen sie nicht ihre gegenwärtigen, sondern ihre zukünftigen Interessen, so verlassen sie ihren eigenen Standpunkt, um sich auf den des Proletariats zu stellen. . . .

Die Geschichte der ganzen bisherigen Gesellschaft bewegte sich in Klassengegensätzen, die in den verschiedenen Epochen verschieden gestaltet waren.

Welche Form sie aber auch immer angenommen, die Ausbeutung des einen Teils der Gesellschaft durch den andern ist eine allen vergangenen Jahrhunderten gemeinsame Tatsache. Kein Wunder daher, daß das gesellschaftliche Bewußtsein aller Jahrhunderte, aller Mannigfaltigkeit und Verschiedenheit zum Trotz, in gewissen gemeinsamen Formen sich bewegt, in Bewußtseinsformen, die nur mit dem gänzlichen Verschwinden des Klassengegensatzes sich vollständig auflösen.

Die kommunistische Revolution ist das radikalste Brechen mit den überlieferten Eigentumsverhältnissen ; kein Wunder, daß in ihrem Entwicklungsgange am radikalsten mit den überlieferten Ideen gebrochen wird.

Doch lassen wir die Einwürfe der Bourgeoisie gegen den Kommunismus.

Wir sahen schon oben, daß der erste Schritt in der Arbeiterrevolution die Erhebung des Proletariats zur herrschenden Klasse, die Erkämpfung der Demokratie ist.

Das Proletariat wird seine politische Herrschaft dazu benutzen, der Bourgeoisie nach und nach alles Kapital zu entreißen, alle Produktionsinstrumente in den Händen des Staats, d.h. des als herrschende Klasse organisierten Proletariats, zu zentralisieren und die Masse der Produktionskräfte möglichst rasch zu vermehren.

Es kann dies natürlich zunächst nur geschehn vermittelst despotischer Eingriffe in das Eigentumsrecht und in die bürgerlichen Produktionsverhältnisse, durch Maßregeln also, die ökonomisch unzureichend und unhaltbar erscheinen, die aber im Laufe der Bewegung über sich selbst hinaustreiben und als Mittel zur Umwälzung der ganzen Produktionsweise unvermeidlich sind.

Sind im Laufe der Entwicklung die Klassenunterschiede verschwunden und ist alle Produktion in den Händen der assoziierten Individuen konzentriert, so verliert die öffentliche Gewalt den politischen Charakter. Die politische Gewalt im eigentlichen Sinne ist die organisierte Gewalt einer Klasse zur Unterdrückung einer anderen. Wenn das Proletariat im Kampfe gegen die Bourgeoisie sich notwendig zur Klasse vereint, durch eine Revolution sich zur herrschenden Klasse macht und als herrschende Klasse gewaltsam die alten Produktionsverhältnisse aufhebt, so hebt es mit diesen Produktionsverhältnissen die Existenzbedingungen des Klassengegensatzes, die Klassen überhaupt, und damit seine eigene Herrschaft als Klasse auf.

An die Stelle der alten bürgerlichen Gesellschaft mit ihren Klassen und Klassengegensätzen tritt eine Assoziation, worin die freie Entwicklung eines jeden die Bedingung für die freie Entwicklung aller ist.

BERNSTEIN, EDUARD, Journalist und Politiker.

geb. 1850 in Berlin; gest. 1932 in Berlin
1870–1878 Bankangestellter in Berlin
1881 in Zürich Redakteur der Parteizeitung »Der Sozialdemokrat«
1888–1901 London, Mitarbeiter von F. Engels
1902–1928 Mitglied der Reichstagsfraktion der SPD

Hauptwerke:
- *Die Voraussetzungen des Sozialismus und die Aufgaben der Sozialdemokratie* (1975)
- *Die Arbeiterbewegung* (1910)
- *Der Sozialismus einst und jetzt* (1975)

Bernstein begründet im folgenden Handbuch-Artikel die schon vor ihm bei J.B. von Schweitzer und G. von Vollmar begonnene Revision der marxistischen Orthodoxie. Das entscheidende Motiv sieht er in der von der gesellschaftlichen Entwicklung nahegelegten Preisgabe des »Zusammenbruchgesetzes«, wonach der Untergang der kapitalistischen Gesellschaft eine unabwendbare historische Notwendigkeit sei. Doch sieht er hierin keine Absage an die Fundamentalsätze der Marxschen Gesellschaftstheorie, sondern lediglich eine »Revision im Marxismus«.

Im *Revisionismusstreit,* der um die Frage kreist, ob der Sozialismus weiterhin als eine revolutionäre Antithese zur bestehenden kapitalistischen Gesellschaft oder als parlamentarisch verfahrende Reformbewegung innerhalb des Kapitalismus gelten sollte, sind die theoretischen Alternativen des späteren sogenannten Demokratischen Sozialismus zum orthodoxen Marxismus zum ersten Mal hervorgetreten.

Bernstein fordert das offene Bekenntnis der Sozialdemokratie zu einer Strategie der Reform, die den Weg zum Sozialismus ausschließlich mit systemimmanenten, d.h. parlamentarischen, gewerkschaftlichen und sozialpolitischen Mitteln verfolgen sollte. Der Demokratische Sozialismus ist wesentlich eine Transformationsstrategie: er will an das Bestehende anknüpfen, jene Momente weiterentwickeln, die die Gesellschaft selbst in Richtung Sozialismus transformieren. Sein Selbstverständnis gewinnt er somit wesentlich aus der Analyse der bestehenden Verhältnisse. Demokratischer Sozialismus ist demnach der Versuch einer allmählichen Durchdringung des Kapitalismus mit formal-friedlichen Mitteln. Die damit verbundene Umformung marxistischer Positionen bedeutet vor allem:

– Anerkennung des Staates als der Organisationsform einer jeden Gesellschaft;
– Legalität der Kampfmittel in den Bereichen Gesellschaft, Wirtschaft und Kultur mit dem Ziel sozialer Teilhabe, Mitbestimmung und öffentlicher Kontrolle der Wirtschaft.

Das Ziel des Sozialismus in revisionistischer Sicht ist die Transformation des Staates auf der Grundlage gesellschaftlicher Evolution als Resultat einer friedlichen Klassenauseinandersetzung.

BERNSTEIN, Eduard: Der Revisionismus in der Sozialdemokratie. In: Handbuch der Politik, Bd. 2. Berlin/Leipzig (Dr. W. Rothschild) 1912/13, S. 55–58

Es gibt in der Sozialdemokratie Deutschlands keine abgeschlossene Fraktion, die sich als revisionistisch bezeichnete, noch gibt es eine genau umgrenzte Theorie oder ein ausgearbeitetes Programm, die diesen Titel führten. Revisionismus ist vielmehr der Name für eine Strömung, der Sozialisten angehören oder zugerechnet werden, die in vielen Punkten wiederum unter sich differieren, etwa wie das in der

Reformation hinsichtlich des Protestantismus, in der großen englischen Revolution beim Puritanismus und in der ersten Periode der großen französischen Revolution bei jenen Politikern der Fall war, die sich zunächst unterschiedslos als Demokraten bezeichneten. Das Wort zeigt nur das Bedürfnis oder Verlangen nach Änderungen an, ohne diese Änderungen schon genau zu umgrenzen. Lediglich ihre Richtung steht außerhalb allen Zweifels. Revisionismus heißt Weiterbildung von Theorie und Praxis der Sozialdemokratie im evolutionistischen Sinne.

Wer die Geschichte der Sozialdemokratie kennt, weiß, daß es solche Tendenzen immer in der sozialistischen Partei gegeben hat. Auch die heute von der Sozialdemokratie aller Länder als Begründer der Theorie des modernen Sozialismus anerkannten Karl *Marx* und Friedrich *Engels* waren gegenüber den zu ihrer Zeit vorherrschenden sozialistischen Doktrinen Revisionisten. Der dogmatisch kritisierenden Ideologie stellten sie die materialistische Geschichtsauffassung gegenüber, die vor allem gesellschaftliche Entwicklungstheorie ist. In der Anwendung der Theorie wiederum verhält sich schon der an Jahren jüngere Ferdinand Lassalle ihnen gegenüber stark abweichend, noch mehr aber würde auf Lassalles befähigtesten Nachfolger in der Leitung des Allgemeinen Arbeitervereins J.B. von *Schweitzer* die Bezeichnung als Revisionist passen. Denn wenn Lassalle sich von Marx-Engels durch die größere Wertung des Allgemeinen gleichen Wahlrechts unterscheidet, so war J.B. von Schweitzer Neuerer in bezug auf die ganze Stellung zum Parlamentarismus. Er ist in der Geschichte der deutschen Sozialdemokratie der Vater der parlamentarischen Reformarbeit. . . .

Nachdem aber das Sozialistengesetz gefallen war, mußte das Bedürfnis nach jener Abrechnung sich um so eher aufdrängen, als schon in den letzten Jahren der Geltung des Gesetzes die Sozialdemokratie dem Parlamentarismus einige weitere Zugeständnisse (Teilnahme an Kommissionsberatungen etc.) gemacht hatte, und das starke Wachsen ihrer Vertretungen im Reichstag und den Landtagen verstärkte Wahrnehmung von Arbeiterinteressen möglich machte. Es erfolgten im Jahre 1891 die Reden Georg von *Vollmars* in München über die nächsten Aufgaben der Sozialdemokratie, die eine Konzentration auf bestimmte Reformen vorschlugen, und wenn der Vorschlag auch noch im Herbst jenes Jahres auf dem Kongreß der Sozialdemokratie zu Erfurt eine Ablehnung erfuhr, so war die Diskussion der Fragen, die die Debatte über ihn aufgewühlt hatte, damit noch nicht abgeschlossen.

Neue Fragen traten vielmehr hinzu. So gegen die Mitte der neunziger Jahre die *Agrarfrage*. Die immer stärkere Hinaustragung der Agitation auf das platte Land, wo man namentlich in Süddeutschland mit demokratisch gerichteten Klein- und selbst Mittelbauern zusammenstieß, sowie der damalige große Preissturz auf dem Markt der Hauptprodukte der Landwirtschaft legten den Gedanken nahe, daß die Sozialdemokratie sich auch der Bauern anzunehmen habe. Aber wie sollte das geschehen und wo war die Grenze zu ziehen, wenn die Partei sich nicht mit den Sätzen des eigenen, 1891 in Erfurt beschlossenen Programms in Widerspruch setzen wollte, das die Bauern als eine vor dem Großgrundbetrieb versinkende Schicht geschildert hatte? Es geschah in den Debatten über diese Frage, daß zuerst die Parole *Revision der Parteianschauungen* ausgegeben wurde. Auf dem Parteitag von Breslau (1895) erklärte der Delegierte Dr. Bruno *Schönlank*, es vollziehe sich eine *»Revision der Vorstellungsweise«* in der Sozialdemokratie, eine *»Umbildung der Begriffe«*, die »unaufhaltsam weitergehe« und vor der »der Fanatismus der Parteidogmatiker zu zerbröckeln« beginne. (Breslauer Protokoll S. 152.) Prinzipiell war damit die Grenze einer bloß taktischen Diskussion schon überschritten, war die *theoretische* Grundlage des Parteiprogramms an einem wichtigen Punkt in Frage gestellt. Andere warfen die Frage auf, ob die materialistische Geschichtsauffassung in der Auslegung stimme, in der sie zumeist in der Partei propagiert wurde, ob der bewußten Aktion nicht eine größere geschichtliche Bestimmungskraft zugeschrieben werden müsse, als wie es nach jener Auslegung erscheine, und schließlich ward 1899 in einem Buch des Unterzeichneten »Die Voraussetzungen des Sozialismus und die Aufgaben der Sozialdemokratie« ausgeführt, die Sozialdemokratie müsse die Idee von einem in Bälde zu erwartenden wirtschaftlichen Zusammenbruch der Gesellschaft ganz verabschieden und um so konsequenter auf wirtschaftlichem und politischem Gebiet Reformarbeit betreiben. Das Buch rief leidenschaftlichen Widerspruch hervor, und der sozialdemokratische Parteitag von 1899 (Hannover) beschloß nach mehrtägigen Debatten eine Resolution, in der erklärt wurde, daß für die Sozialdemokratie keine Ursache vorliege, von ihren Grundanschauungen abzugehen. Aber in der Debatte hatten eine namhafte Anzahl von Rednern sich mehr oder weniger zu ähnlichen Anschauungen bekannt, wie der Verfasser jenes Buches, und die Strömung behielt Bestand. In Anknüpfung an eine Schrift von Dr. Alfred Nossig »Revision des Sozialismus«, die 1901 herauskaum, wird ihr schließlich die Bezeichnung »Revisionismus« beigelegt, obwohl die Schrift selbst von den meisten, die man nach ihr nannte, ziemlich schroff abgelehnt worden war. Nossig kehrte der Sozialdemokratie den Rücken, aber die Bezeichnung selbst blieb und erhielt schließlich auch bei denen Kurs, die erst damit getroffen werden sollten. Der Revisionismus bezieht sich also sowohl auf die Theorie wie auf die Praxis des Sozialismus. In ersterer Hinsicht bedeutet er die Nachprüfung und entsprechende Neuformulierung der Theorie an der Hand der Erfahrung und erweiterten Erkenntnis. Da aber diese Theorie selbst Entwicklungstheorie ist und ihre Schöpfer das dogmatische Denken und die Proklamierung von letzten Wahrheiten verwarfen, heißt die Revision hier fast nur Ablehnung von bestimmten Auslegungen der Theorie und von Folgerungen, die zu verschiedenen Zeiten aus ihr gezogen wurden. *Die Gegenüberstellung Marxismus – Revisionismus hat insofern keine Realität.* Sie erhält sie erst dadurch, daß man Sätze von sekundärer Bedeutung und gewisse Anwendungen der Marxschen Theorie für integrierende Teile dieser erklärt und danach die Scheidung vornimmt. Die Fundamentalsätze der Marxschen Gesellschaftstheorie werden auch von den Revisionisten anerkannt. Soweit die Theorie in Betracht kommt, wäre es also richtiger von einem *Revisionismus im Marxismus* als von einem antimarxistischen Revisionismus zu sprechen.

In der Praxis heißt der Revisionismus grundsätzliche Betonung der *Reformarbeit* in Politik und Wirtschaft. Es wird das zuweilen mit »Opportunismus« gleichgesetzt. Aber in der Politik knüpft sich an den Begriff des Opportunismus die Vorstellung der Preisgabe wichtiger Grundsätze, von Erfolgshascherei und schwächlicher Rechnungsträgerei, und deshalb muß die Gleichsetzung abgelehnt werden. Es ist auch eine konsequente Reformarbeit ohne das möglich. Aus ähnlichem Grunde ist das, auch praktisch unschöne Wort »Possibilismus« abzulehnen. Viele revisionistische Sozialdemokraten haben dagegen die Bezeichnung als *Reformisten* für sich akzeptiert.

In der Betonung der *Reform* liegt das Wesen der Praxis des sozialdemokratischen Revisionismus. Da nun auch die in der Sozialdemokratie vorherrschende Richtung für Reformen kämpft, das geltende Programm der Partei Reformen aller Art fordert und Parteitagsbeschlüsse das Reformprogramm sehr erweitert haben, ist auch hier der Unterschied nur einer des Grades der Akzentuierung. Maßgebend für die stärkere oder schwächere Betonung ist aber nicht die Rücksicht auf Mächte des Tages, sondern die Auffassung vom allgemeinen Gang der gesellschaftlichen Entwicklung. Wo keine solche theoretische Grundlage das Handeln normativ bestimmt, fehlt ein für den Revisionismus wesentliches Moment. Aber auch ohne sie können Parteien oder Parteifraktionen durch die Sprache der

Tatsachen zu Änderungen ihrer Politik veranlaßt werden, die jener Auffassung entsprechen. Ein Beispiel dafür liefern die Budgetbewilligungen durch sozialdemokratische Fraktionen in süddeutschen Landtagen. Grundsätzlich kann die Frage der Abstimmung über Budgets nur unter Bezugnahme auf die Theorie der politisch-sozialen Entwicklung entschieden werden und es liegt auf der Hand, daß die wesentlich evolutionistische Auffassung von der Stellung der Sozialdemokratie im modernen Staatsleben dahin führt, unter bestimmten Voraussetzungen auch im nichtsozialdemokratischen Staat Budgets zu bewilligen. Da in Süddeutschland jene Voraussetzungen ziemlich gegeben waren, ließ jedoch schon einfaches politisches Nachdenken die Budgetbewilligung als angezeigt erscheinen.

Auf drei Kongressen – Lübeck 1901, Nürnberg 1908 und Magdeburg 1910 – hat sich die Mehrheit der deutschen Sozialdemokratie scharf gegen die Budgetbewilligungen ausgesprochen, und nachdem schon auf einem anderen Kongreß – Dresden 1903 – die revisionistischen Tendenzen, definiert als »Entgegenkommen an die bestehende Ordnung der Dinge«, heftige Verurteilung erfahren hatten, ward auch den Resolutionen von Nürnberg und Magdeburg eine entsprechende Formulierung gegeben. Es wäre aber irrig, diese Beschlüsse als Anzeigen für die allgemeinen Aussichten der Reformideen des Revisionismus in der Sozialdemokratie zu nehmen. Sie sind zum Teil dadurch erklärt, daß die politischen Verhältnisse in den Norddeutschen Staaten, dem größeren Teile Deutschlands, noch nicht so geartet sind, Sozialdemokraten die Bewilligung des Budgets zu empfehlen. Auch wird eine große, und namentlich eine radikale Partei an ihrer traditionellen Politik immer nur langsam ändern. In anderen Punkten, wie z.B. in der Würdigung der Gewerkschaftsaktionen, insbesondere der Tarifverträge, in der Wertschätzung der Arbeiterkonsumvereine und der kommunalen Reformarbeit, läßt sich eine Entwicklung zu der vom Revisionismus vertretenen Auffassung gar nicht verkennen. Sie entspricht auch, wie im Vorstehenden gezeigt wurde, der ganzen Entwicklungsgeschichte der Partei. Daß sie sich nicht ununterbrochen, nicht in grader Linie vollzieht, ist die natürliche Folge des eigentümlichen Ganges der allgemeinen Entwicklung in Deutschland. Reaktionsmaßregeln der Regierenden wirken ihr entgegen und können sie unter Umständen sogar zurückwerfen. Aber, wie nach dem Fall des Sozialistengesetzes, wird auch dann, nachdem der Sturm erst vorüber, der Sozialdemokratie der revisionistische Einschlag nicht fehlen.

Kapitel 3
Politische Theorien der Gegenwart

1 Staatstheorien

1.1 Überblick

Einen grundlegenden Wandel zwischen dem 19. und dem 20. Jahrhundert bezeichnet die mit der Kriegswirtschaft im Ersten Weltkrieg einsetzende Verflechtung von Staat und Gesellschaft. Das überkommene Theorem von der Trennung von bürgerlicher Gesellschaft und Staat ist nicht länger aufrecht zu halten.

Bereits im 19. Jahrhundert hatten sich »extrakonstitutionell« Parteien und Verbände herausgebildet, die zunehmend ökonomische und politische Macht beanspruchten. Unternehmer wie Arbeiter, Großgrundbesitzer wie Mittelständler organisierten sich zu je eigenen Interessenvertretungen. Der Staat geriet zunehmend in den Sog gesellschaftlich erzeugter Konflikte.

Mit der Weimarer Republik war das Machtmonopol des kaiserlichen Staates gebrochen, durch die Machtbefugnisse des Reichspräsidenten (Art. 48 der Weimarer Reichsverfassung) jedoch eine Art Ersatzmonopol geschaffen. Das Problem der Weimarer Republik – wie es beispielhaft in den Texten von Heller und Schmitt abzulesen ist – bestand in der Integration einer voll ausgebildeten Klassengesellschaft, die noch viele Merkmale des monarchischen Obrigkeitsstaates aufwies. Die

Diskrepanz zwischen demokratischem Verfassungsanspruch und autoritärer Verfassungswirklichkeit bildet die Konstante der sozialen und politischen Entwicklung Weimars.

Carl Schmitt und Hermann Heller sind konträre, doch typische Vertreter der Weimarer Zeit. Heller wendet sich mit seiner Staatslehre insbesondere gegen eine formalistische und rechtspositivistische Tradition, die er als »Staatsrechtslehre ohne Staat und ohne Recht« bezeichnet. Demgegenüber vertritt er die Einheit von Recht, Ordnung und Verfassung. Der Staat ist für ihn sowohl eine Gebietsherrschaft als auch der Ausdruck einer Willensvereinheitlichung aller gesellschaftlichen Kräfte. Seine Hauptfunktion sieht er in der Integration der Klassengesellschaft. So erscheint auch – im Gegensatz zu Carl Schmitt – für Heller nicht der Ausnahmezustand, sondern die Normallage als die zu bewältigende Hauptaufgabe der Politik, während Schmitt diese durch seine Freund-Feind-Definition ausblendet.

Beide Staatstheorien demonstrieren auf ihre Art die innere Zerissenheit der Weimarer Republik. Schmitt plädiert für die Diktatur, da demokratische Homogenität (Gleichartigkeit) ihm zufolge am besten zu erreichen sei, wenn der Diktator selbst als der Inbegriff des Volkswillens diese Homogenität gewährleistet. Heller hingegen erkennt die Notwendigkeit der fortwährenden Bemühung um einen sozialen Kompromiß.

So befand die Weimarer Republik sich in einem ständigen Schwebezustand: politisch bereits eine republikanisch verfaßte Präsidialdemokratie, sozial hingegen eine Gesellschaft, in der sich die Privilegienpyramide über alle Erschütterungen hinweg relativ konsistent erhalten hatte. Dies führte dazu, daß die parlamentarische Demokratie, von ständiger Aushöhlung bedroht, schließlich durch Halbdiktaturen in der Phase ab 1930 in Frage gestellt und durch ein Bündnis von mittelständischen Gruppierungen, völkisch-nationalen und konservativen Bünden und Vereinigungen mit der nationalsozialistischen Bewegung beseitigt werden konnte. Damit aber wurde jener Grundlagenkompromiß, auf dem die Weimarer Republik beruhte, endgültig zerschlagen.

1.2 Texte und Kommentare

SCHMITT, CARL, Verfassungs- und Völkerrechtler.

geb. 1888 in Plettenberg; gest. 1985 in Plettenberg
1922 Prof. in Bonn
1928 Handelshochschule Berlin
1933–1945 Prof. an der Universität Berlin

Hauptwerke:
- *Die Diktatur* (1921)
- *Die geistesgeschichtliche Lage des heutigen Parlamentarismus* (1923)
- *Politische Romantik* (1925)
- *Verfassungslehre* (1928)
- *Der Begriff des Politischen* (1932)

Der dem Faschismus nahestehende Staatstheoretiker Carl Schmitt bestimmt das Wesen des Politischen nicht von Staat und Gesellschaft aus, sondern von der elementaren Unterscheidung in Freund und Feind. Im politischen Sinne kann »Feind« niemals ein privater, sondern stets nur ein öffentlicher Feind sein, so daß praktisch auch nur einander feindliche Kollektive (wie etwa Staaten) als politische Feinde gelten können.

Prinzipiell kann jede Menschengruppe zum Feind einer anderen werden, sofern sie in der Existenz der feindlichen eine Bestreitung ihrer eigenen Existenz erblickt. Entscheidend ist die Möglichkeit des Eintretens eines »Ernstfalles«. An der Fähigkeit zur Feindbestimmung will Schmitt die politische Substanz eines Volkes, einer Nation oder eines Staates ablesen. Das Freund-Feind-Verhältnis ist nicht bloß ein Faktum, sondern die reale oder doch zumindest objektive Möglichkeit politischer Beziehungen, in der sich Schmitt zufolge das eigentliche Wesen des Politischen offenbart. Politisches Einanderfeindsein ist demnach keineswegs naturgegebenes Schicksal, sondern es liegt durchaus im Bereich der Entscheidungssphäre der handelnden Menschen.

Schmitt gründet die »politische Existenz« auf das Axiom der reinen Willensentscheidung: Nur wer die Fähigkeit zur Entscheidung besitzt, kann als politisch Handelnder gelten. Wem immer das Recht zukommt, den im Konfliktfall zu bestimmenden Feind zum Feind verbindlich für *alle* Angehörigen eines Staates zu erklären, verfügt über politische Souveränität. Nicht im Kampf selbst liegt das Politische, sondern in einem vom jederzeit möglichen Ernstfall her bestimmten Verhalten.

Die Problematik einer solchen Politik-Definition ergibt sich aus der Ausblendung der Normallage politischer Verhältnisse, in der die Fähigkeit zum Kompromiß zur Grundform politischen Handelns wird. Dies gilt vor allem für die Innenpolitik.

Auszug aus: SCHMITT, Carl: Der Begriff des Politischen. In: Schriftenreihe der deutschen Hochschule für Politik in Berlin und des Instituts für Auswärtige Politik in Hamburg, Heft 5. Berlin Grunewald 1928, S. 1–11 und 15–19

1.

Der Begriff des Staates setzt den Begriff des Politischen voraus. Staat ist der politische Status eines Volkes. Damit ist nur eine erste Umschreibung, keine Begriffsbestimmung des Staates gegeben. Eine solche ist hier, wo es sich um das Wesen des Politischen handelt, auch nicht erforderlich. Wir dürfen es dahingestellt lassen, was der Staat seinem Wesen nach ist, eine Maschine oder ein Organismus, eine Person oder eine Einrichtung, eine Gesellschaft oder eine Gemeinschaft, ein Betrieb oder ein Bienenstock, oder vielleicht gar eine »Verfahrensgrundreihe«. Alle diese Definitionen und Bilder nehmen zuviel an Deutung, Sinngebung, Illustrierung und Konstruktion vorweg und können daher keinen geeigneten Ausgangspunkt für eine einfache und elementare Darlegung bilden. Staat ist seinem Wortsinn und seiner Erscheinung nach ein besonders gearteter Status eines Volkes. Mehr läßt sich zunächst nicht sagen. Alle Merkmale dieser Vorstellung – Status und Volk – erhalten ihren Sinn durch das weitere Merkmal des Politischen und werden unverständlich, wenn das Wesen des Politischen mißverstanden wird.

Man wird selten eine klare Definition des Politischen finden. Oft wird das Wort nur negativ als Gegensatz gegen verschiedene andere Begriffe gebraucht, in Antithesen wie Politik und Wirtschaft, Politik und Moral, Politik und Recht, innerhalb des Rechts dann wieder Politik und Zivilrecht[1]. Durch derartige negative, oft auch polemische

1 Der Gegensatz von Recht und Politik vermengt sich leicht mit dem Gegensatz von Zivilrecht und öffentlichem Recht, z.B. *Bluntschli,* Allgem. Staatsrecht I (1868), S. 219: »Das Eigentum ist ein privatrechtlicher, nicht ein politischer Begriff.« Die aktuelle Bedeutung dieser Vermengung trat

Gegenüberstellungen kann wohl, je nach dem Zusammenhang, etwas hinreichend Deutliches bezeichnet werden, doch ist das noch keine allgemeine Bestimmung des Spezifischen.

Meistens wird »Politisch« in irgendeiner Weise mit »Staatlich« gleichgesetzt oder wenigstens auf den Staat bezogen[2]. Der Staat erscheint dann als etwas Politisches, das Politische aber als etwas Staatliches – offenbar ein unbefriedigender Zirkel. In der juristischen Fachliteratur finden sich zahlreiche Umschreibungen des Politischen, die aber nur aus dem praktisch-technischen Interesse der Entscheidung von Einzelfällen zu verstehen sind. So gibt es eine Rechtsprechung und Literatur zum Begriff des »politischen Vereins« oder der »politischen Versammlung« im Vereinsrecht[3]. Ferner hat die Praxis des französischen Verwaltungsrechts einen Begriff des politischen Motivs (»mobile politique«) aufzustellen versucht, mit dessen Hilfe Regierungsakte (»actes de gouvernement«) von Verwaltungsakten

---

besonders bei den Erörterungen über die Enteignung des Vermögens der früher in Deutschland regierenden Fürstenhäuser 1925 und 1926 hervor; als Beispiel sei folgender Satz aus der Rede des Abg. Dietrich (Reichstagssitzung vom 2. Dezember 1925, Berichte 4717) erwähnt: »Wir sind nämlich der Meinung, daß es sich hier überhaupt nicht um zivilrechtliche Fragen, sondern lediglich um politische Fragen handelt.« (Sehr gut! bei den Demokraten und links.)

2 Auch in den Definitionen des Politischen, welche den Begriff der »Macht« als entscheidendes Merkmal verwerten, erscheint diese Macht meistens als staatliche Macht, z.B. bei Max *Weber:* Streben nach Machtanteil oder Beeinflussung der Machtverteilung, sei es zwischen den Staaten, sei es innerhalb des Staates zwischen den Menschengruppen, die er umschließt; oder: »die Leitung und Beeinflussung eines politischen Verbandes, heute also: eines Staates« (Politik als Beruf, 2. Aufl. 1926, S. 7). Ed. *Sprangers* Darstellung des »Machtmenschen« (Lebensformen, II. Abschn., Kap. 5) geht so tief in die Individualpsychologie privaten Machtstrebens, daß das spezifisch Politische oft zurücktritt. Doch machen sich die Besonderheiten der politischen Sphäre auch hier geltend.

3 Nach § 3 Abs. 1 des deutschen Reichsvereinsgesetzes vom 19. April 1908 ist ein politischer Verein »jeder Verein, der eine Einwirkung auf politische Angelegenheiten bezweckt«. Die politischen Angelegenheiten werden dann in der Praxis gewöhnlich als Angelegenheiten bezeichnet, die sich auf die Aufrechterhaltung oder Veränderung der staatlichen Organisation oder auf die Beeinflussung der Funktionen des Staates oder der ihm eingegliederten öffentlich-rechtlichen Körperschaften beziehen. In solchen und ähnlichen Umschreibungen gehen politische, staatliche und öffentliche Angelegenheiten ineinander über . . .

unterschieden und der verwaltungsgerichtlichen Kontrolle entzogen werden sollen. Solche aus den Bedürfnissen der Rechtspraxis entstandenen Begriffe suchen im Grunde nur eine praktische Handhabe für die Abgrenzung verschiedener in der Rechtspraxis auftretender Tatbestände; sie bezwecken keine allgemeine Definition des Politischen überhaupt. Daher kommen sie mit ihrer Bezugnahme auf den Staat oder das Staatliche im allgemeinen aus und können Staat und staatliche Einrichtungen als bekannte Größen voraussetzen. Aber auch die allgemeinen Begriffsbestimmungen des Politischen, in welchen auf den Staat verwiesen wird, sind verständlich und auch wissentlich berechtigt, solange der Staat als eine klare und bestimmte Größe vorausgesetzt werden kann, während heute allerdings sowohl der Begriff des Staates wie auch seine Wirklichkeit problematisch geworden sind.

2.

Eine Begriffsbestimmung des Politischen kann nur durch Aufdekkung und Feststellung der spezifisch politischen Kategorien gewonnen werden. Das Politische steht nämlich selbständig als eigenes Gebiet neben anderen, relativ selbständigen Gebieten menschlichen Denkens und Handelns, neben dem Moralischen, Ästhetischen, Ökonomischen usw., deren erschöpfende Aufzählung hier nicht notwendig ist. Das Politische muß deshalb seine eigenen, relativ selbständigen, relativ letzten Unterscheidungen haben, auf die alles im spezifischen Sinne politische Handeln zurückgeführt werden kann. Nehmen wir an, daß auf dem Gebiet des Moralischen diese Unterscheidungen Gut und Böse sind; im Ästhetischen Schön und Häßlich; im Ökonomischen Nützlich und Schädlich oder beispielsweise Rentabel und Nicht-Rentabel. Die Frage ist dann, ob es auch auf dem Gebiet des Politischen eine besondere, selbständige und als solche ohne weiteres einleuchtende Unterscheidung gibt und worin sie besteht.

Die spezifisch politische Unterscheidung, auf welche sich die politischen Handlungen und Motive zurückführen lassen, ist die Unterscheidung von *Freund* und *Feind*. Sie entspricht für das Gebiet des Politischen den relativ selbständigen Gegensätzen anderer Gebiete: Gut und Böse im Moralischen; Schön und Häßlich im Ästhetischen, usw. Sie ist selbständig, d.h. nicht etwa aus einem dieser anderen Gegensätze oder mehreren von ihnen abgeleitet oder auf sie zurückführbar. So wenig der Gegensatz von Gut und Böse ohne weiteres und einfach mit dem von Schön und Häßlich oder Nützlich und Schädlich identisch ist oder unmittelbar auf ihn reduziert werden darf, ebensowenig darf der Gegensatz von Freund und Feind mit einem jener anderen Gegensätze verwechselt oder vermengt werden. Die Unterscheidung von Freund und Feind kann theoretisch und praktisch bestehen, ohne daß gleichzeitig moralische, ästhetische, ökonomische oder andere Unterscheidungen zur Anwendung kommen. Der politische Feind braucht nicht moralisch böse, er braucht nicht ästhetisch häßlich zu sein; er muß nicht als wirtschaftlicher Konkurrent auftreten, und es kann vielleicht sogar vorteilhaft erscheinen, mit ihm Geschäfte zu machen. Er ist eben der Andere, der Fremde, und es genügt zu seinem Wesen, daß er in einem besonders intensiven Sinne existenziell etwas Anderes und Fremdes ist, so daß er im Konfliktsfalle die Negation der eigenen Art von Existenz bedeutet und deshalb abgewehrt oder bekämpft wird, um die eigene, seinsmäßige Art von Leben zu bewahren. In der psychologischen Wirklichkeit wird der Feind leicht als böse und häßlich behandelt, weil das Politische, wie jedes selbständige Gebiet menschlichen Lebens, die Unterscheidungen der anderen Gebiete gern zur Unterstützung heranzieht. Das ändert nichts an der Selbständigkeit solcher spezifischen Gegensätze. Infolgedessen gilt auch umgekehrt: was moralisch Böse, ästhetisch Häßlich oder ökonomisch Schädlich ist, braucht deshalb noch nicht Feind zu sein; was moralisch Gut, ästhetisch Schön und ökonomisch Nützlich ist, wird noch nicht zum Freund in dem spezifischen, d.h. politischen Sinn des Wortes. Die seinsmäßige Sachlichkeit und Selbständigkeit des Politischen zeigt sich schon in dieser Möglichkeit, einen derartig spezifischen Gegensatz wie Freund und Feind von anderen Unterscheidungen zu trennen und als etwas Selbständiges zu begreifen.

3.

Die Begriffe Freund und Feind sind in ihrem konkreten, existenziellen Sinn zu nehmen, nicht als Metaphern oder Symbole, nicht vermischt und abgeschwächt durch ökonomische, moralische und andere Vorstellungen, nicht psychologisch als Ausdruck privater Gefühle und Tendenzen. Sie sind keine normativen und keine »geistigen« Gegensätze. Der Liberalismus hat (wie unten noch näher gezeigt wird) den Feind von der ökonomischen Seite her in einen Konkurrenten, von der ethischen Seite her in einen Diskussionsgegner verwandelt. Im Bereich des Ökonomischen gibt es allerdings keine Feinde, sondern nur Konkurrenten, in einer moralisierten und ethisierten Welt nur noch Diskussionsgegner. Aber Feind ist eben etwas anderes. Ob man es für verwerflich hält oder nicht und vielleicht einen atavistischen Rest barbarischer Zeiten darin findet, daß die Menschen sich immer noch nach Freund und Feind unterscheiden, oder hofft, die Unterscheidung werde eines Tages von der Erde verschwinden, ob es vielleicht gut und richtig ist, aus erzieherischen Gründen zu fingieren, daß es überhaupt keine Feinde mehr gibt, alles das kommt hier nicht in Betracht. Hier handelt es sich nicht um Fiktionen und Normativitäten, sondern um die seinsmäßige Wirklichkeit und die reale Möglichkeit dieser Unterscheidung. Man kann jene Hoffnungen und erzieherischen Bestrebungen teilen oder nicht; daß die Völker sich bis heute nach dem Gegensatz von Freund und Feind gruppieren können, daß dieser Gegensatz auch heute noch wirklich und für jedes politisch existierende Volk als reale Möglichkeit gegeben ist, kann man vernünftigerweise nicht leugnen.

Feind ist also nicht der Konkurrent oder der Gegner im allgemeinen. Feind ist auch nicht der private Gegner, den man haßt. Feind ist nur eine wenigstens eventuell, d.h. der realen Möglichkeit nach *kämpfende* Gesamtheit von Menschen, die einer ebensolchen Gesamtheit gegenübersteht. Feind ist nur der öffentliche Feind, weil alles, was auf eine solche Gesamtheit von Menschen, insbesondere auf ein ganzes Volk Bezug hat, dadurch *öffentlich* wird. Feind ist *hostis,* nicht *inimicus* im weiteren Sinne; πολέμιος, nicht ἐχθρός. Die deutsche Sprache, wie auch andere Sprachen, unterscheidet nicht zwischen dem privaten und dem politischen Feind, so daß hier viele Mißverständnisse und Fälschungen möglich sind. Die viel zitierte Stelle »Liebet eure Feinde« (Matth. 5, 44, Luk. 6, 27) heißt: »diligite *inimicos* vestros«, αγαπᾶτε τοὺς ἐχθροὺς υμῶυ, und *nicht:* diligite *hostes* vestros; vom politischen Feind ist also nicht die Rede. Den Feind im politischen Sinne braucht man nicht persönlich zu hassen, und erst in der Sphäre des Privaten hat es einen Sinn, seinen Feind, d.h. seinen Gegner, zu lieben. Jene Stelle berührt diesen politischen Gegensatz so wenig, wie sie die Gegensätze von Gut und Böse oder Schön und Häßlich aufhebt. Sie besagt keineswegs, daß man die Feinde seines Volkes lieben und gegen sein eigenes Volk unterstützen soll.

Zum echten Begriff des Feindes gehört die reale Eventualität eines Kampfes. Bei diesem Wort ist von allen zufälligen, der geschichtlichen Entwicklung unterworfenen Änderungen der Kriegs- und Waffentechnik abzusehen. Krieg ist bewaffneter Kampf zwischen Völkern. Das Wesentliche an dem Begriff der Waffe ist, daß es sich um ein Mittel physischer Tötung von Menschen handelt. Ebenso wie das Wort Feind, ist hier das Wort Kampf im Sinne einer seinsmäßigen Ursprünglichkeit zu verstehen. Es bedeutet nicht Konkurrenz, nicht den »geistigen« Kampf der Diskussion, nicht den symbolischen

Kampf, den schließlich jeder Mensch irgendwie immer führt, sei es auch nur mit seiner Trägheit. Die Begriffe Freund, Feind und Kampf erhalten ihren realen Sinn dadurch, daß sie insbesondere auf die reale Möglichkeit der physischen Tötung Bezug haben und behalten. Der Krieg folgt aus der Feindschaft, denn diese ist seinsmäßige Negierung eines anderen Seins. Krieg ist nur die äußerste Realisierung der Feindschaft. Er braucht nichts Alltägliches, nichts Normales zu sein, auch nicht als etwas Ideales empfunden zu werden, wohl aber muß er als reale Möglichkeit vorhanden bleiben, solange der Begriff des Feindes seinen Sinn hat. . . .

Maßgebend ist immer nur die Möglichkeit dieses entscheidenden Falles, des wirklichen Kampfes, und die Entscheidung darüber, ob dieser Fall gegeben ist oder nicht. Daß der Fall nur ausnahmsweise eintritt, hebt seinen bestimmenden Charakter nicht auf. Wenn die Kriege heute nicht mehr so zahlreich und alltäglich sind wie früher, so haben sie doch an überwältigender totaler Wucht in gleichem oder vielleicht noch stärkerem Maße zugenommen, wie sie an zahlenmäßiger Häufigkeit und Alltäglichkeit abgenommen haben. Auch heute noch ist der Kriegsfall der »Ernstfall«. Man kann sagen, daß hier, wie auch sonst, gerade der Ausnahmefall eine besonders entscheidende Bedeutung erhält. Denn erst im wirklichen Kampf zeigt sich die äußerste Konsequenz der politischen Gruppierung von Freund und Feind. Von dieser extremsten Möglichkeit her gewinnt das Leben der Menschen seine spezifisch politische Spannung.

Eine Welt ohne die Möglichkeit eines solchen Kampfes wäre eine Welt ohne die Unterscheidung von Freund und Feind und infolgedessen eine Welt ohne Politik. . . .

Jeder religiöse, moralische, ökonomische, ethnische oder andere Gegensatz verwandelt sich in einen politischen Gegensatz, wenn er stark genug ist, die Menschen nach Freund und Feind effektiv zu gruppieren. Das Politische liegt nicht im Kampf selbst, der wiederum seine eigenen technischen, psychologischen und militärischen Gesetze hat, sondern wie gesagt, in einem von dieser realen Möglichkeit bestimmten Verhalten und in der klaren Erkenntnis der eigenen, dadurch bestimmten Situation und in der Fähigkeit, Freund und Feind zu unterscheiden. Eine religiöse Gemeinschaft, die als solche Kriege führt, sei es gegen die Angehörigen anderer religiöser Gemeinschaften, sei es sonstige Kriege, ist über die religiöse Gemeinschaft hinaus eine politische Einheit. Sie ist auch dann eine politische Größe, wenn sie nur in negativem Sinne eine Einwirkungsmöglichkeit auf jenen entscheidenden Vorgang hat, wenn sie in der Lage ist, durch ein Verbot an ihre Angehörigen Kriege zu verhindern, d.h. die Feindesqualität eines Gegners maßgebend zu verneinen. Dasselbe gilt für eine auf ökonomischer Grundlage beruhende Vereinigung von Menschen, z.B. für eine Gewerkschaft. Auch eine »Klasse« im marxistischen Sinn des Wortes hört auf, etwas rein Ökonomisches zu sein und wird eine politische Größe, wenn sie an diesen entscheidenden Punkt gelangt, d.h. wenn sie mit dem Klassen-*»Kampf«* Ernst macht und den Klassengegner als wirklichen Feind behandelt und bekämpft. Der wirkliche Kampf spielt sich notwendigerweise dann nicht mehr nach ökonomischen Gesetzen ab, sondern hat – neben der Kampftechnik im engsten technischen Sinne – seine politischen Notwendigkeiten und Orientierungen. Bemächtigt sich innerhalb eines Volkes das Proletariat der politischen Macht, so ist eben ein proletarischer Staat entstanden, der nicht weniger ein politisches Gebilde ist, wie ein Nationalstaat oder ein Beamtenstaat oder irgendeine andere Kategorie von Staat. Gelingt es, die ganze Menschheit nach dem Gegensatz von Proletarier und Bourgeois als Freund und Feind in Proletarier- und Kapitalistenstaaten zu gruppieren und verschwinden darin alle anderen Freund- und Feind-Gruppierungen, so zeigt sich die ganze Realität des Politischen, welche diese zunächst nur ökonomischen Begriffe erhalten haben. Reicht die politische Kraft einer Klasse innerhalb eines Volkes nur so weit, daß sie jeden nach außen führenden Krieg verhindern kann, ohne selber die Fähigkeit oder den Willen zu haben, die Staatsgewalt zu übernehmen und nötigenfalls Krieg zu führen, so ist die politische Einheit des Staates aufgelöst.

Das Politische kann seine Kraft aus den verschiedensten Bereichen menschlichen Lebens ziehen, aus religiösen, ökonomischen und moralischen Gegensätzen. Aber die reale Freund- und Feind-Gruppierung ist seinsmäßig so stark und ausschlaggebend, daß der nichtpolitische Gegensatz in demselben Augenblick, in welchem er zu dieser Gruppierung führt, seine bisherigen Kriterien zurückstellt und den völlig neuen Bedingungen und Konsequenzen des Politischen unterworfen wird. Das Politische bestimmt immer die Gruppierung, die sich an dem Ernstfall orientiert. Es ist deshalb immer die maßgebende Gruppierung, die politische Einheit, infolgedessen immer, wenn sie überhaupt vorhanden ist, die maßgebende Einheit und »souverän« in dem Sinne, daß die Entscheidung über den maßgebenden Fall, auch wenn das der Ausnahmefall ist, immer begriffsnotwendig bei ihr stehen muß. . . .

5.

Zum Staat als einer wesentlich politischen Einheit gehört das *jus belli,* d.h. die reale Möglichkeit, im gegebenen Fall kraft eigener Entscheidung den Feind zu bestimmen und ihn zu bekämpfen. Mit welchen technischen Mitteln der Kampf geführt wird, welche Heeresorganisation besteht, wie groß die Aussichten sind, den Krieg zu gewinnen, ist hier gleichgültig, solange das die politische Einheit bildende Volk bereit ist, für seine Existenz und seine Unabhängigkeit zu kämpfen, wobei es kraft eigener Entscheidung bestimmt, worin seine Unabhängigkeit und Freiheit besteht. Die Entwicklung der militärischen Technik scheint dahin zu führen, daß vielleicht nur noch wenige Völker übrigbleiben, denen ihre industrielle Macht es erlaubt, einen aussichtsreichen Krieg zu führen, während kleinere Völker freiwillig oder notgedrungen auf das *jus belli* verzichten, wenn es ihnen nicht gelingt, durch eine richtige Bündnispolitik ihre Selbständigkeit zu wahren. Mit dieser Entwicklung ist nicht bewiesen, daß Krieg, Staat und Politik überhaupt aufgehört haben. Jede Änderung und Umwälzung der menschlichen Geschichte und Entwicklung hat neue Formen und neue Dimensionen der politischen Gruppierung hervorgebracht und früher bestehende politische Gebilde vernichtet.

Der Staat als die maßgebende politische Einheit hat eine ungeheure Befugnis bei sich konzentriert: die Möglichkeit, Krieg zu führen und damit offen über das Leben von Menschen zu verfügen. Denn das *jus belli* enthält eine solche Verfügung; es bedeutet die doppelte Möglichkeit: von Angehörigen des eigenen Volkes Todesbereitschaft und Tötungsbereitschaft zu verlangen, und auf der Feindesseite stehende Menschen zu töten. Die Befugnis, in der Form eines Strafurteils über Leben und Tod eines Menschen zu verfügen, das *jus vitae ac necis,* kann auch einer anderen, innerhalb der politischen Einheit bestehenden Verbindung, etwa der Familie oder dem Familienhaupt zustehen, nicht aber das *jus belli,* solange die politische Einheit als solche vorhanden ist. Auch ein Recht der Blutrache zwischen den Familien oder Sippen müßte während eines Krieges suspendiert werden, wenn überhaupt eine politische Einheit bestehen soll. Ein menschlicher Verband, der auf diese Konsequenzen des jus belli verzichten wollte, wäre kein politischer Verband, denn er würde auf die Möglichkeit verzichten, maßgebend darüber zu entscheiden, wen er als Feind betrachtet und behandelt. Durch diese Macht über das physische Leben der Menschen erhebt sich die politische Gemeinschaft über jede andere Art von Gemeinschaft oder Gesellschaft. Innerhalb dieser Gemeinschaft können dann wieder politische Untergebilde bestehen mit eigenen oder übertragenen Befugnissen, aber, solange die Einheit besteht, nicht mit einem selbständigen jus belli.

Eine religiöse Gemeinschaft, eine Kirche, kann von ihren Angehörigen vielleicht verlangen, daß sie für ihren Glauben sterben und den Märtyrertod erleiden, aber nur des eigenen Seelenheils wegen, nicht für die religiöse Gemeinschaft als solche. In einer ökonomisch bestimmten Gesellschaft, deren Ordnung, d.h. berechenbares Funktionieren im Bereich wirtschaftlicher Kategorien vor sich geht, kann unter keinem denkbaren Gesichtspunkt verlangt werden, daß irgendein Mitglied der Gesellschaft im Interesse des ungestörten Funktionierens sein Leben opfere. Mit ökonomischen Zweckmäßigkeiten eine solche Forderung zu begründen, wäre ein Widerspruch gegen die individualistischen Prinzipien der Gesellschaft und aus ökonomischen Normen oder Idealen niemals zu rechtfertigen. Der einzelne Mensch mag freiwillig sterben wofür er will. Die ökonomisch funktionierende Gesellschaft wird auch Mittel finden, einen Störer außerhalb ihres Kreislaufs zu stellen und ihn auf eine nichtgewaltsame, »friedliche« Art unschädlich zu machen, d.h. konkret gesprochen, ihn nötigenfalls verhungern zu lassen. Aber es gibt kein Programm, keine Norm und keine Zweckhaftigkeit, aus deren Inhalt, mag er noch so richtig, vernünftig oder erhaben sein, ein Verfügungsrecht über das physische Leben anderer Menschen entstehen könnte. Von den Menschen im Ernst zu fordern, daß sie Menschen töten und bereit sind, zu sterben, damit Handel und Industrie der Überlebenden blühe oder die Konsumkraft der Enkel gedeihe, ist grauenhaft und verrückt. Den Krieg als Menschenmord verfluchen und dann von den Menschen zu verlangen, daß sie Krieg führen und im Kriege töten und sich töten lassen, damit es »nie wieder Krieg« gebe, ist ein manifester Betrug. Der Krieg, die Todesbereitschaft kämpfender Menschen, die physische Tötung von anderen Menschen, die auf der Seite des Feindes stehen, alles das hat keinen normativen sondern nur einen existenziellen Sinn, und zwar in der Realität der Situation des wirklichen Kampfes gegen einen wirklichen Feind, nicht in irgendwelchen idealen Programmen oder Normativitäten. Es gibt keinen rationalen Zweck, keine noch so richtige Norm, kein noch so ideales Programm, keine Legitimität oder Legalität, die es rechtfertigen könnte, daß Menschen sich gegenseitig dafür töten. Wenn eine solche physische Vernichtung menschlichen Lebens nicht aus der seinsmäßigen Behauptung der eigenen Existenzform gegenüber einer ebenso seinsmäßigen Verneinung dieser Form geschieht, so läßt sie sich eben nicht rechtfertigen. Auch mit ethischen und juristischen Normen kann man keinen Krieg begründen. Gibt es wirklich Feinde in der seinsmäßigen Bedeutung, wie es hier gemeint ist, so ist es sinnvoll, und zwar politisch sinnvoll, sie nötigenfalls physisch abzuwehren und mit ihnen zu kämpfen. Das ist kein Legitimierung oder Rechtfertigung, sondern hat einen rein existenziellen Sinn. ...

Ein politisch existierendes Volk kann also nicht darauf verzichten, gegebenenfalls Freund und Feind durch eigene Bestimmung auf eigene Gefahr zu unterscheiden. Entfällt diese Unterscheidung, so entfällt das politische Leben überhaupt. Es steht einem Volk keineswegs frei, durch irgendwelche Proklamationen und Verzichte dieser schicksalsvollen Unterscheidung zu entgehen. Erklärt ein Teil des Volkes, keinen Feind mehr zu kennen, so stellt er sich nach Lage der Sache auf die Seite der Feinde und hilft ihnen, aber die Unterscheidung von Freund und Feind ist damit nicht beseitigt. Behaupten die Bürger eines Staates von sich, daß sie persönlich keine Feinde haben, so hat das mit dieser Frage nichts zu tun, denn ein Privatmann hat keine politischen Feinde; er kann mit solchen Erklärungen höchstens sagen wollen, daß er sich aus der politischen Gesamtheit, zu welcher er seiner Existenz nach gehört, herausstellen und nur noch als Privatmann leben will. Es wäre ferner ein Irrtum, zu glauben, ein einzelnes Volk könnte durch eine Freundschaftserklärung an alle Welt oder dadurch, daß es sich freiwillig entwaffnet, die Unterscheidung von Freund und Feind beseitigen. Auf diese Weise wird die Welt nicht entpolitisiert und nicht in einen Zustand reiner Moralität oder Wirtschaftlichkeit versetzt. Wenn ein Volk die Mühen und das Risiko der politischen Existenz fürchtet, so wird sich schon ein anderes Volk finden, das ihm diese Mühen abnimmt, indem es seinen »Schutz gegen äußere Feinde« und damit die politische Herrschaft übernimmt; der Schutzherr bestimmt dann den Feind, kraft des ewigen Zusammenhangs von Schutz und Gehorsam[4]. Es wäre tölpelhaft, zu glauben, ein wehrloses Volk habe nur noch Freunde, und eine krapulose Berechnung, der Feind könnte vielleicht durch Widerstandslosigkeit gerührt werden. So wenig ein Mensch durch den Verzicht auf eine ästhetische oder wirtschaftliche Produktivität die Welt in den Zustand reiner Moralität überführt, so wenig kann ein Volk durch den Verzicht auf die politische Entscheidung einen rein moralischen oder ökonomischen Zustand der Menschheit

4 Diese »mutual relation between Protection and Obedience« wollte *Hobbes* durch den »Leviathan« zum Bewußtsein bringen; vgl. die Schlußworte der englischen Ausgabe von 1651, S. 396

herbeiführen. Dadurch daß ein Volk nicht mehr die Kraft oder den Willen hat, sich in der Sphäre des Politischen zu halten, verschwindet das Politische nicht aus der Welt. Es verschwindet nur ein schwaches Volk.

HELLER, HERMANN, Staatsrechtslehrer und Vorläufer der heutigen Politikwissenschaft.

geb. 1891 in Teschen; gest. 1933 in Madrid
1920 Privatdozent in Kiel
1928 Prof. in Berlin
1932 Frankfurt/M.
1933 Emigration nach Spanien

Hauptwerke:
- *Hegel und der nationale Machtstaatsgedanke* (1921)
- *Europa und der Faschismus* (1929)
- *Staatslehre* (1934)

Im Gegensatz zu Schmitt wählt Heller den Normalzustand, nicht den Ausnahmezustand als Ausgangspunkt seiner Staatstheorie. Politisch bedeutet dies, daß nur die durch die Techniken des Parlamentarismus ermittelte und sozialkulturell vermittelte volonté générale Souverän sein kann. Die theoretische Konsequenz des Paradigmas Normalzustand bedeutet, daß nur das Denken von der Regel her unzulässige Simplifikationen und Kurzschlüsse vermeidet.

Da es Heller – im Gegensatz zu Schmitt – um die Probleme der Bildung staatlicher Willenseinheit aus individuell-gesellschaftlichen Willensvielheiten zu tun ist, kann das politische Mittel nicht die Feindbestimmung sein, sondern allein zweckbewußte Gesellschaftsgestaltung, eine Tätigkeit, die auf die Ordnung menschlicher Gegenseitigkeitsbeziehungen gerichtet ist. Auch wer alle Politik nur als die Fortsetzung des Krieges ansehen wollte, könnte kaum die Tatsache aus der Welt schaffen, daß politisches Handeln innerhalb staatlicher Einheiten primär von der Absicht bestimmt wird, drohende Konflikte zu kanalisieren, sei es durch eine Institutionalisierung konfligierender Interessen, sei es durch Absprachen, Abkommen oder Interessenausgleich.

Heller übersah keineswegs die latente Konfliktträchtigkeit der Weimarer Klassengesellschaft, die durch keine rein existenzielle Bestimmung des Politischen (wie Schmitt sie vornimmt) aus der Welt zu schaffen war. Die Konsensfähigkeit mußte angesichts einer drohenden Diktatur von rechts oder einer revolutionären Erhebung des Proletariats immer wieder hergestellt werden. Ohne ein »Wir-Gefühl«, d.h. die Parteinahme nicht nur für Rechtsstaatlichkeit, sondern für eine soziale Demokratie, ohne diese auch »sozialpsychologische« Absicherung mußte die erste deutsche Republik scheitern.

Schmitts polemische Antihaltung gegen die Verfassungswirklichkeit der Weimarer Republik wird diktiert von der Furcht vor einer anarchischen, in Bürgerkrieg mündenden sozialen Dynamik – Hellers Plädoyer für den sozialen Rechtsstaat gründet demgegenüber im Engagement für einen Demokratischen Sozialismus, der die ohnedies bedrohten rechtsstaatlichen Elemente der Weimarer Verfassung nicht einfach über Bord werfen, sondern im positiven Sinne in einen neuen sozialen Kontext aufnehmen wollte.

Auszug aus: HELLER, Hermann: Politische Demokratie und soziale Homogenität. In: Schriftenreihe der deutschen Hochschule für Politik in Berlin und des Instituts für Auswärtige Politik in Hamburg, Heft 5. Berlin Grunewald 1928, S. 35–47

Die unerschöpfliche Frage, welche Bedeutung der sozialen Homogenität für die politische Demokratie zukommt, soll hier im wesentlichen durch eine grundsätzliche Begriffserklärung und lediglich vom politischen, also nicht vom sozialen, ökonomischen oder ethischen Standpunkt aus erörtert werden.

Wie jede andere politische Herrschaft ist auch die demokratische ihrem Wesen nach potentiell-universale Gebietsentscheidung. Politisch herrscht, wer auf einem bestimmten Gebiet über die für die Einheit des Zusammenwirkens relevanten Akte endgültig entscheidet oder an dieser Einheit der Gebietsentscheidung maßgeblich beteiligt ist*. Die Universalität der Gebietsentscheidung ist selbstverständlich

* Zur Ergänzung dieser gedrängten Darstellung meine »Souveränität« 1927.

nur eine potentielle. Soll aber das einheitliche Zusammenwirken, die seit Machiavelli Staat genannte Einheit in der Vielheit, aktuell werden, so muß der Möglichkeit nach jede die gebietsgesellschaftliche Zusammenordnung betreffende Frage in die politische Entscheidung miteinbezogen werden. Das Urteil über die Relevanz dieser oder jener gesellschaftlichen Akte für die Einheit des Zusammenwirkens verändert sich mit dem historischen und sozialen Zustand und Standort.

Die Einheit der Gebietsentscheidung macht uns das Wesen des Politischen als eines dialektischen Ausgleichs der unendlichen Vielheit und Verschiedenheit durcheinanderschießender gesellschaftlicher Akte zur ordnenden und geordneten Einheit verständlich. Die politisch entscheidenden Akte setzen und erhalten eine Rechtsordnung in Geltung, deren Existenz, Positivität oder Geltung dauernd in Abhängigkeit bleibt von der Existenz jener Akteinheit, die sich eben darum gegebenenfalls auch gegen das positive Recht selbstbehaupten muß. Die Tatsache des nachbarlichen Zusammenlebens auf einem bestimmten Gebiet macht es notwendig, daß die ordnende Akteinheit auch in personaler Beziehung grundsätzlich universal entscheidet, ihre Ordnung also nicht nur den Staatsmitgliedern, sondern allen Gebietsbewohnern auferlegt. Jede Herrschaft, mag sie religiös, pädagogisch, ökonomisch, erotisch oder sonstwie motiviert oder fundiert sein, wird, sobald sie die Einheit der Entscheidung auf einem bestimmten Gebiet als letztes Ziel für sich in Anspruch nimmt, zu einer politischen.

Staat nennen wir die Einheit der die Gebietsentscheidungsinstanz konstituierenden Akte. Das Grundproblem aller Politik ist somit: das Entstehen und Bestehen dieser Einheit der Gebietsentscheidung in der Vielheit der sie bildenden Willensakte einerseits und innerhalb der Vielheit anderer, sie umgebender Gebietsherrschaften andererseits. Diese universale Gebietsentscheidungseinheit ist mit Notwendigkeit begründet in der »gesellig-ungeselligen Natur« des Menschen, in seinen beiden Wesenseigenschaften der Verschiedenheit und Gesellschaftlichkeit. Nur in der Gesellschaft wird der zwischen Gott und Tier gestellte Mensch zum Menschen, nur in unvertauschbarer Einmaligkeit wird und bleibt er seelisch-geistig und physisch existent. Die universale, wirksame Gebietsentscheidungseinheit, sie mag zustande kommen wie sie will, ist deshalb eine conditio sine qua non der physischen, aber auch der metaphysischen menschlichen Selbsterhaltung.

Gesellschaftlichkeit, die eine Grundvoraussetzung des diesseitigen menschlichen Daseins, manifestiert sich zunächst als eine bis in die Tierwelt hinabreichende Naturtatsache. In der menschlichen Gesellschaft zeigt sich uns als das notwendige Korrelat der individuellen Verschiedenheit und Vereinzelung aber niemals bloß eine Gemeinschaft natürlicher Art, sondern stets auch die geistige Entscheidung. Sowohl die für unser Verstehen sinnfremden Ordnungen der natürlichen Triebe, wie auch und vor allem der hierarchisch gegliederte »Überbau« der geistigen Ordnungen ist es, der die ewig antagonistische Struktur der menschlichen Gesellschaft zusammenhält. Menschliches Zusammenleben ist immer auch ein durch konkrete menschliche Willensentscheidungen geordnetes Zusammenleben, wobei sich die auf einer naturalistischen Grundlage erwachsenden Gemeinschaften keineswegs als die festesten erweisen. Eine ideelle Macht ist es, die z.B. in der katholischen Kirche jahrtausendlang die Menschen trennt und bindet.

Politisch werden diese Entscheidungen, sobald sie die Einheit des gebietsnachbarlichen Zusammenwirkens betreffen. Steigende Zivilisation und Arbeitsteilung in Verbindung mit einer steigenden Reichweite und Komplizierung der gesellschaftlichen Beziehungen steigert die Notwendigkeit der willentlich gesetzten Ordnungen, vermehrt die Zahl der von einem Mittelpunkt ausgehenden politischen Entscheidungen und erhöht damit sowohl extensiv die Tätigkeit der mit einem wachsenden Verwaltungsstab arbeitenden politischen Entscheidungseinheit, wie sie deren Bedeutung für das gesellschaftliche Dasein steigert.

Alle Politik besteht nun in der Gestaltung und Erhaltung dieser Einheit. Alle Politik muß im Ernstfall den Angriff auf diese Einheit letztlich durch physische Vernichtung des Angreifers beantworten.

Darin liegt der richtige Kern der Behauptung Carl Schmitts, die spezifisch politische Unterscheidung sei die Unterscheidung von Freund und Feind. Wo nicht mehr die Bereitschaft ist, den inneren oder äußeren Angreifer der politischen Einheit im Ernstfalle zu vernichten, dort wird jede Politik grundsätzlich negiert. Ein Staat, der den tödlichen Waffengebrauch unter allen Umständen verbieten würde, der nicht schießen läßt, wenn auf seine Repräsentanten von drinnen oder draußen geschossen wird, hebt sich selbst auf.

Zu bestreiten ist aber Carl Schmitts Meinung, die Freund- und Feindunterscheidung sei die spezifisch-politische, auf sie ließen sich alle politischen Handlungen und Motive zurückführen. Abgesehen davon, daß es erkenntnistheoretisch unzulässig ist, diese Unterscheidung den Wertkategorien gut und böse, schön und häßlich, nützlich und schädlich zu koordinieren, dreht sich Schmitts Freund- und Feindunterscheidung im Zirkel; denn ohne das Epitheton politisch weist jenes Gegensatzpaar nichts spezifisch Politisches auf. Meine

Freunde sind deine Freunde, und deine Feinde sollen meine Feinde sein, kann ebensowohl der politische, wie irgendein Gesinnungsfreund, Jugendfreund, Geschäftsfreund, Busenfreund sinnvoll erklären. Gar nicht gesehen ist von Carl Schmitt die Sphäre der innerstaatlichen Einheitsbildung als Politik. Ließen sich tatsächlich alle politischen Handlungen zurückführen auf die Unterscheidung von Freund und Feind, wobei der letztere »in einem besonders intensiven Sinn existenziell etwas anderes und Fremdes« bedeuten soll, das abgewehrt oder bekämpft, gegebenenfalls vernichtet wird, um die eigne seinsmäßige Art von Leben zu bewahren, dann wäre die Entstehung und Existenz der politischen Einheit etwas höchst Unpolitisches. Schmitt sieht nur den fertigen politischen Status; dieser ist aber nichts Statisches, sondern ein täglich neu zu Gestaltendes, un plébiscite de tous les jours.

Der dynamische Prozeß des Werdens und Sichbehauptens des Staates als Einheit in der Vielheit seiner Glieder ist aber Politik in einem der Selbstbehauptung nach außen mindestens gleichwertigen Sinne. Politik kommt von πολις, nicht von πολεμος, wenn auch die Gemeinsamkeit der Sprachwurzel bedeutsam bleibt. Die civitas maxima, ganz gleich, ob man sie praktisch für möglich oder wünschenswert hält, ist zumindest eine theoretisch einwandfreie, den menschlichen Wesensanlagen nicht widersprechende Setzung. In unserem Falle dient sie dazu, die politische Freund-Feind-Unterscheidung als eine nicht unter allen Umständen notwendige politische Kategorie zu erweisen. Die Einheit der Gebietsentscheidung dagegen würde auch noch das Wesen des Weltstaates ausreichend charakterisieren. Zu einer Sinngebung des Staates ist Schmitts Freund-Feind-Gegensatz schon deshalb unfähig, weil er im Geiste seines Autors als sinnfremd, als rein vitaler Gegensatz zu einem andersgearteten, urtümlichvitalen So- und Nichtanderssein verstanden werden muß.

Demokratie heißt Volksherrschaft. Soll der Demos kratein, so muß er unter allen Umständen eine Entscheidungs- und Wirkungseinheit bilden, d.h. die Demokratie muß wie jede Herrschaftsform ein System von Willensvereinheitlichungen darstellen, für welches immer das Gesetz der kleinen Zahl gilt. Das Spezifikum der demokratischen Herrschaftsform besteht nun in der genossenschaftlichen Bestellung und in der magistratischen, nicht souveränen Stellung ihrer Repräsentanten. Ausnahmslos jeder demokratische Repräsentant ist immer vom Volke mittelbar oder unmittelbar sowohl zu berufen wie abzuberufen und bleibt, trotz der Selbständigkeit seiner repräsentativen Entscheidungsgewalt, juristisch durch eine rational gesetzte Ordnung an den Willen des Volkes gebunden. Nicht die soziologische oder möglicherweise sozialethische Bindung an das Volk ist für den demokratischen Repräsentanten charakteristisch. Eine solche besteht auch für den autokratischen Repräsentanten. Es gibt überhaupt keine Herrschaftsform, von der nicht Spinozas Wort gilt: oboedientia facit imperantem. In der Demokratie allein aber ist diese Bindung außerdem eine juristische und mit wirkungsvollen Rechtssanktionen ausgestattet. Die Methoden der demokratischen Repräsentationsbestellung können sehr verschieden sein. Nicht nur die von der liberalen Demokratie ausgebildete direkte Wahl von Zentralinstanzen, auch die durch ein Rätesystem vermittelte Wahl kann, wenn es sich nicht um eine Bestellung einer bloß ökonomischen Interessenvertretung mit gebundenem Mandat handelt, eine Form demokratischer Repräsentantenauslese darstellen. Zahlreich sind auch die Möglichkeiten einer demokratischen Repräsentantenstellung. Neben dem Parlamentarismus und einem demokratischen Rätesystem ist auch die in amerikanischen Städten versuchte Form der Repräsentation demokratisch zu nennen, die unter Verzicht auf Parlament und Räte lediglich einen oder zwei Repräsentanten mit weitgehendsten Entscheidungsfunktionen auf jederzeitigen recall beruft.

Die Repräsentationsbestellung ist die wichtigste Phase in der Dynamik der politischen Einheitsbildung. Die gesamte Problematik der heutigen Demokratie besteht nun darin, daß sich demokratische Repräsentationsbestellung in juristischen Formen von unten nach oben vollziehen soll. Wie weit das Unten nach unten reicht, wer zum herrschenden Volke gehören soll, wer davon aufgrund von Alters- und Geschlechtsdifferenzen, aufgrund von Unterschieden in Bildung und Besitz ausgeschlossen wird, ist historischen Wandlungen unterworfen.

Erst die Einsicht in die Bedeutung der demokratischen Repräsentationsbestellung vermag auch die große, viel verkannte und viel geschmähte Bedeutung der politischen Parteien in der Demokratie erkennen zu lassen. Sie sind auch im Rätesystem unentbehrlich als spezifische Faktoren in jenem System von Willensvereinheitlichungen, das wir den demokratischen Staat nennen. Ohne ein solches System von Vermittlungen ist die Einheit in der Vielheit unvermittelter Gegensätze demokratisch nicht zu denken.

In der eben angedeuteten Problematik ist auch die Bedeutung der sozialen Homogenität für die Demokratie mitbeschlossen. Demokratie soll bewußte politische Einheitsbildung von unten nach oben sein, alle Repräsentation vom Gemeinschaftswillen juristisch abhängig bleiben. Das Volk als Vielheit soll sich selbst bewußt zum Volk als Einheit bilden. Ein bestimmtes Maß sozialer Homogenität muß gegeben sein, damit politische Einheitsbildung überhaupt möglich sein soll. Solange an die Existenz solcher Homogenität geglaubt und angenommen wird, es gäbe eine Möglichkeit, durch Diskussion mit dem Gegner zur politischen Einigung zu gelangen, solange kann auf die Unterdrückung durch physische Gewalt verzichtet, solange kann mit dem Gegner parliert werden. Carl Schmitt ist deshalb weit davon entfernt, das »geistige Zentrum« des Parlamentarismus dadurch zu treffen, daß er, gefangen von den irrationalen Reizen des Gewaltmythos, als die ratio des Parlaments den Glauben an die Öffentlichkeit der Diskussion und den Glauben an die Wahrheitsfindung durch freie Meinungskonkurrenz bezeichnet. Solche Begründung mag ehemals einigen rationalistischen Apologeten und noch mehr den heutigen Gegnern des Parlamentarismus willkommen gewesen sein. Tatsächlich ist die geistesgeschichtliche Basis des Parlamentarismus nicht der Glaube an die öffentliche Diskussion als solche, sondern der Glaube an die Existenz einer gemeinsamen Diskussionsgrundlage und damit die Möglichkeit eines fair play für den innerpolitischen Gegner, mit dem man sich unter Ausschaltung der nackten Gewalt einigen zu können meint. Erst dort, wo dieses Homogenitätsbewußtsein verschwindet, wird die bis dahin parlierende zur diktierenden Partei.

Von einer größeren oder geringeren sozialen Homogenität ist also die größere oder geringere Möglichkeit einer politischen Einheitsbildung, die Möglichkeit einer Repräsentationsbestellung und die größere oder geringere Festigkeit der Stellung der Repräsentanten abhängig. Es gibt einen gewissen Grad von sozialer Homogenität, ohne welchen eine demokratische Einheitsbildung überhaupt nicht mehr möglich ist. Eine solche hört dort auf, wo sich alle politisch relevanten Volksteile in der politischen Einheit in keiner Weise mehr wiedererkennen, wo sie sich mit den staatlichen Symbolen und Repräsentanten in keiner Weise mehr zu identifizieren vermögen. In diesem Augenblick ist die Einheit gespalten, sind Bürgerkrieg, Diktatur, Fremdherrschaft als Möglichkeiten gesetzt. Die schwere Geburt der kontinentalen Koalitionsregierungen, ihre kurze Dauer, sowie ihr Mangel an durchgreifender Wirkung sind die handgreiflichsten Symptome einer unzulänglichen sozialen Homogenität und damit höchst bedenkliche Krisenzeichen für unsere Demokratien. . . .

Die ökonomische und zivilisatorische Überlegenheit gibt den Herrschenden genügende Mittel in die Hand, um durch direkte und indirekte Beeinflussung der öffentlichen Meinung die politische Demokratie in ihr reales Gegenteil zu verkehren. Durch finanzielle Beherrschung von Partei, Presse, Film und Literatur, gesellschaftliche

Influenzierung von Schule und Hochschule, vermag sie, selbst ohne direkte Bestechung, es zu einer virtuosen Beeinflussung der bureaukratischen und Wahlmaschine zu bringen, so daß alle demokratische Form gewahrt und eine Diktatur dem Inhalt nach doch erreicht wird. Sie ist um so gefährlicher, weil anonym und unverantwortlich. Sie macht die politische Demokratie zur Fiktion, indem sie die Form der Repräsentationsbestellung wahrt und ihren Inhalt verfälscht.

Kommt dem Proletariat diese Diskrepanz zum Bewußtsein, weiß es außerdem, daß nicht nur alle Fabrikräder, sondern auch alle Staatsräder stillstehen, wenn sein starker Arm es will, dann wird es nur unter zwei Bedingungen die demokratische Form des Klassenkampfes respektieren: nämlich dann, wenn sie ihm irgendwelche Aussichten auf Erfolg gewährt und wenn es imstande ist, eine geistig-sittliche Fundierung und historische Notwendigkeit der gegenwärtigen Herrschaftssituation zu entdecken. Das hängt gewiß auch von dem Grad der Einsicht des Proletariats ab; in unvergleichlich höherem Maße aber von den geistig-sittlichen Fähigkeiten der Herrschenden und ihres Anhangs. Der Staatsmann, der nicht ehrlich bemüht ist, seine politischen Entscheidungen über Klassenvorurteile hinauszuheben, der Richter, der nicht dauernd bemüht ist, die Werturteile aller Klassen gegeneinander abzuwägen, um so einer Klassenjustiz zu entgehen, sie und alle anderen staatlichen Instanzen repräsentieren dann dem Proletarier den nackten Klassenstaat, der für ihn keinerlei Verpflichtungskraft hat, sondern als ein bloßes Unterdrückungsinstrument lediglich bekämpfenswert erscheint. In solcher Situation steht sich nicht nur das ökonomische Sein, sondern auch das geistig-sittliche Bewußtsein beider Klassen ohne Vermittlung unhomogen gegenüber. Der Bourgeois erscheint dem Proletarier nicht mehr als der Gleichartige; er setzt der Diktatur des bourgeoisen Klassenstaats sein Ideal der proletarischen Klassendiktatur entgegen.

Die Gefährdung der politischen Demokratie durch die ökonomische Disparität der Klassen kann zunächst, wenn auch keineswegs auf die Dauer, abgeschwächt werden durch eine Homogenität der Alltagskonventionen, wie sie sich etwa in der Schweiz und in den Vereinigten Staaten bis zu einem gewissen Grade herausgebildet hat. Gleichheit der Konventionen kann die Ungleichheit im Ökonomischen einigermaßen vergessen machen. Umgekehrt, je stärker der Alltagsverkehr die ökonomischen Unterschiede auch in Gruß und Kleidung betont, je größer die Zahl der gesellschaftlichen Kreise und Ringe ist, die ihre Kastenabschließung durch Hoffähigkeit, Offiziersfähigkeit, Korpsfähigkeit usw. öffentlich unterstreichen, je eindringlicher die konventionelle Stufung schon in Erziehung und Unterricht nach Titel, Rang und Namen erfolgt, je strenger die Sonderung der Platzanweisung im öffentlichen Leben, sei es in der Straßenbahn oder in der Kirche, vorgenommen wird, desto größer muß das Bewußtsein der Ungleichartigkeit der Klassen, desto geringer die Bereitschaft dazu sein, dem politischen Klassengegner das fair play der politisch gleichen Möglichkeiten zu gewähren.

Daß schließlich auch die anthropologische Homogenität eine Voraussetzung der politischen Demokratie zu bilden vermag, zeigt uns die amerikanische Negerfrage. Das dem Neger nach dem Bürgerkriege gewährte Wahlrecht wurde ihm wieder entzogen. Und alles durchaus ehrlich gemeinte Pathos, das der Bürger der Vereinigten Staaten den allgemeinen Menschenrechten leiht, hindert ihn nicht im geringsten, den Neger ebenso selbstverständlich von der Demokratie auszuschließen, wie es einem Plato selbstverständlich erschien, daß ein Sklave außerhalb der Demokratie steht. Gewiß, die Negerfrage ist nicht eine nur anthropologische. Falsch wäre es aber, sie als eine nur wirtschaftliche anzusehen. Die europäische Arbeiterfrage dagegen ist und bleibt, soweit unser bewußtes Handeln in Frage kommt, in erster Linie eine ökonomische, und nichts ist bezeichnender für die unsere Demokratie bedrohende soziale Disparität, für die klassenkämpferische Stellung der Herrschenden, als jener Versuch, die ökonomische Disparität in eine anthropologische umzudichten, das Proletariat als eine minderwertige Abstammungsgemeinschaft von den Besitzenden zu trennen, um so den Herrschaftsanspruch der letzteren blutsmäßig zu rechtfertigen. Es scheint wirklich so zu sein: quem deus perdere vult eum prius dementat. Ist das Proletariat nicht nur ökonomisch der herrschenden Klasse unhomogen, trennen es von dieser nicht nur die wandelbaren Verhältnisse von Besitz und Bildung, sondern sogar das unveränderliche Blut, welche Art von Solidarität sollte das Proletariat dann noch dazu veranlassen, jenen Herrschenden demokratische Gleichberechtigung zuzugestehen?!

Man pflegt in bürgerlichen Kreisen seit rund hundert Jahren die nationale Kulturgemeinschaft als genügenden staatlichen Integrationsfaktor anzusehen. Ich komme nicht in den Verdacht, die nationale Kulturgemeinschaft in ihrer staatsbildenden Kraft zu unterschätzen*. Um so nachdrücklicher darf ich aber auch betonen, daß die Kulturgemeinschaft selbst ohne einen gewissen Grad von sozialer Homogenität unmöglich ist. Die bürgerliche Hoffnung, der Anteil des heutigen Proletariats an der nationalen Kultur werde sich

* Vgl. mein »Sozialismus und Nation« 1925.

als genügend erweisen, um die besitzlosen Klassen in den Formen der demokratischen Einheitsbildung festzuhalten, ist zum großen Teile naive Selbsttäuschung. Othmar Spann hat schon einigermaßen recht: »Nur so weit die Teilnahme an den geistigen Kulturgemeinschaften reicht, kann auch der wahre Nationalunterschied reichen – ja geradezu die wahre Zugehörigkeit zur Nation; alles andere geht in der Interessengemeinschaft auf.«

Beruhigt sich aber das politische Gewissen mit Spann in der Weise, daß es auf die nun einmal gegebene Kulturunfähigkeit der »Massen« hinweist, so verwechselt es Masse mit Klasse, und möchte die eigene Klasse der anderen gegenüber ihrem geistigen Wesen nach als höherwertig behaupten. Diese Art Legitimation des Klassenstaats hat politisch die grundsätzlich gleiche Wirkung, wie jene Theorie von der rassischen Verschiedenheit der Klassen. Auch sie muß schließlich letzte Bindungen lösen und zur proletarischen Diktatur treiben. Wir wollen dabei ganz absehen von der Tatsache, daß im Nachkriegseuropa der Gedanke des souveränen Nationalstaats bei allen Klassen sehr viel an Überzeugungskraft eingebüßt hat. Der herrschenden Klasse selbst ist die Frage höchst problematisch geworden, ob der heutige Nationalstaat der Selbsterhaltung der Nation besser dient, als ein europäischer Bundesstaat. Sehr bald wird sich auch aus diesem Grunde die nationale Idee als ungenügend erweisen, die demokratische Einheitsbildung zu legitimieren.

Schließlich soll noch mit einem Wort auf die entscheidende Frage, nämlich darauf hingewiesen werden, daß der Mangel an ökonomischer, kultureller und konventioneller Homogenität heute auch dadurch nicht ausgeglichen wird, daß ein religiös bedingtes Wirbewußtsein den Klassengegner in die gleiche Gotteskindschaft einbezieht. Und doch ist diese, unserer willentlichen Einwirkung entzogene religiöse Homogenität für die politische Demokratie von der eminentesten Bedeutung. Nun gibt es große Kreise des Bürgertums, welche die Benützung der Religion als Mittel zum Zweck der politischen Einheitsbildung empfehlen. Nicht nur in Frankreich existiert ein atheistischer Katholizismus, der sich sein glaubensloses Herrschaftswissen, dem Volke aber die Religion erhalten möchte. In Deutschland kennen wir außerdem jenen Gelehrtentyp, der für seinen vorrevolutionären Kathedersozialismus dadurch Buße tut, daß er nun den lieben Gott als soziales Beruhigungsmittel preist. Abgesehen davon, daß die Verwendung der Religion als Instrument der Politik eine religiöse Blasphemie ist, bedeutet ihre Empfehlung als solche auch noch eine grandiose politische Dummheit: man merkt die Absicht und man ist verstimmt.

In Dostojewskis »Dämonen« spricht Schatoff das bedeutungsschwere Wort: »Wer kein Volk hat, der hat auch keinen Gott.« Nun kann man zwar aus dem »Mythos der Nation« einen religiösen »Mythos« rational konstruieren, man kann damit aber weder ein Volk noch einen Gott real erzeugen.

2 Totalitarismus- und Faschismustheorien

2.1 Überblick

Die Totalitarismus- und Faschismusdiskussion in der Bundesrepublik stellt in vielerlei Hinsicht ein getreues Abbild der Entwicklung der Politikwissenschaft hierzulande dar. Die beiden ausgewählten Texte stehen exemplarisch für eine große Zahl von Publikationen, die mit wechselnder Konjunktur in den vergangenen drei Jahrzehnten immer wieder die Fragen der politischen Zeitgeschichte nach zwei Grundmustern variierten:

- der Nationalsozialismus als *eine* Form totalitärer Herrschaft (Rechtsradikalismus = Linksradikalismus);
- der Faschismus als soziale Bewegung und Extremfall bürgerlich-kapitalistischer Herrschaft.

Weder Karl Dietrich Bracher noch Helga Grebing formulieren diese Thesen aus. Das Schwergewicht ihrer Argumentation liegt vielmehr in der Begründung ihrer unterschiedlichen Annäherung an das Thema.

Anscheinend bevorzugt die Totalitarismustheorie bei ihrer Analyse einen Politikbegriff, der die Frage nach den *Formen* von Macht- und Herrschaftsausübung in den Mittelpunkt rückt (aus der Parallelität zwischen nationalsozialistischer und stalinistischer Herrschaftstechnik bezieht sie ja ihr wichtigstes Argument). Währenddessen scheint die Faschismustheorie, zumindest in ihrer undogmatischen Prägung, einen zwei- oder dreigeteilten Politikbegriff anzuwenden. Neben der Analyse faschistischer Herrschaft werden auch Fragen nach der komplizierten Lagerung der Interessen innerhalb der bürgerlichen

Gesellschaft (Arbeiterbewegung, deklassierte Mittelschichten, Eliten) und deren Artikulation und Durchsetzung (Öffentlichkeit) im politischen Machtspiel gestellt.

Entscheidend für das Verständnis der beiden Texte könnte eine Untersuchung des von dem jeweiligen Autor angepeilten »Mißstandes« sein: Sie bezichtigen die jeweilige Gegenposition des undifferenzierten Umgangs mit Begriffen, wobei Bracher zusätzlich immer wieder die politisch-ideologischen Folgen der Verwendung des Faschismus-Begriffs reflektiert.

Besonderes Augenmerk scheint gleichfalls die Argumentationsstruktur beider Texte zu verdienen. Wo Bracher auf der politischen Ebene argumentiert (»Begriffsverwirrung leistet der Unterhöhlung der freiheitlichen Demokratie Vorschub«), stellt Gribung den ideengeschichtlichen Kontext in den Mittelpunkt.

2.2 Texte und Kommentare

BRACHER, KARL DIETRICH, Historiker und Politikwissenschaftler.

geb. 1922 in Stuttgart
1959 Prof. in Bonn

Hauptschriften:
- *Die Auflösung der Weimarer Republik* (1955)
- *Die deutsche Diktatur* (1969)
- *Zeitgeschichtliche Kontroversen* (1976)
- *Geschichte und Gewalt* (1981)

Karl Dietrich Bracher verfolgt in seinem Beitrag nicht nur die zeitgeschichtliche und wissenschaftliche Diskussion, sondern gleichzeitig deren angebliche »geistige Folgen«. Sein Augenmerk gilt vor allem den möglichen Auswirkungen einer aufgeweichten politischen Begrifflichkeit auf die »wehrhafte Demokratie«. Als Historiker der »Auflösung der Weimarer Republik« sieht Bracher die Hauptgefahr im Anwachsen totalitärer Bestrebungen von rechts und links, die ein demokratisches Gemeinwesen, eine »offene Gesellschaft« gefährden können.

Die Konkurrenz zwischen Demokratie und Totalitarismus als zentrale Konfliktebene spiegelt sich nach Bracher im wissenschaftlichen Bereich wider als Konkurrenz zwischen »freiheitlichem und totalitärem Demokratiebegriff«. Einem seiner Auffassung nach verkürzendem Faschismusbegriff gegenüber plädiert er für die Wahrung der Perspektive auf das gemeinsame Merkmal von Faschismus und Stalinismus: der Bedrohung der offenen Gesellschaft.

Diese Haltung gleicht allerdings eher einem politischen Plädoyer als einer Forschungsperspektive. Politische Theorie kann sich in der alleinigen Würdigung der Herrschaftstechniken von solch unterschiedlichen politischen Systemen wie Faschismus und Stalinismus nicht erschöpfen, sondern sollte, historisch und genetisch verfahrend, zu präziseren und umfassenderen Bestimmungen gelangen, als zur einfachen Faustformel: Totalitarismus contra Demokratie.

Auszug aus: BRACHER, Karl Dietrich: Schlüsselwörter in der Geschichte. Mit einer Betrachtung zum Totalitarismusproblem. Düsseldorf (Droste Verlag) 1978, S. 103–111

1.

Die Bundesrepublik steht unter zwei großen Erfahrungen, die sie wesentlich geprägt haben: die Zerstörung der Weimarer Demokratie durch die nationalsozialistische Machtergreifung 1932/33, und die Errichtung einer zweiten Diktatur im Osten Deutschlands nach 1945. In beiden Fällen handelte es sich um die Durchsetzung einer Einparteienherrschaft mit totalitärem Anspruch. Der Totalitarismus von rechts *und* von links war die grundlegende Erfahrung, und daraus folgte, daß das Selbstverständnis der zweiten deutschen Republik auf einem offenen Demokratiebegriff beruhte und sich Verfassungsinstitutionen schuf, die gegen totalitäre Tendenzen schützen sollten. Die Entstehung des Grundgesetzes wurde von diesem Grundkonsens aller tragenden politischen Kräfte bestimmt. Eine Wiederholung der Weimarer Katastrophe zu hindern erforderte vor allem, daß es nicht mehr zu jener Aushöhlung der Demokratie durch die Polarisierung und die Obstruktion antiparlamentarischer Bewegungen kommen konnte, und schließlich zu jener »unechten Mehrheit« von rechts- und linkstotalitären Diktaturparteien, deren Gemeinsamkeit nur noch im Sturz des freiheitlichen Rechtsstaats bestand.

Aber dazu genügte nicht eine antifaschistische Orientierung: sie konnte sogar irreführend wirken (wie in der SBZ-DDR), wenn sie nicht von einem Demokratieverständnis getragen war, das beiden Bedrohungen entgegenstand: der erneuten Selbstzerstörung auf pseudodemokratischem Wege wie 1933 und einer Linksdiktatur nach volksdemokratischem Muster, wie sie im Namen des Antifaschismus unter dem Schutz der Roten Armee betrieben wurde. Dieser doppelten Gefährdung zu begegnen, hieß das Totalitäre im Rechts- wie im Linksradikalismus zu erkennen und zugleich den Verführungen eines geschlossenen Demokratiebegriffs widerstehen.

Vor diesem Hintergrund mußte es von schwerwiegender, das Selbstverständnis der Bundesrepublik treffender Bedeutung sein, wenn der Totalitarismusbegriff in der wissenschaftlichen und öffentlichen Diskussion durch den Faschismusbegriff ersetzt wurde, wie dies im Laufe der sechziger Jahre weithin geschah[1]. Das war mehr als ein akademischer oder publizistischer Streit um Begriffe, wie herablassend höhnisch gespottet wird, während man sich dem Geist und der Sprache der Zeit anpaßt. Es war ein Politikum von erstrangiger psychologischer Bedeutung, und es konnte einer Verschiebung der politischen Maßstäbe und Werte, einer wahrhaften Systemveränderung Vorschub leisten. Gleichzeitig mit dem Marsch durch die Institutionen begann ein Marsch durch die Wörter.

Die Ersetzung oder Verdrängung des antitotalitären durch das antifaschistische Verständnis der Demokratie ermöglichte es auch liberalen Meinungsträgern, auf marxistisch-kommunistische Denkformen einzuschwenken. Faschismustheorien wurden die große Mode, die Sowjetformel vom »deutschen Faschismus« wurde weithin nachgeredet, und die Generalisierung des Faschismusbegriffs erfolgte auf Kosten der Unterscheidung zwischen totalitärer und demokratischer Politik. Die geistigen Folgen sind unübersehbar. Denn hier geschah zugleich ein allmählicher Abbau jener Hemmungen und Schutzvorkehrungen der »wehrhaften Demokratie«, die Staat und Gesellschaft vor neuen Polarisierungen und extremen Ideologisierun-

---

1 Vgl. zur Problem- und Forschungslage »Der umstrittene Totalitarismus: Erfahrung und Aktualität«, in: K.D. Bracher, *Zeitgeschichtliche Kontroversen*, München 1976 2, S. 33 ff. Zum Fortbestehen totalitärer Strukturen und Wesenszüge in der Sowjetunion vgl. Boris Meissner, *Das Sowjetsystem und seine Wandlungsmöglichkeiten*, Bern 1976, S. 24 ff.

gen bewahren und verhindern sollten, daß die pluralistische Demokratie wieder in den Bann jener undemokratischen Alternative geriet, von der sie einst betört und zerstört wurde: jener vorgeblich einzigen Alternative »Kommunismus oder Faschismus«, also links- oder rechtsradikale Lösung, auf die so viele Zeitgenossen der dreißiger Jahre hereinfielen[2].

Das Entscheidende an der Verfemung oder Tabuisierung des Totalitarismusbegriffs und der Renaissance des Faschismusslogans auch in der ernsthaften Literatur scheint mir nun, daß die demokratiekritischen Bewegungen der sechziger und siebziger Jahre sich ihrer in doppelter Weise zu bedienen vermochten: zur hyperkritischen Verdächtigung des parlamentarischen Repräsentationsprinzips durch antikapitalistische Verschwörungstheorien, und zur Etablierung einliniger, neototalitärer Denk- und Handlungsweisen, wie sie in das Umfeld speziell deutscher Gewalttheorien oder jedenfalls in den sie tragenden Hintergrund gehören. Neben der Verschärfung und Verabsolutierung der Kapitalismus- und Parlamentarismuskritik ist es das Herunterspielen der Unterschiede von Demokratie und Diktatur durch Herrschaftstheorien, in denen der Staat zum bloßen Instrument von Gruppen und Klassen und zum Inbegriff einer »strukturellen Gewalt« erklärt wird, gegen die unabhängig von demokratischen Regeln und rechtsstaatlichen Institutionen die Legitimität von »Gegengewalt« als demokratisch im höheren Sinne propagiert wird. Das geschieht nun seit mehr als einem Jahrzehnt vornehmlich im Namen jener Begriffe, die dem Kampf gegen »den Faschismus« zumal im marxistischen Sinne zugeordnet, aber gegen die westliche Demokratie gewendet werden und große Wirkung auf einen weiteren Kreis sich radikaldemokratisch verstehender Meinungsträger erzielten: sie verabsolutierten den Kampf gegen Kapitalismus, Kolonialismus, Imperialismus, Rassismus, gegen Phänomene also, die zweifellos Kritik herausfordern; sie wenden sie aber im Sinne einer *totalen* Feindideologie gegen die bestehenden freiheitlichen Demokratien[3].

---

2 Man vgl. die plastische Schilderung der Psychologie der Bekehrung zur »Sowjetmythologie« in Arthur Koestlers Memoiren: *Pfeil ins Blaue,* München 1953, S. 302 ff.

3 Wie dies in den Augen der Strategen der »Kommunistischen Weltbewegung« vor sich geht, sagt unter ständiger Berufung auf Lenin mit wünschenswerter Deutlichkeit das Buch des stellvertretenden Leiters der Internationalen Abteilung des ZK der KPdSU, Wadim Sagladin (»Die kommunistische Weltbewegung, Abriß der Strategie und Taktik«). Diese

Die Eliminierung des Totalitarismusbegriffs ermöglicht es dabei, dieselbe Herrschafts- und Unterdrückungspolitik in linken, zumal kommunistischen Regimen zu ignorieren, sobald diese sich als antifaschistisch und sozialistisch bezeichnen. Wie der Freiheitsbegriff in den Befreiungsbewegungen der Dritten Welt nichts über deren demokratischen oder diktatorischen Charakter aussagt, so eignet sich auch der Sozialismusbegriff in diesem Sinne zur Rechtfertigung oder Kaschierung fast jeder beliebigen Ideologie- und Herrschaftsform. Mit dem Kriterium der Diktatur und des Totalitären fielen hier die grundlegenden Unterscheidungsmerkmale im Hinblick auf Machtkontrolle und Machtstrukturen: es fiel die Barriere zwischen freiheitlichem und totalitärem Demokratiebegriff. . . .

Solche Verunsicherung ist zugleich gefördert worden durch die inneren Auseinandersetzungen und Schwächen des Westens zumal im Gefolge des Vietnamkrieges. Die Modellwirkung der amerikanischen Demokratie verblaßte, wurde ins Gegenteil verzerrt, und an die Stelle trat jene Befreiungsideologie, die auf Gewalt statt Kompromiß gerichtet war. Die Fixierung auf die gewalttätigen nationalen Emanzipationsprozesse in der dritten Welt, vom Fernsehen oft ohne die notwendige Klärung der politischen Zusammenhänge in alle Stuben getragen, verlieh dem Diktatur-»Sozialismus« eine faszinierende neue Qualität. Daß es in den scheinbar erfolgreichen Fällen wie China und Kuba, Vietnam und Kambodscha zu totalitär organisierten, totalitär ideologisierten kommunistischen Regimen führte – wenngleich unter nationalistischen Vorzeichen – das konnte den diktatorischen Charakter der Befreiungsbewegungen allenfalls als geringeres Übel erscheinen lassen, ja zuweilen geradezu in ein positives Licht rücken: dort war eine homogene Idee, war der Fortschritt, die Befreiung von allen Übeln. So konnte die für die totalitäre Mentalität charakteristische Pervertierung der Moral stattfinden: Unrecht wird zu Recht, Unterdrückung zu Befreiung, Gewalt und Terror sind gerechtfertigt durch das höhere Ziel, dem die Zukunft gehört: der Zweck heiligt die Mittel. Wenn der Westen demgegenüber sein antitotalitärdemokratisches Credo vertrat – die Mittel *entheiligen* den Zweck! – und dabei doch gleichzeitig selbst so inkonsequent handelte wie etwa bei CIA-Aktionen in Kuba oder Chile, im Schwanken um die

---

Selbstenthüllung wird leider zu wenig zur Kenntnis genommen, obwohl ein von einem sowjetischen Wissenschaftler (Woslenskij) kommentierter Auszug in der Zeitschrift *Osteuropa* (24, 1974, S. 845–59) alles Wesentliche hervorgehoben hat.

Apartheid-Politik oder in der ambivalenten Haltung gegenüber palästinensischen Gewaltaktionen, so erschütterte das seine Glaubwürdigkeit in besonderem Maße.

2.

Was heißt nun hier totalitär? Und von welchem »totalitären Syndrom« ist zu reden, wenn die Bedeutung jener Entwicklung im demokratischen Westen und zumal in der Bundesrepublik zu beurteilen ist? Gegen alle modischen Verdrängungen der letzten 20 Jahre scheint mir meine Definition von 1957 immer noch gültig: Eine totalitäre Denk- und Herrschaftsform verneint prinzipiell »die Existenzberechtigung verschiedener, miteinander konkurrierender politischer Gruppen und Willensäußerungen und ebenso den Autonomieanspruch außerpolitischer Lebensbereiche und Kultursphären. ... Alles soll einem geschlossenen, unbedingt verbindlichen politischen und weltanschaulichen Staats- und Gesellschaftsverständnis zugeordnet und dienstbar gemacht werden. ... Es stützt sich auf eine militante Ideologie, die gleichsam als Ersatzreligion, als Heilslehre mit politischem Ausschließlichkeitsanspruch die Unterdrückung der Opposition und die totale »Ausrichtung« des Staatsbürgers sowohl historisch wie zukunftsutopisch zu begründen und zu rechtfertigen sucht ... «[4].

Das Wesentliche ist die verführerische, aber durchaus gewalttätige Fiktion einer völligen Identität von Volk und Führung, ja von Idee und Wirklichkeit, vor der alle Unterscheidungen zwischen Demokratie und Diktatur verblassen. Nun haben die Totalitarismustheorien, die in verschiedener Prägung seit 55 Jahren vertreten werden, gewiß ihre kritisierbaren Schwächen, wie übrigens alle politischen und sozialen Theorien, die über die bloße Beschreibung hinausgehen. Aber ebenso gewiß gibt es nach wie vor, auch nach Hitler und Stalin, das Phänomen totalitärer Herrschaftsansprüche und die Neigung zum Totalitären, gibt es die totalitäre Versuchung, wie sie jüngst wieder in dem gleichnamigen Buch von Jean François Revel (La tentation totalitaire, 1976) als weltweites, auch französisches Problem, besonders der Linken, beschrieben wurde. Die Theoriekritik liefert häufig nur einen Vorwand für Begriffs- und Argumentationsverbote, wie dies in weiten Kreisen bei Intellektuellen, in Universitäten und Literatur anzutreffen ist, seitdem die »neue Linke« den Begriff des Totalitären historisch falsch zur Ausgeburt des Kalten Krieges erklärt

4 *Staat und Politik* (Fischer Lexikon 2), Neuaufl. Frankfurt/M. 1964, S. 328 ff.

hat. Weit über ihre Anhänger hinaus hat diese These ein oft gedankenloses Echo gefunden, weil sie entspannungsfreundlich schien, vom unbequem gewordenen Vorwurf des Antikommunismus befreite und geradezu ein Alibi für Fortschrittlichkeit bildete.

Wir beobachten also einen zweifachen Zusammenhang zwischen der Totalitarismusproblematik und der Verbreitung von Gewaltlehren. Zum einen die Aushöhlung der Abwehrbereitschaft, indem die rechtsstaatlichen Grundlagen als bloße »Formaldemokratie« abgewertet werden, ihr antitotalitärer Grundzug verkannt wird – im Namen politischer Opportunität, sozialer Wandlungen und eines Prozeßdenkens, das im sozialwissenschaftlichen Gewand die Relativierung politisch-moralischer Maßstäbe bewirkt. Zum anderen aber: die tatsächliche Anwendung totalitärer Denk- und Verhaltensweisen in der Begründung und Rechtfertigung von Gewaltphilosophien, auf die man sich im Namen einer Identität von Theorie und Praxis, der wahren Volksherrschaft oder totaler Herrschaftslosigkeit im scheindemokratischen, utopischen Sinne beruft. Beides greift dabei ineinander: intellektuelle Nachgiebigkeit und Kult der Aktion. Die verführerische Theorie von der »Gegengewalt«, die gegen die »strukturelle Gewalt« des Staates und der angeblichen Klassengesellschaft erlaubt und geboten sei, spielt hier eine wichtige Rolle. Sie liefert das intellektuelle Rüstzeug zum Ausbruch aus der Gesellschaft und ermöglicht ein anfängliches Verständnis für Taten des Terrorismus. Durch die Machtergreifungen unseres Jahrhunderts seit Lenin, Mussolini und Hitler haben wir erfahren, und die Analysen von Hannah Arendt bis Leonard Schapiro verdeutlichen es: Gewalt und Terror, in welchem ideologischen Gewande auch immer, sind integrierender Bestandteil totalitärer Bewegungen und Regime; und jeder politische Terror enthält totalitäre Wurzeln und Motive. Terroristische Mentalität richtet sich auf die völlige Vernichtung des politischen Feindes, des Kompromisses und des Rechtstaates, und zwar mit allen Mitteln; sie bedarf dafür jener Formeln der terribles simplificateurs, die eine einzige Lösung für alle Probleme verheißen: die totalitäre Versuchung in einer komplizierten Welt, die totalitäre Erlösung.

GREBING, HELGA, Historikerin (Sozialgeschichte).

geb. 1930 in Berlin
1972 Prof. in Göttingen

Hauptschriften:
- *Geschichte der deutschen Arbeiterbewegung* (1966)
- *Konservative gegen die Demokratie* (1971)
- *Der Revisionismus* (1977)

Wo Karl Dietrich Bracher endet, beginnt Helga Grebing. Sie nimmt das Problem, inwieweit Rechts- und Linksextremismus (unter der Formel Totalitarismus) identisch sind, zum Ausgangspunkt einer ideengeschichtlichen Analyse.

Schlüssig ist hierbei ihr Bezug auf die Diskussion um die politische Theorie Jean-Jacques Rousseaus. In der Tat ist dessen Modell Gegenstand einer ständig aufs neue geführten Kontroverse, die einen Schlüssel zum Verständnis des Totalitarismus/Faschismus-Problems in sich birgt. Ist den konservativen Kritikern der Rousseauschen Demokratietheorie diese wegen ihres angeblich totalitären Zugs verdächtig, wegen ihrer »gewalttätigen Fiktion einer völligen Identität von Volk und Führung« (Bracher), so wird von anderer Seite die Rousseausche *Utopie* einer herzustellenden »Identität von Regierung und Regierten« als dynamisch-progressives Moment gegen eine rein formal begriffene Demokratie verteidigt.

Gerade diese rein formale Demokratie widerspreche der Idee der »offenen Gesellschaft« und enthalte mithin ein totalitäres Moment. Die von Grebing deutlich gemachten Bedenken gegen ein dualistisches Totalitarismus/Demokratie-Schema nimmt sie selbst zum Maßstab. Wenn politische Zeitgeschichte sich nicht mit der Kategorisierung von Herrschaftstechniken begnügen will, muß sie ideen- und sozialgeschichtliche Detailanalyse betreiben.

Für die Frage nach Rechts- und Linksextremismus bedeutet dies keineswegs eine eingeschränkte Sichtweise. Wenn darauf zu bestehen ist, daß dem Kommunismus andere, grundsätzlich fortschrittlichere ideologische und theoretische Inhalte zugrunde liegen, so ist aus einer Berufung auf »fortschrittlichere Theorie«

natürlich gewiß noch kein höheres Recht auf totalitäre Gewalttaten abzuleiten. Gleichwohl wird die wissenschaftliche Analyse einer solchen Bewegung nicht umhin können, sich auch mit diesen Unterschieden (wie sie zum Beispiel auf der Theorieebene zwischen kommunistischen und faschistischen Bewegungen existieren) eingehend zu beschäftigen.

Auszug aus: GREBING, Helga: Linksradikalismus gleich Rechtsradikalismus. Eine falsche Gleichung. Stuttgart u.a. (Kohlhammer Verlag) 1971, S. 51 f., 55–59, 62–64

Rechts- und Links-Totalitarismus

»Der legitime Widerwille gegen eine industrielle Leistungsgesellschaft, die den Menschen immer stärker zum bloßen Objekt ihres nüchternen Funktionsmechanismus zu machen und ihn in seiner individuellen Freiheit und Spontaneität zunehmend einzuengen droht, führt hier«, so schreibt der stellvertretende SPD-Vorsitzende und Bundesverteidigungsminister Helmut Schmidt Ende 1969 in der »Zeit« unter Bezug auf die Forderung der »Neuen Linken«, das Parlament durch Räte zu ersetzen, »zur Flucht in die intellektuelle Geborgenheit einer irrealen, ideologisch-utopischen Vorstellungswelt, deren Wurzeln bis ins 18. und 19. Jahrhundert zurückreichen«. Helmut Schmidt ging auch auf die rechtsradikale Variante des Anti-Parlamentarismus ein: »Auch hier finden wir als Reaktion nur das alte Konglomerat aus antiliberalen Ressentiments, obrigkeitsstaatlichen Vorstellungen und radikaldemokratisch-totalitären Elementen der Lehre von Rousseau, die sich wiederum zu dem zerschlissenen Bild von der Volksgemeinschaft unter plebiszitär legitimierter Führerschaft und einem zum bloßen Akklamationsforum degradierten Parlament zusammenfügen«.

In diese knappe Äußerung sind alle Elemente der lange fast unbestritten herrschenden Totalitarismus-Theorie eingegangen. Für die Kritiker radikaler Positionen auf der Rechten und der Linken gehen deren Ideologien »in wesentlichen Punkten auf den französischen Philosophen Jean Jacques Rousseau und die seine Ideen teilweise aufgreifenden Jakobiner in der Französischen Revolution« zurück. In einer methodisch nicht ganz einwandfreien Weise, indem nämlich unkritisch die Rousseau-Interpretation von rechts übernommen und damit zustimmend vorweggenommen wird, was ja eigentlich erst bewiesen werden muß, schließt man: »Rousseaus Auffassung von

Demokratie beruht, wie der in seiner Kritik am modernen Parlamentarismus unmittelbar an ihn anknüpfende rechte Kritiker der Weimarer Verfassung und spätere Staatsrechtslehrer des Nationalsozialismus Carl Schmitt betont hat, auf der »Identität von Regierenden und Regierten«, die ihrerseits auf der Auffassung von einem in der Interessenlage homogenen und sich daher einmütig verhaltenden Volk beruht. Jede wirkliche Demokratie, die bei Schmitt im Einklang mit den Vorstellungen der radikalen Linken im unüberbrückbaren Gegensatz zum Liberalismus gesehen wird, basiere darauf, »daß nicht nur Gleiches gleich, sondern, mit unvermeidlicher Konsequenz, das Nichtgleiche nicht gleich behandelt wird. Zur Demokratie gehört also notwendig erstens Homogenität und zweitens – nötigenfalls – die Ausscheidung oder Vernichtung des Heterogenen«. Von diesem Demokratieverständnis aus, das den totalitären Regimen unserer jüngsten Vergangenheit die Begründung für die Vernichtung großer rassischer, sozialer und nationaler Minderheitsgruppen geliefert hat, ist es nur konsequent, wenn Rousseau und mit ihm die Anhänger der Konzeption der einheitlichen Volksgemeinschaft auf der Rechten und der klassenlosen Gesellschaft auf der Linken keine Parteien, keine Sonder- und Gruppeninteressen und keine Konkurrenz zu der der Gesellschaft zugrunde liegenden herrschenden Religion oder Ideologie zulassen. Die Homogenität muß nach Rousseau sogar so weit gehen, daß politische Entscheidungen ohne »dornenvolle Diskussionen« zustandekommen und selbst die Parteien in einem Rechtsstreit dasselbe wollen. Die totalitäre Praxis der einstimmigen akklamatorischen Bestätigung nicht diskutierter Gesetze und der Selbstanklage in Schauprozessen ist hier also vorweggenommen. . . .«

Als besonderes Kennzeichen der Übereinstimmung zwischen rechten und linken Totalitären wird wiederholt auf den gleichen Begriff des Politischen hingewiesen: erbitterter, kompromißloser Kampf zwischen miteinander nicht zu vereinbarenden Gegensätzen. Dieses Freund-Feind-Denken (im Sinne C. Schmitts) und ein Verständnis der Gewalt als letztes Mittel der Politik beherrscht, so sagt man, beide Positionen – doch damit sind die Gemeinsamkeiten, wie auch die Vertreter der Totalitarismus-These anerkennen, erschöpft: Die Unterschiede zwischen rechts und links werden ihnen an diesem Punkt besonders deutlich, wie Hans Mathias Kepplinger an einem Vergleich zwischen C. Schmitt und Hans Magnus Enzensberger zeigt: »Während C. Schmitt das Freund-Feind-Verhältnis propagiert, weil er damit die Möglichkeit zu gewaltsamer Regelung gesellschaftlicher Konflikte offen halten will, fordert E. den Bruch der befriedenden demokratischen Spielregeln und die offene Konfrontation, weil er die Konflikte durch einen Zustand gesellschaftlicher Harmonie überwinden will.« Einfacher ausgedrückt: die Auffassung des Politischen als Freund-Feind-Verhältnis hat für die Linken nur so lange und unter der Bedingung Gültigkeit, wie noch eine Klassenherrschaft bzw. der Antagonismus der Klassen besteht. So sehen es durchaus auch diejenigen, die ansonsten die totale Totalitarismus-These zu vertreten geneigt sind. Damit wäre aber festgestellt – worauf Martin Greiffenhagen in seiner Auseinandersetzung mit der Totalitarismus-These hingewiesen hat – daß von der Linken Gewalt, Terror oder gar Krieg nicht als solche verherrlicht werden, nicht Selbstzweck sind, sondern Mittel zum Zweck, eine Welt ohne Gewalt, Terror und Krieg zu ermöglichen. Revolutionärer Terror – so differenzierte einmal Marcuse – »ist sehr verschieden von weißem Terror, weil der revolutionäre Terror eben seine eigene Transzendierung zu einer freien Gesellschaft impliziert . . .«. Doch auch für ihn stellt sich im Hinblick auf den Stalinismus die Frage nach der Perversion der Revolution durch Ausartung des Terrors: »Dort, wo es in einer Revolution eine solche Umwandlung des Terrors in Akte von Grausamkeit, Brutalität und Folter gibt, haben wir es bereits mit der Perversion der Revolution zu tun.«

Die Einsicht in solche Zusammenhänge hat zu einer Modifizierung, resp. Reduzierung der ursprünglich totalen Totalitarismus-These geführt: Zwar, so heißt es sinngemäß, implizieren linke wie rechte Ideologien »eine totalitär geführte Gesellschaft«, aber während die eine mit dem Abbau von Hierarchie und Abhängigkeit die herrschaftsfreie Gesellschaft von Gleichen zu erreichen verspricht, will die andere genau das Gegenteil von alledem. Von hier aus stellt sich freilich auch den Vertretern der Totalitarismus-These die Frage nach der möglichen und notwendigen Unterscheidung der historischen Ursprünge beider Strömungen: wenn beiden zwar historisch ursprünglich der Protest gegen die bürgerliche Gesellschaft zugrundeliegt, so muß doch – worauf besonders Gerhard A. Ritter aufmerksam gemacht hat – im Blick bleiben, daß die Ideen der radikalen Rechten nicht nur als Weiterführung gewisser totalitärer Ansätze der Französischen Revolution zu verstehen sind.

Von den Vertretern der Totalitarismus-These selbst ist also die Frage nach den Differenzierungsmöglichkeiten zwischen rechts und links aufgeworfen. Die Schwäche der bisherigen Argumentation, der wir hier zunächst vornehmlich interpretierend gefolgt sind, besteht offensichtlich darin, daß die Problematik des Totalitarismus abstrakt ideengeschichtlich oder allenfalls noch aus der Perspektive der

Herrschaftsformenlehre erörtert wird – ohne daß der jeweilige sozialgeschichtliche Kontext berücksichtigt würde. Oder anders gesagt: es erfolgt eine unzulässige Verkoppelung von ideengeschichtlich möglicherweise recht vordergründigen Gemeinsamkeiten – ohne daß dabei auf die jeweilige historisch-politisch-soziale Situation eingegangen wird. ...

War Rousseau wirklich der »Stammvater des politischen Totalitarismus«? Er war dies ebensowenig wie er der »Theoretiker der modernen europäischen Demokratie im Zeitalter des Kapitalismus« war.

Rousseau war weder totalitär noch liberal, eher ein Theoretiker der »konvervativen Demokratie«. Reine Demokratie wäre nach Rousseau Regierung ohne Regierung, denn wo man sie errichten könnte, bestünde die Möglichkeit, jede Regierung abzuschaffen, aber streng genommen – so weiter Rousseau – hat es niemals eine wahrhafte (echte) Demokratie gegeben und wird es sie nicht geben. Rousseau will auch keine Gemeinschaft von Gleichen errichten, es kommt ihm vielmehr auf eine Ausgeglichenheit der sozialen Verhältnisse an: Seine Vorstellungen vom Zusammenleben der Menschen in Gesellschaft und Staat ähneln einer auf dem privaten Eigentum beruhenden »bäuerlichen und kleinbürgerlichen Tugend-Republik«. Rousseau denkt an ein kleines Land (als Bestandteil einer Föderation von kleinen autarken Republiken), jeder müßte jeden kennen, einfache Sitten herrschen, Luxus ist unbekannt, Vollbürger können nur die selbständig Gewerbetreibenden und die Landwirte sein, in der Landwirtschaft sollen möglichst viele Menschen beschäftigt werden, es soll möglichst wenig Arbeitsteilung herrschen und möglichst wenig arbeitssparende Maschinen sollen eingesetzt werden, denn der technische Fortschritt führt zur gesellschaftlichen Ungleichheit, unerwünscht ist allzu großer Reichtum, ebenso aber auch große Armut oder gar Besitzlosigkeit: eine homogene bäuerlich-kleinbürgerliche Bevölkerung soll also die ideale gesellschaftliche Basis einer Republik abgeben.

Es mag damit einsehbar geworden sein, warum es so viel für sich hat, Rousseau als den Theoretiker einer konservativen Demokratie zu bezeichnen, wobei der Begriff der Demokratie noch der besonderen Reflexion bedürfte; es ist keineswegs so, daß bei Rousseau Staat und Demokratie a priori Synonyme sind. Rousseau ist, obwohl Rationalist, ein konservativer, ein traditioneller Moralist, der die verheerenden Folgen der entfesselten kapitalistischen Konkurrenzgesellschaft erkennt, er will eigentlich den Fortschritt hemmen und damit die für ihn absehbare Krise der abendländischen Welt aufhalten, da er sie nicht verhindern zu können glaubt. Konservative können sich mit Recht auf Rousseau berufen (und sind – jedenfalls gegenwärtig – meist blind für diese Gelegenheit), Sozialisten, zumal wenn sie historische Materialisten sind, sollten besser auf diese liebgewordene Möglichkeit verzichten: einzig die Ideologen der bürgerlich-kapitalistischen Gesellschaft haben sich nie auf Rousseau berufen, mit Recht, denn Rousseaus Gegner ist die genuin liberale Theorie. Rousseaus revolutionäre Wirkung zu seiner Zeit erklärt sich aus der radikalen Frontstellung gegen die zeitgenössische Gesellschaft und ihren Staat. Tatsächlich war Rousseau als Anwalt einer kleinbürgerlich-egalitären republikanischen Ordnung der erste intellektuelle Wortführer des Kleinbürgertums im Übergang zum Industriekapitalismus. Nun wird auch klar, warum Rousseau eben keineswegs als der Theoretiker der westlichen Demokratie im Zeitalter des Kapitalismus verstanden werden kann; wohl aber stellt er der bürgerlichen Revolution die Kräfte zur Verfügung, die sich viel stärker gegen die Dynamik der kapitalistischen Produktionsweise und gegen die traditionelle ständische Ordnung zerstörende Kraft der bürgerlichen Klassengesellschaft richteten als – wie das Bürgertum – gegen die politische Herrschaft des Ancien régime. . . .

Das rechte Denken ist gegen Aufklärung und Rationalität gerichtet; es hat seine Wurzeln in der romantisch-konservativen Bewegung gegen die Französische Revolution und in dem zwar von der Französischen Revolution ausgehenden, aber in Deutschland schon im Ursprung mit anti-demokratischen Affekten verbundenen Nationalismus, der sich im Laufe des 19. Jahrhunderts zu einer mit sozialdarwinistischen Argumenten angereicherten imperialistischen Machtpolitik verdichtete; es beruhte ursprünglich auf dem anti-industriegesellschaftlichen, aber nicht anti-kapitalistischen und daher überwiegend rassisch-antisemitisch begründeten Protest existentiell bedrohter sozioökonomischer Zwischenschichten zwischen industriekapitalistischem Bürgertum und Proletariat, und es wuchs auf dem Boden einer traditionell aristokratisch-autoritären Struktur der gesellschaftlichen Organisation und ihrer politischen Institutionen.

Von solchen Einsichten in die Ursprünge rechten und linken Denkens her ist wiederholt eindringlich, wenn auch häufig mit nicht vielsagenden bzw. -erklärenden Formeln, auf die Unterschiede, besser: Gegensätze der Rechten und der Linken aller Grade in der gegenwärtigen Situation eingegangen worden. Dabei läßt es sich – nur scheinbar paradox – von einer bestimmten Gemeinsamkeit beider ausgehen: Unter der Herrschaft der bürgerlichen Gesellschaft sammelten sich auf beiden Seiten »die gesellschaftlich Unterlegenen, die Zukurzgekommenen und die Opfer der kapitalistischen Produktionsweise«, insofern waren beide, Kommunismus und Faschismus, Gegenbewegungen gegen die bürgerliche Gesellschaft und zugleich ihre Produkte, aber beide begriffen sich gegenseitig immer als Todfeinde und haben sich aufs heftigste bekämpft. Denn während die einen für autoritär-hierarchische Strukturen in Staat und Gesellschaft eintreten und dabei nur die demokratisch-parlamentarische Fassade des Privateigentums bekämpfen (und nicht dieses selbst), plädieren die anderen für demokratische Strukturen und für die Aufhebung der sozialen und politischen Privilegien des Privateigentums selbst.

Rechte und Linke ließen sich danach historisch wie aktuell daran unterscheiden, ob sie den trotz temporärer Rückschläge im Weltmaßstab fortschreitenden Demokratisierungs- und Selbstbestimmungsprozeß fördern oder hemmen bzw. revidieren. Doch wird es sich empfehlen, bei der vertieften Analyse der Unterschiede bzw. Gegensätze noch einen weiteren Aspekt zu beachten, der auf das Herrschaftssystem und seine sozialen Funktionen differenziert eingeht: »Kommunisten und Faschisten forderten, formten und stabilisierten Gesellschaftssysteme, die sich diametral gegenüberstanden, vor allem in ihrem bestimmenden Bereich, dem der ökonomischen Ordnung. Bei ähnlicher Gewaltanwendung, Liquidation innerparteilicher Gegner und Verhinderung jeglicher Opposition stehen irrationaler Führermythos und Rassenwahn einer rationalen Parteitheorie gegenüber. Die gesellschaftliche Funktion der beiden Parteien ist nicht zu vergleichen. Die Verbindung von Bourgeoisie, Kapital, Kleinbürgertum und militärischer Oligarchie, denen die Weimarer Demokratie als westliche Erfindung fremd geblieben war, ermöglichte es der faschistischen Partei, die Staatsgewalt zu einem systematischen Terror nach innen und zu den Weltkrieg auslösenden Aggressionen auszunutzen. In der Sowjetunion förderte die kommunistische Partei bei allem Terror unter Stalin und aller durch staatliche Akkumulation notwendiger wirtschaftlicher Einschränkung der Massen die Emanzipation der Unterschichten und bestimmte die Entwicklung des Landes vom analphabetischen Agrarstaat zur modernen Industrienation«. Von hier aus kann man zu weiteren noch grundsätzlicheren Differenzierungen vorstoßen, wie sie Martin Greiffenhagen versucht hat: Der faschistische Führer- und Rassestaat wollte Herrschaft auf Dauer stellen, seine soziale Basis und seine ideologischen Bezüge machten ihn unfähig zu einem Umbau der Gesellschaft im Sinne der Entfaltung der Elemente demokratischer Selbstverwaltung: der Nationalsozialismus wäre demnach »eher innerhalb einer Theorie autoritärer Regime abzuhandeln«.

Der Begriff des Totalitarismus wäre dann nur noch nach links verwendbar; in ihn mit aufgenommen werden müßte dann das historisch belegbare Verständnis, daß dieser Totalitarismus sowohl auf (in einem sehr weiten Sinne) demokratische Legitimierung angewiesen, als auch »im Unterschied zu anderen Diktaturen seinem Wesen nach auf Selbstauflösung gerichtet« ist.

Die Verwendung des Totalitarismus-Begriffs in einem totalen, rechts und links umfassenden Sinne wäre damit obsolet geworden. Auch die, die vorschlagen, ihn trotz mancher Bedenken in diesem weiten Sinne weiterzuverwenden, grenzen zugleich seinen Wirkungsbereich ein; so will z.B. Karl Dietrich Bracher das Totalitarismus-Konzept benutzen zur Erhellung der Strukturprinzipien im Herrschaftsgefüge und in der Herrschaftstechnik sowohl rechter wie linker Diktaturen im Unterschied zum politischen Prozeß in pluralistisch verfaßten Mehrparteiendemokratien; Klaus Hildebrand hält ihn noch als operationales Instrument für eine gesamtgesellschaftlich orientierte Analyse verwendbar, die auf die Feststellung der Totalitätsgrade hochindustrialisierter Gesellschaften in Ost und West hinaus will.

3 Demokratietheorien

3.1 Überblick

Auch die heutige Diskussion der Demokratietheorien, wie sie in der Bundesrepublik vor allem von der Parlamentarismuskritik der sogenannten außerparlamentarischen Opposition (Apo) der späten 60er Jahre inspiriert wurde, kreist letztlich um Fragen, die in den beiden wichtigsten demokratietheoretischen Grundmodellen schon lange Zeit vorher formuliert worden sind.

Diese beiden Grundmodelle,

- das klassisch-normative (Rousseau) und
- das Konkurrenzmodell der demokratischen Elitenherrschaft (Schumpeter),

umschreiben recht präzise den Rahmen einer Debatte, die damals unter der Leitfrage geführt wurde, inwieweit das Parlament unter den Bedingungen bürokratischer Expertenherrschaft seiner ursprünglichen Aufgabe als Gesetzgeber noch gerecht werde.

Interessanterweise findet sich in der Kritik der bundesrepublikanischen Wirklichkeit eine Vielzahl der in dem Schumpeterschen Entwurf enthaltenen Motive und Konstruktionen. Den Vorteil einer realistischen Einschätzung hat das Konkurrenzmodell zweifellos für sich zu verbuchen. Demgegenüber besteht der Vorzug des Rousseauschen Modells vor allem in seinem kritischen Potential, wie man anhand von Agnolis Votum sieht, das als radikale Variante des klassischen Konzepts zu begreifen ist. Eine kritische Parallellektüre des realistischen (aber affirmativen) und des utopischen (aber kritischen) Demokratiemodells ermöglicht einen guten Zugang zu unserem Problem.

Die Schwierigkeit eines systemkritischen Ansatzes (wie bei Agnoli) besteht allerdings nicht zuletzt darin, überzeugende Alternativen zum kritisierten bestehenden Politikstil der heutigen Verfassungswirklichkeit entwickeln zu müssen. Mit einigem Recht wird auf diese Schwachstelle seines Entwurfs, der vor allem aus der Kritik lebt, von seinen Gegnern verwiesen.

Seit den Wahlerfolgen der Partei »Die Grünen«, mit ihrem starken Zug zu Parlamentarismusskepsis und Fundamentalopposition, begegnet uns die gleiche Frage unter der Überschrift »Basisdemokratie« wieder.

Während die vorgegebene Wirklichkeit sich in den Augen vieler Bürger gewissermaßen »von selbst« versteht, bedarf jeder Reformschritt nicht bloß einer Bewußtseins-, sondern auch oftmals einer Verhaltensänderung seitens der Beteiligten. Es gibt dafür weder Patentrezepte noch eine Einbahnstraße. Kein Königsweg führt von der Theorie zu politischer Praxis: wenn es einen qualitativen Fortschritt auf dem Weg zu mehr Demokratie gibt, so wohl eher auf verschlungenen Pfaden, die stets erneut von konstruktiver Phantasie und mutiger Selbstkritik beleuchtet werden müssen.

3.2 Texte und Kommentare

SCHUMPETER, JOSEPH A., Nationalökonom.

geb. 1883 in Triesch (Mähren); gest. 1950 in Taconic, Conn./ USA
1924 Prof. in Bonn
1932 Universität Harvard, Cambridge Mass./USA

Hauptwerke:
- *Das Wesen und der Hauptinhalt der theoretischen Nationalökonomie* (1908)
- *Theorie der wirtschaftlichen Entwicklung* (1912)
- *Aufsätze zur Soziologie* (1953)

Schumpeters Demokratietheorie findet sich in seinem erstmals 1942 erschienenen Buch *Kapitalismus, Sozialismus und Demokratie,* das für das heute auch bei uns vorherrschende Demokratieverständnis von entscheidender Bedeutung ist. Die Popularität dieses Modells von Demokratie beruht vor allem darauf, daß es sich als ein wertfreies, rein analytisch-deskriptives darbietet, im Gegensatz zum klassischen Demokratietheorem, dem man ein »rationalistisches Menschenbild«, Utilitarismus und Utopismus nachsagt. Zudem hat Schumpeters, am Modell einer freien Marktwirtschaft orientiertes Demokratiemodell den ungemeinen Vorzug, auf Anhieb einleuchtend und plausibel zu sein.

Es scheint strikt bezogen auf das, was im politischen Leben tatsächlich vor sich geht. So ist es auch kein Zufall, daß der Begründer dieser Theorie zu ihr auf dem Wege einer skeptischen Auflösung der klassischen Lehre von der Demokratie gelangt ist, einer Auflösung, die sich an der Szenerie des Parteienwettstreits bei amerikanischen Präsidentschaftswahlen orientierte.

Auf eine kurze Formel gebracht, besagt Demokratie für Schumpeter nichts anderes als den Wettkampf verschiedener Eliten um die Macht im Staate. Parteien sind für ihn jene Gruppen, »deren Mitglieder willens sind, im Konkurrenzkampf um die politische Macht in Übereinstimmung miteinander zu handeln«. Parteien fungieren demnach als Muttergruppen, auf deren ideologische und faktische »Hausmacht« sich die Eliten bei ihrem Kampf um die Macht stützen.

Schumpeters Demokratietheorie ist hinsichtlich ihres materialen Gehalts tatsächlich eher als Theorie demokratischer Elitenherrschaft zu bezeichnen. Mit der Ersetzung des Begriffs Demokratie durch »demokratische Methode« ist mehr gemeint als eine neue Nomenklatur. Sie impliziert die eindeutige Absage an den Gedanken, wonach Demokratie ein bestimmbares Ziel mit angebbaren normativen Inhalten sein könne.

Durch die Auflösung des klassischen Demokratiebegriffs auf eine Bestimmung von Demokratie als bloßes Miteinanderkonkurrieren ist eine inhaltliche Zielbestimmung dessen, was man als demokratisch bezeichnen kann, von vornherein ausgeschlossen. Diese dem Anschein nach nur verfahrenstechnische Ausklammerung jeder inhaltlichen Bestimmung ist in Wirklichkeit aber bereits eine wertmäßige Vorentscheidung für den Status quo, eine Wertentscheidung, die sich jedoch als Wertenthaltung ausgibt.

Die Sorge Schumpeters gilt nicht etwa der auch von ihm konstatierten Apathie und mangelnden Informiertheit der Bürger im Staat, sondern allein dem Zustandekommen einer stabilen Regierung, die, von politischen Initiativen der Bürger unbehelligt, zum Wohl der Allgemeinheit ihre Entscheidungen zu treffen hat.

Politik und politisches Handeln sind sonach Angelegenheit der dafür vom Volk in das Politikeramt gewählten Personen. Ihnen allein ist politisches Handeln und politische Tätigkeit vorbehalten. Sache des Volkes ist es, im Wahlakt die für die Politik verantwortlichen Personen zu berufen. Haben sie dies getan, so sind sie (bis zur nächsten Wahl) aus der arbeitsteilig von der Gesellschaft abgehobenen Sphäre des Politischen entlassen.

Auszug aus: SCHUMPETER, Joseph A.: Kapitalismus, Sozialismus und Demokratie. München (Francke Verlag) 1950, S. 427–433

Der Konkurrenzkampf um die politische Führung

Ich glaube, daß die meisten politisch Interessierten bereits so weit sind, daß sie die Kritik akzeptieren, die im vorangegangenen Kapitel gegen die klassische Lehre der Demokratie gerichtet wurde. Ich glaube auch, daß die meisten schon jetzt bereit sind oder es bald sein werden, eine andere Theorie zu akzeptieren, die viel lebenswahrer ist und gleichzeitig viel von dem vor dem Untergang bewahrt, was die Paten der demokratischen Methode mit diesem Ausdruck wirklich meinen. Sie sei wie die klassische Theorie in aller Kürze hier definiert.

Es sei daran erinnert, daß unsere Hauptschwierigkeiten bei der klassischen Theorie sich um die Behauptung gruppierten, daß »das Volk« eine feststehende und rationale Ansicht über jede einzelne Frage besitzt und daß es – in einer Demokratie – dieser Ansicht dadurch Wirkungskraft verleiht, daß es »Vertreter« wählt, die dafür sorgen, daß diese Ansicht ausgeführt wird. So wird die Wahl der Repräsentanten dem Hauptzweck der demokratischen Ordnung nachgeordnet, der darin besteht, der Wählerschaft die Macht des politischen Entscheides zu verleihen. Angenommen nun, wir vertauschen die Rollen dieser beiden Elemente und stellen den Entscheid von Fragen durch die Wählerschaft der Wahl jener Männer nach, die die Entscheidung zu treffen haben. Oder um es anders auszudrücken: wir nehmen nun den Standpunkt ein, daß die Rolle des Volkes darin besteht, eine Regierung hervorzubringen oder sonst eine dazwischengeschobene Körperschaft, die ihrerseits eine nationale Exekutive[1] oder Regierung hervorbringt. Und wir definieren: die demokratische Methode ist diejenige Ordnung der Institutionen zur Erreichung politischer Entscheidungen, bei welcher einzelne die Entscheidungsbefugnis vermittels eines Konkurrenzkampfes um die Stimmen des Volkes erwerben.

Die Verteidigung und Erklärung dieser Idee wird sehr bald zeigen, daß sie hinsichtlich der Wahrscheinlichkeit ihrer Prämissen und der Haltbarkeit ihrer Behauptungen die Theorie des demokratischen Prozesses beträchtlich verbessert.

Erstens gelangen wir in den Besitz eines leidlich brauchbaren Kriteriums, mit welchem demokratische Regierungen von andern unterschieden werden können. Wir haben gesehen, daß die klassische Theorie deswegen in Schwierigkeiten gerät, weil durch Regierungen, die nach keinem anerkannten Gebrauch des Begriffes »demokratisch«

---

1 Das unaufrichtige Wort »Exekutive« weist zwar in Wirklichkeit in eine falsche Richtung. Aber es verliert diese, wenn wir es in dem Sinn brauchen, indem wir von den »ausführenden Organen« einer Gesellschaftsunternehmung sprechen, die ebenfalls beträchtlich mehr tun, als nur den Willen der Aktieninhaber »auszuführen«.

genannt werden können, sowohl dem Willen wie auch dem Wohl des Volkes gerade so gut oder sogar besser gedient werden kann und in vielen historischen Fällen auch gedient worden ist. Jetzt befinden wir uns aber in einer etwas besseren Lage, zum Teil darum, weil wir die Bedeutung des *modus procedendi* hervorzuheben entschlossen sind, dessen Vorhandensein oder Fehlen in den meisten Fällen leicht zu verifizieren ist.

Zum Beispiel erfüllt eine parlamentarische Monarchie wie die englische die Anforderungen der demokratischen Methode, weil der Monarch praktisch dazu gezwungen ist, die gleichen Männer in das Kabinett zu berufen, die das Parlament wählen würde. Eine »konstitutionelle« Monarchie besitzt nicht die Eigenschaften, um sie demokratisch nennen zu können, weil den Wählerschaften und Parlamenten – während sie alle anderen Rechte mit den Wählerschaften und Parlamenten der parlamentarischen Monarchie gemein haben – doch die Befugnis fehlt, ihre Wünsche in bezug auf das regierende Komitee durchzusetzen: die Kabinettsminister sind in diesem Falle Diener des Monarchen, dem Wesen wie auch dem Namen nach, und können im Prinzip von ihm ebenso gut entlassen wie ernannt werden. Solch eine Ordnung kann das Volk durchaus befriedigen. Die Wählerschaft kann diese Tatsache bestätigen dadurch, daß sie gegen jeden Vorschlag einer Abänderung stimmt. Der Monarch kann so populär sein, daß er jeden Mitbewerber um das höchste Amt zu schlagen vermag. Aber da kein Mechanismus vorhanden ist, um diese Konkurrenz wirksam zu gestalten, fällt dieser Fall nicht unter unsere Definition.

Zweitens läßt uns die in dieser Definition verkörperte Theorie allen wünschbaren Raum für eine angemessene Anerkennung der lebenswichtigen Tatsache der Führung. Die klassische Theorie hat das nicht getan, sondern hat, wie wir gesehen haben, der Wählerschaft ein völlig wirklichkeitsfremdes Ausmaß von Initiative beigelegt, was praktisch auf ein Ignorieren der Führung herauskam. Kollektive handeln jedoch beinahe ausschließlich dadurch, daß sie eine Führung akzeptieren – es ist dies der beherrschende Mechanismus praktisch jedes kollektiven Handelns, das mehr ist als bloßer Reflex. Behauptungen über das Funktionieren und die Resultate der demokratischen Methode, die dem Rechnung tragen, sind daher notwendig sehr viel wirklichkeitsnäher als Behauptungen, die es nicht tun. Sie werden nicht schon bei der Ausführung einer *volonté générale* Halt machen, sondern werden weitgehend zeigen, wie sie entsteht oder wie sie substituiert oder verfälscht wird. Was wir den »fabrizierten Willen« genannt haben, steht nun nicht mehr außerhalb der Theorie, ist keine

Verirrung mehr, um deren Nichtvorhandensein wir den Himmel bitten; er gehört, wie es sein muß, in die Mitte unseres Gebäudes.

Drittens jedoch, soweit es überhaupt echte Willensäußerungen von Gruppen gibt – zum Beispiel den Willen der Arbeitslosen, Arbeitslosenunterstützung zu bekommen, oder den Willen anderer Gruppen, zu helfen – werden auch diese von unserer Theorie nicht vernachlässigt. Im Gegenteil vermögen wir ihnen nun gerade die Rolle zuzuweisen, die sie tatsächlich spielen. Solche Willensäußerungen setzen sich in der Regel nicht unmittelbar durch. Selbst wenn sie kräftig und bestimmt sind, bleiben sie oft während Jahrzehnten latent, bis sie von irgend einem politischen Führer, der sie in politische Faktoren verwandelt, zum Leben erweckt werden. Dies tut er – oder sonst tun es seine Agenten für ihn – indem er diese Willensäußerungen organisiert, indem er sie aufstachelt und indem er zuletzt geeignete Punkte in seine Werbeschriften aufnimmt. Die Wechselbeziehung zwischen Sonderinteressen und öffentlicher Meinung und die Art, in der sie die Form hervorbringen, die wir die politische Situation nennen, erscheinen von diesem Standpunkt aus in einem neuen und viel klareren Licht.

Viertens ist natürlich unsere Theorie ebenso wenig genau bestimmt, als es der Begriff des Konkurrenzkampfes um die Führung ist. Dieser Begriff bietet ähnliche Schwierigkeiten wie der Begriff der Konkurrenz in der wirtschaftlichen Sphäre, mit dem er nutzbringend verglichen werden kann. Im Wirtschaftsleben fehlt die Konkurrenz nie völlig, aber sie ist kaum je vollkommen. Ähnlich besteht im politischen Leben immer einige Konkurrenz, wenn auch vielleicht nur potentiell, um die Gefolgschaft des Volkes. Zur Vereinfachung haben wir jene Art von Konkurrenz um die Führung, die die Demokratie definieren soll, auf freie Konkurrenz um freie Stimmen beschränkt. Berechtigt ist dies deshalb, weil »Demokratie« eine anerkannte Methode zu implizieren scheint, nach welcher der Konkurrenzkampf zu führen ist, und weil die Methode der Wahl praktisch die einzig mögliche für Gemeinwesen aller Größen ist. Doch obschon dadurch viele Arten der Gewinnung der Führung ausgeschlossen werden, die ausgeschlossen werden sollten[2], wie zum Beispiel die Konkurrenz

---

2 Es werden auch Methoden ausgeschlossen, die nicht ausgeschlossen werden sollten, zum Beispiel der Erwerb politischer Führung durch die stillschweigende Hinnahme des Volkes oder durch die Wahl *quasi per inspirationem*. Letztere unterscheidet sich von einer Wahl durch Stimmabgabe nur durch einen technischen Unterschied. Aber die erstere ist nicht ganz ohne

durch einen militärischen Aufstand, werden doch nicht die Fälle ausgeschlossen, die auffallend analog zu jenen wirtschaftlichen Phänomenen sind, die wir als »unfaire« oder »betrügerische« Konkurrenz oder als Konkurrenzbeschränkung bezeichnen. Und wir können sie nicht ausschließen, da uns, wenn wir es täten, nur ein völlig wirklichkeitsfremdes Idealbild übrig bliebe[3]. Zwischen diesem Idealfall, der nicht existiert, und den Fällen, in welchen jegliche Konkurrenz mit dem regierenden Führer mit Gewalt verhindert wird, liegt eine fortlaufende Reihe von Variationen, innerhalb derer die demokratische Regierungsmethode mit unendlich kleinen Schritten allmählich in die autokratische übergeht. Aber wenn wir nicht philosophieren, sondern verstehen wollen, so ist dies durchaus in Ordnung. Der Wert unseres Kriteriums wird dadurch nicht ernsthaft geschädigt.

Fünftens scheint unsere Theorie die Beziehung zu klären, die zwischen der Demokratie und der individuellen Freiheit besteht. Wenn wir mit letzterer das Vorhandensein einer Sphäre individueller Selbstregierung meinen, deren Grenzen historisch veränderlich sind – *keine* Gesellschaft duldet absolute Freiheit, nicht einmal eine absolute Gewissens- und Redefreiheit, *keine* Gesellschaft reduziert diese Sphäre auf Null – dann wird diese Frage offenkundig zu einer Sache des Grades. Wir haben gesehen, daß die demokratische Methode nicht unbedingt eine größere Summe individueller Freiheit garantiert, als irgend eine andere politische Methode unter gleichen Umständen gestatten würde. Es kann sehr wohl umgekehrt sein! Aber es besteht noch eine Beziehung zwischen den beiden. Wenn, wenigstens im Prinzip, jedermann die Freiheit hat, sich dadurch um die politische Führung zu bewerben, daß er sich der Wählerschaft vorstellt[4], dann wird dies in den meisten, wenn auch nicht in allen Fällen, ein beträchtliches Quantum Diskussionsfreiheit für *alle* bedeuten. Namentlich wird es normalerweise ein beträchtliches Quantum Presse-

---

Bedeutung, sogar in der modernen Politik; der Einfluß, den ein Parteiführer *innerhalb seiner Partei* hat, beruht oft auf nichts anderem als auf der stillschweigenden Hinnahme seiner Führung. Vergleichsweise sind dies jedoch Details, die meines Erachtens in einer Skizze wie der vorliegenden vernachlässigt werden dürfen.

3 Wie auf wirtschaftlichem Gebiet sind *einige* Einschränkungen in den gesetzlichen und moralischen Prinzipien des Gemeinwesens enthalten.

4 Das heißt Freiheit im gleichen Sinne, wie jedermann die Freiheit hat, eine weitere Textilfabrik aufzutun.

freiheit bedeuten. Diese Beziehung zwischen Demokratie und Freiheit ist nicht absolut bündig und kann verfälscht werden. Aber vom Standpunkt des Intellektuellen aus ist sie nichtsdestoweniger sehr wichtig. Gleichzeitig ist dies aber auch alles, was über diese Beziehung gesagt werden kann.

Sechstens sollte beachtet werden, daß indem ich es zur Hauptfunktion der Wählerschaft machte, (direkt oder durch eine dazwischengeschobene Körperschaft) eine Regierung hervorzubringen, ich in diese Formulierung auch die Funktion ihrer Absetzung einschließen wollte. Das eine bedeutet einfach die Akzeptierung eines Führers oder einer Gruppe von Führern, das andere einfach die Rücknahme dieser Akzeptierung. Dadurch wird ein Element berücksichtigt, das der Leser bisher vermißt haben dürfte. Er mag daran gedacht haben, daß die Wählerschaft nicht nur installiert, sondern auch kontrolliert. Aber da die Wählerschaft normalerweise ihre politischen Führer nur insofern kontrolliert, als sie es ablehnt, sie selbst oder die sie stützenden parlamentarischen Mehrheiten wiederzuwählen, scheint es angebracht zu sein, unsere Vorstellungen einer Kontrolle in der durch unsere Definition angedeuteten Weise zu reduzieren. Gelegentlich ereignet sich ein spontaner Umschwung, der unmittelbar eine Regierung oder einen einzelnen Minister stürzt oder einen bestimmten Kurs aufzwingt. Aber dies sind nicht nur Ausnahmefälle – sie stehen auch, wie wir noch sehen werden, im Gegensatz zum Geist der demokratischen Methode.

Siebentens erhellt unsere Methode, was sehr wünschenswert ist, einen alten Streitpunkt. Wer immer die klassische Lehre der Demokratie akzeptiert und folglich glaubt, daß die demokratische Methode die Entscheidung der strittigen Fragen und die Gestaltung der Politik nach dem Willen des Volkes gewährleistet, muß sich an der Tatsache stoßen, daß selbst wenn dieser Wille unbestreitbar wirklich und bestimmt wäre, dann die Entscheidung durch einfache Mehrheiten ihn in vielen Fällen mehr verdrehen als wirksam werden lassen würde. Der Wille der Mehrheit ist augenscheinlich der Wille der Mehrheit und nicht der Wille »des Volkes«. Letzterer ist ein Mosaik, das durchaus nicht vom ersteren »repräsentiert« wird. Die beiden durch eine Definition gleichzusetzen, heißt nicht das Problem lösen. Versuche zu einer wirklichen Lösung sind jedoch von den Verfassern der verschiedenen Pläne für eine »proportionale Vertretung« unternommen worden.

Diese Pläne sind aus praktischen Gründen auf ablehnende Kritik gestoßen. Es liegt in der Tat offen zutage, daß der Poporz nicht nur allen möglichen Idiosynkrasien Gelegenheit bietet, sich breit zu machen, sondern daß er auch die Demokratie hindern mag, arbeitsfähige Regierungen hervorzubringen, und sich so als Gefahr in Zeiten der Bedrängnis erweisen kann. Bevor wir jedoch daraus den Schluß ziehen, daß die Demokratie funktionsunfähig wird, sobald man ihr Prinzip folgerichtig durchführt, sollten wir uns lieber fragen, ob dieses Prinzip wirklich die proportionale Vertretung impliziert. In Tat und Wahrheit tut es dies nicht. Wenn die Anerkennung der Führung die eigentliche Funktion der Stimmabgabe der Wählerschaft ist, bricht die Verteidigung des Proporzes zusammen, weil ihre Prämissen nicht mehr bindend sind. Das Prinzip der Demokratie bedeutet dann einfach, daß die Zügel der Regierung jenen übergeben werden sollten, die über mehr Unterstützung verfügen als die anderen, in Konkurrenz stehenden Individuen oder Teams. Und dies wiederum scheint die Geltung des Majoritätssystems innerhalb der Logik der demokratischen Methode zu sichern, obschon wir es auf andern Gebieten, die außerhalb dieser Logik liegen, immer noch verurteilen mögen.

AGNOLI, JOHANNES, Politikwissenschaftler.

geb. 1925 in Valle di Cadore (Italien)
1972 Prof. in Berlin

Hauptschriften:
– *Ökonomie und Klassenstruktur des deutschen Faschismus* (1973)
– *Überlegungen zum bürgerlichen Staat* (1975)

Agnoli konstatiert in seiner Schrift *Die Transformation der Demokratie* (ein Schlüsseltext für die Diskussion der Studentenbewegung 1967/68) das Ende einer bestimmten historischen Gestalt parlamentarischer Herrschaft, und zwar jener, in der das Bürgertum eine politische Kontrollinstanz und Waffe gegen Fürstenwillkür sah. Dies bedeutet einen Funktionswandel, nicht aber einen völligen Funktionsverlust oder gar das Ende des Parlamentarismus. Zwar besitze das Parlament heute keine Kontrollfunktion mehr, sondern primär Legitimierungsfunktion für oligarchisch getroffene Entscheidungen, zu deren allgemeiner Verbindlichkeit das Parlament als Gesetzgebungsinstanz beiträgt, gleichwohl bleibe es für spätkapitalistische Gesellschaften unentbehrlich.

Auch für Agnoli ist das Parlament als »Legislative« gegenüber der Exekutive zur Bedeutungslosigkeit herabgesunken, freilich mit der entscheidenden Einschränkung, daß für ihn mittlerweile gar kein Streit mehr zwischen Legislative und Exekutive besteht, sondern an dessen Stelle eine »Symbiose von legislativer und exekutiver Macht« getreten ist und damit das Parlament in den Staatsapparat eingebaut werden konnte.

Auszug aus: AGNOLI, Johannes: Die Transformation der Demokratie. In: Agnoli, J./Brückner, P.: Die Transformation der Demokratie. Frankfurt a.M. (Europäische Verlagsanstalt) 1968, S. 57–70

Die alte Machtfunktion des Parlaments bestand in der Identität von Vertretung und Herrschaft – die neue wird dadurch bestimmt, daß gleichzeitig sein Vertretungs- und Herrschaftscharakter, seine Kontrollfähigkeit und seine Souveränität abgebaut werden. Es handelt sich – wohlgemerkt – um die Übernahme einer neuartigen Funktion und einer Reihe neuer Aufgaben; nicht, wie die trauernden Freunde und die lachenden Feinde des Parlamentarismus meinen, um einen zunehmenden Funktionsverlust, der eines Tages in die Funktionslosigkeit und in den institutionellen Tod einmünden wird. Der sogenannte »Verfall des Parlamentarismus« soll sich gemäß wissenschaftlicher Kritik und journalistischer Vorwürfe einmal darin äußern, daß das Parlament keine Eigenständigkeit und keine eigene Kraft mehr besitzt (»Entmachtung« im wörtlichen Sinne); zum anderen Mal darin, daß es in einem geradezu kommerziellen Sinne zu einer Versammlung von Vertretern geworden ist, die die imperativen Geschäftsrichtlinien ihrer Auftraggeber befolgen. Laskis Wort von der »Registriermaschine«, die die »anderswo getroffenen Entscheidungen« mehr oder weniger passiv wiedergibt, ist bekannt*.

* Schon 1910 sprechen in Deutschland die reformistischen Sozialistischen Monatshefte von einem »Registrierapparat« außerparlamentarischer »Kraftübungen« (Parlament und Demokratie, in: Sozialistische Monatshefte, Jahrgang XVI, S. 681). Durch Schmitt und Leibholz fand die Formel Eingang in die deutsche Wissenschaft und traf sich dort mit den antiparlamentarischen Vorstellungen des Faschismus. Von den Kritikern hatte nur Pareto einen klaren Blick bewahrt und die Macht des angeblich funktionslosen Organs für die Disziplinierung der Massen erkannt, vgl. Pochi punti di un futuro ordinamento costituzionale, in: Giornale economico v. 25 settembre 1923.

Die Kritik, daß das Parlament sich Entscheidungen vorschreiben läßt, wird generell geübt. Es gibt überdies einen Vorwurf, der speziell gegen den Bundestag erhoben wird und noch schärfere, polemische Formen annimmt. Da ist von einer »Substanzentleerung der politischen Auseinandersetzungen« die Rede; von einem »fiktiven Schattenboxen«; von einer » ... Lähmung des Parlaments«, die sich als »betriebsamer Stupor charakterisiert«. Der Vorwurf gipfelt in der Feststellung, daß gegenwärtig »die politischen Kräfte der Bundesrepublik versuchen ... eine Demokratie ohne Diskussion zu praktizieren«*. Wenn man von der Abstraktheit der Vorwürfe absieht, die mehr aktuelle Erscheinungen treffen und keine grundsätzliche Analyse der parlamentarischen Praxis in Westdeutschland darstellen, wird auch hier im Grunde der Leerlauf des Betriebs und die anscheinende Sinnlosigkeit des Treibens gemeint. Indessen: diskutiert wird im Bundestag mit der gleichen Häufigkeit wie im englischen Unterhaus, wenn auch in einem schlechteren Stil, mit geringerem rhetorischen Glück und mit schwächerer Presseresonanz**. Hier wie dort geht die Diskussion über Sekundärprobleme, Personalmißstände und vereinzelte Mißbräuche. In beiden Hohen Häusern vollzieht sich der eigentliche Entscheidungsprozeß nicht öffentlich. Daß in England wichtigere Einzelheiten in die parlamentarisch informierte Öffentlichkeit dringen, hängt mehr mit der Souveränität der englischen Politiker und dem Sicherheitsgefühl der Führungsgruppen (seit jeher eine gute Grundlage für Liberalität) zusammen als mit der Souveränität des Parlaments und der Substanz seiner Debatten. Daß ein Parlament seiner Substanz entleert wird, wenn es seinen ambivalenten Charakter verliert, ist wohl unbestreitbar – aber zu beklagen nur, wenn man aus ihm ein Organ des staatlich ausgefochtenen Klassenkampfes machen möchte. Die Entleerung entspricht dem Verlust an gesellschaftlicher Dialektik in einigen westlichen Ländern und kann in keiner Weise dem schlechten oder schwachen Willen der Abgeordneten, dem

---

* Einer für viele: F.R. Allemann im »Monat«, Nr. 200. Allemann kritisiert nicht den Parlamentarismus, dessen Verfechter er vielmehr ist, sondern die angebliche Unfähigkeit der deutschen Politiker, sich parlamentarisch richtig zu verhalten.

** Die Reaktion der Presse auf Parlamentssitzungen schlägt auf die Qualität der Debatten zurück. Ein Beispiel: die Fragestunde des Bundestags ist schon deshalb zur Belanglosigkeit verurteilt worden, weil die Presse kaum über sie berichtet hat. Als die Fragestunde im Laufe der Jahre zu einem Rechtfertigungsmittel der Exekutive wurde, versäumte die Presse, kritisch gegen diese Entwicklung vorzugehen.

Machtwillen hintergründiger Drahtzieher oder gar – was zuweilen geschieht – der Inkompetenz der Wähler bei der Stimmabgabe und also bei der Mandatsverteilung angelastet werden. Das inkriminierte »Schattenboxen« spielt vollends eine ungemein wichtige manipulative Rolle, denn es leitet das Interesse des Publikums von den wirklichen politischen Problemen eines Landes um auf relativ ungefährliche Auseinandersetzungen – und wird übrigens in anderen Parlamenten höchstens besser gehandhabt als im Bundestag. Zudem ist er genau Folge des Wechselmechanismus, ohne den der institutionalisierte Machtkampf um die politische Führung seinen gesellschaftlichen Zweck verfehlen würde. Journalismus wie Wissenschaft werden der Stellung und dem Stellenwert des Parlaments im modernen Verfassungsstaat nicht gerecht, so daß sie auch nicht in der Lage sind, die wirkliche Transformation zu fassen – ganz gleich, ob sie für die Demokratisierung Partei ergreifen und im Parlamentarismus einen potentiellen Verrat an der Demokratie vermuten; oder antidemokratisch sind und daher nur Herrschafts- und keine Vertretungsorgane dulden. . . .

Es sind vor allem zwei klassische Einrichtungen, die als Mittel der Kritik des Parlaments und der Intervention des Volkes gedacht worden sind und staatsbürgerkundlich propagiert werden, in Wirklichkeit vorzüglich als Auffanginstrument sich eignen: die Interpellation und die Petition. Da das Petitionsrecht eine, wenn man so will, uralte Sehnsucht der Abhängigen stillt, sich bei den Mächtigen Gehör zu verschaffen, kann es in seiner manipulativen Bedeutsamkeit nicht hoch genug eingeschätzt werden: ein noch so radikaler Protest gegen Willkür und Machtmißbrauch wird in eine Anerkennung der bestehenden Ordnung umgemünzt, wenn er sich in eine Petition umsetzen läßt. Organisiert die Gewerkschaft anstelle eines politischen Streiks eine revolutionär gehaltene Massenpetition, so braucht das Parlament sich vor den Arbeitern nicht zu fürchten. Was dem Volk eine Errungenschaft ist, wird seiner Vertretung ohnehin im allgemeinen zu einer lästigen Ehrenpflicht, die periodisch und ohne nennenswerte Interessiertheit erledigt wird*. Manipulativ nicht minder

---

* In der Behandlung der Petitionen durch das Parlament bestätigt sich die Symbiose von Vertretungsorgan und Herrschaftsapparat. Der parlamentarische Geschäftsführer einer Bundestagsfraktion erklärte dazu: » . . . 90 % (der) Petitionen richten sich gegen Sachentscheidungen der Beamten. Es genügt aber nicht, wenn der Bundestag mitteilt, die Entscheidung sei richtig. . . . Die Petenten müssen (sic!) erfahren, daß die Verwaltung richtig

bedeutsam ist die Interpellation: selbst die offene Rebellion der Unterworfenen kann parlamentarisch domestiziert werden, wenn an die Stelle der Barrikaden gegen die herrschende Klasse die oppositionelle Interpellation gegen die jeweilige Regierung tritt.

Wirken beim Konstitutionalisierungsakt und bei der Behandlung der »Anregungen« aus Bevölkerungskreisen immer noch Reste einer, freilich bereits transformierten Vertretungsfunktion mit, so entfallen sie gänzlich bei der Erfüllung der Herrschaftsaufgabe, die dem Parlament heute zuwächst. Sie zeigt sich schon in der Gesetzgebungsarbeit. Mit dem rechtlichen Akt, Beschlüsse öffentlich wirksam und allgemein verbindlich zu machen, verbindet sich der politische Akt, Beschlüsse überhaupt zu veröffentlichen und damit das Bekanntmachen politischer Entscheidungen, die sonst den Massen verborgen blieben und sie deshalb gleichgültig ließen. Die parlamentarische Bekundung schließt den von oben nach unten gehenden Willensbildungsprozeß ab: die Maßnahme verläßt das arcanum und muß befolgt werden. In integrierten Gesellschaften kann dies so weit gehen, daß selbst in der öffentlichen Meinung nur die Ansichten und Programme im wörtlichen Sinne gesellschaftsfähig sind, die von den Parlamentsparteien vertreten werden. Das Parlament fungiert hier also als *Instrument der Veröffentlichung von Herrschaft.* Zwar bestimmen – im Sinne der Paretoschen Thesen – »Eliten« hinter dem Parlament oder im Parlament die Politik. Die Entscheidungen aber, sofern sie die Form eines Gesetzes annehmen (und verfassungsmäßig annehmen müssen), werden dem Volk nicht durch die Willensbekundung eines Führers oder einer elitären Clique mitgeteilt. Das Parlament übernimmt effektiv diese Aufgabe – und festigt damit auch seine Unentbehrlichkeit für den *Verfassungs*staat. Dadurch wird zugleich die bloße Objektstellung des Volkes erhärtet: im Vorgang der Bekanntmachung merkt das Volk was gespielt wird, erst wenn es zu spät ist. . . .

Da aber die verfassungsmäßig vom Volke ausgehen sollende Staatsgewalt sich institutionell in der *Fiktion* der legislativen Volksvertretung äußert, würde zum Behufe der Volksentmachtung ein Parlament gar nicht dienlich sein, das lediglich als mechanische, blinde Registriermaschine fungiert. In der modernen, transformierten Demokratie hat das Parlament in einem erhöhten Maße für die

---

gehandelt hat; sie müssen Vertrauen dazu bekommen, daß in unserem Staat nicht Willkür herrscht . . .« (Schäfer, F., in: Welchen Sinn hat es, diesem Staat zu dienen? Schriftenreihe des DBB, H. 13 (1964) S 125).

Verbindung zwischen staatlicher Herrschaft und Volk zu sorgen – und mit Recht lautet hier die Parole: »Macht uns das Parlament nicht schlecht«, denn es geht darum, ein kostbares Mittel des politischen Verfassungsstaates nicht durch unbotmäßige Kritik zu entwerten. Dies gilt allerdings nicht nur für die öffentliche Kritik, sondern ebenso sehr für die Abgeordneten und die Politiker selbst, sofern sie (wie selten in England, häufig in Deutschland der Fall ist) die wirkliche Rolle des Parlaments nicht erkennen können und daher die Notwendigkeit nicht einsehen, dessen Würde zu wahren und dessen Beliebtheit zu mehren. Nur ein geachtetes Parlament verschafft den verfassugsmäßigen Herrschaftsakten moralische Autorität – und auch hier wiederum Volksnähe. Das ist gewiß eine Fiktion, aber auch eine sehr reale Machtfunktion. Das Verbingungsverhältnis von Staatsgewalt und Bevölkerung erhält den Charakter einer Wechselwirkung nur für Hegemonialgruppen, die – wie oben gesagt – mit dem harten Kern des Parlaments zusammengehen und der Sache und der praktizierten Politik nach, zuweilen den Personen nach zusammenfallen. Der Restbevölkerung gegenüber ist die Verbindung einseitig und erhält den Charakter eines in Form des Gesetzes oder des exekutiven Beschlusses gegebenen Befehls – dem (im Grunde eine Ironie) sie, die Restbevölkerung, der demos, schon längst durch die freien Wahlen zugestimmt hat, ohne nach dem Inhalt zu fragen. Dem demos gegenüber ist das Parlament ein *Transmissionsriemen der Entscheidungen politischer Oligarchien.* »Zusammen mit der Regierung hat das Parlament dem Volke klarzumachen, wohin der Weg führt und warum es in dieser Richtung geht*.

In dieser Paraphrasierung der Thesen von E. Burke, in der – durchaus im Sinne von Burke – Regierung und Parlament erscheinen,

---

* Schäfer a.a.O. S. 122. Bei Schäfer, einem früheren Polizeibeamten, führt allerdings die Zusammenarbeit zwischen Regierung und Parlament alsbald zu einem Abhängigkeitsverhältnis des Parlaments gegenüber der Regierung, das in normalen parlamentarischen Systemen zumindest unüblich, in Obrigkeitsstaaten freilich die Regel ist. So a.a.O. 123 über die Ministerialbeamten, die in den Bundestagsausschüssen mitwirken: »Diese Beamten vertreten in den Ausschüssen des Parlaments die Regierung, sie suchen zusammen mit den Abgeordneten nach der besten sachgerechten Regelung. . . . Kein Abgeordneter kann ausreichendes Wissen aus allen Gebieten aufweisen; *er soll sich auch enthalten, allzusehr einzudringen* (Unterstreichung J.A.); die Beamten haben die Aufgabe, es ihm darzulegen; die politische Prüfung und Entscheidung sind seine Sache.« Wider das bessere, ihm vom Beamten übermitteltes Wissen?

gesellschaftliche Herrschaftsträger hingegen unterschlagen werden, zeigt sich schon die vollzogene Transformation an. Da die wichtigsten Verteilungsfragen gesetzlich geregelt werden und die Politik der Regierung der Zustimmung des Parlaments bedarf (wobei für die soziale *Funktion* des Parlaments gar nicht ins Gewicht fällt, wie die Zustimmung zustande kommt), macht erst die parlamentarische Mitentscheidung den Weg zur Exekution politischer Pläne frei. Die »legislative« Volksvertretung ist in Wirklichkeit ein Exekutivorgan, das – statt Tendenzen der Bevölkerung zu vermitteln – Richtlinien der Politik von oben nach unten trägt. Es wäre verfehlt, darin den Verlust einer jeden Repräsentation zu sehen.

Repräsentiert wird im Parlament nach wie vor – nur nicht das Volk, sondern die eigentlichen Träger von Herrschaft: Gruppen arkanoligokratischer, zum großen Teil privater Natur, die das Vorrecht besitzen, über öffentlich-demokratische Gewalt zu verfügen und den Vorteil genießen, der öffentlich-demokratischen Kontrolle entzogen zu sein. In geschichtlicher Rückerinnerung: das Parlament vertritt nicht mehr das Bürgertum gegenüber der Krone, sondern die führenden Kreise der Produktionssphäre (Oligopole), der Kulturorganisationen (Kirchen zum Beipiel) und der gesellschaftlichen Organisationen (Führungsstäbe der Verbände) gegenüber dem gemeinen Volk*. Und wenn schon das gemeine Volk – die große Mehrheit – am Staat orientiert ist und sich staatsbürgerlich verhält; wenn es in Treue zur Verfassung und vertrauensvoll sich an die Willenbekundung frei gewählter staatlicher Organe hält, sofern sich diese selbst an die Verfassung halten, dann ist der Weg nicht mehr weit zur völligen Umkehrung des Vertretungsprinzips und zur Rückkehr in die altkonservative Untertanschaft: das Parlament vertritt gegenüber dem *gemeinen* Staatsbürger den Staat; der Volksvertreter verwandelt sich in

---

* Einzelne Abgeordnete versuchen, sich gegen eine solche Verschiebung und gegen die eigene Instrumentalisierung zur Wehr zu setzen. Nur muß selbst diese Abwehrreaktion richtig gesehen werden. Es ist hier natürlich die Rede von Abgeordneten, die Ordnungsparteien angehören. Den wenigsten von ihnen geht es dabei um die Wiederherstellung einer wirklichen Vertretungsfunktion und einer effektiven Kontrollbefugnis. Sie denken vielmehr an die Rückkehr zur Praxis des freien Mandats – an die restlose Verwirklichung des Artikels 38 des GG. Es spielt dabei auch ein Rest dezisionistischen, liberalen Stolzes mit. Das gleiche tritt bei der Abwehr gegen Experten und gegen die Verwissenschaftlichung der Politik auf.

einen »Staatsrepräsentanten«*. Faßt man also das Parlament *demokratisch*-instrumental auf, so verfällt man einer geschichtlich schon zunichte gemachten Hoffnung. Vermutlich sind alle Versuche, eine konkret verstandene Demokratie durch die Wiederbelebung der Vertretungsinstitute zu verwirklichen, nur in desintegrierten Gesellschaften sinnvoll. Jede Parlamentsform, die in involutiv gerichteten Staaten vorgeschlagen wird, dient nicht dazu, die Möglichkeit der Beteiligung der Massen an der Herrschaft auszuweiten, sondern dazu, sie leichter einzudämmen. Wo eine politisch artikulierte freie Öffentlichkeit besteht, findet sie im Parlament kein Werkzeug, praktisch zu werden. Das trifft nicht nur für die antagonistische Öffentlichkeit, sondern zuweilen selbst für die kritische zu**. Beide müssen ihre politische Vermittlung in außer-, im weiteren Verlauf der Umfunktionalisierung des Parlaments in antiparlamentarischen Organisationen und Organisationsformen suchen.

Ein Aspekt ist bei dem Umschlag der Volksvertretung in Repräsentation der Herrschaft noch zu erwähnen: das Identitätsverhältnis zwischen Regierten und Regierenden, das dem demokratischen Gedanken zugrunde liegt und – konsequenterweise – in letzter Zeit von der Politischen Wissenschaft immer mehr zu den Fiktionen gerechnet wird. Wir sahen schon, daß durch die Gemeinsamkeit bürgerlicher Politik und großbürgerlicher Interessen im alten liberalen Staat (der die breiten Massen im strengen Sinne nicht zu den Regierten als einem Gegenpol der Verfassung zählte) eine Identität durchaus gegeben war. Die Umfunktionalisierung der Volksvertretung läuft nunmehr darauf hinaus, auf einer höheren Entwicklungsstufe das alte Identitätsverhältnis staatlich-politischer und wirtschaftlich-gesellschaftlicher Macht wiederherzustellen. Diese Identität hat zwei Seiten. Einmal findet sie sich in der (von Schumpeter wie von Pareto hervorgehobenen) Beharrlichkeit der Herrschaftspositionen und der

* H. Krüger, Allgemeine Staatslehre, Stuttgart 1964, S. 884.

** Die Gegner der Notstandsgesetze sind in der BRD parlamentarisch nicht vertreten, obwohl ihre Zahl in die Millionen gehen dürfte. Auch die Gegner einer entschiedenen Abrüstungs- und Friedenspolitik haben im Bundestag kein Sprachrohr. Anders ist die Lage in England, wo sie von einem Teil der Labour-Fraktion vertreten werden. Die Frage bleibt, ob sie nicht dadurch auch aufgefangen werden. Bis zu einem gewissen Grade vertritt der linke Labourflügel auch die nicht sozialdemokratisch, sondern revolutionär eingestellte Arbeiterschaft und Intelligenz. Eine eigene Vertretung haben diese beiden jedoch nicht.

Herrschaftsträger. Sie liegt institutionell wie personell dem »Kreislauf der Eliten« oder dem Konkurrenzsystem elementar zugrunde: der Wechsel von Personen und Gruppen bedeutet lediglich eine »Wachablösung«, wie der faschistische Terminus für die Auswechselung von Ministergarnituren richtig lautete. Zum anderen Mal findet innerhalb der Oligarchien wie im Wechselspiel parlamentarischer Parteien, die als auswechselbar Träger einer identisch bleibenden Führungspotentialität geworden sind, eine durchgängige Identität statt zwischen denjenigen, die konkret (und nicht etwa im formalen Akt der Volkswahl) die Herrschaft bestellen: die politisch-gesellschaftlichen Führungsgruppen; und denjenigen, die die Herrschaft ausüben: die politisch-gesellschaftlichen Führungsgruppen. Die Massen liegen förmlich außerhalb des Identitätssystems und bilden nur das Material der politischen Willensbildung.

4 Wertwandel und Legitimation staatlicher Gewalt

4.1 Überblick

Die als »Neue Soziale Bewegungen« bezeichneten vielfältigen Initiativen von Bürgern für den Schutz der Umwelt, des Friedens usw. verweisen auf ein gemeinsames Merkmal: das Phänomen des »Wertwandels«. Darunter versteht Ronald Inglehart die Transformation der traditionell materialistischen Wertmuster in postmaterialistische, d.h. eine besonders in der jüngeren Generation feststellbare Abwendung vom herkömmlichen, auf materielle Güter und Werte ausgerichteten Denken zugunsten einer Betonung von menschlicher Unmittelbarkeit, Solidarität und neuer Sensibilität.

Mit dieser tendenziellen Veränderung der Wertmuster wächst auch das Unbehagen an den herkömmlichen Formen der Politik. Die etablierten Bürokratien und Parteistrukturen stoßen auf zunehmende Verdrossenheit; an ihnen artikuliert sich der Widerspruch, der in den meist lockeren Organisationsformen der »Neuen Sozialen Bewegungen« einen Ausdruck findet.

Während Inglehart aufgrund empirischer Erhebungen den Wertwandel in seinen verschiedenen Formen zu präzisieren sucht, wendet die Analyse von Guggenberger und Offe sich gegen eine bloß affirmative Berufung auf das Mehrheitsprinzip in der Demokratie. Sie zeigen, daß seine Anwendung bereits einen basalen Konsens voraussetzt, den sie nicht mehr ohne weiteres gegeben sehen. Als Begründung verweisen sie auf die möglichen Konsequenzen heutiger politischer Entscheidungen etwa in Umweltfragen (Kernenergie) und auf dem Gebiet der Sicherheitspolitik.

Die Verantwortung für solche Entscheidungen kann unter den Bedingungen nuklearer Bedrohung der gesamten menschlichen Gattung nicht allein jenen überlassen werden, die im Besitz der jeweiligen Parlamentsmehrheit sind. Da durch die Unwiderruflichkeit mancher Entscheidungen die Risiken für Minderheiten unabsehbar wachsen können, plädieren Guggenberger und Offe für eine erneute Prüfung der Frage, worin die Grundlagen für einen neuen Konsens zu sehen wären, von dem her die Willensbildung nach dem Prinzip der Mehrheitsregel unter heutigen Bedingungen zu rechtfertigen wäre.

4.2 Texte und Kommentare

INGLEHART, RONALD, Soziologe.

geb. 1934
Prof. in Michigan, USA
1978/79 Gastprof. in Mannheim

Hauptschriften:
- *The Silent Revolution* (1977)
- *Wertwandel in westlichen Gesellschaften* (1979)

Der folgende Text von Ronald Inglehart ist im Zusammenhang der vorliegenden Textsammlung nicht nur aus inhaltlichen Gründen von Interesse. Er fällt im Vergleich zu den vorstehenden Beiträgen (die vornehmlich im ideengeschichtlichen Kontext stehen) durch seine Methode aus dem Rahmen.

Inglehart berichtet über eine *empirische* Forschungsarbeit, die mit speziellen Befragungstechniken den Wandel von gesellschaftlichen Wertorientierungen in den modernen westlichen Staaten zu ermitteln sucht. Insofern steht seine Arbeit stellvertretend für einen großen Teil der modernen Sozialwissenschaften, die von der Erhebung und Analyse von Daten ausgeht.

Die Frage nach der Variation von Wertorientierungen einzelner und nach deren gesamtgesellschaftlicher Relevanz ist kein Novum, sondern steht in der Tradition der handlungstheoretisch fundierten (d.h. vom einzelnen Handelnden ausgehenden) Soziologie, wie sie in Deutschland seit der Jahrhundertwende beispielhaft von Max Weber (1864–1920) entwickelt wurde. Wert- und Handlungsorientierungen sind für diesen Forschungsansatz ein Kernproblem, denn nur auf der Kenntnis dieser Orientierungen lassen sich Erklärungsansätze für gesellschaftlichen Wandel aufbauen.

Dennoch bleibt das Wertwandel-Konzept in einer Hinsicht ergänzungsbedürftig. Es muß nämlich bei aller Aussagekraft der von ihm aufgeführten Daten die Frage nach der historischen Reichweite seiner Analyse gestellt werden. So wäre in der Tat einige Skepsis darüber angebracht, ob eine so grundlegende Hypothese (inclusive der angeschlossenen Prognosen) wie die über den Wandel von materialistischer zu postmaterialistischer Wertorientierung in einer so geringen Zeitspanne (1970–1978) hinreichend zu belegen ist. Über die Tragweite der Ingelehartschen Aussagen läßt sich deshalb wohl erst aus größerer historischer Distanz entscheiden.

Auszug aus: INGLEHART, Ronald: Lebensqualität – Eine Generationenfrage. In: Psychologie heute Redaktion (Hrsg.): Lebens-Wandel. Die Veränderung des Alltags. Weinheim/Basel (Beltz Verlag) 1981, S. 13–19

Ökonomische und physische Sicherheit – das sind die höchsten Werte von Generationen, die Inflation, Krieg und Not erlebt haben. Für die Nachkriegs-Generation ist materielle Sicherheit etwas Selbstverständliches. Ihre Wertvorstellungen sind nicht-materiell: Menschlichkeit, Solidarität, Engagement für andere. Eine großangelegte Untersuchung zeigt, daß der Zweite Weltkrieg einen Einschnitt darstellt: Die Vorkriegsgeneration läßt sich als »Materialisten« charakterisieren, die Nachkriegsgeneration als »Postmaterialisten«.

Der Begriff Lebensqualität ist erst in den letzten zehn Jahren ein Hauptthema für Politiker und Sozialwissenschaftler der westlichen Nationen geworden. Zwar waren Wohlfahrt und Wohlstand immer schon zentrale politische Ziele. Aber bis noch vor kurzer Zeit enthielten diese beiden Begriffe stillschweigend und fast ausschließlich die Bedeutung »materielle Wohlfahrt«. Es schien selbstverständlich, daß das Kriterium für eine erfolgreiche Gesellschaft die Wachstumsrate der Wirtschaft war. Diese Sichtweise hat sich gewandelt, nichtökonomische Aspekte des Lebens sind immer wichtiger geworden.

Wir glauben, daß die Verschiebung in den Prioritäten einer Gesellschaft von materiellen zu eher nicht-materiellen Zielen einen Wertwandel reflektiert hat, der in den letzten Jahrzehnten in Deutschland und in den meisten anderen westlichen Industrieländern eingesetzt hat. Umfragedaten, die von uns zwischen 1970 und 1978 erhoben worden sind, stützen die Vermutung, daß Menschen denjenigen Bedürfnissen die meiste Aufmerksamkeit widmen, deren Befriedigung am schwierigsten ist. Der vorher unbekannte Wohlstand der Nachkriegsjahre führte also zu einer allmählichen Verlagerung des Interesses von materiellen zu »postmateriellen« Prioritäten. Dieser Wandel kam nicht plötzlich. Zum großen Teil vollzog er sich durch das Nachwachsen neuer Generationen. Für die Generation, die nach dem Zweiten Weltkrieg geboren wurde, ist Wohlstand etwas Selbstverständliches geworden und sie orientiert sich deshalb sehr viel stärker an nichtmateriellen Zielen. Die Eltern und Großeltern dieser Generation, die Hunger und Not während ihrer prägenden Jahre erfahren haben, bleiben auch heute noch bei ihrer starken Gewichtung ökonomischer und physischer Sicherheit.

Der Wertwandel in den westlichen Gesellschaften vollzieht sich unsichtbar und oft unbeachtet. Aber seine Folgen manifestieren sich auf vielerlei Weise. Ein Beispiel dafür ist der Schutz der Umwelt vor Verschmutzung, Autobahnbau oder Atomkraftwerken. Andere Folgen zeigen sich in den Einstellungen zur Arbeit: Ein gutes Gehalt ist längst nicht mehr das Wichtigste, die Bedeutung einer interessanten und sinnvollen Arbeit tritt in den Vordergrund. In zunehmendem Maße suchen die Frauen Gelegenheit zur Selbstverwirklichung außerhalb der traditionellen Arbeitsteilung zwischen den Geschlechtern.

Die politischen Protestbewegungen der letzten Jahre, die von der Mittelschicht ausgehen, scheinen eine weitere Folge des Wandels von einer materialistischen zu einer postmaterialistischen Wertordnung zu sein. Für die Nachkriegsgeneration gilt, daß es gerade die relativ wohlhabenden Schichten sind, die am stärksten ihre Unzufriedenheit mit der bestehenden Gesellschaft äußern – und die größte Bereitschaft zeigen, auch unkonventionelle Mittel zur Veränderung dieser Gesellschaft einzusetzen. Nach traditionellem Denken müßte man eigentlich erwarten, daß die Wohlhabenden relativ zufrieden sind. Bei näherer Betrachtung löst sich das Paradox jedoch auf. Der Nachkriegswohlstand hat eine Gruppe entstehen lassen, die ihre Gesellschaft mit anderen Maßstäben als den bisher geltenden mißt. Und sie kommt dabei sehr oft zu dem Schluß, daß die bestehende Gesellschaft mangelhaft ist. Bevor wir auf die empirischen Nachweise für einen Wertwandel in den westlichen Gesellschaften eingehen, wollen wir kurz die Überlegung skizzieren, die uns bei der Suche nach diesem Wandel geleitet hat. Wir begannen mit zwei Schlüssel-Hypothesen:

1. Die Knappheits-Hypothese: Die Prioritäten eines Menschen spiegeln seine sozioökonomische Lage wider. Den höchsten subjektiven Wert schreibt man den Dingen zu, die relativ knapp sind.

2. Die Sozialisations-Hypothese: Die Beziehung zwischen sozioökonomischer Lage und Wert-Prioritäten ist nicht unmittelbar. Es gibt eine beträchtliche Zeitverschiebung, denn zu einem großen Teil spiegeln die persönlichen Werte Bedingungen wider, die man in Kindheit und Jugend erlebte.

Beide Hypothesen sind für eine Theorie des Wertwandels wesentlich. Eine der häufigsten Annahmen in der Sozialwissenschaft ist die, daß sich die Persönlichkeitsstruktur bis zum Erwachsenenalter herauskristallisiert und sich danach kaum noch ändert. Die frühe Sozialisation hat nach dieser Annahme mehr Gewicht als spätere Einflüsse. Tatsächlich finden wir substantielle Unterschiede zwischen älteren und jüngeren Menschen, was ihre jeweilige Wertung ökonomischer und physischer Sicherheit anbetrifft.

Die Knappheits-Hypothese findet sich in ähnlicher Form in der ökonomischen Theorie wieder als »Grenznutzenprinzip«. (Der Mensch bewertet eine zusätzliche Mengeneinheit eines Gutes um so geringer, je mehr Einheiten dieses Gutes er schon hat.) Ein ergänzendes Konzept, nämlich Abraham Maslows Theorie der Bedürfnis-Hierarchie, half uns bei der Formulierung des Fragebogens, den wir zur Messung der Wert-Prioritäten benutzt haben. (Menschliche Grundbedürfnisse – Nahrung, Sicherheit, Selbstverwirklichung beispielsweise – sind hierarchisch geordnet. Bedürfnisse höherer Ordnung werden erst dann zu zentralen Motiven, wenn Bedürfnisse niedriger Ordnung ausreichend befriedigt werden.)

Die neuere Wirtschaftsgeschichte von entwickelten Industriestaaten läßt sich im Lichte dieser Knappheits-Hypothese analysieren.

Denn diese Gesellschaften kennen kaum noch universale materielle Bedürfnisse in großem Maßstab. Diese Tatsache scheint ursächlich zu sein für einen allmählichen Wandel in der Bedürfnisstruktur. Ideelle und psychische Bedürfnisse treten in den Vordergrund: Das Bedürfnis nach Zugehörigkeit, nach Wertschätzung und intellektueller und ästhetischer Befriedigung. Ökonomischer Fortschritt ist Voraussetzung für diesen Wandel, aber es handelt sich nicht um einen simplen ökonomischen Determinismus. Es scheint vielmehr, daß sich der Einfluß ökonomischer Faktoren nach einem bestimmten Punkt der Entwicklung rapide vermindert. Indem eine Gesellschaft einen Zustand weit verbreiteten Wohlstands erreicht, gibt es einen allmählichen Wechsel in den Zielen und Werten der in ihr lebenden Menschen. Vereinfacht gesprochen: Je reicher man wird, desto unwichtiger wird Reichtum.

Um diese Hypothesen zu überprüfen, haben wir repräsentative nationale Stichproben in verschiedenen Ländern befragt, welche Werte und Ziele sie persönlich für die wichtigsten halten. Die Befragten bekamen folgende Liste vorgelegt:

A. Aufrechterhaltung der Ordnung im Land.
B. Verstärkte Mitsprache des Volkes bei den Entscheidungen der Regierung.
C. Bekämpfung der Preissteigerung.
D. Schutz der freien Meinungsäußerung.
E. Wirtschaftliches Wachstum
F. Sicherung der Verteidigungsstärke des Landes.
G. Mehr Mitspracherecht der Menschen an ihrem Arbeitsplatz und in ihrer Gemeinde.
H. Verschönerung unserer Städte und unserer Landschaften.
I. Eine stabile Wirtschaft.
J. Verbrechensbekämpfung.
K. Eine Gesellschaft, die freundlicher und weniger unpersönlich ist.
L. Eine Gesellschaft, in der Ideen mehr zählen als Geld.

Unsere erste Umfrage 1970 beschränkte sich auf die ersten vier Wahlmöglichkeiten, wir führten diese Erhebung in den sechs Ländern der damaligen Europäischen Gemeinschaft durch. Die ganze zwölfteilige Fragen-Batterie wurde dann 1973 in Umfragen der inzwischen auf neun Länder angewachsenen Europäischen Gemeinschaft und in den Vereinigten Staaten benutzt. Die Wahlmöglichkeiten A, C, E, F, I und J sollten ökonomische und physische Sicherheitsbedürfnisse erfassen, (»materialistische« Ziele). Wir rechneten damit, daß diese Vorgaben vor allen Dingen von den Menschen bevorzugt wurden, die in ihren

Entwicklungsjahren ökonomische und physische Unsicherheit erleben mußten. Die übrigen Wahlmöglichkeiten sollten verschiedene postmaterialistische Ziele erfassen, etwa das Bedürfnis nach Zugehörigkeit und nach intellektueller und ästhetischer Befriedigung.

Unsere Vermutung war, daß diese Ziele vor allen Dingen von solchen Menschen gewählt werden würden, die in Sicherheit und Wohlstand aufwuchsen. Die Ergebnisse dieser Umfragen bestätigten die Erwartungen. Zunächst war festzustellen: Wer einem materialistischen Ziel die höchste Priorität gab, stufte in der Regel die anderen materialistischen Ziele ähnlich hoch ein. Umgekehrt wurden auch die postmaterialistischen Vorgaben jeweils zusammen gewählt. Wir konnten daher unsere Versuchspersonen in der Regel als reine »Materialisten« und als reine »Postmaterialisten« klassifizieren. Daneben gab es Misch-Typen mit unterschiedlichen materialistischen/postmaterialistischen Anteilen.

Der vermutete Zusammenhang von Wert-Priorität und sozialer Herkunft wurde überraschend deutlich bestätigt. In jeder Altersgruppe betonten die aus wohlhabenden Familien stammenden Versuchspersonen eher die postmaterialistischen Werte.

Und vor allem erfüllte sich die Erwartung, daß sich ein klarer Alters-Effekt beim Wandel von materialistischer zu postmaterialistischer Einstellung zeigen würde. Unsere Abbildung 1 zeigt diesen Generationenwandel nach unserer ersten Umfrage. In den ältesten Gruppen übertrifft die Zahl der Materialisten die der Postmaterialisten enorm. (Wir vernachlässigen hier die Misch-Typen.) Mit abnehmendem Alter nimmt die Zahl der Materialisten gegen der der Postmaterialisten ständig ab. Der wohl wichtigste Übergangspunkt dieser Verschiebung wird durch das Ende des Zweiten Weltkrieges markiert. Die Nachkriegsgeneration (Alter zwischen 15 und 24 Jahre im Jahre 1970) unterscheidet sich ganz deutlich von allen anderen Altersgruppen.

Ähnliche Muster zeigen sich auch in den anderen untersuchten Ländern: Die Jungen – und vor allem die Nachkriegsgeneration – setzen deutlich postmaterialistische Prioritäten.

Was spiegelt dieses Muster wider: Einen Generationenwechsel oder die Tatsache, daß junge Leute generell anders denken als ältere? Ist die jüngste Gruppe deshalb postmaterialistischer als alle anderen, weil sie die Nachkriegsgeneration darstellt, oder einfach deshalb, weil sie zum Zeitpunkt der Befragung noch relativ jung war? Obwohl wir eher an einen historischen Wandel glauben, ist die zweite Interpretationsmöglichkeit durchaus plausibel. Wenn man erst einmal 25 ist, gründet man in der Regel eine Familie, kümmert sich vor allen Dingen

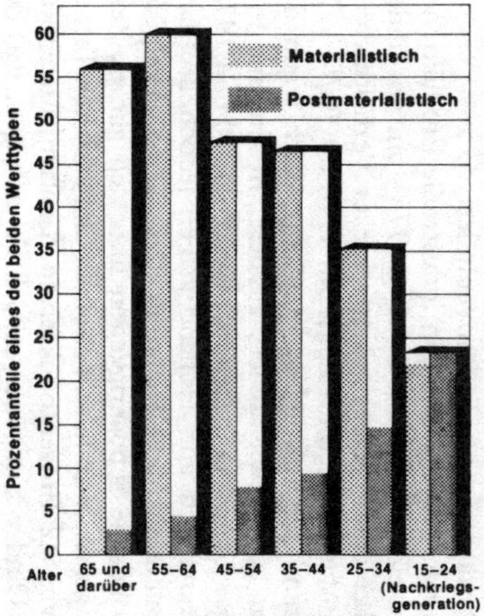

ABBILDUNG 1

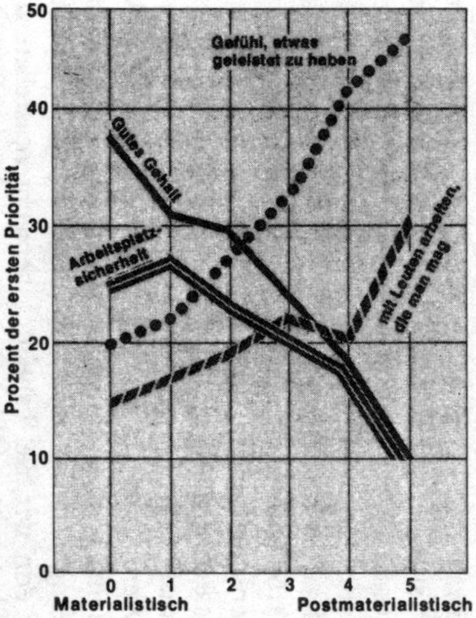

ABBILDUNG 2

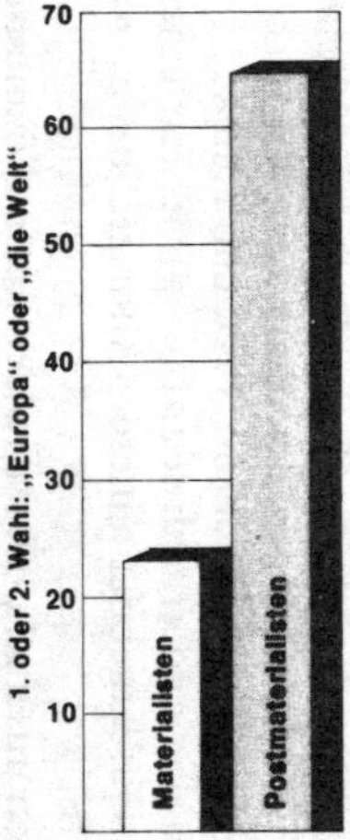

ABBILDUNG 3

Abbildung 1: Wertorientierung nach Altersgruppen in der Bundesrepublik (1970)

Abbildung 2: Berufliche Prioritäten und Werttypen: »Was ist bei der Arbeit am wichtigsten?« Kombinierte Daten von neun EG-Ländern (1973)

Abbildung 3: Supranationale Einstellung und Wertorientierung. Die Prozentzahlen geben an, wie oft »Europa« oder »die ganze Welt« als geographische Einheit, der man sich zugehörig fühlt, an erster oder zweiter Stelle genannt wurden.

um die berufliche Laufbahn und so weiter – all das mag zu einer eher materialistischen Sichtweise der Dinge beitragen.

Wenn wir unsere Daten nur zu einem einzige Zeitpunkt erhoben hätten, könnten wir die Frage nicht entscheiden. Aber wir haben zahlreiche Untersuchungen zwischen Frühjahr 1970 und Herbst 1978 durchgeführt. So können wir nun entscheiden, ob wir es mit einem »Nachkriegsgenerationen-Effekt« oder einem »Alterseffekt« zu tun haben.

Unsere Daten erlauben uns auch, die Auswirkung einer ökonomischen Rezession zu studieren. Denn unsere Hypothesen gingen ja davon aus, daß Wohlstand zur Entstehung postmaterialistischer Wertvorstellungen beiträgt. Logischerweise müßte also ökonomischer Rückschritt zu einer stärkeren Betonung materialistischer Werte führen. Die schlimmste ökonomische Rezession seit den 30er Jahren fand in der Mitte unserer Untersuchungsperiode statt. Dem Ölembargo der arabischen Staaten im Herbst 1973 folgte eine Periode steigender Inflation, Arbeitslosigkeit und negativer Wachstumsraten. Das Vertrauen der Menschen in das Wirtschaftssystem wurde in den meisten westlichen Staaten erschüttert. Diese Umstände müßten also den Trend zum Postmaterialismus umgekehrt haben. Die Frage ist nur: wie schnell? Wenn unsere Fragebogen-Items wirklich die grundlegende Wertorientierung eines Menschen erfaßten, dann sollte diese Orientierung einigermaßen resistent gegenüber kurzzeitigen Einflüssen bleiben. Wenn wir die Tabelle 1 betrachten, stellen wir fest, daß die Wertorientierungen bemerkenswert stabil blieben. Im Gegensatz zu den großen Vertrauensverlusten in dieser Periode blieben die Wertprioritäten erstaunlich unverändert.

In der Rezession nach 1973 erreichten industrielle Produktionen in allen sechs Ländern einen Tiefpunkt im Jahre 1975 – und wir finden einen schwachen, aber deutlichen Abwärtstrend im Verhältnis von Postmaterialisten zu Materialisten im Zeitraum 1970 bis 1976. 1978 jedoch ist dieser Trend schon wieder umgekehrt, auch wenn das Muster von Land zu Land etwas anders aussieht. In England und Belgien gab es fast gar keine Veränderung zwischen 1970 und 1978. Westdeutschland, Frankreich und Holland zeigen jedoch deutliche Trends in eine postmaterialistische Richtung. In Italien dagegen, wo ökonomische und politische Schwierigkeiten über den ganzen Zeitraum hinweg zu beobachten waren, gibt es einen umgekehrten Trend: Eine Veränderung von 12 Prozentpunkten in Richtung Materialismus. Für alle sechs Länder zusammen jedoch ist zu sagen, daß der vorherrschende Trend der Jahre 1970 bis 1976 sich umgekehrt hat und der Anteil der Postmaterialisten seinen Höhepunkt 1978 erreicht hat.

Unsere Daten umfassen eine Zeitspanne von etwas weniger als neun Jahren. Für viele andere Untersuchungen wäre das ein sehr langer Zeitraum, es bleibt jedoch eine eher bescheidene Zeitspanne für die Analyse von Generationswechseln. Das allgemeine Muster der Veränderung zeigt, daß es tatsächlich geringe Kurzzeiteffekte gibt: Die Rezession in der Mitte der 70er Jahre hat offensichtlich die Zahl der Postmaterialisten etwas verringert, vor allem in der jüngsten Altersgruppe. Als sich die Wirtschaft jedoch erholte, wurde sofort wieder ein Aufwärtstrend sichtbar.

Wir können die wirtschaftliche Zukunft Westeuropas nicht voraussagen. Aber wenn nichts Dramatisches passiert, ist es wahrscheinlich, daß jüngere, relativ postmateriell eingestellte Altersgruppen die älteren, materialistischen auf natürlichem Wege ersetzen und daß dadurch eine zunehmende Bedeutung postmaterialistischer Prioritäten in den westlichen Ländern zu erwarten ist. War das postmaterialistische Phänomen bisher mit der jüngsten Altersgruppe verbunden, so zeigt sich bereits jetzt das Vordringen dieser Wert-Orientierung in die Altersgruppe der Dreißiger.

Werte sind theoretisch gesehen ein relativ stabiler und fest verankerter Bestandteil des individuellen Weltbildes. Wir haben gerade aufgezeigt, daß die materialistischen beziehungsweise postmaterialistischen Vorgaben bei unseren Untersuchungen einen relativ überdauernden Aspekt im Weltbild der jeweiligen Altersgruppe erfassen. Aber wie gewichtig sind solche Wert-Orientierungen?

Sie sind in ein überraschend weitverzweigtes Netz von Überzeugungen eingebunden. Und ihre Bedeutung erstreckt sich auch auf Lebensbereiche, die zunächst in keinem sichtbaren Zusammenhang mit dem jeweiligen Wert stehen. Postmaterialisten betonen ganz andere Dinge als Materialisten, wenn sie nach den wichtigen Dingen in ihrem Beruf gefragt werden. Die Abbildung 2 illustriert, daß die große Mehrheit der Materialisten höchste Priorität auf »ein gutes Gehalt« und »Sicherheit des Arbeitsplatzes« legt. Die Postmaterialisten betonen dagegen »das Gefühl, etwas geleistet zu haben« und »mit Leuten (zu) arbeiten, die man mag«. Wenn der Anteil der Postmaterialisten bei den arbeitenden Menschen im Laufe der letzten Jahrzehnte angestiegen ist, dann dürfte die motivierende Kraft von Löhnen und Gehältern als Hauptfaktor abgenommen haben. Das Bedürfnis, Arbeit so zu organisieren, daß sie ein Gefühl persönlicher Leistung und Verantwortung vermittelt, ist weit verbreitet. Auch wenn die Postmaterialisten noch in der Minderheit sind, wird beispielsweise Mitbestimmung zu einem immer wichtigeren Wert für Arbeitnehmer.

Postmaterialistische Werte beeinflussen auch die Sichtweise vieler anderer Dinge. Trotz ihres relativ günstigen ökonomischen Status sind Postmaterialisten eher bereit, die Armut um sie herum wahrzunehmen – und sie eher der Gesellschaft als dem einzelnen zuzuschreiben. Außerdem sind Postmaterialisten willens, Anstrengungen zu unternehmen, um den gesellschaftlichen Reichtum gerechter zu verteilen. Das Eintreten für egalitäre Ziele reflektiert das postmaterialistische Interesse für soziale Gerechtigkeit und Solidarität und Ablehnung des wirtschaftlichen Egoismus. Postmaterialisten setzen sich für den Gleichheitsgedanken auch in der Beziehung der Geschlechter ein: Männliche und weibliche Postmaterialisten betonen die Wichtigkeit gleicher Rechte für Mann und Frau.

In Übereinstimmung mit der Betonung nichtmaterieller Aspekte der Lebensqualität sind Postmaterialisten überwiegend bereit, die Umwelt-Bewegung zu unterstützen und für »grüne« oder »bunte« Parteien zu stimmen, wo sie existieren.

Das Identitätsgefühl der Postmaterialisten ist eher kosmospolitisch denn kirchturmorientiert. Die Versuchspersonen aus den neun Staaten der Europäischen Gemeinschaft und aus den Vereinigten Staaten wurden gefragt: »Zu welcher der folgenden geographischen Einheiten fühlen Sie sich vor allem zugehörig? Welches ist die zweite?« Die Wahlmöglichkeiten:

- Der Ort, in dem Sie leben
- die Region oder Provinz, in der Sie leben
- Ihr Land als Ganzes
- Europa
- die Welt als Ganzes. (Die Amerikaner konnten statt »Europa« die »westliche Welt« wählen.)

Abbildung 3 zeigt, daß sich Postmaterialisten viel häufiger mit »Europa« oder der »Welt als Ganzes« identifizieren. Es scheint, daß Menschen, die sich vor allem mit den Basisbedürfnissen des Lebens beschäftigen müssen, sich wenig mit den Problemen größerer geographischer Einheiten befassen können. Postmaterialisten dagegen neigen eher dazu, sich auch mit entfernten politischen Problemen auseinanderzusetzen.

Postmaterialisten sind in hohem Grade bereit, sich politisch zu engagieren. Warum das so ist, wollen wir hier zusammenfassen:

1. Materialisten sind hauptsächlich damit beschäftigt, ihre unmittelbaren Bedürfnisse zu befriedigen. Postmaterialisten brauchen hier keine Energien mehr zu investieren und können sich »entfernteren« Dingen zuwenden.

2. Als historisch relativ neue Gruppe, die noch eine Minderheit darstellt und deren Ziele und Werte in der gegebenen Ordnung kaum repräsentiert sind, sind die Postmaterialisten in der Regel unzufrieden mit bestehenden Verhältnissen und unterstützen sozialen Wandel.
3. Die Unruhe und der materielle Schaden, der von manchen unkonventionellen politischen Handlungen erzeugt wird, ist für Postmaterialisten weniger negativ und weniger bedrohlich als für Materialisten.
4. Zusammengefaßt also: Postmaterialisten verfügen über eine größere Menge psychischer Energie, die in Politik investiert werden kann. Sie stehen den etablierten sozialen Ordnungen kritisch gegenüber und haben – subjektiv gesehen – weniger durch unkonventionelle politische Aktivitäten zu verlieren als Materialisten. Politischer Protest und unkonventionelle politische Aktivität sind also Merkmale einer postmaterialistischen Gruppe. Läßt sich das empirisch untermauern? Ein erster Indikator für diese These ist, daß Postmaterialisten trotz ihres relativ hohen sozioökonomischen Status in der Regel für Linksparteien stimmen. Obwohl dies ein interessanter Gesichtspunkt ist, kann das Wählerverhalten nur ein indirekter und unvollständiger Maßstab für unsere Hypothese sein, daß Postmaterialisten die gegenwärtig etablierten sozialen und politischen Arrangements ihrer jeweiligen Länder eher verändern möchten als Materialisten.

Ein direktes Maß für die Unterstützung sozialen Wandels (unabhängig von Partei-Loyalitäten) war in unseren Standarderhebungen innerhalb der Europäischen Gemeinschaft während der letzten Jahre enthalten. Repräsentative nationale Stichproben der Bevölkerung der einzelnen EG-Länder wurden gefragt:

»Auf dieser Karte sind drei Einstellungen zu finden gegenüber der Gesellschaft, in der wir leben. Bitte wählen Sie die, die Ihre eigene Meinung am besten beschreibt:
1. Unsere Gesellschaftsordnung muß radikal und revolutionär verändert werden.
2. Unsere Gesellschaft muß schrittweise durch Reformen verbessert werden.
3. Unsere jetzige Gesellschaft muß mutig gegen alle umstürzlerischen Kräfte verteidigt werden.«

Diese drei Alternativen lassen sich kurz als revolutionär, reformistisch und konservativ (beziehungsweise reaktionär) beschreiben. In der gegenwärtigen westeuropäischen Situation sind die Revolutionäre deutlich in der Minderheit, in der gesamten Europäischen Gemeinschaft machen sie etwa 8 Prozent der Befragten aus (gewichtet entsprechend der Bevölkerungsstärke eines Landes). Der Anteil dieser Gruppe ist deutlich größer in Frankreich und Italien, wo 13 bzw. 9 Prozent der Bevölkerung im November 1978 als »revolutionär« eingestellt betrachtet werden können. In Westdeutschland waren es nur 2 Prozent. Die konservative Option ist zwar deutlich stärker, aber auch diese Gruppe ist mit 29 Prozent innerhalb der Europäischen Gemeinschaft (49 Prozent in Westdeutschland) eine Minderheit.

Die Reformisten stellen die klare Mehrheit mit 69 Prozent für das gesamte EG-Gebiet. Das gilt im Grunde für alle Wertorientierungen: Es wäre ein Fehler, Postmaterialisten mit Revolutionären gleichzusetzen.

Trotzdem gibt es einen deutlichen Unterschied zwischen den Einstellungen von Materialisten und Postmaterialisten gegenüber sozialem Wandel. Die Tabelle 2 zeigt die Beziehung zwischen Wert-Typus und der Einstellung zu sozialem Wandel (Gesamtbevölkerung der Europäischen Gemeinschaft). Von den Materialisten befürworten nur 4 Prozent revolutionäre Aktionen. Zehnmal so viel (40 Prozent) unterstützen die konservative Option. Die Postmaterialisten dagegen sprechen sich deutlich stärker für revolutionäre Aktionen aus. Aber bei beiden Typen ist die Reform-Option die bevorzugte. Die Postmaterialisten sind deutlich weniger konservativ eingestellt als die Materialisten, während sie viermal so häufig radikale soziale Veränderungen befürworten.

Aber wie weit sind diese Einstellungen der Postmaterialisten nur Lippenbekenntnisse? Wie weit würden Postmaterialisten gehen, um sich für ihre Wertvorstellungen einzusetzen?

Ein wesentlicher Bestandteil unserer Fünf-Nationen-Untersuchung von 1974 war eine Skala, mit der wir das Potential des Einzelnen zur Teilnahme an politischen Protest-Aktivitäten erfaßten. Diese Skala registriert die Zustimmung zu verschiedenen politischen Aktivitäten und die Bereitschaft, sie auszuführen, von Petitionen (am untersten Ende der Skala) bis hin zur Besetzung von Gebäuden und dem Blockieren der Straße. Dieses Meßinstrument wurde in fünf Ländern angewendet und erfaßte bemerkenswert klar, wie weit ein Mensch gehen würde, um seine politischen Vorstellungen zu verwirklichen.

Wie schneiden nun die Postmaterialisten in dieser Skala des politischen Protests ab? Wenn Postmaterialisten nicht mehr als eine Art radikaler Schickeria wären, würde das in dieser Skala deutlich sichtbar. Wenn unsere Typologie jedoch mehr als Salongeschwätz reflektiert, wenn sie weitgehende Unterschiede in gesellschaftlichen Wertvorstellungen und Zielen beschreibt, dann müßten sich Postmaterialisten auf unserer Skala deutlich von Materialisten unterscheiden. Die Protestpotential-Skala wurde teilweise deshalb entwickelt, um festzustellen, ob postmaterialistische Werte eine Oberflächenerscheinung sind, die für das tatsächliche Verhalten kaum Relevanz haben. Die Ergebnisse sind mehr als deutlich. Tabelle 3 zeigt die Beziehung zwischen dem Protestpotential und dem Wert-Typ in fünf Ländern, die 1974 untersucht worden sind. Wer auf unserer Skala das Ergebnis null bis drei erreichte, fiel unter die Rubrik »geringes Protestpotential«. Menschen mit diesem Ergebnis sind höchstens bereit, Unterschriften zu sammeln oder in einer friedlichen Demonstration mitzumarschieren. Die meisten in dieser Gruppe sind nicht einmal dazu bereit.

Wer ein Ergebnis über drei Punkte erzielt, ist zu mehr als den genannten Aktivitäten bereit – er würde einen Mietstreik mitmachen, illegale Besetzung von Gebäuden unterstützen oder den Verkehr lahmlegen.

Tabelle 1

	Großbritannien				Bundesrepublik			
	1970	1973	1976	1978	1970	1973	1976	1978
Materialisten	36	32	37	34	43	42	41	38
Postmaterialisten	8	8	8	8	10	8	11	11
	Italien				Belgien			
	1970	1973	1976	1978	1970	1973	1976	1978
Materialisten	35	40	41	44	32	25	30	31
Postmaterialisten	13	9	11	10	14	14	14	12
	Frankreich				Niederlande			
	1970	1973	1976	1978	1970	1973	1976	1978
Materialisten	38	35	41	31	30	31	32	28
Postmaterialisten	11	12	12	16	17	13	14	22

Schwankungen in der Wertorientierug in sechs europäischen Ländern (Zeitraum 1970–1978)

Tabelle 2

	Revolutionärer Wandel	Schrittweise Reform	Verteidigung der bestehenden Gesellschaft
Materialisten	4%	59%	38%
Mischtypen	7%	65%	29%
Postmaterialisten	16%	72%	13%

Wertorientierung und Einstellung zu sozialem Wandel. Die Zahlen basieren auf Umfragen in den neun Ländern der EG (1977 u. 1978)

Tabelle 3

	Niederlande	Großbritannien	USA	Deutschland	Österreich
Materialisten	27%	21%	38%	23%	17%
Mischtyp (eher mat.)	38%	30%	46%	30%	19%
Mischtyp (eher postmat.)	47%	33%	50%	43%	24%
Postmaterialisten	74%	55%	72%	74%	48%

Protestpotential und Wertorientierung. Die Zahlen geben an, wieviel Prozent der Befragten einen Wert über 3 auf der Protest-Potential-Skala erreichen

Wie Tabelle 3 deutlich macht, hängt die persönliche Wertorientierung deutlich mit der Höhe des Protestpotentials zusammen. In Großbritannien (wo die Beziehung am schwächsten ist) sind nur 21 Prozent der Materialisten bereit, sich bei Boykotts zu engagieren oder sogar weiterzugehen, um gegen eine politische Ungerechtigkeit zu protestieren. Bei den Postmaterialisten sind 55 Prozent zu solchen Handlungen bereit. Die Beziehung zwischen Wertorientierung und Protestpotential ist besonders in den Niederlanden sehr deutlich, wir finden dort 27 Prozent der Materialisten mit hohem Protestpotential, aber 74 Prozent der Postmaterialisten finden sich in dieser Rubrik.

In allen Ländern, die wir mit unseren Untersuchungen bisher erfaßt haben, sind die Postmaterialisten also in hohem Maße bereit, sich in politischem Protest zu engagieren. Die hohe Protest-Bereitschaft der Postmaterialisten spiegelt ihr neues Verständnis von »Lebensqualität« wider. In früheren Untersuchungen wurde immer wieder bestätigt, daß die subjektive Lebenszufriedenheit mit steigendem Einkommen zunimmt. Das erschien nie besonders überraschend. Nun ist aber zu beobachten, daß das Niveau der subjektiven Zufriedenheit seit 1945 insgesamt nicht gestiegen ist – trotz riesiger Zuwächse im Real-Einkommen der westlichen Industrieländer. Erzeugt materieller Wohlstand also doch nicht höhere subjektive Qualität des Lebens? Ganz offensichtlich nicht! Langanhaltendes ökonomisches Wachstum führt nämlich zu einem Wandel in der Wertorientierung. Die wachsende Gruppe der Postmaterialisten ist insgesamt nicht zufriedener mit ihrem Leben als die Materialisten. Tatsächlich scheinen sie eher unzufriedener zu sein mit den bestehenden Verhältnissen und dem politischen System. Und sie sind bereit, es zu ändern.

GUGGENBERGER, BERND, Politikwissenschaftler und Soziologe.

geb. 1949
z.Z. Univ. Osnabrück

Hauptschriften:
- *Bürgerinitiativen in der Parteiendemokratie* (1980)
- *Bürgerinitiativen und repräsentatives System* (1984) (Hg. mit U. Kempf)

OFFE, CLAUS, Soziologe und Politikwissenschaftler.

geb. 1940 in Berlin
1975 Prof. in Bielefeld

Hauptschriften:
- *Strukturprobleme des kapitalistischen Staates* (1972)
- *An den Grenzen der Mehrheitsdemokratie* (Hg. mit B. Guggenberger) (1984)

Obwohl der Artikel von Guggenberger/Offe in einem aktuellen Bezug steht (die Entstehung der sogenannten Neuen Sozialen Bewegungen; die Infragestellung der traditionellen Mehrheitsdemokratie), werden in ihm viele Bezüge zu den bisher verhandelten Themen der Politischen Theorie deutlich.

In der Frage nach dem Stellenwert der Mehrheitsregel als alleinigem Verfahren demokratischer Entscheidungsfindung reflektieren Guggenberger/Offe den gesamten Kontext der modernen Staats- und Demokratietheorie, wie er in den vorangegangenen Kapiteln angesprochen wurde.

Die von den Autoren geübte Kritik an der ausschließlichen Berufung auf die Mehrheitsregel (51 % entscheiden) als demokratisches Grundprinzip, d.h. an dem *alleinigen* Verständnis von Demokratie als »Verfahren«, bedient sich eines logischen Arguments: Wenn über die Mehrheitsregel als Normalfall der demokratischen Entscheidungsfindung ein gesellschaftlicher Konsens besteht, so ist doch dieser Konsens selbst nicht per Mehrheitsentscheid herbeiführbar, sondern er ist eine (idealiter) *allseitige* Vereinbarung. Diese Vereinbarung beruht auf der allgemeinen Anerkennung der »Grund- und Menschenrechte«, aus deren Gewährleistung erst die Legitimation für die Mehrheitsregel erwächst, was in der besonderen Stellung der Grundrechte im Grundgesetz zum Ausdruck kommt.

Damit wird die Mehrheitsregel aus einem Bedingungsverhältnis zu den unveräußerlichen Menschenrechten definiert, was keineswegs ihre Geringschätzung bedeutet. Von besonderem Gewicht erscheint dieser Hinweis heute vor allem deswegen, weil er in »Übergangszeiten«, in denen womöglich Fragen zur Entscheidung anstehen, die den erwähnten »vorpolitischen« Grundkonsens berühren (atomare Rüstung; Ökologie), mit verfassungstheoretischer Argumentation gegen diejenigen vorgebracht wird, die als »Hüter der Verfassung« mit einer auf die Mehrheitsregel verkürzten »legalistischen« Demokratieauffassung aufwarten, um sich die Frage nach der Tragweite ihrer Entscheidungen zu ersparen. Gilt für den »Normalfall« (revidierbare Entscheidung) die Mehrheitsregel (inclusive Minderheitenschutz), so muß in Überlebensfragen nach dem Konsensprinzip verfahren werden.

So wenig Demokratie ohne Mehrheitsentscheid denkbar ist, so wenig kann sie *allein* daraus leben. Diese These Guggenberger/Offes wäre anhand der politischen Auseinandersetzungen der letzten Jahre zu überprüfen.

*Auszug aus: GUGGENBERGER, B./OFFE, C.: Politik aus der Basis – Herausforderung der parlamentarischen Mehrheitsdemokratie. In: Politik und Zeitgeschichte. Beilage zur Wochenzeitung das Parlament. B 47/83, S. 3–10**

Die großen Themen der politischen Philosophie erlauben keine abschließenden Antworten. Zum Kreis solcher »auf ewig« fragwürdigen Bestände gehört auch das Grundproblem aller politischen Philosophie und aller politischen Praxis: Wie wird aus Vielheit Einheit? Welchen sozialen Ursachen, welchen politisch-institutionellen Wirkungszusammenhängen verdanken sich die spezifisch aggregativen Leistungen des politischen Gemeinwesens? Wie gelingt es, die empirische Vielheit der einzelnen mit ihren ganz unterschiedlichen Gefühlen, Meinungen, Vermögen, Interessen und Aspirationen zu einem aktionsfähigen Gesamtkörper zu »formieren«?

Ganz unabhängig von der jeweiligen Staatsform und den besonderen historisch-politischen Umständen – jeder Politiker, ob Diktator, Demokrat oder Dauerrevolutionär, muß auf diese Frage eine erfolgsverbürgende »Antwort« finden, damit aus der Vielheit der spontanen Willenseinheiten ein zur Durchsetzung verbindlicher Entscheidungen fähiger Willensverband wird. Bei der Gewährleistung dieser politischen Grundfunktion der Willensvereinheitlichung wurde und werden höchst unterschiedliche Wege beschritten, die jeweils andere »Einigungsmittel« erfordern: Zwang und Terror, Gottesgnadentum und religiöse Gemeinschaft, Geschichte und Nation, ideologische Geschichtszielbenennungen und materielle Interessenübereinkunft, Expertenmeinungsmacht und Führercharisma und – last but not least – das für die modernen demokratischen Verfassungsstaaten dominante Mittel politischer Willensvereinheitlichung: der Mehrheitsentscheid.

Die mehrheitliche Entscheidungsfindung zielt letztlich darauf ab, die Einheit des Ganzen gegenüber dem Antagonismus der Teile zur Geltung zu bringen. Wahlen und Abstimmungen, bei denen auch die Minderheit sich schließlich dem Mehrheitswillen fügt, sind unter den

---

* Bei dem vorliegenden Beitrag handelt es sich um den Vorabdruck des Einleitungskapitels zu dem Band: Bernd Guggenberger/Claus Offe, Grenzen der Mehrheitsdemokratie, Frankfurt 1984.

Bedingungen modernen Regierens für die Gesellschaftsbildung wie für die Existenz und den Fortbestand des gesellschaftlichen Verbandes gänzlich unverzichtbar. Dabei trägt der Mehrheitsentscheid beidem Rechnung: dem Freiheitsanspruch der Subjekte und dem Verbindlichkeitsanspruch des sozialen Ganzen. Er berücksichtigt den Führungs- und Konsensbedarf der Gesellschaft, ohne das gleichermaßen unvermeidliche wie sozial erwünschte Maß an Konflikt und individueller Abweichung autoritativ einzuebnen. Er befähigt die Gesellschaft zu einheitlichem Handeln, ohne den Reichtum individueller Vielfalt zu ersticken. Er ist zweifellos der Mechanismus der Entscheidungsproduktion, welcher sowohl der neuzeitlichen Entdeckung des Individuums, seiner Subjektqualitäten als sozialem und politischem Handlungsträger, als auch dem kometenhaften Aufstieg des Staats, dem dramatischen Anwachsen des kollektiven Handlungsbedarfs in modernen Gesellschaften, am deutlichsten entspricht. Er strukturiert in geradezu »genialer« Einfachheit den Meinungs- und Interessenstreit der Individuen und Gruppen, indem er ihn schließlich in ein einheitliches Beschlußresultat einmünden läßt.

Die »modernen« politischen Systeme der kapitalistischen Industriegesellschaften des Westens tragen dem Problem der politischen Versöhnung von Differenz und Einheit also vor allem dadurch Rechnung, daß sie dem Entscheidungsverfahren der Mehrheitsregel einen zentralen Platz zuweisen. Auf der einen Seite ist »Modernität« in gewissem Sinne gleichbedeutend mit struktureller und funktionaler Differenzierung der Gesellschaft, also mit einer Pluralität von koexistierenden Interessen, funktionalen Bezügen und Wertsystemen, deren Vielfalt sich kaum dauerhaft reglementieren und nicht einmal autoritär odr totalitär gleichschalten und politisch verantworten, ordnen oder in ein hierarchisches Schema pressen ließe; jedenfalls ließe sich ein solches Schema weder legitimieren noch implementieren. Auf der anderen Seite scheint aber gerade jene Differenziertheit und Pluralität einen Einigungs-, Regelungs-, Koordinierungs- und Lenkungsbedarf nach sich zu ziehen, der weder ignoriert noch nach dem Vorbild materiell »wahrer« Norm-Erkenntnisse abgearbeitet werden kann. Die Bewältigung dieses politischen Dilemmas der Modernität hat man sich nun davon versprochen, daß man das unverzichtbare Maß an Einheit nicht mehr über die materielle (und zeitlich unlimitierte) theoretische »Erkenntnis« des politisch Richtigen zustande zu bringen suchte, sondern vielmehr über die formelle und befristete empirische Feststellung des mehrheitlich Präferierten. Diesem Gegensatz entspricht der zwischen Parteien als »Weltanschauungsparteien« und Parteien als programmpolitisch »opportunistischen« Machterwerbsgruppen, die den Text ihrer empirischen Mehrheitsfähigkeit laufend zu bestehen haben und sich demgemäß auf dessen Bewältigung konzentrieren.

Die Einheit des politischen Gemeinwesens wird nicht mehr auf zeitlich prinzipiell unlimitierte Wahrheitsansprüche gegründet, sondern auf zeitlich limitierte und sachlich spezifizierte empirische Mehrheitsentscheidungen, die immer vorläufig und revidierbar sind und mithin die Differenz nicht auslöschen, sondern bewahren und bestätigen.

Bei aller Konsequenz und Eleganz dieser auf dem Prinzip der Mehrheitsdemokratie aufbauenden modernen Lösung des Problems der politischen Versöhnung von Differenz und Einheit bleiben zwei Fragen übrig, die als solche zwar keineswegs neu sind, heute (insbesondere) in der Bundesrepublik jedoch eine bemerkenswerte Virulenz zu entfalten scheinen. Es handelt sich erstens um die Frage, ob im Rahmen dieser verfassungspolitischen Problemlösung der Mehrheitsdemokratie (und gegebenenfalls wie) gewährleistet werden kann, daß tatsächlich *nichts anderes* als die numerische Mehrheit der Staatsbürger zum Konstituens der jeweils amtierenden politischen Eliten und ihres Herrschaftsrechts wird. Denn andernfalls könnte es – wie etwa in autoritären Regimes, die in Mehrheitsentscheidungen ebenfalls oft und gern Akklamation und Scheinlegitimation suchen – dazu kommen, daß zwar nicht explizite politische Doktrinen, sehr wohl aber faktische Machtpositionen von gesellschaftlichen oder politischen Minderheiten für den Inhalt politischer Herrschaftsausübung maßgeblich werden. Diese Frage bezieht sich also auf den Grad und die Zuverlässigkeit, in dem bzw. mit der die Gleichheitsnorm verwirklicht, die Agenda der politischen Entscheidungsthemen »offen« und die Freiheit der politischen Willensbildung und Organisation verbürgt sind. Die andere Frage betrifft zweitens das Problem, ob im Rahmen der verfaßten Körperschaft des Staatsvolkes damit gerechnet werden kann, daß die Bindungskräfte einer historischen nationalen Gemeinschaft faktisch stark genug sind, um jedem Mitglied den Gehorsam gegenüber Mehrheitsentscheidungen abzunötigen, ob also ein konstitutiver Konsens unterstellt werden kann, der die Vielzahl der Bürger zu einem als existent betrachteten, erlebten und gewollten Verband eint – und in welchen Grenzen gegebenenfalls das politische Recht der Mehrheit von diesem Konsens gedeckt ist, bzw. welche konkreten Entscheidungen ihn umgekehrt brüchig werden lassen. Hier geht es also darum, die Tatsache zu beherzigen, daß Mehrheiten nicht »von selbst« im Recht sind, sondern nur dank einer vorpolitisch verankerten, aber nicht unzerstörbaren kollektiven

Identität, aus der sie ihr Recht der Herrschaftsausübung wie aus einer Lizenz herleiten.

Beide Fragenkomplexe sind schon in der klassischen Begründung des Mehrheitsprinzips durch John *Locke* gegenwärtig. Er schuf in der Kombination des Vertragsgedankens mit der Annahme unveräußerlicher Grund- und Menschenrechte die systematische Basis für die ideen- und institutionenpolitische Grundlegung der Mehrheitsregel als gesamtstaatlichem Entscheidungsfindungsmuster. Erst in diesem Begründungskontext erhält die Mehrheitsregel die höheren Weihen eines »Prinzips«. Als technisches Instrument kollektiver Willensermittlung hat sie eine lange vordemokratische Tradition, die sich von den im römischen (Adels-)Senat praktizierten Abstimmungsverfahren über die Entscheidungsfindung in den mittelalterlichen Korporationen bis zur schließlichen Mehrheitswahl der Kaiser des Heiligen Römischen Reiches erstreckt, welche die Goldene Bulle von 1356 endgültig sanktionierte.

Zu fast allen Zeiten haben sich auch oligarchische Regimes auf Verfahren nach der Mehrheitsregel gestützt. Erst dort, wo es wirklich auch die substantielle Bevölkerungsmehrheit ist, die mit Hilfe der Mehrheitsregel herrscht, wird diese Regel zu einem *qualitativen* Kriterium der Herrschaftsausübung und ihrer Rechtfertigung. Erst im demokratischen Verfassungsstaat, der vorstaatliche Grund- und Menschenrechte anerkennt und sichert und in seinen Institutionen am Prinzip der politischen Gleichheit aller Einzelglieder ausgerichtet ist, gewinnt das Mehrheitsprinzip legitimierende Qualität, ja kann es zum Synonym für Demokratie schlechthin werden.

Die demokratische Mehrheitsherrschaft war für Locke die einzige Regierungsform, welche das Spannungsverhältnis zwischen individuellem Freiheitsanspruch und kollektiver Regelungsbedürftigkeit nach beiden Seiten angemessen berücksichtigt und damit das kontradiktatorische Verhältnis von Freiheit und Herrschaft im Modus der »politischen Freiheit« überwindet. Sein beredtes Plädoyer für die »Rechte der Mehrheit« verbindet erstmals wert- und zweckrationale Argumente: Die Mehrheitsentscheidung ist, als technische Verfahrensregel, unverzichtbar zur Produktion von Entscheidungen, da Einstimmigkeit und individueller Zustimmungsvorbehalt nach dem Muster des berüchtigten »liberum veto« das Zustandekommen von Entscheidungen überhaupt blockieren würden; sie ist es jedoch nur im Rahmen einer Herrschaft der Freien und Gleichberechtigten. Im Rahmen einer anderen politischen Ordnung, für die politische Freiheit nicht essentiell wäre, würde nicht die Mehrheitsentscheidung den Zusammenhalt des Gesamtkörpers verbürgen, sondern, wie etwa noch bei *Hobbes,* ausschließlich die »auctoritas« und die von ihr ausgehende Furcht. Für *Locke* genügt es, daß die *Mehrheit* zustimmt, weil die Zustimmung *aller* praktisch nicht möglich ist; andererseits *muß* es aber eine Mehrheit sein, die für alle verbindlich beschließt, weil sonst die Freiheit unerträglich beschnitten würde.

Locke begründet jedoch nicht nur die Alternativlosigkeit der Mehrheitsregel in der Demokratie, sondern benennt zugleich ihre wohl wichtigste Voraussetzung: Sie kann ihre legitimitätschaffende Wirkung nur im Rahmen einer geeinten politischen »Körperschaft« entfalten. Das Einigungswerk selbst, der »original compact«, ist *nicht* Ergebnis einer Mehrheitsentscheidung. Ein politikfähiger Körper kommt nur durch den Willen aller zustande; er besteht jedoch nur dann weiter und ist nur dann handlungsfähig, wenn in der Folge die Mehrheit das unbezweifelte Recht hat, für die Gesamtheit verbindlich zu entscheiden. Ansonsten gliche das Eintreten in den Gesellschaftszustand *Catos* Besuch im Theater, der dieses bekanntlich nur betrat, um es alsbald wieder zu verlassen. Die einstimmige Vereinbarung, sich unter einer gemeinschaftlichen Regierungsgewalt zusammenzuschließen, beinhaltet für *Locke* automatisch auch die Zustimmung zum Recht der Mehrheit, für alle verbindlich zu entscheiden. Eine politische Körperschaft ohne dieses anerkannte Recht der Mehrheit ist politisch inexistent. »Denn wofern die *Mehrheit* die übrigen nicht binden kann, können sie nicht als eine Körperschaft handeln und folgerichtig werden sie unverzüglich wieder aufgelöst werden.« Der Wille zur Gesellschaftsbildung schließt, wenn er sich nicht selbst ad adsurdum führen soll, die Respektierung der Mehrheitsentscheidung ein. Und umgekehrt: Damit die Mehrheit für die Gesamtheit entscheiden kann, muß erst ein geeinter, von allen bejahter Verband existieren, welcher Mehrheitsentscheidungen auch für abweichende Minderheiten erträglich macht. Die Voraussetzung für politisches Handeln ist ein tragfähiger vorpolitischer Konsens, die Teilhabe aller an einer über die formelle Rechtsgemeinschaft hinausweisenden politisch-kulturellen Identität. Nur fundamentale Gemeinsamkeiten dieser Art, deren Existenz und Erhaltungswürdigkeit von aktuellen Mehrheiten und Minderheiten gleichermaßen anerkannt werden, sichern langfristig die Möglichkeit und Akzeptanz von Mehrheitsentscheidungen.

Übergangszeiten, Zeiten des tiefgreifenden Wert- und Orientierungswandels, die mit einem hohen Grad an Ungleichzeitigkeit in der Wahrnehmung und Deutung von Situationen einhergehen, können daher für die Anwendbarkeit der Mehrheitsregel als Pazifizierungsinstrument sehr enge Grenzen ziehen. Wenn eine Gesellschaft – von ihren maßgeblichen Motiven und Maßstäben her gesehen – sich gleichsam in mehrere Teilkörperschaften aufspaltet, gewinnen regelmäßig zusätzliche Konfliktlösungsstrategien jenseits der Mehrheitsentscheidung an Aktualität, was gegenwärtig etwa die Neokorporatismus-Diskussion in ihren Beobachtungen und Befunden über »informelles« und »extrakonstitutionelles Krisenmanagement« eindrucksvoll belegt. Im selben Maße, wie die Homogenität und die Verpflichtungsfähigkeit des Ganzen schrumpfen, verdrängen Proporzregeln und vertragsähnliche Vereinbarungsmuster auch das »Fallbeil« der Mehrheitsentscheidung, da für diese allein keine hinreichende Deckung durch einen präpolitischen »Kredit« und Konsens mehr unterstellt werden kann.

Demokratie und Mehrheitsherrschaft sind keine deckungsgleichen Begriffe. Daher stellt auch der Begriff der »Mehrheitsdemokratie« keinen Pleonasmus dar. Das Mehrheitsprinzip ist eine notwendige, keineswegs jedoch bereits die hinreichende Bedingung für Demokratie. Nur im spannungsreichen Zusammenwirken mit einer Vielzahl anderer Bedingungen und Prinzipien (Toleranz, Mäßigung, funktionierende Öffentlichkeit, politische Lern- und Urteilsfähigkeit, Föderalismus, Gewaltenteilung, allgemeines, gleiches und freies Wahlrecht, wirksame Begrenzung der Konvertierbarkeit von gesellschaftlicher in politische Macht außerhalb von Wahlen und Abstimmungen, ein generalisierter Vertrauenskredit potentieller Minderheiten gegenüber potentiellen Mehrheiten u.a.) begründet die Mehrheitsregel Demokratie. Wir kennen aus der aktuellen Situation eine ganze Reihe beispielhafter Situationen, an denen man sich fragen kann, was denn »demokratischer« sei: das Beharren auf dem starren Prinzip der Mehrheitsentscheidung (»Mehrheit ist Mehrheit«) oder die Anwendung des flexibleren Prinzips des politischen Kompromisses, also der Lösung von Konflikten durch Verhandlung und vertragsähnliche Vereinbarungen zwischen den streitbeteiligten Parteien.

Unser Parteien- und Regierungssystem war und ist durchaus geeignet, Gruppenkonflikte und Verteilungskämpfe zu schlichten. Dies erfordert keinen weitreichenden Konsens, wohl aber eine annähernde Konfliktfreiheit im Grundsätzlichen. Tiefgreifende Wertkonflikte, wie sie z.B. aus Anlaß meinungspolarisierender Richtungsentscheidungen von historischer Tragweite aufbrechen oder aus der Latenz heraustreten, sind auf der Basis dieses Systems jedoch kaum auszufechten. Wird um solche Grundsatzüberzeugungen und nicht mehr nur um Interessen an Geld, Macht, Einfluß und Privilegien gerungen, so könnten die Grenzen der Integrationsfähigkeit des Mehrheitsprinzips sehr schnell erreicht sein – mit der Folge, daß bestimmte politische Entscheidungsthemen und Entscheidungen die geltenden Legitimationsgrundlagen politischen Entscheidens überstrapazieren.

Zwar kann wohl noch immer eine sich in den herkömmlichen Bahnen des Wachstums und des technischen Wandels bewegende Politik sich auf deutliche Bevölkerungsmehrheiten berufen. Was aber besagen – in der Perzeption von Minderheiten – Mehrheiten schon angesichts einer »drohenden Selbstvernichtung«? Was ist das, was apathische, ignorante »Akklamationsmehrheiten« und ihre Repräsentanten in solcher Situation tun, anderes als »Parteinahme für den Tod, die Vernichtung, ohne daß ihnen das voll bewußt (wäre)«[1]? Vermag in einer solchen Situation der Hinweis auf bestehende Mehrheitsverhältnisse wirkliche Legitimität zu begründen, oder hat er nicht allenfalls arithmetischen und statistischen Wert für den »Vertreter eines (überholten) quantitativen Demokratieverständnisses«[2]?

Steht die staatliche Überlebensgarantie in Frage, wird sie gar durch Aktivitäten des Staates selbst in Frage gestellt, so ist, für die Betroffenen, gleichsam der *Hobbessche* Naturzustand wiederhergestellt. Die Berufung auf die empirische Mehrheit wird als Legitimitätsgrundlage brüchig und haltlos, wenn der negativ entscheidungsbetroffene Bevölkerungsteil sich in fundamentalen Interessen wie denen an Überleben, Sicherheit, Freiheit, Glück, Menschenwürde, lebenswerte Umweltbedingungen usw. betroffen wähnt.

Daß das Mehrheitsprinzip kein voraussetzungsfreies politisches Formprinzip ist – die Beachtung dieses Umstandes haben wir in der politischen Philosophie wie in der politischen Praxis vernachlässigt. Es sind gegenwärtig eigentlich kaum »neue« theoretische Einsichten, welche die Erörterung des Mehrheitsprinzips auf die Tagesordnung setzen. Es sind die Herausforderungen durch den wachsenden Bürgerprotest und die schwindende Akzeptanz weitreichender politischer Entscheidungen der letzten Jahre, die uns Anlaß geben, die Voraussetzungen, an welche die integrative Kraft und die Rechtfertigungsfähigkeit der Mehrheitsregel gebunden sind, wieder deutlicher ins Bewußtsein zu heben.

Es scheint an der Zeit, alle Streitparteien mit einigen demokratietheoretischen Selbstverständlichkeiten (wieder) vertraut zu machen:

---

1 R. Vogt, Das Konzept der Grünen Listen greift zu kurz, in: Frankfurter Rundschau vom 5.5.1978.

2 Ebd.

daß die Verfassung nicht nur den Umweltschützern, den Atom- und Nachrüstungsgegnern Grenzen setzt, sondern daß die innere Funktionslogik der Mehrheitsdemokratie auch den politischen Exponenten des forcierten sozialen und technologischen Wandels Rücksichtnahme aufzwingt und Schranken weist, die sie nur um den Preis einer Gefährdung des Prinzips mehrheitlicher Entscheidungsfindung selbst, d.h. der umfassenden Anerkennung seiner Geltung, mißachten können. Auch unter den Handlungsbedingungen der Mehrheitsdemokratie gilt, daß niemand mit 51 Prozent der Stimmen »die Welt verändern« darf. Eine einmal erteilte Wählerstimmenmehrheit ist kein Freifahrschein für alle Zeiten und auch keiner, bei dem man die Route nach Belieben wählen kann. Die Ermächtigung durch Wählermehrheiten ist ein sachlich und zeitlich eng umschriebenes Mandat. Für denjenigen, der politisch etwas durchsetzen will, genügt es nicht, bloß eine Mehrheit für sich und seine Ziele zu gewinnen. Um sich durchzusetzen, sich zu behaupten, sprich: um zu gewährleisten, daß die Mehrheitsentscheidung als verbindlich für alle akzeptiert wird, muß es ihm auch gelingen, die Minderheit(en) »bei der Stange zu halten«; d.h. sich auf geltende Gründe und Normen berufen zu können, die ihre Folgebereitschaft motivieren können. Zwar ist es nicht nötig, auch die Minderheit von der jeweiligen Entscheidung inhaltlich zu überzeugen, aber es gilt zu verhindern, daß eine Situation entsteht, in der sich Minderheiten durch Mehrheitsentscheidungen gleichsam zwangsweise »ausgebürgert« fühlen können.

Signalisiert die aktuelle Wahrnehmungs- und Bewußtseinszäsur, daß wir am Ende einer Epoche stehen, zu der auch der demokratische Verfassungsstaat samt der Mehrheitsregel als dem Grundelement politischer Willensbildung gehört? Befinden wir uns in einer Situation des Übergangs, in der die Tugenden von gestern zu den Lastern und Belastungen der Stunde werden? Ist die Mehrheitsdemokratie in ihrer aktuellen Struktur gar nicht jenes finale Verfassungsereignis, zu der sie gerne stilisiert wird? Und wenn denn hinterfragt werden muß, was längst fragwürdig geworden ist, wenn ergänzt und weiterentwickelt werden muß, was angesichts der historisch in vieler Hinsicht unvergleichlichen Herausforderungen der vor uns liegenden Zukunft sich längst als unzulänglich erwiesen hat – in welcher Richtung müssen wir weiterdenken, unter welchen Gesichtspunkten, nach welchen Prinzipien wären die zentralen Bestandteile unserer politischen Ordnung zeit- und problemangemessen fortzuschreiben, um unter gewandelten Zeitumständen ihre Vorzüge zu erhalten? Nicht diejenigen, die so fragen, stimmen den »Abgesang auf einen

Verfassungstyp«[3] an, der sich im großen und ganzen bewährt hat; viel eher schon sind diejenigen verantwortlich zu machen, die diese notwendigen Fragen mit Denk- und Erörterungsverboten zu unterbinden versuchen. Und erst recht diejenigen, die unter oft genug fiktiver Berufung auf empirische Mehrheitsverhältnisse Entscheidungen forcieren, von denen man wissen kann, daß sie die Mehrheitsregel als politisches Legitimationsprinzip zu verschleißen drohen.

Der moderne Verfassungsstaat begann mit der Bändigung und Entwaffnung der (konfessionellen) Bürgerkriegsparteien, mit der Monopolisierung der Mittel legitimer physischer Gewaltsamkeit durch den Staat, kurz: mit der Durchsetzung der Souveränität, des innerstaatlichen Friedens. Seine weiteren Entwicklungsabschnitte lassen sich mit der Parole der Französischen Revolution umschreiben: Freiheit, Gleichheit, Brüderlichkeit. Der Bogen spannt sich also von der staatlichen Gewährleistung allgemeiner Überlebens- und Sicherheitsrechte (»Frieden«) über die Garantie persönlicher Freiheitsrechte, die unveräußerlichen Grund- und Menschenrechte (»Freiheit«) und die Verankerung politischer Teilhabe- und Mitwirkungsrechte (»Gleichheit«) bis zur anhaltend umkämpften Gewährleistung wohlfahrtsstaatlicher (Bürger-)Rechte (»Brüderlichkeit«).

An diesem Punkt scheint jedoch die Entwicklungsdynamik keineswegs zu Ende zu sein. Hinter und jenseits dieser vierten Stufe, der Sozialstaatsgarantie, zeichnet sich bereits eine neue Dimension von Ansprüchen und verfassungsrechtlichen Gewährleistungsforderungen ab, die zwar weder den »souveränen« Bürgerkriegsverhinderungsstaat noch den Toleranzen- und Grundrechtestaat, weder die Volkssouveränität noch die moderne Rechts- und Sozialstaatlichkeit a limine in Frage stellen, gleichwohl jedoch die vorangegangenen Stufen und Rechtsansprüche u.U. entscheidend relativieren könnten: Die Rede ist von der »Neuentdeckung« der Umwelt- und Lebensrechte, genauer, der Forderung nach einer Art »Verfassungsgarantie« für ökologische und lebensweltliche Unversehrtheitsansprüche gegenüber den Imperativen industriellen Wachstums und sozialer wie militärischer Sicherheit.

Neben und jenseits des Fragehorizontes nach der angemessenen, Frieden, Freiheit, Gleichheit und Solidarität verbürgenden verfassungspolitischen Ordnung schiebt sich immer mehr der radikale Rückbezug aller die politische Existenz des Staatsbürgers betreffenden

---

3 Vgl. H. Oberreuter, Abgesang auf einen Verfassungstyp?, in: Aus Politik und Zeitgeschichte, B 3/83.

Fragen auf den Bedürfniskontext des Menschen und die elementaren Determinanten seiner Gesamtexistenz in den Vordergrund. Die »Lebensweise« der Menschen, die psychischen und physischen »Umwelt-Bedingungen« entscheiden zunehmend über die Rechtfertigungsfähigkeit der politischen Ordnung. Legitimität gerät in direkte Abhängigkeit von der subjektiven Wahrnehmung und Beurteilung der eigenen Lebenschancen und Lebensbedürfnisse. Hält man diese für gefährdet oder bedroht, wie es heute bereits in vielen umweltrelevanten Entscheidungsbereichen der Fall ist, so schlagen sich solche Wahrnehmungen unmittelbar als Legitimitätszweifel nieder, die durch den Verweis auf Mehrheitsentscheidungen kaum zu beschwichtigen sind. Die vielfach politisch veranlaßten, fast immer politisch mitzuverantwortenden Beeinträchtigungen humaner Lebensverhältnisse geraten somit in den Rang eines Legitimitätsproblems.

Die Erfahrung, daß man auch »friedlich«, »in Freiheit«, »demokratisch« und sogar »wohlstandsgesegnet« in die Katastrophe »schlittern« kann, daß die politischen und institutionellen Grund- und Menschenrechtsgarantien, daß Mitwirkungsrechte und soziale Absicherung noch längst nicht die bedrohlichen Schatten zivilisatorischer Inhumanität zu bannen vermögen – diese Erfahrung hat im politischen Einzugsbereich der neuen sozialen Bewegungen eine Verunsicherung des Vertrauens in das herkömmliche Verständnis von »Demokratie« entstehen lassen. Hier geht es im Kern um die Erfahrung, daß es auch Gegnerschaften und Fronten innerhalb einer gemeinsamen Ordnung geben kann, die sich als unüberbrückbar und prinzipiell unversöhnlich erweisen, und für deren Beilegung die in der Bundesrepublik ohnehin und aus ziemlich einleuchtenden Gründen schwach entwickelten präpolitischen Bindungskräfte (sei es einer »historischen Schicksalsgemeinschaft«, sei es einer von den Wechselfällen des Weltmarkts bedrohten »Export-Nation«) schwerlich aussichtsreich in Anspruch genommen werden können. Solche Gegnerschaften können mithin, obgleich ihre ursprüngliche Stoßrichtung keineswegs eine »verfassungspolitische« war, auf Dauer gesehen als Sprengsätze eben dieser Ordnung selbst wirken. Die Mechanismen der durch neuartige politische Entscheidungsthemen und Entscheidungen provozierten Legitimitätszweifel setzen die Pazifizierungsfunktion eingelebter verfassungspolitischer Gemeinüberzeugung zumindest partiell außer Kraft. Solche Symptome unversöhnlicher Gegnerschaften innerhalb einer vom Prinzip her durchaus gemeinsam getragenen »demokratischen« Ordnung rufen uns wieder ins Bewußtsein, was für die klassischen Verfechter des Mehrheitsprinzips eine schiere Selbstverständlichkeit darstellte: daß sich auch der moderne Verfassungsstaat und das Konfliktregelungssystem der parlamentarischen (Mehrheits-) Demokratie immer im Medium eines im wesentlichen *vorpolitisch* gefügten Konsenses bewegten, aus dem sich die Gütekriterien und Legitimitätsbedingungen politischer Herrschaft ergeben.

Der Horizont dieser vorpolitisch konstituierten und vorpolitisch wirksamen Gemeinüberzeugungen ist im einzelnen schwer abzugrenzen. Die Schwierigkeit in der Beschreibung dieser »Gemeinüberzeugung« rührt vor allem daher, daß sie als eine kulturelle »Beiläufigkeit«, als etwas »Selbstverständliches« selten bewußt gemacht und so gut wie nie systematisch thematisiert wird.

Für die Vergangenheit wäre diese Gemeinüberzeugung annäherungsweise zu kennzeichnen als die alltagspraktisch wirksame, seit dem letzten Drittel des vergangenen Jahrhunderts nahezu alle relevanten Bevölkerungskreise einbeziehende »Festlegung« auf das wissenschaftlich, technisch und wirtschaftlich begründete Fortschrittsprogramm *Bacon*scher Provenienz: das Vertrauen in den Dreiklang von objektivierendem Wissen, daraus abgeleiteter technischer Naturbeherrschung und der hierauf gegründeten materiellen Wohlstandsvermehrung. Diese »Verpflichtung« und noch mehr vielleicht die sie begleitenden Erwartungen (Wohlstandsversprechen) waren die ungeschriebene konsensuelle Bestandsgrundlage auch des Institutionengefüges des demokratischen Verfassungsstaats. Die Tatsache, daß seit den siebziger Jahren des 19. Jahrhunderts die Realeinkommen aller Bevölkerungsgruppen, über einen gewissen Zeitraum hinweg betrachtet, kontinuierlich gestiegen sind, hat den Handlungsspielraum der Politik nicht unerheblich bestimmt. »Wachstum« und die damit einhergehende allgemeine Wohlstandserwartung war gewiß eine, wenn nicht die entscheidende Bedingung für die Möglichkeit der Mehrheitsdemokratie. Sollten nun – aus ökonomischen oder/und ökologischen Gründen – tatsächlich »objektive«, d.h. nicht verfügbare Grenzen dieses Wachstums in Sicht sein, dann fiele der eigentliche »Niveauregler« für soziale Konflikte aus, der pazifizierende, mildernde, politische Belastungstoleranzen konstituierende Puffer, der die explosive Dynamik von Gruppenkonflikten im Medium allgemeiner Wohlstandssteigerung weitgehend abzufedern vermochte. Jener wachstums- und sicherheitsorientierte Basiskonsens hat bisher in zweifacher Weise zur Entlastung des politischen Prozesses beigetragen: er verdrängte »ideologische« Grundsatzkontroversen und konfrontierte das politische System mit Forderungen und Erwartungen distributiver Art, denen es unter Bedingungen kontinuierlichen Wirtschaftswachstums relativ leicht entsprechen konnte.

Nur einer solchen politischen, ökonomischen und kulturellen *Normalität* entspricht die Mehrheitsentscheidung als Methode der Konfliktschlichtung. Für die Bewältigung außerordentlicher Krisensituationen ist sie keine hinreichend erfolgsverbürgende Rezeptur. Man muß sich stets vor Augen halten, daß Abstimmung und Entscheidungsfindung nach dem Mehrheitsprinzip auf Dauer nur dort »funktionieren« und ihre Vorzüge entfalten können, wo es nicht »ums Ganze« geht, wo auf dem Schlachtfeld der politischen Willensbildung keine unbefriedbare Minderheit zurückbleibt, niemand endgültig »ausgegrenzt« wird. In existenziellen Fragen läßt man sich nicht überstimmen. Mit den »Mitteln der Normalität«[4] lassen sich politische Konflikte nur dort bewältigen, wo durch die Inhalte der Entscheidung selbst in der Wahrnehmung aller Beteiligten »die Normalität« nicht suspendiert wird.

Vielleicht sollten sich die Entscheidungsbefugten in hochrangig streitbefangenen Entscheidungssituationen stärker in die Position jener versetzen, für die durch die geplante Entscheidung ihre ganz spezifische »Normalität« gefährdet wird: in die Position jener, die sich wehren, ein seit zwanzig Jahren von ihnen bewohntes, nun vom Abriß bedrohtes Haus zu räumen; jener, die die Identität ihres Dorfes, ihrer Region, ihres Stadtteils durch eine großtechnologische Entscheidung (Kernkraftwerk, Flughafenerweiterung, Stadtsanierung) bedroht sehen; jener, für die es unerträglich scheint, auf Dauer mit einem unkalkulierbaren Risiko zu leben.

Es geht hier nicht darum, zu aktuellen politischen Themen Stellung zu nehmen. Aber sollte es wirklich nicht einsichtig sein, daß beispielsweise durch die drastische Reduzierung der Vorwarnzeiten von ca. fünfzehn auf nurmehr sechs Minuten für wachsende Minderheiten die »Normalität« eines relativ friedlichen Alltags in unerträglicher Weise suspendiert wird? Und gilt nicht das nämliche für jene – nun gewiß nicht politisch ferngesteuerte und fremdbestimmte – bodenständige Bevölkerung um Wyhl, die als Folge des geplanten Kernkraftwerks für sich und ihre Kindeskinder ein »Ruhrgebiet am Oberrhein« befürchtet? In der subjektiven Wahrnehmung der widerstandleistenden Gruppen ist es gerade der »von außen«, von der verfaßten Mehrheitsgesellschaft drohende Eingriff in die »Normalität«, in die Freiheit, zu leben und weiterzuleben, wie man es gewohnt ist, der das am Normalfall ausgerichtete Konfliktrege-

---

4 T. Sommer, Wenn Widerstand zur Losung wird, in: DIE ZEIT vom 10.6.1983.

lungssystem aus dem Gleichgewicht bringt. Durchgehendes Kennzeichen solcher Protestanlässe, die dann durch den Verweis auf vorausliegende Mehrheitsentscheidungen eher potenziert als neutralisiert werden, ist die plötzlich und massenhaft gemachte Erfahrung, daß fundamentale physische und kulturelle Gegebenheiten (die Integrität von Landschaften und ihrer Bewohnbarkeit ebenso wie die Integrität einer vor Überwachung und Kontrolle geschützten Privatsphäre) nun ohne erkennbare Not zum Gegenstand von Kosten-, Standort- und Risikokalkulationen gemacht und damit zur zweckrationalen Disposition gestellt werden. Es ist ein Unterschied ums Ganze, ob die zukünftige Bewohnbarkeit einer Region als eine Selbstverständlichkeit behandelt, oder ob sie mit einem bewußt in Kauf genommenen Risiko von 10^{-7} belastet ist; es ist diese Differenz, die als »Übergriff«, ja »Vertreibung« erlebt wird.

Solche Ausnahmesituation ist stets eine Situation der umkämpften »Souveränität«, in der die verpflichtende Kraft von Verfahrensprinzipien leerläuft. Während sich für Theoretiker wie *Carl Schmitt* das »wahre Wesen des Politischen« gerade an diesem Punkt zeigt, verpflichtet der Verfassungsstaat, der die traditionelle Ein-Punkt-Souveränität vordemokratischer Regimes durch klar begrenzte, vielfältig balancierte Gewaltarrangements ersetzt hat, auf das Gegenteil: auf Ernstfallvermeidungspolitik. Der Ernstfall illuminiert nicht das »eigentlich« Politische, er indiziert das Ende der Politik. Nicht das Manifestwerden der Freund-Feind-Beziehung, sondern im Gegenteil: ihr Latentbleiben ist Kriterium »erfolgreicher« Politik im Rahmen des Verfassungsstaates. *Carl Schmitt* beschreibt gewiß die Struktur des Konflikts zutreffend. Statt auf demokratische Abhilfe zu sinnen, ontologisiert er ihn jedoch und verklärt ihn zum »wahren Wesen des Politischen«. Unverkennbar ruht sein dezisionistisches Konfliktmodell auf der Basis einer monozentrischen Staatsauffassung und verfehlt damit das Wesen des vielgliedrigen (»polyzentrischen«) demokratischen Verfassungsstaates mit starken Partialgewalten und ausgeprägtem Gruppenpluralismus.

Wer will, daß Konflikte systemkonform, d.h. mit den Mitteln der »Normalität« bewältigt werden, der muß ganz besonders dafür Sorge tragen, daß auch in der Wahrnehmung von Minderheiten die Eckwerte von *deren* »Normalität« erhalten bleiben und jedenfalls erkennbar geschont werden.

Auch Entscheidungen, die sich direkt oder indirekt auf den Mehrheitswillen berufen, sollten den Rahmen dieser »Normalität« nicht sprengen. Wer bewußt oder unbewußt die Grundlagen einer gewohnten Lebensordnung von Minderheiten (die von deren Privilegien sehr wohl zu unterscheiden sind!) außer Kraft setzt oder sie bedroht, setzt damit auch die Umgangsregeln außer Kraft, die zur politischen Normalsituation gehören. Auf der Basis einer von allen Beteiligten gewollten und bejahten Normalität friedlichen Umgangs erst gelingt die Integration von Mehrheit und Minderheit zum handlungsfähigen politischen Gesamtkörper. Sollen auch ungeliebte Entscheidungen akzeptiert werden, so darf für die überstimmten Minderheiten letztlich nie etwas auf dem Spiel stehen, das schwerer wiegt, als der durch die gemeinsame Verpflichtung auf den Modus mehrheitlicher Entscheidungsfindung gestiftete Friedenszustand selbst. Wo Mehrheitsentscheidungen die Kernbestände des – wenn auch nur für Minderheiten – »Normalen« irreversibel in Mitleidenschaft ziehen, tragen sie dazu bei, den Friedensrahmen der Verfassung zu gefährden.

Wir nähern uns offenbar in vielen (und von der staatlichen Politik zunehmend mitzuverantwortenden) Fortschrittsfeldern politischen Patt-Situationen. Es herrscht das »Nichts-geht-Mehr«; jedenfalls geht nichts *allein* unter Berufung auf das Prinzip mehrheitlicher Entscheidungsfindung. Dies gilt für die Kernenergie nicht weniger als für die moderne Waffentechnologie und die neuen Medien, ist bei der Umweltchemie nicht anders als bei der zentralen Datenerfassung, bei Flughafenplanungen genauso wie bei großflächigen Stadtsanierungsvorhaben.

Es wird nur gelingen, die Mehrheitsentscheidungen als den zentralen Mechanismus unblutiger Stärkeermittlung zu erhalten, wenn es uns möglich ist, die Unversehrtheit des »Normalen« – also der physischen und kulturellen Bestände, die dem zweckrationalen Zugriff vorenthalten sind – im gemeinsamen Überzeugungsminimum von Staatsbürgern wie Eliten dauerhaft und zweifelsfrei zu verankern.

Wer heute über das Prinzip mehrheitlicher Entscheidungsfindung und seine Grenzen laut nachdenkt, gerät unvermeidlich in das Schußfeld zwischen den politisch-ideologischen Fronten. Dorthin kann man sich nur mit dem Mut begeben, der allenfalls aus dem Grundsatz zu ziehen ist, daß man nicht füglich den Seismographen fürs Beben wird verantwortlich halten wollen. Bei aller Unterschiedlichkeit des jeweiligen Ansatzes und der jeweiligen Argumentationsperspektive besteht eine Gemeinsamkeit der zahlreichen politischen, sozialwissenschaftlichen, juristischen, philosophischen und theologischen Stimmen, die sich in der Bundesrepublik jüngst zu den Grenzen des Mehrheitsprinzips geäußert und vor seiner Überstrapazierung gewarnt haben, darin, daß sie das Mehrheitsprinzip nicht elitär zurückweisen, sondern aus grundsätzlichen Erwägungen heraus bejahen, jedoch Tendenzen zu seiner Fehlentwicklung und zur Selbstaufhebung seiner Legitimationskraft konstatieren. Jedenfalls wird das Mehrheitsprinzip nicht von denen in Frage gestellt, die darüber nachdenken, welches seine ungeschriebenen politisch-kulturellen und sozialstrukturellen Voraussetzungen sind und wo die Grenzen seiner legitimatorischen Wirkung liegen. Es wird vielmehr von jenen in seiner Überzeugungskraft beeinträchtigt, die dem Prozeß, in dem diese Grenzen erreicht und überschritten werden, tatenlos und in doktrinärer Beharrung zusehen. »Wer das Mehrheitsprinzip auflöst, löst die Demokratie auf«, schreibt Theo Sommer warnend[5]. Recht hat er! Doch lösen wirklich ein paar Sozialwissenschaftler dieses bewährte, altehrwürdige Prinzip auf? Und nicht vielmehr jene, die es, in Blindheit für seine Voraussetzungen und seine Mäßigung auferlegenden Grenzen, überdehnen und überstrapazieren, indem sie mit weit in die Zukunft vorausgreifenden Entscheidungen aktuelle und künftige Minderheiten mit Lasten und Risiken überhäufen und Situationen schaffen, in denen das »Prinzip Verantwortung«[6] leerläuft?

---

5 Ebd.
6 Vgl. H. Jonas. Das Prinzip Verantwortung. Frankfurt 1979.

Glossar

Politische Theorie besteht auch aus *Begriffsgeschichte.* Eine große Zahl politiktheoretischer Begriffe ist im vorliegenden Text eingeführt und erläutert. Wo dies aus Platzgründen nicht geschehen konnte, möchte das folgende Glossar weiterhelfen. Es ersetzt allerdings nicht den Gebrauch eines zuverlässigen Fachlexikons, sondern greift nur einige Begriffe auf, die in ihrer Bedeutung für den *sozialwissenschaftlichen* Kontext knapp definiert werden.

Altruismus
Ein Verhalten, das am Wohlergehen der Mitmenschen orientiert ist und eigene Interessen zurückstellt.
Anarchie; Anarchismus; anarchistisch
Herrschaftslosigkeit, Gesetzlosigkeit; jede staatliche Organisation ablehnende Bewegung; staatliche Herrschaft ablehnende Haltung.
Antagonismus
»Gegensatz«, »Widerspruch«, feindseliges Gegeneinanderwirken sozialer Kräfte.
Anthropologie; anthropologisch
Wissenschaft vom Menschen; das Wesen des Menschen betreffend.
Attentismus
abwartende Haltung.

Aufklärung
Philosophische und politische Emanzipationsbewegung insbesondere des europäischen Bürgertums im 17. und 18. Jahrhundert, deren politischer Höhepunkt mit der Französischen Revolution (1789 ff.) erreicht wurde.
Behaviourismus
(Von englisch: behaviour: Verhalten) Zu Anfang unseres Jahrhunderts in den USA entstandene Forschungsrichtung der Psychologie, die sich auf das Verhalten (Reaktion und Reize) von Lebewesen in ihrer Umwelt konzentriert.
Deprivation
Versagungserlebnis, Enttäuschung, die sich aus der Abweichung bestimmter Umstände von den Erwartungen ergibt.
Dialektik
Kritische Methode, die gesellschaftliche Widersprüche nicht als bloß logische, sondern als notwendige Momente eines geschichtlichen Zusammenhangs begreift.
Dichotomie
Konstruktion eines abstrakten Gegensatzes, z.B. Aufteilung der Wirklichkeit in Gut und Böse.
Disparität
Ungleichheit der Lebenschancen in einer Gesellschaft.
Effizienz
»Erfolgswirksamkeit«: Schlagwort für die Ergiebigkeit oder Produktivität einer Arbeit (im Verhältnis zum eingesetzten Aufwand).
Emanzipation
Alle Bemühungen, sich von Fremdbestimmung und Bevormundung (in politischer, kultureller, ökonomischer usw. Hinsicht) zu befreien (Beispiele: bürgerliche Aufklärung, Arbeiterbewegung, Befreiungsbewegungen in Ländern der Dritten Welt).
Essentialismus
»Wesenheitslehre«: metaphysische und erkenntnistheoretische Absicht, den Sinn (das Wesen) eines sozialen Phänomens zu erkennen.

Ethik
(von griechisch: Sitte, Moral) Sittenlehre; philosophische Disziplin, die Werte und Normen untersucht und begründet, von denen her sich menschliches Handeln rechtfertigt.

Feudalismus
Mittelalterliche Gesellschaftsordnung, die auf aristokratischem Grundbesitz und Leibeigenschaft beruhte.

Genetisch-kritische Methode
Ein wissenschaftliches Verfahren, das sich auf die Entstehung und historische Entwicklung der analysierten Phänomene konzentriert.

Gesellschaftsvertrag
Gedankliche Konstruktion, die soziale Ordnungen – besonders Staatsordnungen – auf eine freie vertragliche Vereinbarung der Bürger zurückführt.

Herrschaftsfreier Diskurs
Form des sachbezogenen Gesprächs, bei dem nicht der soziale Status der Beteiligten oder andere nicht sachbezogene Faktoren entscheiden, sondern einzig die Stichhaltigkeit der Argumente.

Historismus
Betrachtung kultureller Erscheinungen unter geschichtlicher Perspektive.

Idealtypus
»Grundform«, »Urbild«: Erkenntnismittel der Sozialwissenschaften, das aus gedanklich isolierten Elementen konstruiert ist und der begrifflichen Kategorisierung der realen Erscheinungen dienen soll.

Idealismus
»Deutscher Idealismus« bezeichnet die Epoche des Denkens von Kant bis Hegel. Ihre Motive haben das Selbstverständnis sowohl des politischen Liberalismus als auch des Sozialismus nachhaltig bestimmt.

Institution
Einrichtung und Organisation (z.B. Staat, Parlament, politische Partei), mit deren Hilfe periodisch wiederkehrende soziale Funktionen und Aufgaben wahrgenommen werden.

Integration
Gesamtheit jener Prozesse, die den Zusammenschluß von Teileinheiten zu einer jeweils größeren Einheit bewirken.

Interaktion
Menschliches Zusammenhandeln im Sinne eines Austausches; wechselseitige Beeinflussung des sozialen Verhaltens von Gruppen und Einzelpersonen.

Internationale
Seit 1864 die Bezeichnung für die Zusammenschlüsse von sozialdemokratischen, sozialistischen oder kommunistischen Parteien zu einer internationalen Vereinigung (1. Arbeiterassoziation 1864; 2. Internationale 1889; 3. Internationale 1919).

Kapital
Nach Marx: der in der Form von Produktionsmitteln und Geld zum Zweck der Verwertung von Arbeitskraft eingesetzte Wert (»sich selbst verwertender Wert«).

Kategorie
Bezeichnung für eine Vielheit, die durch gemeinsame Merkmale einheitlich gekennzeichnet werden kann.

Komplexität
Bezeichnung für die Strukturvielfalt eines sozialen Systems.

Konservative Revolution
Sammelname für nach dem Ende des I. Weltkrieges aufgetretene konservative Strömungen in der Weimarer Republik.

Legitimität/legitim
Die Rechtmäßigkeit einer politischen Herrschaftsform, die sich vor allem aus der rational begründbaren Zustimmung der Herrschaftsunterworfenen (d.h. der Bürger eines Staates) herleitet.

Leviathan
Biblisches Seeungeheuer; nach Thomas Hobbes die Staatsgewalt, der alle Bürger sich zum Zwecke der Sicherung von Ordnung und Frieden unterordnen sollen.

Materialismus
Philosophische Richtung, die im physisch-materiellen die Grundlage auch des kulturellen Lebens sieht.

Metaphysik
(von griechisch: meta ta physika: hinter der Physik) philosophische Lehre von den letzten Gründen, Strukturen und Zusammenhängen des Seins.

Metapolitik
Kritische Reflexion der Gründe und Voraussetzungen des politischen Denkens und Handelns.

Monopol
ökonomisch: marktbeherrschende Stellung eines Warenanbieters; im übertragenen Sinne: das alleinige Verfügungsrecht über Herrschaftsmittel.

Naturzustand
In der bürgerlichen Gesellschaftstheorie seit Thomas Hobbes: Zustand vor jeder staatlichen Ordnung.

Norm/normativ
Gesetz oder Regel des menschlichen Verhaltens; eine Aussage, die eine (positive/negative) Bewertung menschlichen Verhaltens enthält.

Offene Gesellschaft
Struktur- und Zielvorstellung liberaler Gesellschaftstheoretiker, die alle weltanschaulichen Heilslehren oder geschichtsphilosophischen Konstruktionen zugunsten eines Pluralismus verwirft (z.B. Karl R. Popper).

Ontologie
Auf die Bestimmung des »Seins« – im Gegensatz zum bloß Seienden bzw. Vorhandenen – gerichtete philosophische Bemühung.

Paradigma
»Beispiel«, das strukturelle Grundmuster, von dem her die Wissenschaft einer bestimmten Periode ihre Forschungsgegenstände untersucht.

Partizipation
»Teilnahme«: Beteiligung an und Identifikation mit bestimmten Institutionen, Werten bzw. sozialen Kräften einer Gesellschaft.

Pauperismus
(Von lateinisch: pauper: arm, unbemittelt) Zustand des materiellen Elends. Im 19. Jahrhundert: Arbeitslose industrielle Reservearmee, die in der kapitalistischen Frühzeit aufgrund der durch Akkumulation des Mehrwerts möglichen technischen Investitionen entstand.

Phänomenologie
(von griechisch phainomenon: das Erscheinende) Programm einer von Edmund Husserl begründeten philosophischen Richtung, die darauf ausgeht, die reinen Phänomene selbst in den Blick zu bringen (»Zu den Sachen selbst«).

Pluralismus
Das grundsätzlich gleichberechtigte Nebeneinander verschieden gearteter Gruppierungen in einer Gesellschaft und das daraus folgende – nicht immer auch verfassungsmäßig geschützte – Mitwirkenkönnen an der politischen Willensbildung im Staat.

Positivismus
Auf die Erfassung und Erklärung beobachtbarer »Tatsachen« begrenzte methodologische Grundhaltung in der Philosophie und in den Sozialwissenschaften (z.B.: Auguste Comte, 1798–1857).

Präferenz
»Vorzug«, »Vorrang«: Der Grad der Zuneigungsverhältnisse zwischen Menschen oder zwischen Menschen und bestimmten Gütern.

Proletariat
Die Klasse der unselbständig Tätigen, die ihre Arbeitskraft als Ware gegen Lohn lebenslang verkaufen müssen.

Rechtfertigungsideologie
Legitimation einer Herrschaftsordnung durch rationale Begründung.

Restauration
Wiederherstellung früherer sozialer und politischer Verhältnisse nach einer revolutionären Umwälzung.

Revolution
Umwälzung der politischen und sozialen Verhältnisse einer Gesellschaft.

Scholastik
Mittelalterliche Philosophie, die Offenbarungs- und Glaubenswahrheiten zugleich als notwendige Vernunftwahrheiten nachweisen zu können glaubte. Im übertragenen Sinne jede dogmatische, auf der Grundlage eines geschlossenen Systems vorgetragene Lehre.

Souveränität
Inbegriff der höchsten Gewalt des Staates nach Innen und Außen.

Staatsraison
Prinzip politischen Handelns, wonach die Behauptung und die Erweiterung staatlicher Gewalt zum obersten Wert erklärt wird, dem alle übrigen politischen Ansprüche (Menschenrechte, Bürgerrechte, Widerstandsrecht usw.) unterzuordnen sind.

Sündenbock-Mechanismus
Verschiebung der »Schuld« für ein bestimmtes Ereignis auf eine andere (negativ beurteilte) Person oder Gruppe.

Szientismus
Sozialwissenschaftliche Richtung, die die Erforschung sozialer und politischer Phänomene mit ausschließlich naturwissenschaftlichen Methoden und Techniken betreibt.

Utilitarismus
Ethische Grundhaltung, die den Nutzen, bzw. die Nützlichkeit zum Prinzip allen Handelns macht.

Utopie
Entwurf einer zukünftigen, besseren Welt.

Variable
»Veränderlicher Faktor«: von der Fragestellung eines Forschers bestimmter Aspekt eines Gegenstandes.

Voluntarismus
Eine philosophische Auffassung, die dem Willen den Vorrang vor allen anderen Fähigkeiten des Menschen einräumt; Setzung des unmittelbaren Willens als Ausgangspunkt für politisches Handeln.

Vormärz
Epoche der deutschen Geschichte zwischen dem Wiener Kongreß (1814/15) und der Märzrevolution von 1848, im engeren Sinne die Jahre zwischen 1830 und 1848.

Literaturverzeichnis

Die im folgenden angeführte Literatur enthält sowohl Nachschlagewerke als auch Übersichtsdarstellungen und Einführungen. Erstere werden auch zur Anschaffung und zum regen Gebrauch empfohlen, letztere zur begleitenden Lektüre, wobei das Kriterium der leichten Zugänglichkeit für die Auswahl den Ausschlag gab. Im übrigen sei auf die reichhaltigen Angaben zu den Quellen in der angegebenen Sekundärliteratur verwiesen.

1. Nachschlagewerke

DRECHSLER, H./HILLIGEN, W./NEUMANN, F. (Hg.) 1984: Gesellschaft und Staat. Lexikon der Politik. Baden-Baden

FETSCHER, I./MÜNKLER, H. (Hg.) 1985/86: Pipers Handbuch der Politischen Ideen, Bd. 3, Bd. 4. München-Zürich.

GREIFFENHAGEN, M./GREIFFENHAGEN, S./PRÄTORIUS, R. (Hg.) 1981: Handwörterbuch zur politischen Kultur der Bundesrepublik Deutschland. Opladen

HARTFIEL, G./HILLMANN, K.H. (Hg.) 1982: Wörterbuch der Soziologie. Stuttgart

KERBER, H./SCHNEIDER, A. (Hg.) 1984: Handbuch Soziologie. Reinbek b. Hamburg

MICKEL, Wolfgang W. (Hg.) 1983: Handlexikon zur Politikwissenschaft. München

NEUMANN, Franz (Hg.) 1977: Handbuch Politischer Theorien und Ideologien. Reinbek b. Hamburg

NOHLEN, D./SCHULTZE, R.-O. (Hg.) 1985: Pipers Wörterbuch zur Politik 1: Theorien – Methoden – Begriffe. München

2. Einführungs- und Übersichtsarbeiten

ABENDROTH, W./LENK, K. 1982: Einführung in die politische Wissenschaft. München

BAHRDT, Hans Paul 1984: Schlüsselbegriffe der Soziologie. München

BEYME, Klaus von 1984: Die politischen Theorien der Gegenwart. München Zürich

BLANKE, B./JÜRGENS, U./KASTENDIEK, H. 1975: Kritik der Politischen Wissenschaft, 2 Bde. Frankfurt/M. New York

BÖHRET C. u.a. 1979: Innenpolitik und politische Theorie. Ein Studienbuch. Opladen

FETSCHER, I./MÜNKLER, H. (Hg.) 1985: Politikwissenschaft. Begriffe – Analysen – Theorien. Ein Grundkurs. Reinbek b. Hamburg

KRESS, G./SENGHAAS, D. (Hg.) 1972: Politikwissenschaft. Frankfurt/M.

NASSMACHER, K.H. 1977: Politikwissenschaft I: Politische Systeme und Politische Soziologie. Düsseldorf

NEUMANN, Franz (Hg.) 1985: Politische Ethik. Handbuch. Baden-Baden

RÖHRICH, W./NARR, W.-D. 1986: Politik als Wissenschaft. Ein Überblick. Opladen

Personenregister

Reihe Campus

Band 1001
Daniel Bell
Die nachindustrielle Gesellschaft
1985. 392 Seiten

Band 1002
Lutz Franke (Hg.)
Menschlich wohnen
Originalausgabe
1985. 168 Seiten

Band 1003
Käte Frankenthal
Jüdin, Intellektuelle, Sozialistin
Lebenserinnerungen einer Ärztin in Deutschland und im Exil
1985. 256 Seiten

Band 1004
Joel Kovel
Kritischer Leitfaden der Psychotherapie
1985. 312 Seiten

Band 1005
Oskar Negt
Lebendige Arbeit, enteignete Zeit
Politische und kulturelle Dimensionen des Kampfes um die Arbeitszeit
1985. 312 Seiten

Band 1006
Stephan Quensel
Mit Drogen leben
Erlaubtes und Verbotenes
Originalausgabe
1985. 177 Seiten

Band 1007
Dieter Bartetzko
Architektur kontrovers
Schauplatz Frankfurt
Originalausgabe
1986. 192 Seiten.
35 Abb.

Band 1008
Hermann Bausinger
Volkskultur in der technischen Welt
Erweiterte Neuausgabe
1986. 228 Seiten

Band 1009
Jörg Tröger (Hg.)
Hochschule und Wissenschaft im Dritten Reich
1986. 140 Seiten

Band 1010
Daniel Bell
Die Sozialwissenschaften seit 1945
Deutsche Erstausgabe
1986. 204 Seiten

Band 1011
K.-W. Brand, D. Büsser, D. Rucht
Aufbruch in eine andere Gesellschaft
Neue soziale Bewegungen in der Bundesrepublik
Aktualisierte Neuausgabe
1986. Ca. 300 Seiten

Band 1012
Karl-Heinz Kohl
Exotik als Beruf
Erfahrung und Trauma der Ethnographie
Überarbeitete Neuausgabe
1986. Ca. 135 Seiten

Band 1013
Paul Lüth
Von der stummen zur sprechenden Medizin
Über das Verhältnis von Patient und Arzt
Überarbeitete Neuausgabe
1986. Ca. 180 Seiten